国家审计与预算绩效研究
——基于服务国家治理的视角

The Research of National Auditing and Budget Efficiency
— An Analysis Based on Improving the National Governance

谢柳芳 著

经济管理出版社
ECONOMY & MANAGEMENT PUBLISHING HOUSE

图书在版编目（CIP）数据

国家审计与预算绩效研究——基于服务国家治理的视角/谢柳芳著. —北京：经济管理出版社，2020.6
ISBN 978-7-5096-7168-9

Ⅰ.①国… Ⅱ.①谢… Ⅲ.①政府审计—研究—中国 ②国家预算—经济绩效—研究—中国 Ⅳ.①F239.44 ②F812.3

中国版本图书馆 CIP 数据核字（2020）第 096591 号

组稿编辑：宋　娜
责任编辑：宋　娜　张馨予　张玉珠
责任印制：黄章平
责任校对：王淑卿

出版发行：经济管理出版社
（北京市海淀区北蜂窝 8 号中雅大厦 A 座 11 层　100038）
网　　址：www.E-mp.com.cn
电　　话：（010）51915602
印　　刷：唐山昊达印刷有限公司
经　　销：新华书店
开　　本：720mm×1000mm/16
印　　张：26
字　　数：373 千字
版　　次：2020 年 9 月第 1 版　2020 年 9 月第 1 次印刷
书　　号：ISBN 978-7-5096-7168-9
定　　价：98.00 元

·版权所有　翻印必究·
凡购本社图书，如有印装错误，由本社读者服务部负责调换。
联系地址：北京阜外月坛北小街 2 号
电话：（010）68022974　　邮编：100836

第八批《中国社会科学博士后文库》
编委会及编辑部成员名单

（一）编委会
主　任：王京清
副主任：马　援　张冠梓　高京斋　俞家栋　夏文峰
秘书长：邱春雷　张国春
成　员（按姓氏笔划排序）：

卜宪群　王建朗　方　勇　邓纯东　史　丹　朱恒鹏　刘丹青
刘玉宏　刘跃进　孙壮志　孙海泉　李　平　李向阳　李国强
李新烽　杨世伟　吴白乙　何德旭　汪朝光　张　翼　张车伟
张宇燕　张星星　陈　甦　陈众议　陈星灿　卓新平　房　宁
赵天晓　赵剑英　胡　滨　袁东振　黄　平　朝戈金　谢寿光
潘家华　冀祥德　穆林霞　魏后凯

（二）编辑部（按姓氏笔划排序）：
主　任：高京斋
副主任：曲建君　李晓琳　陈　颖　薛万里
成　员：王　芳　王　琪　刘　杰　孙大伟　宋　娜　陈　效
　　　　苑淑娅　姚冬梅　梅　玫　黎　元

本书获国家自然科学基金面上项目"政府财务信息披露、政府债务风险防范与审计监控机制研究"（项目编号：71672119）、2019年西南政法大学引进人才科研资助项目"经济高质量发展视阈下政府审计与脱贫攻坚研究"（项目编号：2019-XZRCXM003）、2020~2021年度审计署重点科研课题"审计学科建设服务国家审计事业发展研究"（项目编号：20SJ05002）项目资助。

序　言

博士后制度在我国落地生根已逾30年，已经成为国家人才体系建设中的重要一环。30多年来，博士后制度对推动我国人事人才体制机制改革、促进科技创新和经济社会发展发挥了重要的作用，也培养了一批国家急需的高层次创新型人才。

自1986年1月开始招收第一名博士后研究人员起，截至目前，国家已累计招收14万余名博士后研究人员，已经出站的博士后大多成为各领域的科研骨干和学术带头人。其中，已有50余位博士后当选两院院士；众多博士后入选各类人才计划，其中，国家百千万人才工程年入选率达34.36%，国家杰出青年科学基金入选率平均达21.04%，教育部"长江学者"入选率平均达10%左右。

2015年底，国务院办公厅出台《关于改革完善博士后制度的意见》，要求各地各部门各设站单位按照党中央、国务院决策部署，牢固树立并切实贯彻创新、协调、绿色、开放、共享的发展理念，深入实施创新驱动发展战略和人才优先发展战略，完善体制机制，健全服务体系，推动博士后事业科学发展。这为我国博士后事业的进一步发展指明了方向，也为哲学社会科学领域博士后工作提出了新的研究方向。

习近平总书记在2016年5月17日全国哲学社会科学工作座谈会上发表重要讲话指出：一个国家的发展水平，既取决于自然科学发展水平，也取决于哲学社会科学发展水平。一个没有发达的自然科学的国家不可能走在世界前列，一个没有繁荣的哲学社会科学的国家也不可能走在世界前列。坚持和发展中国特色社会主义，需要不断在实践中和理论上进行探索、用发展着的理论指导发展着的实践。在这个过程中，哲学社会科学具有不可替代的重要地位，哲学社会科学工作者具有不可替代的重要作用。这是党和国家领导人对包括哲学社会科学博士后在内的所有哲学社会科学领域的研究者、工作者提出的殷切希望！

中国社会科学院是中央直属的国家哲学社会科学研究机构，在哲学社会科学博士后工作领域处于领军地位。为充分调动哲学社会科学博士后研究人员科研创新的积极性，展示哲学社会科学领域博士后的优秀成果，提高我国哲学社会科学发展的整体水平，中国社会科学院和全国博士后管理委员会于2012年联合推出了《中国社会科学博士后文库》（以下简称《文库》），每年在全国范围内择优出版博士后成果。经过多年的发展，《文库》已经成为集中、系统、全面反映我国哲学社会科学博士后优秀成果的高端学术平台，学术影响力和社会影响力逐年提高。

下一步，做好哲学社会科学博士后工作，做好《文库》工作，要认真学习领会习近平总书记系列重要讲话精神，自觉肩负起新的时代使命，锐意创新、发奋进取。为此，需做到：

第一，始终坚持马克思主义的指导地位。哲学社会科学研究离不开正确的世界观、方法论的指导。习近平总书记深刻指出：坚持以马克思主义为指导，是当代中国哲学社会科学区别于其他哲学社会科学的根本标志，必须旗帜鲜明加以坚持。马克思主义揭示了事物的本质、内在联系及发展规律，是"伟大的认识工具"，是人们观察世界、分析问题的有力思想武器。马克思主义尽管诞生在一个半多世纪之前，但在当今时代，马克思主义与新的时代实践结合起来，越来越显示出更加强大的生命力。哲学社会科学博士后研究人员应该更加自觉地坚持马克思主义在科研工作中的指导地位，继续推进马克思主义中国化、时代化、大众化，继续发展21世纪马克思主义、当代中国马克思主义。要继续把《文库》建设成为马克思主义中国化最新理论成果宣传、展示、交流的平台，为中国特色社会主义建设提供强有力的理论支撑。

第二，逐步树立智库意识和品牌意识。哲学社会科学肩负着回答时代命题、规划未来道路的使命。当前中央对哲学社会科学愈加重视，尤其是提出要发挥哲学社会科学在治国理政、提高改革决策水平、推进国家治理体系和治理能力现代化中的作用。从2015年开始，中央已启动了国家高端智库的建设，这对哲学社会科学博士后工作提出了更高的针对性要求，也为哲学社会科学博士后研究提供了更为广阔的应用空间。《文库》依托中国社会科学院，面向全国哲学社会科学领域博士后科研流动站、工作站的博士后征集优秀成果，入选出版的著作也代表了哲学社会科学博士后最高的学术研究水平。因此，要善于把中国社会科学院服务党和国家决策的大智库功能与《文库》的小智库功能结合起来，进而以智库意识推动品牌意识建设，最终树立《文库》的智库意识和品牌意识。

第三，积极推动中国特色哲学社会科学学术体系和话语体系建设。改革开放30多年来，我国在经济建设、政治建设、文化建设、社会建设、生态文明建设和党的建设各个领域都取得了举世瞩目的成就，比历史上任何时期都更接近中华民族伟大复兴的目标。但正如习近平总书记所指出的那样：在解读中国实践、构建中国理论上，我们应该最有发言权，但实际上我国哲学社会科学在国际上的声音还比较小，还处于"有理说不出、说了传不开"的境地。这里问题的实质，就是中国特色、中国特质的哲学社会科学学术体系和话语体系的缺失和建设问题。具有中国特色、中国特质的学术体系和话语体系必然是由具有中国特色、中国特质的概念、范畴和学科等组成。这一切不是凭空想象得来的，而是在中国化的马克思主义指导下，在参考我们民族特质、历史智慧的基础上再创造出来的。在这一过程中，积极吸纳儒、释、道、墨、名、法、农、杂、兵等各家学说的精髓，无疑是保持中国特色、中国特质的重要保证。换言之，不能站在历史、文化虚无主义立场搞研究。要通过《文库》积极引导哲学社会科学博士后研究人员：一方面，要积极吸收古今中外各种学术资源，坚持古为今用、洋为中用。另一方面，要以中国自己的实践为研究定位，围绕中国自己的问题，坚持问题导向，努力探索具备中国特色、中国特质的概念、范畴与理论体系，在体现继承性和民族性、体现原创性和时代性、体现系统性和专业性方面，不断加强和深化中国特色学术体系和话语体系建设。

新形势下，我国哲学社会科学地位更加重要、任务更加繁重。衷心希望广大哲学社会科学博士后工作者和博士后们，以《文库》系列著作的出版为契机，以习近平总书记在全国哲学社会科学座谈会上的讲话为根本遵循，将自身的研究工作与时代的需求结合起来，将自身的研究工作与国家和人民的召唤结合起来，以深厚的学识修养赢得尊重，以高尚的人格魅力引领风气，在为祖国、为人民立德立功立言中，在实现中华民族伟大复兴中国梦的征程中，成就自我、实现价值。

是为序。

中国社会科学院副院长
中国社会科学院博士后管理委员会主任
2016 年 12 月 1 日

摘 要

国家"十三五"规划强调"积极推进国家治理体系与治理能力现代化"。"治理"即"预算"（Wildavsky，1988），财政是国家治理的基础和重要支柱，预算是财政管理的核心，一个国家的治理能力在很大程度上取决于其预算能力，强化预算监督、提高预算绩效，是提升预算能力、实现国家治理体系和治理能力现代化的关键。而审计监督是预算监督体系中重要的监督方式，强化国家审计是增强监督合力、培育预算能力、提升预算绩效、实现善治国家的重要路径。本书以贯彻《中华人民共和国预算法》（2014年修订）及推动财政管理体制改革为契机，以服务国家治理为目标，从理论探讨与实证分析两个维度，较为系统地研究了国家审计、预算绩效与国家治理的关系，构建了理论分析框架，并实证检验了国家审计通过促进国家预算制度完善、提升预算绩效，进而促进国家治理的效果。在此基础上，提出了完善国家预算制度、强化预算绩效管理的相关政策建议。

本书除绪论外，分为比较研究、理论研究、实证研究和政策研究四个部分共九章，基于促进国家治理的视角，对国家审计与预算绩效相关问题进行了系统的探讨与分析。

第一章，绪论。在分析现实背景的基础上，对研究意义和研究逻辑框架进行了介绍，并对国家审计、国家治理、国家预算、预算绩效和预算监督五个核心术语进行了界定。

第二章，研究成果概述。首先，从预算制度与预算管理，预算软约束、预算松弛与预算调整，预算公开与预算绩效三大方面对国家预算相关研究进行梳理；其次，对国家审计治理功能相关研究进行了分析；最后，对国家预算、国家审计与国家治理的相关文献进行了分析解构。

第三章，我国预算绩效管理、预算审计监督现状与问题。首先，对我国预算绩效管理现状与存在的问题进行分析。其次，基于预算执行情况审计现状、预算合规性审计现状和预算绩效审计现状三个层面对我国预算审计监督现状进行深入剖析。最后，基于以上分析，探讨我国预算审计监督存在的问题，为后续的理论分析框架搭建与实施策略探索奠定基础。

第四章，国家审计、国家预算与国家治理的关系。从四个层次分析构建国家审计、国家预算与国家治理的理论分析框架。首先，对国家预算与国家治理的关系进行分析，认为国家治理基础性能力包括强制能力、汲取能力、濡化能力、规管能力、统领能力与再分配能力，而汲取能力和再分配能力即为财政能力，"预算国家"是国家治理体系与治理能力现代化的另外一种表述。其次，分析人民主权理论的特性，基于人民主权理论分析公共预算权力监控与国家治理的关系，而审计监督便是主要的公共预算权力监督形式之一。再次，从委托代理理论、公共经济理论和新制度经济学理论三个视角分析预算绩效管理的基本问题。最后，分别从公共受托经济责任理论、审计控制论与国家治理论三个角度，系统探讨国家审计提升预算管理绩效、促进国家治理的作用路径，进而逻辑推导与归纳演绎出国家审计完善国家预算制度、提升预算绩效、促进国家治理的实现机理。

第五章，国家审计、国家预算及国家治理之关系的初步验证。利用省级地方政府数据，对国家预算与国家治理的关系、国家审计与国家预算的关系进行了初步验证。结果表明，作为国家预算替代指标的预算收支、决算收支、预算收入与支出的偏差与国家治理显著相关；国家审计监督与建议功能对国家预算具有显著影响。初步证明了三者之间存在关联性。

第六章，国家审计促进国家治理的效果检验。"阳光是最好的防腐剂"，透明、公开政府的各项政策和权力的运行轨迹，既是依法治国执政理念的内在要求，也是建设现代法治政府的外在基础。本章从预算透明视角，以省级地方政府数据实证检验透明预算在国家审计服务国家治理中的路径作用，证实了国家审计通过作用于预算透明度，以促进预算制度的完善、预算管理绩效的提高，进而提升国家治理水平的实际效果。

第七章，国家审计提升预算绩效、促进国家治理的基本策略。第一，探索实施"党委审计委员会+国家审计"的预算监督模式，强化中国共产党对审计工作的领导及国家审计对预算全过程的监督；第二，建立健全政府内部控制制度，探索实施政府内部控制审计，强化国家预算管理的系统全面性；第三，完善预算执行情况审计，强化决算审计与预算绩效审计，强化责任追究，提升国家预算的效率与效果；第四，强化预算审计查出问题的整改，完善审计结果公告制度，促进预算审计结果的利用。

第八章，民生审计与预算绩效。完善与强化民生审计也是全面实施预算绩效管理、优化预算资金配置效率、推进国家治理的重要途径。第一，在对民生审计的含义进行界定的基础上，分析了民生审计的特征；第二，从保障房建设资金审计的含义、存在的问题与改进建议三个方面对保障房建设资金审计进行了详细的研究。

第九章，经济责任审计与预算绩效。在分析领导干部经济责任审计与预算绩效关系的基础上，从公共预算权力监控、腐败治理、政府问责三个方面系统地研究了领导干部经济责任审计提升预算绩效的作用路径，以治理环境污染为切入点实证检验了领导干部经济责任审计促进国家治理的实际效果。

第十章，国家审计、"三大攻坚战"与预算绩效。优化预算支出结构，支持打好"三大攻坚战"，预算安排极力保障国家重大发展战略和重点领域的财力需求，是促进国家治理的又一现实路径。本章从国家审计如何打好"三大攻坚战"着手，研究国家审计促进预算绩效、实现国家治理现代化的实施策略。

关键词：国家审计；国家治理；预算；预算绩效；预算监督

Abstract

The National "13th Five-Year Plan" emphasizes "actively promoting the modernization of the national governance system and governance capacity". "Governance" is "budget" (Wildavsky, 1988). Finance is the foundation and the important pillar of state governance. Budget is the core of fiscal management. The governance capacity depends largely on its budgetary capacity. Strengthening budget supervision and improving budget performance is the key to improving budget capacity and modernizing the national governance system and governance capacity. Auditing supervision is an important monitoring mechanism in the budget supervision system. Strengthening national auditing is an important way to enhance supervision, boost the budgetary capacity, promote the budget performance, and achieve a "good governance" country. This book takes the implementation of the "Budget Law of the People's Republic of China" (revised in 2014) and promotes the reform of the financial management system as an opportunity. Aiming at serving national governance, this paper systematically studies the relationship between national audit, budget performance and national governance from two perspectives of theoretical discussion and empirical analysis. It has constructed a theoretical analysis framework and empirically tested the effectiveness of national audit to improve the national budget system and budget performance, and then promoting national governance. On this basis, it puts forward the relevant policy suggestions for improving the national budget system and strengthening budget performance management.

In addition to the introduction, this book is divided into four parts: Comparative research, theoretical research, empirical research and policy research, which includes nine chapters. Based on the perspective of promoting national governance, this book systematically discusses and analyzes issues related to national auditing and budget performance.

Chapter 1, introduction. This chapter firstly analyzes the realistic background, and then introduces contents of the study and the theoretical framework of research, finally defines the five core terms of national audit, national governance, national budget, budget performance and budget supervision.

Chapter 2, the literature review of the national budget, national audit and national governance. Firstly, it sorts out the relevant research on national budget from three aspects: Budget system and budget management, soft budget constraint, budget slack and budget adjustment, budget disclosure and budget performance. Secondly, it analyzes the relevant research on governance function of national audit. Finally, it analyzes and deconstructs relevant literature related to national budget, national audit and national governance.

Chapter 3, the situation and problems of budget performance management and budget audit supervision in China. Firstly, based on the three levels of budget execution audit, budget compliance audit and budget performance audit, this chapter deeply analyzes the situation of China's budget audit supervision. On this basis, the problems of China's budget audit supervision are also discussed, which lay the foundation of followup theoretical analysis framework and implementing strategic exploration.

Chapter 4, the relationship of national audit, national budget and national governance. This chapter analyzes and constructs the framework of national audit, national budget and national governance from four levels. Firstly, it analyzes the relationship between national budget and national governance, and argues that the basic capabilities of national governance include compulsory, ab-

Abstract

sorption, assimilation, regulation, leadership and redistribution. The abilities of absorption and redistribution are financial capacities. "Budgeting state" is another expression of the modernization of the national governance system and governance capacity. Secondly, it analyzes the characteristics of the theory of popular sovereignty, and analyzes the relationship between public budget power monitoring and state governance based on the theory of popular sovereignty. Audit supervision is one of the main forms of public budget power monitoring. Thirdly, it analyzes the basic problem of budget performance management from three aspects: principal–agent theory, public economic theory and neoinstitutional economics theory. Finally, from the "public accountability theory", "audit control theory" and "national governance theory", it systematically explores the role of national audit to improve budget management performance and promote national governance, and then logically deduct and induct the mechanism of national audit on improving national budget system, boosting budget performance, and promoting national governance.

Chapter 5, preliminary verification of the relationship between national audit, national budgets, and national governance. This chapter uses provincial-level local government data to verify preliminarily the relationship between national budget and national governance, and the relationship between national audit and national budget. The results show that the substitute indicators for national budget such as the deviation between revenues and expenditures of budget and final accounts are significantly related to national governance; national auditing supervision and advice functions have a significant impact on national budgets. The correlation of the three factors is preliminarily proved.

Chapter 6, testing the effectiveness of national audit in promoting national governance. "Sunshine is the best preservative." Transparent and opening government policies and the trajectory of power are not only the internal requirements of ruling the country by law, but also the external basis of building a modern law government. From the perspective of budget transparency, this chapter tests the path role of transparent budget in the national audit serving governance by provincial local government data, and confirms the actual effect of national audit promoting the improvement of budget system, the improvement of budget management performance and the improvement the level of national governance through the role of budget transparency.

Chapter 7, main implementation strategies for national audit promoting budget performance and serving national governance. Firstly, we will explore and implement the budget supervision mode of the "Party Audit Committee+National Audit", and strengthen the leadership of the Communist Party of China on audit work and the national audit on the whole process of budget supervision. Secondly, we will establish and improve the internal control system of the government, explore the implementation of the government internal control audit and strengthen the comprehensiveness of the system of national budget management. Thirdly, we will improve budget execution audit, strengthen final account audit and budge performance audit, strengthen accountability, and improve the efficiency and effectiveness of the national budget. Fourthly, we will strengthen the rectification of identified problems by budget audit, improve the audit results announcement system, and promote the use of budget audit results.

Chapter 8, the people's livelihood audit and budget performance. Perfecting and strengthening people's livelihood audit is also an important way to implement budget performance management, optimize budget allocation efficiency and promote national governance. Firstly, on the basis of defining the meaning of people's livelihood audit, this paper analyses the characteristics of people's livelihood audit. Secondly, from three aspects of meaning, problems and suggestions for improvement, this paper makes a detailed study on the consideration of the construction funds of guranteed housing.

Chapter 9, economic responsibility audit and budget pefficiency. Based on the analysis of the relationship between audit of economic responsibility of leading cadres and budget performance, this chapter systematically studies the function route of economic responsibility audit to improve budget performance from three aspects: budget power monitoring, corruption governance and government accountability. By taking environmental pollution for example, the chapter empirically tests the actual effect for audit of economic responsibility of leading cadres on promoting national governance.

Chapter 10, national audit, "the three critical battles" and budget performance. Optimizing the structure of budgetary expenditure, supporting "the three critical battles", and making budgetary arrangements to ensure the financial needs of major national development strategies and key areas are another realistic way to promote national governance. With how to fight "the three critical battles" of national audit, research on the implementation strategies of national audit to promote budget performance and achieve the modernization of national governance.

Key Words: National Audit; National Governance; Budget; Budget Performance; Budget Supervision

目 录

第一章 绪 论 ……………………………………………………… 1

    第一节 现实背景与研究意义 …………………………………… 1

        一、现实背景 ………………………………………………… 1

        二、研究意义 ………………………………………………… 8

    第二节 核心术语阐释 …………………………………………… 12

        一、国家审计 ………………………………………………… 12

        二、国家治理 ………………………………………………… 13

        三、国家预算 ………………………………………………… 14

        四、预算绩效 ………………………………………………… 15

        五、预算监督 ………………………………………………… 17

    第三节 内容安排与结构框架 …………………………………… 18

        一、内容安排 ………………………………………………… 18

        二、结构框架 ………………………………………………… 21

第二章 研究成果概述 …………………………………………… 23

    第一节 国家预算相关研究 ……………………………………… 23

        一、预算制度与预算管理 …………………………………… 23

        二、预算软约束、预算松弛与预算调整 …………………… 27

        三、预算公开与预算绩效 …………………………………… 29

第二节　国家审计治理功能研究 ………………………………… 31
　　第三节　国家预算、国家审计与国家治理相关研究 …………… 32

第三章　我国预算绩效管理、预算审计监督现状与问题 ……… 35
　　第一节　我国预算绩效管理现状与问题 ………………………… 35
　　　　一、我国预算绩效管理的现状 ………………………………… 35
　　　　二、我国预算绩效管理存在的问题 …………………………… 39
　　第二节　我国预算审计监督现状考察 …………………………… 40
　　　　一、政府预算执行情况审计现状 ……………………………… 40
　　　　二、政府预算合规性审计现状 ………………………………… 46
　　　　三、政府预算绩效审计现状 …………………………………… 50
　　第三节　我国预算审计监督存在的问题 ………………………… 55
　　　　一、国家审计的权威性与独立性需要进一步提升 …………… 56
　　　　二、预算与决算审计需要进一步完善与推动 ………………… 57
　　　　三、预算绩效审计需要全面有效推开 ………………………… 58
　　　　四、预算审计结果公告制度需要进一步完善 ………………… 59

第四章　国家审计、国家预算与国家治理的关系 ……………… 61
　　第一节　国家预算与国家治理的关系 …………………………… 61
　　第二节　公共预算权力的监控与国家治理的关系 ……………… 66
　　　　一、人民主权理论 ……………………………………………… 66
　　　　二、人民主权理论下的公共预算权力监控与国家治理 …… 71
　　第三节　预算绩效管理的基本理论 ……………………………… 76
　　　　一、委托代理理论 ……………………………………………… 76
　　　　二、公共经济理论 ……………………………………………… 77
　　　　三、新制度经济学理论 ………………………………………… 78
　　第四节　国家审计提升预算绩效、促进国家治理的作用机理 … 79
　　　　一、公共受托经济责任 ………………………………………… 79

二、审计控制论 …………………………………………… 83
　　三、国家治理论 …………………………………………… 85

第五章　国家审计、国家预算及国家治理之关系的初步验证 ………………………………………………… 89

第一节　国家审计、国家预算与国家治理的逻辑关系解构 …… 90
第二节　国家审计、国家预算与国家治理实证模型的构建 …… 95
　　一、样本选择与数据来源 ………………………………… 95
　　二、变量定义与模型设定 ………………………………… 96
第三节　国家审计、国家预算与国家治理实证结果分析 ……… 98
　　一、国家审计、国家预算与国家治理的数据特征 ………… 98
　　二、国家审计、国家预算与国家治理指标相关性检验 …… 100
　　三、国家审计、国家预算与国家治理回归结果及分析 …… 101

第六章　国家审计促进国家治理的效果检验 ……………… 113

第一节　国家审计、预算透明与国家治理效率 ………………… 115
　　一、预算透明的发展 ……………………………………… 115
　　二、预算透明、国家审计与国家治理的关系 …………… 116
第二节　预算透明在国家审计服务国家治理中的路径作用分析 ………………………………………………………… 119
　　一、预算透明与国家审计指标的选择 …………………… 119
　　二、预算透明与国家审计实证模型的设定 ……………… 120
第三节　预算透明在国家审计服务国家治理中的路径作用检验结果 ……………………………………………………… 124
　　一、预算透明、国家审计与国家治理的数据特征 ……… 124
　　二、预算透明、国家审计与国家治理的相关性分析 …… 127
　　三、预算透明、国家审计与国家治理的验证结果分析 …… 128

第七章　国家审计提升预算绩效、促进国家治理的基本策略 …… 139

第一节　探索实施"党委审计委员会+国家审计"的预算监督模式 …… 139
第二节　建立健全政府内部控制制度，探索实施政府内部控制审计 …… 143
第三节　完善预算执行情况审计，强化决算审计与预算绩效审计 …… 144
　一、完善预算执行审计、强化决算审计 …… 145
　二、完善与强化预算绩效审计 …… 148
第四节　强化预算审计结果公告制度，促进预算审计结果的利用 …… 150

第八章　民生审计与预算绩效 …… 153

第一节　民生审计的特点 …… 154
第二节　保障房建设资金审计 …… 155

第九章　经济责任审计与预算绩效 …… 163

第一节　经济责任审计与预算绩效的关系 …… 164
　一、经济责任审计的含义 …… 164
　二、经济责任审计的功能 …… 166
　三、经济责任审计与预算绩效的关联性 …… 168
第二节　经济责任审计提升预算绩效的路径分析 …… 171
　一、经济责任审计与公共预算权力监控 …… 171
　二、经济责任审计、腐败治理与预算绩效 …… 177
　三、经济责任审计与政府问责机制 …… 186
第三节　经济责任审计服务国家治理的效果检验 …… 190

一、经济责任审计、环境污染与地方政府治理水平的
　　　　关系 ………………………………………………… 191
　　二、经济责任审计、环境污染与地方政府治理水平的衡量
　　　　指标 ………………………………………………… 194
　　三、经济责任审计、环境污染与地方政府治理水平的检验
　　　　效果 ………………………………………………… 196

第十章　国家审计、"三大攻坚战"与预算绩效 …………… 207
　第一节　国家审计、污染防治与预算绩效 ………………… 208
　　一、国家审计、污染防治与预算绩效的关系 ……………… 208
　　二、国家审计促进环境污染防治的实证研究 ……………… 209
　第二节　国家审计、风险防范与预算绩效 ………………… 231
　　一、国家审计、风险防范与预算绩效的关系 ……………… 231
　　二、地方政府债务现状考察 ………………………………… 234
　　三、国家审计与政府债务风险防范 ………………………… 238
　第三节　国家审计、精准扶贫与预算绩效 ………………… 239
　　一、精准扶贫与预算绩效的关系 …………………………… 239
　　二、国家审计与精准扶贫的关系 …………………………… 241
　　三、国家审计促进精准扶贫政策落实的实现策略 ………… 242

附　录 ……………………………………………………………… 245

　附录1　2013年度中央预算执行和其他财政收支审计查出问题整改
　　　　情况报告 ………………………………………………… 246
　附录2　2014年度中央预算执行和其他财政收支审计查出问题整改
　　　　情况报告 ………………………………………………… 264
　附录3　2015年度中央预算执行和其他财政收支审计查出问题整改
　　　　情况报告 ………………………………………………… 281

附录4　2016年度中央预算执行和其他财政收支审计查出问题整改
　　　　情况报告 …………………………………………………… 294

附录5　2017年度中央预算执行和其他财政收支审计查出问题整改
　　　　情况报告 …………………………………………………… 314

参考文献 ………………………………………………………………… 333

索　引 …………………………………………………………………… 363

后　记 …………………………………………………………………… 369

专家推荐表 ……………………………………………………………… 371

Contents

Chapter 1　Introduction ··· 1

   1.1　Realistic Background and Research Significance ················ 1
       1.1.1　Realistic Background ··· 1
       1.1.2　Research Significance ·· 8
   1.2　Core Terminology ··· 12
       1.2.1　National Audit ·· 12
       1.2.2　National Governance ··· 13
       1.2.3　National Budget ·· 14
       1.2.4　Budget Performance ··· 15
       1.2.5　Budget Supervision ·· 17
   1.3　Content Arrangement and Structural Framework ············· 18
       1.3.1　Content Arrangement ··· 18
       1.3.2　Structural Framework ··· 21

Chapter 2　Summary of Research Results ································· 23

   2.1　Research on National Budget ···································· 23
       2.1.1　Budget System and Budget Management ················ 23
       2.1.2　Soft Budget Constraints, Budget Relaxation and Budget Adjustment ··· 27
       2.1.3　Budget Disclosure and Budget Performance ············· 29

2.2　Research on Governance Function of National Audit ……… 31
2.3　Research on National Budget, National Audit and National
　　　Governance ……………………………………………………… 32

Chapter 3　Current Situation and Problems of Budget Performance Management and Budget Audit Supervision in China …… 35

3.1　Current Situation and Problems of Budget Performance
　　　Management in China …………………………………………… 35
　　　3.1.1　The Current Situation of Budget Performance Management
　　　　　　 in China ………………………………………………… 35
　　　3.1.2　Problems of Budget Performance Management
　　　　　　 in China ………………………………………………… 39
3.2　Investigation on the Current Situation of Budget Audit
　　　Supervision in China …………………………………………… 40
　　　3.2.1　The Status of Government Budget Implementation
　　　　　　 Audit ……………………………………………………… 40
　　　3.2.2　The Status of Government Budget Compliance
　　　　　　 Audit ……………………………………………………… 46
　　　3.2.3　The Status of Government Budget Performance
　　　　　　 Audit ……………………………………………………… 50
3.3　The Problems in Budget Audit Supervision in China ………… 55
　　　3.3.1　The Authority and Independence of National Audit
　　　　　　 Need to be Further Enhanced …………………………… 56
　　　3.3.2　Budget and Accounts Audit Needs Further Improvement
　　　　　　 and Promotion …………………………………………… 57
　　　3.3.3　Budget Performance Audit Needs to be Pushed Forward
　　　　　　 in an All-round and Effective Way ……………………… 58

Contents

    3.3.4 Budget Audit Result Announcement System Needs Further Improvement ··· 59

Chapter 4 Relations among National Audit, National Budget and National Governance ······································· 61

  4.1 Relations between National Budget and National Governance ·· 61
  4.2 The Relationship between the Monitoring of Public Budget Power and National Governance ······················· 66
    4.2.1 The Theory of People's Sovereignty ······················· 66
    4.2.2 The Monitoring of Public Budget Power and National Governance under the Theory of People's Sovereignty ··· 71
  4.3 Basic Theory of Budget Performance Management ·········· 76
    4.3.1 Principal-Agent Theory ·· 76
    4.3.2 Public Economic Theory ······································· 77
    4.3.3 New Institutional Economics Theory ······················· 78
  4.4 The Functional Mechanisms of National Auditing in Improving Budget Performance and Promoting National Governance ·· 79
    4.4.1 The Theory of Public Entrusted Economic Responsibility ·· 79
    4.4.2 Audit Cybernetics Theory ····································· 83
    4.4.3 National Governance Theory ································ 85

Chapter 5 Preliminary Validation of the Relationship among National Audit, National Budget and National Governance ········ 89

  5.1 Deconstruction of the Logical Relations among National Audit, National Budget and National Governance ············ 90

5.2　Construction of Empirical Model of National Audit, National Budget and National Governance ·················· 95
　　5.2.1　Sample Selection and Data Sources ······················ 95
　　5.2.2　Definition of Variables and Model Setting ················ 96
5.3　Analysis of Empirical Result of National Audit, National Budget and National Governance ································ 98
　　5.3.1　Data Characteristics of National Audit, National Budget and National Governance ································ 98
　　5.3.2　Testing the Relevance among National Audit, National Budget and National Governance Indicators ············ 100
　　5.3.3　The Regression Result and Analysis of National Audit, National Budget and National Governance ··············· 101

Chapter 6　Testing the Effectiveness of National Audit in Promoting National Governance ·· 113

6.1　National Audit, Budget Transparency and National Governance Efficiency ·· 115
　　6.1.1　Development of Budget Transparency ···················· 115
　　6.1.2　The Relationship among Budget Transparency, National Audit and National Governance ················ 116
6.2　Analysis of the Path Role of Budget Transparency in National Audit Servicing National Governance ··············· 119
　　6.2.1　The Selection of Budget Transparency Indicator and National Audit Indicators ···························· 119
　　6.2.2　The Establishment of Empirical Model between National Audit and Budget Transparency ························ 120
6.3　The Path Role Test Results of Budget Transparency in National Audit Servicing National Governance ··············· 124

6.3.1 Data Characteristics of Budget Transparency, National Audit and National Governance …………………… 124

6.3.2 Analysis of the Relevances of Budget Transparency, National Audit and National Governance ………………… 127

6.3.3 Analysis of the Verification Results of Budget Transparency, National Audit and National Governance ……………… 128

Chapter 7 Main Strategies for National Audit to Promote Budget Performance and National Governance ………………… 139

7.1 Exploring and Implementing the Budget Supervision Model of "Party Audit Committee + National Audit" ………………… 139

7.2 Establishing and Improving the Government Internal Control System and Exploring the Implementation of the Government Internal Control Audit ………………………… 143

7.3 Perfecting of Budget Execution Audit, Strengthening Final Accounts Audit and Budget Performance Audit ………… 144

7.3.1 Perfecting Budget Execution Audit and Strengthening Final Accounts Audit ……………………………… 145

7.3.2 Perfecting and Strengthening Budget Performance Audit ………………………………………………… 148

7.4 Strengthening the Budget Audit Result Announcement System and Promoting the Utilization of Budget Audit Result …… 150

Chapter 8 The People's Livelihood Audit and Budget Performance ………………………………………… 153

8.1 Characteristics of People's Livelihood Audit …………… 154

8.2 Audit of Construction Funds for Guaranteed Housing …… 155

Chapter 9　Economic Responsibility Audit and Budget Performance …… 163

9.1　Relations between Economic Responsibility Audit and Budget Performance …… 164
9.1.1　The Meaning of Economic Responsibility Audit …… 164
9.1.2　Functions of Economic Responsibility Audit …… 166
9.1.3　Relevances between Economic Responsibility Audit and Budget Performance …… 168

9.2　Path Analysis of Economic Responsibility Audit to Improve Budget Performance …… 171
9.2.1　Economic Responsibility Audit and Supervision of Public Budget Power …… 171
9.2.2　Economic Responsibility Audit, Corruption Control and Budget Performance …… 177
9.2.3　Economic Responsibility Audit and Government Accountability Mechanism …… 186

9.3　Testing the Effectiveness of Economic Responsibility Audit in Serving National Governance …… 190
9.3.1　The Relationships between Economic Responsibility Audit, Environmental Pollution and the Level of Local Government Governance …… 191
9.3.2　Measurement Indicators of Economic Responsibility Audit, Environmental Pollution and Level of Local Government Governance …… 194
9.3.3　Testing the Effectiveness of Economic Responsibility Audit, Environmental Pollution and Level of Local Government Governance …… 196

Contents

Chapter 10 National Audit, "Three Critical Battles" and Budget Performance 207

10.1 National Audit, Pollution Prevention and Budget Performance 208

 10.1.1 The Relationships among National Audit, Pollution Control and Budget Performance 208

 10.1.2 Empirical Study on the Promotion of Environmental Pollution Prevention and Control by National Audit 209

10.2 National Audit, Risk Prevention and Budget Performance 231

 10.2.1 The Relationships among National Audit, Risk Prevention and Budget Performance 231

 10.2.2 A Survey of the Current Situation of Local Government Debt 234

 10.2.3 National Audit and Risk Prevention of Government Debt 238

10.3 National Audit, Targeted Poverty Alleviation and Budget Performance 239

 10.3.1 The Relationship between Targeted Poverty Alleviation and Budget Performance 239

 10.3.2 The Relation between National Audit and Targeted Poverty Alleviation 241

 10.3.3 Implementation Strategy of National Audit Promoting Targeted Poverty Alleviation Policy 242

Appendix ……………………………………………………………… 245

References …………………………………………………………… 333

Index …………………………………………………………………… 363

Acknowledgements ………………………………………………… 369

Recommendations ………………………………………………… 371

第一章 绪 论

第一节 现实背景与研究意义

一、现实背景

2019年是全面贯彻中国共产党第十九次全国代表大会（简称"党的十九大"）精神，深化供给侧结构性改革，推进实施《中华人民共和国国民经济和社会发展第十三个五年规划纲要（2016—2020年）》（简称"十三五"规划），决胜全面建成小康社会的关键之年。中国共产党在2013年11月的十八届三中全会上提出，"全面深化改革的总目标是完善和发展中国特色社会主义制度，推进国家治理体系和治理能力现代化"，并明确财政的职能作用，即"财政是国家治理的基础和重要支柱"，强调"必须完善立法、明确事权、改革税制、稳定税负、透明预算、提高效率，建立现代财政制度"。2014年10月，党的十八届四中全会指出："法律是治国之重器，良法是善治之前提。"2017年10月18日至24日，党的十九大报告提出，新时代我国社会主要矛盾是人民日益增长的美好生活需要和不平衡不充分的发展之间的矛盾，我们要在继续推动发展的基础上，着力解决好发展不平衡不充分问题，大力提升发展质量和效益，更好满足人民在经济、政治、文化、社会、生态等方面日益增长的需要，更好推动人的全面发展、社会全面进步。必须贯彻新发展理念，建设现代化经济体系，重点之一是加快建立现代财政制度，建立权责清晰、财力协调、区域均衡的中央和地方财政关系；建立全面规范透明、标准科学、约束有力的预算制度，全面实施绩效管理。

2018年3月5日在第十三届全国人民代表大会第一次会议上，李克强总理做2018年政府工作报告，指出，2018年的政府工作需要深化财税体制改革，完善转移支付制度，全面实施绩效机制，使财政资金花得其所、用得安全。2019年3月5日在十三届全国人大二次会议上，李克强总理做2019年政府工作报告，明确了2019年经济社会发展总体要求和政策取向："要正确把握宏观政策取向，继续实施积极的财政政策和稳健的货币政策，实施就业优先政策，加强政策协调配合，确保经济运行在合理区间，促进经济社会持续健康发展。"并指出2019年政府工作任务，包括："深化重点领域改革，加快完善市场机制。聚焦突出矛盾和关键环节，推动相关改革深化，健全与高质量发展相适应的体制机制，把市场活力和社会创造力充分释放出来。"加快完善市场机制可通过加快国资国企改革、优化民营经济发展环境和深化财税金融体制改革三个方式实现，而深化财税金融体制改革要求加大预算公开改革力度，推进中央与地方财政事权和支出责任划分改革。

"治理"即"预算"（Wildavsky，1988），预算是财政管理的核心，预算制度是国家治理体系的重要内容，预算管理绩效是影响财政管理效率乃至国家经济管理效率的重要因素。一个国家预算能力的强弱决定着其治理能力的大小，强化预算监督、提高预算绩效，是提升预算能力、实现国家治理能力现代化的关键。2014年8月，作为财经领域根本大法——《中华人民共和国预算法》的修订，被喻为我国财政制度建设的里程碑。修订的《中华人民共和国预算法》首次提出预算绩效的概念，绩效的思维贯穿于预算编制、预算执行、决算以及预算审查的各个环节之中，预算监督管理的制度范畴扩大至政府所有的财务行为，终结了政府预算的粗放式管理，步入以绩效评判预算管理工作的科学管理轨道。例如,将"讲求绩效"列入各级预算所要遵循的五原则中;在预算编制中,将上年度预算支出绩效的评价结果作为各级预算编制的重要依据之一;在预算执行中,要求各级政府、各部门、各单位,必须对预算执行情况进行绩效评价;在有关预决算审查中,明确要求人大负责审查年度预算如何提高绩效以及重点项目支出结果绩效的情况。

国家"十二五"规划表明:"推进行政体制改革,要加快转变政府职能,深化各级政府机关事务管理体制改革,降低行政成本……强化预算支出约束和预算执行监督,健全预算公开机制,增强预算透明度。"国家"十三五"规划强调:"全面建成小康社会新的目标要求'国家治理体系和治理能力现代化取得重大进展'……深化财税体制改革,建立全面规范、公开透明预算制度,完善政府预算体系,实施跨年度预算平衡机制和中期财政规划管理。"中共中央政治局在2014年6月审议通过的《深化财税体制改革总体方案》中指出:"重点改进预算管理制度,强化预算约束、规范政府行为、实现有效监督,加快建立全面规范、公开透明的现代预算制度。"现代预算体制是现代财政体系的关键要素,其关系着现代化国家治理体系的构建与良好国家治理能力的培育,是实现制约和监督公共权力的关键环节,是将权力关进制度"笼子"的重要载体。为实现全国人大及其常委会、地方各级人大及其常委会审查批准预算决算和监督预算执行的重要职能,中共中央办公厅于2018年3月发布《关于人大预算审查监督重点向支出预算和政策拓展的指导意见》,从重要意义、总体要求、主要内容、主要程序和方法、组织保障五大方面提出了明确的实施导向,以强化人大对支出预算和政策的审查监督、提高预算监督的针对性和有效性。2018年3月,中共中央印发的《深化党和国家机构改革方案》要求组建中央审计委员会,以加强全国审计工作统筹、优化审计资源配置、更好地发挥审计的监督作用,标志着我国审计改革与发展跨入现代化新时代,对构建集中统一、全面覆盖、权威高效的审计监督体系发挥了积极作用。2018年5月23日,中央审计委员会第一次会议上,习近平总书记肯定了审计机关在维护国家经济财政秩序、强化廉政建设、提升财政资金配置效益、保障社会经济的健康发展等方面发挥了重要作用，并强调要加大对党中央重大政策措施贯彻落实情况跟踪审计力度，充分揭示社会经济运行中存在的各类风险隐患。

2014年8月31日修订的《中华人民共和国预算法》对预算不仅要求严格审计，而且要求向社会公开有关预算执行和其他财政收支的审计工作报告。然而，从各级政府每年向本级人民代表大会常务委员会提交的"审计机关对预算执行和其他财政收支的审计工作报告"可以看出，重复计收列支、随意调整预算、任意支配资金等预算违规现象普遍存在。

2019年6月26日，《国务院关于2018年度中央预算执行和其他财政收支的审计工作报告》中，就预算审计相关情况做了详细的分析。①中央决算草案与预算管理审计发现的主要问题有：中央决算草案有3个事项未披露，涉及金额242.32亿元；预算安排未充分考虑资金结转结余情况，涉及金额62.55亿元；预算编制欠合理不细化，未细化落实到具体地区和单位，涉及金额409.13亿元；部分预算下达和调整不及时、欠规范，涉及金额1500.07亿元；部分投资项目的预算与计划下达对接时间较长，平均耗时62天，个别投资计划最长耗时224天；国有资本经营预算管理存在部分企业未在预算范围内、资金闲置、效率低等问题；转移支付制度体系需要完善，存在指定用途资金占比较高、转移支付安排交叉重叠、执行不严等；全面预算绩效管理机制不健全，存在绩效目标设定不够科学、绩效评价不规范、绩效信息公开比例低等问题。②中央部门预算执行审计发现的主要问题有：预决算编报欠完整及准确，涉及金额14.23亿元；预算执行与资产管理欠规范，涉及金额77.47亿元；"三公"经费和会议费等管理欠严格，涉及金额5469.25万元；部分单位违规收费，涉及金额120万元。

为此，提出了要提升财政资源配置效率的审计建议：第一，积极推进中央与地方财政事权和支出责任划分改革，理顺中央和地方财政关系。第二，深化部门预算编制的制度改革，按照"全面规范透明、标准科学、约束有力"要求，进一步提高预算编制标准化、精细化和科学化水平，从源头上解决资金结余沉淀、项目期末突击花钱等问题。第三，强化绩效意识，改进绩效评价方法，坚持花钱必问效、无效必问责，将全面预算绩效管理推进到资金使用"最后一公里"。第四，优化支出结构，继续压减不必要行政开支，加大对重点领域支持力度，盘活各类沉淀资产与资金。

全面实施预算绩效管理是推进国家治理体系和治理能力现代化的内在要求，是深化财税体制改革、建立现代财政制度的重要内容，是优化财政资源配置、提升公共服务质量的关键举措。2018年9月1日，为解决当前预算绩效管理存在的突出问题，中共中央、国务院发布了《关于全面实施预算绩效管理的意见》，指出："必须以习近平新时代中国特色社会主义思想为指导，坚持新发展理念，按照高质量发展的要求，紧紧围绕统筹推进'五位一体'总体布局和协调推进'四个全面'战略布局，坚持以供给侧结构性改革为主线，创新预算管理方式，更加注重结果导向、强调成本效益、硬化责任约束，加快建成全方位、全过程、全覆盖的预算绩效管理体系，实现预算和绩效管理一体化，着力提高财政资源配置效率和使用效益，改变预算资金分配的固化格局，提高预算管理水平和政策实施效果，为经济社会持续健康发展提供有力保障。"2018年11月8日，为贯彻落实《中共中央 国务院关于全面实施预算绩效管理的意见》，财政部发布财预〔2018〕167号文，对中央部门和地方财政部门全面实施预算绩效管理提出了具体要求，指出要抓好预算绩效管理的重点环节，内容主要包括：预算编制环节突出绩效导向，预算执行环节加强绩效监控，决算环节全面开展绩效评价，强化绩效评价结果刚性约束，推动预算绩效管理扩围升级。同时指出，还要实施"硬化预算绩效责任约束、加大绩效信息公开力度和推动社会力量有序参与"的绩效管理监督问责。另外，还强调各级财政部门需要加强与人大、监察、审计等机构的协调配合，健全工作机制，形成改革合力，确保全面预算绩效管理工作顺利实施；各部门需完善内部工作机制，按照预算和绩效管理一体化要求，结合自身业务特点、优化预算管理流程，完善内部控制制度，推动全面实施预算绩效管理工作制度化、常态化、规范化。

国家审计是依法用权力制约、监控权力的重要制度安排，是国家政治制度的重要组成部分，其核心是推动民主法治，建立善治政府，促进社会经济的可持续发展及健康运行。《世界审计组织战略规划（2011—2016）》中要求各国最高审计机关在坚定反腐、加强问责、提升透明和强化善治方面不断努力，以展示各国最高审计机关在国家治理中的重要地位与作用。2011年7月，时任审计长刘家义指出："国家审计是治理体系的关键成分，是凭借法定权力监督制约公共权力之行为，是内生于国家治理的具有预防、揭示及抵御功能的'免疫系统'。"2013年10月，在世界审计组织第二十一届大会开幕式上，李克强总理指明："在中国，审计在改善国家治理、促进经济可持续发展上发挥了重要作用。审计发挥了对财政的监控作用，促进财政提高效率；成为防治腐败的哨兵，严格监控公共资金的合规合法使用。"大会通过的《北京宣言》也提出："最高审计机关为了促进国家善治，应继续提高政府效能、维护民主法治、打击贪污腐败、推进透明问责、改善民生、维护国家安全。"2014年10月9日，国务院发布的《关于加强审计工作的意见》（国发〔2014〕48号）便要求，要发挥审计促进国家重大决策部署的落实保障作用，持续组织对国家重大政策措施和宏观调控部署落实情况的跟踪审计，推动政策措施贯彻落实。2015年12月，中共中央办公厅、国务院办公厅印发的《关于完善审计制度若干重大问题的框架意见》指明，"对公共资金、国有资产、国有资源和领导干部履行经济责任情况实行审计全覆盖"，"到2020年，基本形成与国家治理体系和治理能力现代化相适应的审计监督机制"。

此外，2017年3月5日，第十二届全国人大五次会议上，李克强总理指出2017年的重点工作任务是："继续推进财税体制改革……深入推进国家预决算的公开，倒逼盘活沉淀资金，提升资金利用效率，每一笔钱都要花在明处、用出实效。"2018年1月9日，全国审计工作会议指出，各级审计机关要始终推动党中央、国务院重大政策措施贯彻落实，促进我国经济高质量发展、提高经济增长质量；要围绕打好"三大攻坚战"，进一步聚焦审计重点；扎实开展财政、金融、企业、民生、经济责任、投资等各专项审计。2018年5月31日，为贯彻落实《关于人大预算审查监督重点向支出预算和政策拓展的指导意见》（以下简称《指导意见》），更好地发挥审计在党和国家监督体系中的重要作用，促进政府预算有效贯彻落实党中央重大方针政策和决策部署，审计署发布了《贯彻落实〈关于人大预算审查监督重点向支出预算和政策拓展的指导意见〉的意见》（审财发〔2018〕13号），要求"各级审计机关和全体审计人员认真学习并深入领会《指导意见》精神，充分认识《指导意见》的重要意义"，强调要"紧扣人大预算审查监督要求，进一步聚焦审计重点；并紧密结合审计工作实际，建立完善相关工作机制，以推动《指导意见》各项部署落地生根、有效发挥作用"。2019年1月13日，胡泽君审计长在全国审计工作会议上强调："做好2019年审计工作，坚持稳中求进，把思想和行动统一到党中央、国务院对经济形势的重大判断和决策部署上，扎实推进审计管理体制改革，依法履行审计监督职责，确保2019年主要经济社会指标和改革发展任务顺利完成。"

国家预算作为一种管理工具广泛运用于行政事务管理，预算反映政府的活动计划，体现政府在特定时期的政策目标、政策手段及其财政活动范围。当前，我国已进入全面建成小康社会的决胜阶段，随着社会经济的发展，现行预算管理制度也暴露出预算管理和控制方式不够科学，尚未建立全面的跨年度预算平衡机制，预算体系欠完善，预算约束力度不够，财政收支结构有待优化，预算资金使用绩效不高，预算透明度不够，财经纪律有待加强等不符合现代财政制度和现代国家治理要求的诸多问题。

基于此，本书以贯彻2014年修订的《中华人民共和国预算法》及推动财政管理体制的改革为契机，以服务国家治理为目标，从理论探讨与实证分析两个维度，系统研究国家审计、预算绩效与国家治理的关系，构架理论分析框架，并实证检验国家审计通过完善国家预算制度、提升预算绩效，进而促进国家治理的实际效果。在此基础上，提出了完善国家预算制度、强化预算绩效管理的相关政策建议。

二、研究意义

国家审计本质上是促进和保障公共受托经济责任之全面有效履行而存在的一种特殊的经济控制，理应成为促进国家治理的有效工具与手段，而国家预算制度作为管理财政资金的一种制度安排，是国家治理的重要内容。具备现代预算体制的"预算国家"是国家治理体系现代化和治理能力现代化的另外一种表述，而"预算监督"和"财政统一"是成为"预算国家"的两个基本标志（王绍光，2008）。健全的国家预算制度、有效率的预算管理离不开国家审计，国家审计是完善国家预算体系、提升预算绩效的重要监督机制。因此，基于服务国家治理的视角，研究国家审计提升预算绩效的机制与途径，具有理论上的重要性与实践上的紧迫性，对于建立现代预算体系、构建国家治理长效促进机制、促进审计理论创新、推动审计事业科学有效发展，有着重大的理论价值与实践意义。

1. 理论价值

本书的理论价值主要体现在以下四个方面：

（1）有利于深化国家治理体系与治理能力若干重大问题的研究，推进国家治理长效机制的建立。B. Guy Peters（1998）指出，国家治理可理解为一个持续不间断的过程，只要存在国家，过程便永远持续。党的十八大指出："要更加注重改进党的领导方式与执政方式，保障党领导人民有效治理国家；更加注重发挥法治在国家治理和社会管理中的作用，加强立法工作组织协调，加强对'一府两院'的监督，加强对政府全口径预算的审查和监督；创新行政管理方式，提高政府公信力和执行力，推进政府绩效管理。"同时，党的十八届三中全会也强调："要全面深化改革，强化国家治理，转变政府职能，建立科学的国家治理体系，培育现代化的国家治理能力。"此外，2016年12月14日至16日，中央经济工作会议上，习近平总书记部署2017年的经济工作，指出："继续实施积极财政政策和稳健货币政策，财政政策要更加有效积极，预算安排要与降低企业税费负担、推

第一章 绪 论

进供给侧结构性改革、保障民生兜底需要相适应。"2017年12月的中央经济工作会议指出:"2018年度,继续保持积极的财政政策、优化调整财政支出结构,以保障对重点领域及重点项目的财政支持。"因此,研究国家治理相关问题,既具有研究上的前沿性与趋势性,又具有实践上的重要性和紧迫性。

(2) 有利于拓展审计理论研究的广度和深度,推动审计理论的创新和发展。世界审计组织第二十一届大会指出:"最高审计机关能够在完善国家治理中发挥重要作用;最高审计机关通过强化公共部门的透明与责任,建设廉洁诚信政府等方式促进国家治理;日益复杂的国家治理,对审计提出更高要求,亟须采取相适应的应对措施。"《关于实行审计全覆盖的实施意见》等配套文件指出:"对公共资金实行审计全覆盖,重点关注公共资金管理使用的合法真实性、效益性,财务财政收支、预算执行和决算情况,以实现公共资金的安全及高效使用。将预算执行审计、决算草案审计、专项资金审计、重大投资项目跟踪审计等各类型审计相结合,加大审计资金管理、分配、使用等关键环节力度。"因此,本书基于服务国家治理的视角,探索并试图打通国家审计通过完善国家预算制度,强化公共部门的责任和透明度,提升预算绩效,促进国家实现良好治理的有效路径,在此基础上研究国家审计通过完善国家预算制度、提升预算绩效,促进国家治理的实现策略,有利于拓展审计理论研究的深度和广度,进而推动审计理论的创新和发展。

(3) 有利于深化对国家审计实践重要问题的认识,促进审计事业的科学有效发展。审计署在《关于进一步加强审计理论研究工作的意见》中要求"要将审计经验凝练升华,梳理审计业务规律,创新审计理论,提升审计研究的适应性、发展性、创新性及效率性"。2016年12月的全国审计工作会上,时任审计长刘家义部署2017年的国家审计工作,强调要重点抓好八个方面的工作,其中一个方面即为财政审计。刘家义指出:"财政审计以盘活存量、做大增量、提高绩效、优化结构为目标,进一步深化预算执行和决算草案及重点专项资金等的审计;重点关注财政收支的合法真实效益性和重点专项资金的绩效性，促使预算安排适应供给侧结构性改革、深化财税体制改革、推行积极效率的财政政策。"2018年1月全国审计工作会上，胡泽君审计长在部署2018年的审计工作时，再次强调要做好财政专项审计、关注预算绩效。本书探讨如何构建"党委审计委员会+国家审计"模式的国家预算审计监督机制，创新并实施预算合理性审计、预算执行情况审计、决算审计、政府会计报告审计、政府内部控制审计、政府绩效审计等审计方式方法，拓展国家审计功能，以构建国家治理的长效机制，有利于深化对国家审计实践中的重要问题的认识，更好地指导和促进审计工作的科学发展。

（4）有利于完善国家预算制度、提升预算管理绩效，推进财税体制改革的顺利实施。国家预算制度的完善，有利于强化国家的宏观调控，保障经济社会的健康运行与可持续发展。党的十八届三中全会指出"要改进预算管理制度，实施透明公开、全面规范的预算制度，建立权责发生制政府综合财务报告制度"。2013年5月6日，国务院常务会议强调"要下力气推动构建系统完整、透明规范的预算体制，形成深化预算体系改革总体方案"。2014年6月30日，《深化财税体制改革总体方案》发布，强调要"改革预算体制，约束公共权力的履行、强化预算监督，构建透明规范、系统完整的预算体制"。2016年12月29日，全国财政工作会议在北京召开，研究部署2017年财政工作。时任财政部长肖捷强调，2017年各级财政部门要以提高发展质量和效益为中心，以推进供给侧结构性改革为主线，重点做好以下工作：深化预算改革，建立现代预算制度，实施绩效预算，进一步细化预算编制，提高年初预算到位率，强化预算透明度；加强预算执行的管理，确保年度预算任务的有效完成；防范财政收入的虚增，提高预算执行规范性和均衡性；硬化预算约束，严控预算的调整，提升财政资金运行效率。2017年12月28日，全国财政工作会议在部署2018年财政工作时，按照高质量发展的要求，将"强化财政管理监督，全面实施绩效管理，推进法治财政建设，完善现代国库管理体系，加强财政管理基础工作，强化财政监督"作为八个方面重点工作之一。因此，本书探讨如何将国家审计有机嵌入国家预算监督体系，构建国家预算全面审计监控机制，这既有利于完善国家预算制度体系、提升国家预算管理水平、增强政府透明度、提高预算管理绩效，又有利于加大财税体制改革的推进力度、控制政府支出、防范财政风险、提高政府工作效率、完善国家治理体系、提升国家治理能力。

2. 实践意义

本书的实践意义主要体现在以下两个方面：

（1）有助于检验我国预算制度改革的效果，即国家审计功能的发挥是否可以深化预算制度的改革，推进预算管理绩效的提高，从而有效提升国家治理水平。现有研究主要采用规范研究范式单方面探讨国家预算、国家审计或国家治理相关理论问题，或初步探讨国家预算、国家审计、国家治理两两之间的关系，缺乏系统的理论推导与经验数据的支持，本书的分析结论，为证实国家审计、预算绩效与国家治理三者之间的关联性提供了相应的理论依据与数据支撑。

（2）有助于分析国家审计与预算绩效管理对国家治理的具体作用机理，以及审计监控与预算治理之间的联动机制。现有研究缺乏论证国家审计、预算绩效、国家治理三者之间关系的研究成果，虽然有部分学者针对某一方面进行了初步探讨，但这些研究要么采用规范研究范式，通过逻辑分析推演得出正向关联性的结论，要么采用案例研究范式，对特定层面的政府（中央部门）预算情况进行分析，均缺乏经验证据支持。本书基于中国特定的制度背景，探索以传统行政纵向监督（全面预算管理）与审计机构横向监督相结合的联动问责机制，为政府相关监管部门强化审计监督、深化预算制度改革、推进国家体系和治理能力现代化建设提供重要的决策参考依据。研究成果将从国家治理的独特视角，丰富并进一步拓展公共领域的审计治理研究。本书还将有利于促进审计功能的发挥、优化与完善国家预算制度、有效提升国家治理能力与水平。

第二节 核心术语阐释

一、国家审计

审计是为评价认定与标准的符合程度,客观收集经济事项证据,并将评价意见传递给相关关系人的系统的过程[美国会计学会(AAA),1973]。审计能够增强财务报告可信度(Mautz et al.,1996;国际审计实务委员会,1980)。审计是一种监控机制,目的是保证受托经济责任能够得到全面有效履行;是第三方独立施行的,将经营成果与预期进行比较,并报告结果的专门检查活动(Hicks & Flint,1988)。因此,鉴证功能是审计的最基本功能,该功能一方面提升了财务报告的可信性,另一方面促进了受托经济责任得以有效履行。

国内学者对审计也做了完整详细的界定。审计是一个过程(谷祺和毛岩亮,1991),是对会计的确认、计量、记录及分析核算等的检查(王文彬,1981)。基于审计本质角度,主要有查账论、过程方法论、经济监督论、经济控制论等。蔡春(1998)指出,审计产生、发展的首要前提是存在受托经济责任关系,其本质是一种特殊的经济控制。蔡春(1990)认为,审计是经济控制,本质目标是保证受托的经济责任全面有效地履行,其具备三大职能,独立审计职能的准确定位包括鉴证假说、监督假说、评价假说,即鉴证、监督与评价职能。鉴证是为了确定责任人履责与既定标准的一致性,从而证明受托经济责任的履行情况;监督既能够预防发生问题,又可以发现已经存在的问题,从而保障受托经济责任的有效履行;评价是客观公正地对责任人的履责效果表达意见,从而总结受托经济责任的履行效果。

第一章 绪 论

换言之,国家审计是由于存在公共受托经济责任的关系,对政府或其他公共部门在管理经济社会过程中的一切行为活动进行鉴证、监督、评价,以保障其承担的受托经济责任得以有效履行的一种经济控制机制。保障与促进国家善治成为了公共受托经济责任的重要内容,国家审计理应成为提升国家治理能力与治理水平的有效途径。

二、国家治理

治理,即"Governance",来源于古希腊文与拉丁文,原意是操纵"Manipulate"、控制"Control"和引导"Guide"。韦伯字典将"治理"界定为"统治的行为和过程",尤指权威性的指挥及控制。世界银行认为,治理包含公共部门的管理、公信力、法律框架、信息及透明度,指为谋求发展管理国家经济资源时的权力行使方式。治理涉及分配利益、建立经济运行环境及明确统治与被统治关系时公共权威的作用力度,是经济管理和社会发展中政治权威的行使与控制〔经济合作与发展组织(OECD),1993〕。治理既包括符合公民自身利益且自愿遵从的民主性非正式制度,也包括使公民依从的权威性正式规制,是协调不同利益及相互冲突、采取联合行动的过程〔全球治理委员会(Commission on Global Governance),1995〕。治理是经改良且有序的统治状态、新兴管理过程或方式,主要包括国际相互依存、新公共管理、政治经济学、善治、社会控制系统和网络等六个方面(Rhodes,1996)。治理的方式有优有劣,管理公共资源与处理社会问题效率高,能解决社会迫切问题,公众参与度深、透明度大和公信力好的民主治理便是"良治"〔联合国开发计划署(UNDP),1997〕。治理是权力行使的决定因素,影响不同利益主体的决策地位及社会经济重大决策的制定〔渥太华治理研究所(Institute of Governance Ottawa),2002〕。

简言之,治理指在既定制度体系与范围中,治理主体利用政治权威协调各利益主体之间的关系,维持良好的秩序,规范、引导与控制各类活动,达到公共利益最大化的一种持续的社会管理过程。基于此,国家治理则是为了满足公民需求，协调政府与市场、第三部门、公民社会之间多重关系的过程（尚虎平等，2009）；是在特定政治经济背景下，政府管理公共事务（张国庆，2000），以保持社会稳定、捍卫国家利益、确保国家安全、维护人民利益、实现可持续发展的过程（刘家义，2012）；其核心目的是协调各利益主体的不同利益诉求，促使公共资源有效合理配置，监控"公权阳光运行"，保障受托经济责任得以履行（蔡春等，2012）；其最终目的是通过协调市场、政府与社会关系，有效配置公共资源，从而满足公民需求，推动政治经济的可持续均衡发展（俞可平，2000）。

国家治理机制主要包括预算管制、权力制约、审计监控、责权对称、行为透明、利益公平、披露信息及奖惩问责八个方面（蔡春等，2012），因而国家治理能力便可以认定为运用法规制度及法治思维来治理国家和协调社会不同利益方的能力（刘武俊等，2013）。

综上所述，国家治理指为达到经济、政治与社会等整体发展目标，政府与各经济政治组织、团体及社会公民通过设置制度，协同管理公共事务，实现经济社会等领域协调可持续发展的系统过程。国家治理水平的高低可以用政府履行各项经济社会职责、达到既定目标的程度与质量衡量，高水平的国家治理指政府履行公共事务职责过程及最终结果的公正性、合规性、成本性、透明性、收益性，即国家的"善治"或"良治"。

三、国家预算

财政伴随着国家的出现而产生，国家预算与国家财政具有不可割裂的关系，国家预算是财政的核心内容，是财政发展到一定阶段的产物，当财政要求统一制定政府的年度财政收支计划并经立法程序审批后才能施行时，便出现了国家预算。

预算，即"Budget"，该词最早出现于17世纪的英国，指财政会议召开时用以储放账目的"皮包"，后衍生为"财务收支计划"。预算是以货币形式记录的在一定期间内的收支经济活动信息，是用以对未来收支进行计

第一章 绪 论

划或预测的管理工具,反映某一组织在特定期间的财务状况。Wildavsky(1988)指出,预算是为达到某一特定目标的财务资源和人类行为的结合,是记录不同组织或个人之间的冲突及协商的特定过程。在我国,《现代汉语词典》(第七版)将"预算"界定为"国家机关、团体和事业单位等对未来一定时期内的收入和支出的计划";而《辞海》(第七版)则指出,"预算是政府、机关、企事业等单位经一定程序编制和核定的对于未来一定时期(年、季、月)内的收入和支出所作的预计"。

国家预算体现国家分配资源的优先级次,是一个国家最为重要的政治性文件(Shuman,1989),国家预算的形成过程,就是不同利益团体依据其目标竞争有限的政府资源的过程。国家预算是政府制定的未来一个财政年度的国家收支计划,具体刻画行政部门如何使用经济资源实现政府行政职能的情况,经过立法程序审定的预算,即成为人民与政府之间的法定契约。因此,国家预算是国家机器调节社会经济的重要手段与工具,是由专门部门编制后经立法机构审批的用以反映国家一个财政年度的收支计划,外在形式体现为以表格、文字等记录国家收支活动的财务信息,实质上体现的是政府施政的政策、方针、范围和方法等。

基于以上观点,预算是通过政治过程分配有限公共资源的过程,本书将国家预算界定为:一个国家以国民负担能力及其全部资源作为测算基础,为实现社会、经济、政治等目标,所制定的某一特定期间的财务收支计划。简言之,预算是财政体系的核心要素,是为达到公共目标转化财政资源的制度安排,是政府通过国家机器汲取并分配公共资源的过程。国家预算是经过国家法定程序审批的,具体确定一个财政年度国家的收入来源和数额,规定相应财政年度各项支出金额、用途,反映一国的年度财政收支计划。

四、预算绩效

绩效,即"Performance",其词根为"Perform",17世纪英国哈德的

《牛津英语词源词典》便对绩效进行了解释。《牛津高阶英汉双解词典》中的绩效是一种表现或业绩、性能。关于绩效有两种观点，一种是强调行为的过程，另一种是强调行为的结果。Bernardin（1995）指出，由于顾客满意度、组织战略目标与投资关系和执行活动的结果最为密切，绩效便应该是一种工作成果。Mwita（2000）指出绩效包括"行为—产出—结果"，它是一个综合概念。经济合作与发展组织（OECD）则将绩效界定为"结果对既定计划目标的关联程度，即绩效主体的行为与特定标准的一致程度"。

在经济学中，绩效指经济增长成果或效益，意指为获取相应报酬，促使组织的生产活动及其在知识技能上的发展的一种制度形态。[①] 社会学里的绩效是社会义务，强调不同角色分工的社会成员承担并完成的责任。在管理学中，绩效指由个人绩效汇集为组织绩效，是组织为实现相关目标对不同层次的有效输出。[②] Easterly（2005）认为，公共管理领域的绩效指：为实现社会经济管理各项目标，公共部门职员在职责范围内的一系列行为的业绩和成效，包括公平效率性、经济效果性等。理解"绩效"有三个要点，即在职责范围内，绩效主体的努力过程、努力后果—增量、测量依据—周期（郑方辉和张文方等，2008）。因此，绩效是行为结果、过程结果的统一，是义务及潜力与能力的结合（Robert，2003），绩效管理和绩效评价可以构成管理信息系统（Donald，2008）、国家生产力（中国行政管理学会，2006）或市场责任机制（Philip，2006）。

预算绩效指预算过程要达到的确定性程度或对称信息程度，反映预算计划及执行获得的产出成果，即实施预算所得效率、效益及效果。Fenwick（1995）提出了用"经济性、效率性、效果性"来衡量绩效的"3E"标准：经济性指投入成本关系，强调的是节约资源，即以资源耗费最小量收取最大的成果；效率性指投入产出比例，强调采用某一方式方法以获取最大化

---

① [美]道格拉斯·诺斯：《制度、制度变迁与经济绩效》，杭行译，上海格致出版社、上海三联书店、上海人民出版社2008年版。
② Jensen M. C. and Murphy K. J.," Performance pay and top-management incentives", *Journal of Political Economy*, Vol. 98, No.2, pp.225-264, 1990.

的投入产出比，关注过程、方式的总产出及单位产出，表现为预算行为结果与所耗费的人财物投入要素之比；效果性关心的是行为结果，例如支出恰当性、效果性，追求最优化效益，关注所产出的产品或服务与既定目标的符合程度，表现为预算安排结果与政治经济及社会等各项预期目标的达成度。随着社会经济的发展，又增加了环境性和公平性两个方面，"3E"标准扩展为"5E"标准。

此外，可将预算效率分为两个方面，一是公共产品的生产效率，要求成本耗费最少而获得的公共服务或产品最多；二是政府资源的配置效率，要求预算安排最大限度地满足公民的消费需求偏好（俊培，1998）。预算绩效可以采用总体预算平衡进行度量，Razvan等（2014）采用差分GMM法分析总体预算平衡的影响因素，考察中期相等（MTF）对预算绩效的影响。也有学者以投入产出效率作为预算支出效率的替代指标，研究预算绩效的相关问题（Afonso & Daeys，2007；Widmer et al.，2013；陈诗一和张军，2008；李华和任龙洋，2013）。

五、预算监督

制度，即"Institution"，指确定结构结合或活动形式，从拉丁语"创立、建立"引申而来。North（1994）所界定的制度是指通过构建某种经济合作秩序与竞争关系，为了约束个体在追求最大效用或整体福祉时可能出现的自利行为，所制定的一套规则程序及伦理道德规范，制度提供了各主体相互影响框架。制度还可以理解为结构性安排，当代经济生活中的政府机构和法律制度处于支配角色，而现代政治经济体系中的施行者为各类正式组织（March & Olsen，1984）。

预算是某一期间的收入、支出计划，预算制度则指为了完成预算的既定目标所制定的一系列规范、程序，旨在规范预算形成和执行过程中各主体的活动规则及相互关系。换言之，预算制度执行结果便是预算，而预算制度是规范预算活动过程的权力关系的系列程序，包括预算编制、预算审批、预算执行、预算调整与审批、决算及预算监督。其中，预算监督指对预算的执行、调整、审批及决算的合法合规、结果效果的监督。预算监督主要包括人大监督、审计监督、行政单位内部监督、社会监督等，本书主要研究预算的审计监督问题。

第三节　内容安排与结构框架

一、内容安排

本书除绪论外，分为比较研究、理论研究、实证研究和政策研究四个部分共九章，基于促进国家治理的视角，对国家审计与预算绩效相关问题进行了系统的探讨分析。

第一部分为比较研究，包括第二章和第三章。一方面，对国家预算、国家审计与国家治理相关研究成果进行归纳与比较分析；另一方面，对我国预算审计监督的现状与存在的问题进行详细的比较与剖析。

第二章，研究成果概述。首先，从预算制度与预算管理，预算软约束、预算松弛与预算调整，预算公开与预算绩效三大方面对国家预算相关研究进行梳理；其次，对国家审计治理功能相关研究进行了分析；最后，对国家预算、国家审计与国家治理的相关文献进行了分析解构。

第三章，我国预算绩效管理、预算审计监督现状与问题。在分析预算绩效管理相关问题后，基于预算执行情况审计现状、预算合规性审计现状和预算绩效审计现状三个层面对我国预算审计现状进行深入剖析，在此基础上，探讨我国预算审计监督存在的问题，为后续的理论分析框架搭建与实施策略探索奠定基础。

第二部分为理论研究，内容为第四章，国家审计、国家预算与国家治

第一章 绪 论

理的关系。从四个层次分析构建国家审计、国家预算与国家治理的理论分析框架。首先，对国家预算与国家治理的关系进行分析，认为国家治理基础性能力包括强制能力、汲取能力、濡化能力、规管能力、统领能力与再分配能力等，而汲取能力和再分配能力即为财政能力，"预算国家"是国家治理体系与治理能力现代化的另外一种表述。其次，分析人民主权理论的特性，基于人民主权理论分析公共预算权力监控与国家治理的关系，而审计监督便是主要的公共预算权力监督形式之一。再次，从委托代理理论、公共经济理论和新制度经济学理论三个方面分析预算绩效管理的基本问题。最后，分别从公共受托经济责任论、审计控制论与国家治理论，系统探讨国家审计提升预算管理绩效、促进国家治理的作用路径，进而逻辑推导与归纳演绎出国家审计完善国家预算制度、提升预算绩效、促进国家治理的实现机理。

第三部分为实证研究，包括第五章和第六章。分两个层面进行实证检验，第一，初步验证国家审计、国家预算及国家治理的关系；第二，对国家审计通过作用于国家预算，进而促进国家治理的实际效果进行验证。

第五章，国家审计、国家预算及国家治理之关系的初步验证。利用省级地方政府数据，对国家预算与国家治理的关系、国家审计与国家预算的关系进行了初步验证。结果表明，作为国家预算替代指标的预算收支、决算收支、预算收入与支出的偏差与国家治理显著相关；国家审计监督与建议功能对国家预算具有显著影响。初步证明了三者之间存在关联性。

第六章，国家审计促进国家治理的效果检验。"阳光是最好的防腐剂"，透明、公开政府的各项政策和权力的运行轨迹，既是依法治国执政理念的内在要求，又是建设现代法治政府的外在基础。本章从预算透明视角，以省级地方政府数据实证检验透明预算在国家审计服务国家治理中的路径作用，证实了国家审计通过作用于预算透明度，以促进预算制度的完善、预算管理绩效的提高，进而提升国家治理水平的实际效果。

第四部分为政策研究，包括第七章、第八章、第九章和第十章。在前面章节的理论分析与实证检验基础上，分基本策略（第七章）和拓展的实现策略（第八章、第九章和第十章）两个维度，对国家审计如何促进预算绩效、完善国家预算制度、提升国家治理水平提出相应的政策建议。

第七章，国家审计提升预算绩效、促进国家治理的基本策略。第一，探索实施"党委审计委员会+国家审计"的预算监督模式，强化中国共产党对审计工作的领导及国家审计对预算全过程的监督；第二，建立健全政府内部控制制度，探索实施政府内部控制审计，强化国家预算管理的系统全面性；第三，完善预算执行情况审计，强化决算审计与预算绩效审计，强化责任追究，提升国家预算的效率与效果；第四，强化预算审计查出问题的整改，完善审计结果公告制度，促进预算审计结果的利用。

第八章，民生审计与预算绩效。完善与强化民生审计也是全面实施预算绩效管理、改进预算支出结构、优化预算资金配置效率、推进国家治理的重要途径。一方面，在对民生审计的含义进行界定的基础上，分析了民生审计的特征；另一方面，从保障房建设资金审计的含义、存在的问题与改进建议三个方面对保障房建设资金审计进行了详细的研究。

第九章，经济责任审计与预算绩效。在分析领导干部经济责任审计与预算绩效关系的基础上，从预算权力监控、腐败治理、政府问责三个方面系统地研究了领导干部经济责任审计提升预算绩效的作用路径，以环境污染为切入点实证检验了领导干部经济责任审计促进国家治理的实际效果。

第十章，国家审计、"三大攻坚战"与预算绩效。优化预算支出结构，支持打好"三大攻坚战"，预算安排极力保障国家重大发展战略和重点领域的财力需求，是促进国家治理的又一现实路径。本章从国家审计如何打好"三大攻坚战"着手，分别从国家审计、污染防治与预算绩效，国家审计、风险防范与预算绩效，国家审计、精准扶贫与预算绩效三个维度，研究国家审计促进预算绩效、实现国家治理现代化的实施策略。

二、结构框架

本书按以下思路逐层推进：第一，分析我国预算审计监督现状。在详细界定国家审计、国家治理、国家预算、预算绩效和预算监督五个核心术语后,系统分析了目前我国预算审计监督的现状,进而揭示出我国预算审计监督存在的问题。第二,从理论上分析国家审计、国家预算与国家治理的关系内在机理。以公共受托经济责任理论、审计控制理论与国家治理论为理论基石与逻辑起点,演绎国家审计完善国家预算制度、促进国家治理的基本依据,探讨国家审计完善国家预算制度、促进国家治理的作用路径,为准确寻找国家审计的切入点提供了理论依据。第三,国家审计、国家预算及国家治理之关系的初步验证。对国家预算与国家治理的关系、国家审计与国家预算的关系进行初步验证。第四,检验预算审计监控机制促进国家治理的效果。从预算透明的视角,以省级地方政府数据实证检验国家审计通过完善国家预算制度促进国家治理的实际效果。第五,探讨并创新国家审计提升预算绩效、完善国家预算制度、促进国家治理的实现策略。包括构建"党委审计委员会+国家审计"模式的国家预算监督体系,实施并创新预算执行审计、决算审计、政府内部控制审计、政府绩效审计等基本策略,强化民生审计,完善领导干部经济责任,创新国家审计对"三大攻坚战"战略的支持等策略,使国家审计更好地实现促进国家预算绩效、提升国家治理水平的目标。本书的逻辑结构框架如图1-1所示。

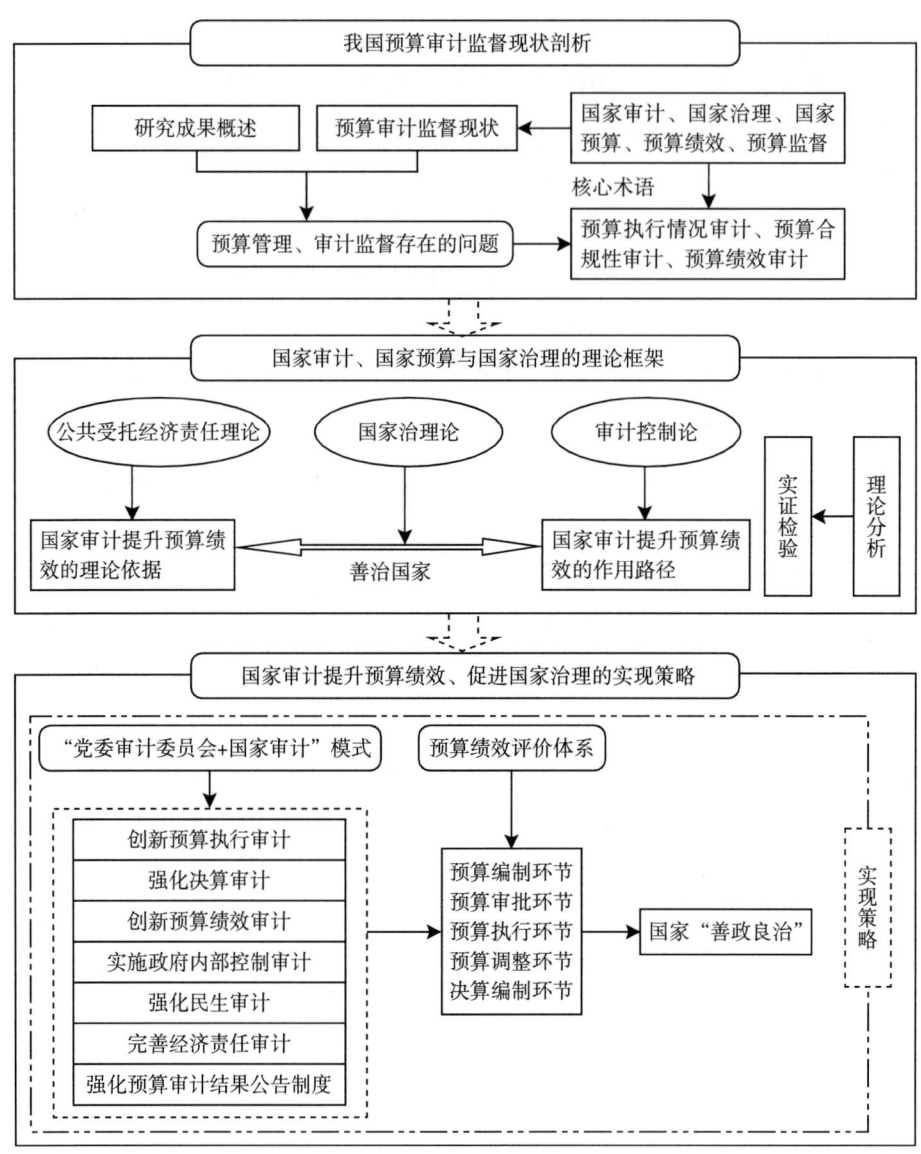

图 1-1 本书结构框架

第二章 研究成果概述

财政是国民经济的支柱，而预算是财政的核心，如何构建现代预算制度，关系到经济社会的可持续发展，为此各国学者对预算领域展开了积极的研究与探讨。本章将从预算管理、国家审计与国家治理、国家预算与国家审计三个方面对所涉及的有关文献进行梳理、分析和研究。

第一节 国家预算相关研究

预算具有"计划""控制""管理"三大功能。"计划"指进行资源配置以使公共政策与既定目标相符；"控制"指按经费计划使用资源，且无超支；"管理"指计划施行过程中资源的有效使用，并具有资金效益（John & Daniel，2001）。2014年8月31日修订的《中华人民共和国预算法》对预算不仅要求严格审计，而且要求向社会公开有关预算执行和其他财政收支的审计工作报告。楼继伟（2014）指出，新预算法的颁布对预算管理形成刚性的法律约束，规范政府预算管理，推进政府预算透明化，保障人民有效参与管理和监督预算，强化财政管理能力，有效防范贪腐现象。

一、预算制度与预算管理

从分析已有研究预算制度及预算管理相关问题的文献看，学者主要从经济学和政治学两大视角采用规范研究范式对公共预算展开探讨。经济学领域的公共预算研究主要关注公共预算过程中的预算收支确认规则、预算资金管理绩效等技术性问题，政治学领域的公共预算研究主要关注预算过程中有关政策贯彻和政治权力控制等问题。

因公共产品具有的非排他性和非竞争性特征，由政府提供公共产品可以获得最大化的社会福祉，该模式符合成本效率原则，是较优选择（Hayek，1945；Tibeout，1956；Buchanan，1965）。合理划分中央政府与地方政府的财政职能是优化资源配置、实现社会福祉的重要问题，中央政府行使收入再分配和宏观经济调控职能，地方政府行使具体的资源配置职能（Musgrave，1959）。公共预算管理具有一定的政治属性，预算制度的改革需要关注其政治性（Wildavsky，1964），而明确划分中央与地方政府之间的权责利，有利于公民福祉与官员利益的协调一致（Qian & Weingast，1996）。地方政府财政收入应主要来源于财产税（Oates，1999），财政平衡机制的核心要素是财政转移支付制度（Buchanan，1952），转移支付制度能够帮助不发达地区提升财力，增加基本公共产品、服务的供给能力，满足辖区居民基本需求（Buchanan，1952；Graham，1963；Boadway & Boudev，1999）。在供给地区间外溢性公共品时，不同地区根据需求结构和资源禀赋条件对由谁承诺及如何承诺等问题做出选择，这不仅有利于克服"免费搭便车"问题，还能够实现公共资源优化配置以及缩小地区之间收入差距（刘蓉等，2013）。

国内学者对于预算制度的相关研究主要围绕现代预算制度、复式预算、预算外资金管理、预算权力的配置等领域展开。1992年施行《国家预算管理条例》，自此预算制度得到较大发展，有学者提出了建立由政府公共预算、财政投融资预算、社会保障预算和国有资产经营预算组成的四式预算制度构想（李京城，1994；李国俭，1994；安秀梅，1995；周立群，1996；贾康，2001），但相较于政府采购、部门预算等方面的改革，复式预算制度改革较为滞后（焦建国，2003）。2014年修订后的《中华人民共和国预算法》从法律上明确了政府预算的构成，即一般公共预算、政府性基金预算、国有资本经营预算和社会保险预算。传统预算重点是完整记录政府财政收支、保证公共资金的安全及防止收不抵支，而现代预算制度重点是对政府一定期间的财政收支制定系统全面的计划（王绍光，2007），基本要求是预算资源统一化、预算收入税式化、预算信息透明化和预算监督全程化（郭剑鸣，2009）。两者主要区别在于预算的目的不同，现代预算制度的根本目的在于提高公共资源的配置效率，规范和加强对公共资源全程管控，明确宪政体制、产权制度是建立现代预算制度的政治基础，强化人大预算权力、完善产权制度、推动预算公开透明是建立现代预算制度的重要途径（郭剑鸣和周佳，2013）。同时，预算外资金管理也是学术界较为关注的问题。强化对预算外资金的管理，需要制定明晰的近期与中长期计划，近期计划关注预算资金管理机制建设，中长期计划关注预算完整性的保障体系构建（马海涛等，1997）。构建公共财政框架的基础是建立系统的公共预算，并将政府收支全部纳入公共预算范畴（高培勇，2000）。

随着预算改革的深化，预算支出的研究日益为学者所关注。目前，我国的预算制度，无论是预算编制、预算支出的分配模式、预算支出的内容范围，还是预算约束等方面均存在不少问题，而建立政府预算支出体系，采用效率优先、兼顾公平、灵活透明的预算支出分配机制是较好的解决途径（张弘力和郑永福，1999），应全面施行绩效审计，深入改革政府采购制度和单一的财政账户制度，以建立科学的政府预算支出体系（马国贤，2000）。预算制度的改革，还需建立政府预算平衡机制。区域均等化与转移支付制度两者直接相关，以需求模型对居民公共服务需求进行测算，再采用转移支付给予实施，以实现公共服务的区域均等化、财政均等化、基本服务均等化，政府转移支付制度及政府投资是实现政府宏观调控、施行国家管理的重要手段与工具（马骏，1998；钟晓敏等，1998；杨灿明，2000；郭庆旺等，2004；吕炜和王伟同，2008；张启春，2009，2011）。

预算权力的配置严重影响着预算资源的配置，我国目前的预算管理存在预算过程与政策过程不一致状况（马骏和於莉，2005），在省级地方政府预算时，为降低预算交易费用，存在"关系型"纵向政治制度及预算产权、完全与部分等级制横向非政治制度,例如"跑部钱进"现象(马骏和侯一麟,2004),可按预算改革需要调整政治体制、重构预算决策方式和预算权力配置模式,以影响预算执行结果,达到预算目标(马骏,2007)。我国的预算制度改革可以借鉴美国参与式预算(马骏和罗万平,2006),明确预算方的责权利关系,提高公众预算参与度(王熙,2010),以强化预算民主政治建设、提升政府效率(宋彪,2009)。政府预算是将权力归还给人民的一种民主治理工具,具体表现为预算透明(侯一麟,2012),公开透明是现代预算制度的特征,参与式预算能够增强政府管理公共事务的能力,有利于促进预算的透明公开,2014年修订的《中华人民共和国预算法》强调应该增强公众对预算听证、征询、绩效评价等各个方面的参与(赵早早和杨晖,2014)。同时,国家预算制度的改革还需关注预算绩效。我国绩效预算管理的问题在于缺乏对资金使用效率进行全面的考核分析,可采用"系统的公共预算—预算透明度—权责发生制预算会计与预算绩效评估"三步走的绩效预算改革方法(马蔡琛,2006)。此外,还可以通过以下途径推动预算制度改革:完善人大监督、审计监督等监督体系,优化编制预算时间,增强预算管理质量,提升预算透明度(王淑杰,2010);建立与我国公共财政框架相适应的现代预算制度,强化预算立法、执法的力度,推行参与式预算,实施专职人大代表的人大预算监督模式,构建与政治经济环境相匹配的现代预算制度(彭健,2012);建立基于"预算偏离"心理动因的超收与削减转移支付、中期预算框架与总额预算控制的激励相容控制机制(马蔡琛和赵灿,2013);强化人大代表对"四位一体预算体系"的审查能力(邓力平,2014);实施全口径预算,建立规范科学、透明高效的现代预算体系(石亚军和施正文,2014);预算管控制度化,将绩效预算机制引入预算管理的全过程(刘再杰,2014);通过控制政府预算而实现最优化的资源配置效率(吕炜和靳继东,2013);强化对预算编制、预算调整、预算监督与绩效评价全过程的管控,这也是完善预算制度、提高财政资金使用效率的重要途径(马蔡琛,2014)。

二、预算软约束、预算松弛与预算调整

传统社会主义经济中的国有企业发生亏损或面临破产时,政府通常采用减税、追加投资、提供补贴等方式,以维持其生存,即为"预算软约束"。"预算软约束"指经济组织陷入财务困境时,借助外部力量的救助以持续生存的一种经济现象(Kornai,1985),是政治家们为获取丰厚的政治资本而软化预算约束形成的(田利辉,2005)。政策性负担也是形成国有企业预算软约束的原因之一(林毅夫等,2003),或由于预算时间的不一致性也会形成预算软约束(Bolton & Dewatripont,1995)。当地方政府出现财政危机时,预算软约束可能成为中央政府解决该问题的最优策略(Robert,1996)。随着财税体制改革的推进,中央掌控的财政权力越来越大,可能出现"逆向预算软约束"(周雪光,2005),地方分权治理模式与预算约束促使地方政府偏好过度扩张的财政政策(方红生和张军,2009),中央政府与地方政府之间的正向预算软约束和地方政府与辖区内组织、个人之间的逆向预算软约束加大了地方政府债务风险(郑华,2011)。李秋婵(2015)分析我国地方政府债务规模现状时发现,其与跨期预算约束要求存在差距,因此,在衡量地方政府财政可持续性时,应该采用以跨期预算约束模型为基础的约束机制作为基准,以规范地方政府债务的管理。

预算松弛指以低估收益、高估成本原则制定预算,创造具有一定弹性的经营活动环境(Schiff & Lewin,1970),预算目标额超出实际需要的高估部分,即为"松弛"(Merchant,1985);当企业拥有预算权时,预算单位有隐藏真实产能的动机,而有意降低预算执行的目标,其拥有产能与实际产能之差即为"预算松弛"(Young,1977)。换言之,预算松弛是为完成某任务所耗用资源高于实际需要的部分,预算松弛分为预算编制松弛和预算执行松弛两种,通过高估资源和成本或低估产出和收入达到目的(Waller,1988;Dunk & Roohani,1998;于增彪,2007;郑石桥,2008)。学术界对预算松弛导致的后果分"有益论"和"有害论"两种观点。"有益

论"观点认为，预算松弛作为资源保障举措，在应对风险时具有缓冲效用；"有害论"观点认为，预算松弛可能会加大企业运行成本、侵占资源、降低经营效率。此外，还有部分学者认为，预算松弛后果并非绝对的"有益"或"有害"，不应就某一角度评判预算松弛，应结合实际情况对待（Gulati et al., 2000；李志斌，2006；郑石桥和马新智，2009），应当将预算松弛控制在适度范围内，才能兴利除弊（Yang et al., 2009）。此外，预算软约束的存在，为地方政府留存过大的"相机抉择"空间（龚旻和张帆，2015），基于"官员晋升锦标赛"的利益驱动，地方政府可能突破现有预算框架争夺地区利益（肖鹏和李燕，2011），所以预算收支呈现较大幅度的随机波动性。而信息不对称等委托代理问题，又使得预算松弛客观存在，使代理人愿意付出的努力降低，表现出努力厌恶与风险厌恶特征，即高估成本耗费，低估收入产出。预算松弛的存在既浪费资源、增加成本，又降低了组织的运营效率（Basu et al., 2012；Chow et al., 2009；Dunk，1997），但是预算松弛也可能成为应对突发状况、防范与化解风险的工具（Gulati et al., 2000；李志斌，2006；郑石桥和马新智，2009），在预算编制、执行及决算过程中都可能出现预算松弛的机会主义行为。

预算执行是预算管理的关键环节，预算执行过程即为达到预算目标，贯彻法定预算的过程，一旦出现预算变更调整，就会发生预算执行偏差。学术界并未对预算偏差有严格的界定，高培勇（2008）提出"预决算偏离度"或"预算差异度"概念，他认为预决算偏离度是指政府年终决算收支与经立法机关批准、审查的政府年初预算收支之间的差异。马蔡琛等（2015）从行为经济学角度对政府预算执行偏差进行分析，构建了预算执行偏差的前景理论模型，解析不同行为模式下决策者的偏好选择。

预算调整是预算编制与执行过程的延伸（Wildavsky，1988；Mullins & Pagano，2005），其作为平衡预算与应对不可控支出手段而普遍存在（Wildavsky，1964）。当行政官员面对收入预算限制时，通常以争取中央政府补助、削减支出、调增税收等方式，释放储备资金（John，1985）。预算调整可能由经济变动与非经济因素引发（Allan，2007），触发因素主要有环境压力、管理必要性及政治相关三方面（Daniel，1992）。预算调整可作为缓冲器应对突发状况，达到预算平衡（Dougherty et al.，2003）。预算调整是应对不可预期事项的必要手段，但不能超越预算问责和控制机制（Draper & Pitsvada，1980），其管理的关键在于预算调整应该符合政府治理目标而避免其机会主义行为。

三、预算公开与预算绩效

政府信息公开的动因之一在于提高政府透明度，满足政治问责（马骏，2010），在博客、微博以及电子政务等信息媒介的支持下，政府信息供求市场初步形成，公民与政府之间形成了良好的信息互动关系（Zhang & Chan，2013）。公民为了实现对政府的问责，需要收集分析相关信息，知晓政府履职行为的施行并评价履职结果（Ingram & Copeland，1981）。然而，公民缺乏购买政府信息的动机（Zimmerman，1977），公众与政府之间也存在信息不对称状况，而公众能够知晓的各类政府信息不到总信息的1/5。

预算信息是最为重要的政府信息，预算公开会影响政府规模。政府财务状况、公共支出规模会受到预算支出信息透明度的影响（Von & Harden，1995）。预算信息的不透明使得政府有增加税收扩大政府规模的倾向（Jean & Gareth，2006）。提高预算透明度，可以减轻政府与公民之间的信息不对称情况，有利于监督政府行政，强化对政府支出的控制（Laffont，2001）。另外，预算透明对腐败有显著的抑制作用（Sedmihradske & Haas，2001），预算透明度的影响因素包括公共法案、政治竞争程度和长官模式（James & David，2005），政治竞争越激烈，预算透明度越高（James et al.，2006）。

国内学者对预算公开的关注始于20世纪70年代，主要涉及预算公开责任、公共权力与公民权利的制衡、预算公开的后果等。预算公开提升了政府公信力，推动透明政府的建设（王雍君，2008），预算公开是公民知情权的保障,是公民对公共事务行使表达权与监督权的基础(蒋洪和刘小兵,2009)。预算公开有利于对政府财政收支进行约束,有效制约公共权力的行使,抑制腐败贪污行为(蔡春等,2009)。公开基层的预算,有助于提高基层预算科学性与精确性,保障公民的参与权、知情权和监督权(谢柳芳,2015)。国家审计通过提升信息透明度,能够加强公共治理,预防贪污腐败,维护金融秩序,提升行政人员的责任感,提高行政履职效率,实现政府"良治"(马海涛和王淑杰,2012;魏陆,2012;谢柳芳,2013,2015,2016;刘剑文和侯卓,2014)。

我国于2015年实施的修订的《中华人民共和国预算法》首次提出"预算绩效"的概念,要求各级政府与预算单位对预算执行情况进行绩效评价,并明确要求人大审查预决算时,重点审查年度预算如何提高绩效以及重点项目支出结果绩效的情况。预算绩效指预算过程要达到的确定性程度或对称信息程度,反映预算计划及执行获得的产出成果,即实施预算所得到的效率、效益及效果。绩效评价关注的是预算支出的"价值"(马国贤,2011),绩效预算是一种以绩效为编制预算依据的模式,强调公共资源配置与预算目标的一致性(贾康和白景明,2005)。绩效预算的核心任务是控制政府行为,促进预算目标的有效实现,建立高效政府(贾康,2006)。预算绩效与绩效评价之间并非存在绝对的先后顺序(张馨和袁星侯,2005)。施行绩效预算需要具备充分的条件,包括预算的完整性、自由度及自适应性等(陈工,2006)。由绩效预算、绩效管理、绩效评估及绩效审计构成的"四位一体"预算体系在我国具有一定的可行性(孔志峰,2007)。预算绩效应该包括绩效评价机制、绩效审计监督机制、权责发生制政府会计体系等(范柏乃等,2012)。预算绩效改革应该与政府行政管理体制改革同步开展(马强,2012),应遵循"自上而下"与"自下而上"相结合,采用统一规划、先易后难、分步实施、循序渐进、先试点再推广的方式进行(王加林,2000;许安拓和史明霞,2011)。

第二章 研究成果概述

第二节 国家审计治理功能研究

已有的研究成果，对国家审计的治理功能得到较为一致的研究结论。现有研究认为，审计最终应成为落实公共政策的一种手段，能够促进地方政府恰当、合法、完善地发挥治理功能 [Mauts & Sharaf, 1961; Frans, 1996; Josie, 2003; 美国政府问责署（GAO），2003]。国家审计与国家治理模式具有趋同性，国家审计是治理系统的重要元素，凭借法定权力制约监督公权的行使。随着政治经济和民主法制的发展，扩展的公共受托经济责任内容包含国家治理，审计本该具有治理国家的功能，从而服务于国家治理（刘家义，2011；蔡春等，2012；张俊民和张莉，2014）。公民与政府之间具有公共委托代理关系，审计基于独立第三方对政府履职情况实施监督，审计的监督效果将影响国家治理效率（Joel Hunter, 2002），国家审计独立客观地评价公共部门行使权力的过程与结果，推动治理工作得以顺畅运行 [国际内部审计师协会（IIA），2006]。

国家审计存在的依据在于，公民对政府实施监督的需求以及财政知情权的行使（吴联生，2003；杨肃昌等，2004）。张立民等（2004）指出，国家审计发挥着推进国家治理、实现民主政治的催化剂作用。刘力云（2005）认为，国家审计是政府责任监督体系的核心元素，通过促进政府责任，发挥治理功能。Funnell（2007）探讨了在民主进程下，审计独立性对民主发展的影响。彭韶兵和周兵（2009）指出经济责任审计能够约束公权的使用、优化资源配置、防范腐败。杨肃昌和李敬道（2011）认为，审计"免疫系统"的根本发展要适应国家治理的需要，而郑石桥等（2014）通过构建国家审计治理指数验证了国家审计具有治理功能。同时，国家审计的治理机理是通过检查政府部门的经济行为，监督公共部门、领导干部的权力履行情况来实现（崔振龙等，2014），其可以从建立政府绩效审计制度、建立全面的政府预算审计制度、推进部门支出预算细化改革、公开信息、实行问责等方面完善国家治理机制（秦荣生，1999）。因此，国家审计可以通过多条路径发挥治理功能（蔡春等，2012）。秉承法治精神，关注审计信息属性，创新国家审计，全面推进政府绩效审计，建立效率政府，完善领导干部经济责任审计，施行权力导向及治理导向审计模式等都是推动国家治理的有效路径（蔡春和毕铭悦，2014；张立民等，2009，2014；谢柳芳等，2019）。

第三节　国家预算、国家审计与国家治理相关研究

美国1921年的《预算和会计法案》规定了国家审计具有审查公共资金支出，为预算开支提供法律依据的职能。最高审计机关国际组织（INTOSAI）1986年将国家审计职责确定为对政府部门预算支出的经济性、效率性、效果性所做的监督与评价（即"3E"审计），近期又增加了对环境性与公平性的审计（即"5E"审计）。美国政府问责署（GAO，2003）的重要职责之一便是对预算支出的使用情况进行监督，其强调国家审计需鉴证政府预算支出是否符合法规，是否适当，是否达到预定目标及结果，是否经济、效率和有效果。此外，还有学者从政府绩效审计的流程、绩效审计方式方法及模式等角度，研究了国家审计监控政府预算的有效途径［Evans，1983；英国国家审计署（NAO），1995］。《中华人民共和国审计法》规定，财政审计的主体是各级国家审计机关；财政审计的对象是中央政府和地方各级政府的预算执行情况、地方各级政府的财政决算，以及其他财政收支活动。现有针对财政审计的研究，主要集中在财政审计的内涵（桂忠才，2003；沈葳，2003；刘正均，2009）、财政审计的职能和作用（桂忠才，2003；沈葳，2003；邓子基，2008）、财政审计目标（余春华和王俊，

第二章 研究成果概述

2004;沈葳,2003;李业林,2007;张云龙,2009)以及财政审计内容(刘明辉等,2004)几个方面。

一个国家预算能力的强弱决定其国家治理水平的优劣(Schick,1990),预算能力是能否有效且负责地筹集、使用财政资金的能力。现代国家应具备汲取能力、再分配能力、强制能力、濡化能力、国家认证能力、规管能力、统领能力、吸纳和整合能力八个方面的能力(王绍光,2014)。汲取能力和再分配能力综合体现一个国家的财政能力,汲取能力反映的是政府有效筹集资金的能力,再分配能力反映的是政府合理配置资金的能力,而强制能力、濡化能力、规管能力、统领能力则必须以财政能力为基础支撑。

预算编制的完整科学性、预算执行的有效规范性、预算监督的透明公开性是建立现代预算制度的基础(石亚军和施正文,2014),采用"自下而上"的预算编制方式,容易出现预算审议流于形式,预算管理得不到有效控制与优化问题(马蔡琛,2014)。而政府预算能力是预算管理的重要因素之一,不确定性使执行预算时出现前低后高、预算管理呈现大量浪费财政资源的情况(刘再杰,2014),还会导致公共预算支出需要与财政支持压力的矛盾,扭曲支出结构等问题(张弘力和郑永福,1999),所以治理预算刻不容缓。预算执行审计与预算制度存在互动变革关系,预算执行审计有助于深化预算改革与财政管理改革(马蔡琛,2009;肖振东和吕博,2013)。预算执行审计应适应国家预算改革需要,促进国家治理(薛芬,2012)。由于现行的预算执行审计处罚力度太小,非但无法治理预算违规,反而成为预算违规的诱因(宋达和郑石桥,2014),为了防范"屡查屡犯"的预算违规问题,应该加大处罚力度(欧阳华生等,2009;薛芬,2012)。预算执行审计的工作内容、重点和过程,一方面受制于预算制度的完善程度,另一方面又可推进公共预算改革进程,预算执行审计通过发现问题、提出建议作用于政府预算行为、过程与结果(赵早早,2016),通过创新审计体制能够推动公共预算进行深入改革(赵鲁光,2013)。作为资源配置工具的预算制度,不仅是技术问题,更是政治问题(黄新华和赵瑶,2014)。

· 33 ·

综上所述，国内外直接研究国家审计与国家预算制度问题的文献不多，而针对国家审计与国家治理的研究文献也较少，且大多是采用规范性研究方法进行理论探讨，系统研究的成果缺乏，实证研究更是亟待开展。因此，本书在借鉴国内外有关政府公共预算监督、财政审计（预算审计）、政府绩效审计等相关研究的有益经验基础上，从服务国家治理的视角，研究国家审计促进预算绩效的作用机制、作用路径与实施策略。

第三章 我国预算绩效管理、预算审计监督现状与问题

第一节 我国预算绩效管理现状与问题

随着政治经济体制改革的推进,各地区各部门认真贯彻落实党中央、国务院的要求,按照财政部的工作部署,结合本地区本部门实际,树立绩效观念及效率理念,积极探索预算绩效的管理工作,显现了初步的成效。逐步建立预算绩效管理制度,不断健全组织机构,增强了预算绩效管理的工作保障;日益加强绩效目标管理,不断扩大绩效评价范围,提高了财政资金使用效益;探索应用绩效评价结果,增强了结果导向的管理理念和部门支出的责任意识;全过程预算绩效管理框架逐渐清晰,初步形成了中央地方协同推进的工作格局,预算绩效管理工作得到有序开展[①]。

一、我国预算绩效管理的现状

1. 逐步形成预算绩效管理体系,确立财政绩效理念

从 2011 年财政部提出全过程预算绩效管理理念以来,各级财政部门

[①] 财政部:《预算绩效管理工作规划(2012—2015 年)》(财经〔2012〕396 号),2012 年 9 月 21 日。

和预算部门以"预算编制有目标、预算执行有监控、预算完成有评价、评价结果有反馈、反馈结果有应用"的"五有"要求为目标，并将新管理理念落实到具体工作中，推动建立预算绩效机制，创新预算管理模式，实现将绩效理念融入预算管理，着力构建贯穿预算编制、执行、监督全过程的预算绩效管理体系，涉及绩效目标、绩效监控、绩效评价、评价反馈及结果应用等方面，初步形成系统化的预算绩效管理框架体系。

2017年6月23日，第十二届全国人民代表大会常务委员会第二十八次会议上，《国务院关于2016年中央决算的报告》指出，2016年度继续深化预算管理制度改革。完善政府预算体系，将五项政府性基金转列一般公共预算；中央国有资本经营预算实施范围进一步扩大，调入一般公共预算比例由2015年的16%提高至19%。积极推进清理规范重点支出同财政收支增幅或生产总值挂钩事项。2016年度，中央部门项目支出绩效目标管理实现全覆盖，一级项目的绩效目标及具体指标随同预算一并批复；组织中央部门全面开展项目支出执行情况绩效自评，99个中央部门的111个一级项目自评结果在部门决算草案中反映；向全国人大常委会提交了10个重点项目和重大民生政策绩效评价结果等。

2018年度，中央层面深化预算绩效管理改革的举措包括：第一，绩效目标基本实现全覆盖。2018年，绩效目标管理已经覆盖一般公共预算、政府性基金预算中所有中央部门本级项目和中央对地方专项转移支付，以及部分中央国有资本经营预算项目，初步建立了比较全面规范的绩效指标体系。同时，将绩效目标随同预算批复和下达，强化资金使用单位的效率意识和主体责任。第二，扩大绩效运行监控范围。在2016~2017年两年试点的基础上，2018年绩效目标运行监控范围扩大到所有中央部门本级项目，跟踪查找薄弱环节，及时堵塞管理"漏洞"，纠正执行偏差。第三，全面实施绩效自评。继续组织中央部门对2017年所有本级项目开展绩效自评，首次组织地方对中央专项转移支付全面开展绩效自评。第四，大力推进重点绩效评价。2016年开始建立重点绩效评价常态机制，每年选择部分重点民生政策和重大项目组织开展绩效评价工作，截至目前已经对

第三章 我国预算绩效管理、预算审计监督现状与问题

100多个项目（政策）开展了绩效评价，并将部分绩效评价结果应用于预算安排和政策调整。第五，加大绩效信息公开力度。向全国人大常委会提交中央部门本级36个重点项目和所有中央对地方专项转移支付绩效目标、15个重点项目绩效评价报告、93个中央部门的182个项目绩效自评结果，并积极向社会公开上述绩效信息。①

2019年初，按照党的十九大关于"建立全面规范透明、标准科学、约束有力的预算制度，全面实施绩效管理"的要求，财政部针对预算绩效管理工作进行了全面的部署，包括加强全面实施预算绩效管理顶层设计，深化预算绩效管理改革的举措，推动扶贫项目资金绩效管理。并强调要切实发挥牵头组织作用，加强制度建设，明确绩效管理责任，建立预算安排与绩效目标、资金使用效果挂钩的激励约束机制，提升公共服务质量和水平，增强政府公信力和执行力，提高人民满意度。

地方政府和相关部门也积极贯彻党的十九大关于"全面实施绩效管理"的精神，并认真落实《中共中央 国务院关于全面实施预算绩效管理的意见》的各项要求。例如，2019年2月3日上海市财政局对其2019年预算报告进行解读，明确了构建全方位预算绩效管理格局的重要性，并强调要建立全过程预算绩效管理链条，包括建立绩效评估机制、强化绩效目标管理、做好绩效运行监控及开展绩效评价与结果应用四个方面，以加快推进全覆盖预算绩效管理体系。此外，上海市2018年预算绩效管理工作的总体情况反映出其显著的绩效管理成效，主要体现为：第一，绩效目标管理方面。选择41个预算部门的220个重点支出项目的绩效目标进行会审，并要求预算部门根据会审意见完善绩效目标，提高绩效目标的编报质量；推进绩效目标公开，将重点项目（每个部门4个）的绩效目标进行公开，接受社会监督；推进预算部门（单位）2019年重点项目支出编报绩效目标全覆盖，推进国有资本经营预算和社保基金预算项目的绩效目标编

---

① 财政部预算司：《2018年预算绩效管理工作开展情况》，http://yss.mof.gov.cn/zhengwuxinxi/gongzuodongtai/200812/t20181229_3111393.html，2019年1月31日。

制试点,推进预算部门和区财政开展专项转移支付绩效目标编报工作,加强对政府购买服务项目的绩效目标管理。第二,绩效跟踪方面。预算部门、区财政开展绩效跟踪的资金比例不低于项目支出的60%,优化绩效跟踪的方式和流程,将跟踪时间原则确定在第三季度,推进跟踪结果的应用,提高绩效跟踪的效率。第三,绩效评价方面。重点选择反映部门履职特点、涉及重要民生和重大支出的项目开展绩效评价,比例不低于项目支出的30%;全面完成市财政组织开展的17个重点项目评价、7个专项资金政策评价、5个部门整体支出评价以及4个再评价的重点评价工作;推进中央对地方54个专项转移支付绩效目标的自评工作;选择部分项目开展市区联动评价,规范评价要求,统一评价指标,提高同类项目支出的绩效可比性;完善绩效评价监督机制,在开展重点项目评价过程中,邀请市人大代表参加评审会,对评审工作进行现场指导,加强过程监督,提高评价质量。第四,强化评价结果应用。强化绩效评价结果整改,在2018年6月底前完成17个重点项目的绩效评价工作,并督促预算部门及时落实整改措施;将2018年绩效评价结果作为相关市级预算主管部门下年度预算安排的重要参考依据;市级预算主管部门在2018年7月底前完成本部门的重点项目自评工作,将评价结果作为本部门加强预算管理的重要依据;向市人大常委会会议提交市级财政部门组织开展的10个重点支出项目的绩效评价报告全文,以及市级预算部门自评的450多份绩效评价报告摘要。

2. 逐步完善预算绩效管理制度,强化全面实施预算绩效管理的顶层设计

财政部着力加强顶层设计,强化宏观层面的指导,围绕全过程预算绩效管理,不断完善预算绩效管理的相关制度,使预算管理有规可循、有法可依。自2005年始,陆续出台了《中央部门预算支出绩效考评管理办法(试行)》《财政支出绩效评价管理暂行办法》《预算绩效管理工作考核办法》等规章制度;2011年,印发了《财政部关于推进预算绩效管理的指导意见》,明确了预算绩效管理的指导思想、基本原则和主要内容等;2012

年,发布《预算绩效管理工作规划(2012—2015年)》和《县级财政支出管理绩效综合评价方案》《部门支出管理绩效综合评价方案》两个评价方案,确定了今后一段时期预算绩效管理的总体目标、基本任务和重点工作等;2013年,发布《预算绩效评价共性指标体系框架》,从中央层面加强构建绩效评价指标的指导。2018年,中共中央、国务院发布《关于全面实施预算绩效管理的意见》,对构建全方位、全过程、全覆盖的预算绩效管理体系工作进行了系统的部署。此外,中央各部门和地方财政部门的预算绩效管理制度也逐渐健全,不少地区还以省市政府或政府办公厅名义出台指导意见或工作规划,对本地区今后一个时期的预算绩效管理工作进行统一部署,并建立和完善符合本地区本部门实际的预算绩效管理的法律规范,细化有关操作规程和管理指南,注重制度建设,强化可操作性,使得预算绩效管理规章制度渐成体系。

二、我国预算绩效管理存在的问题

预算绩效管理既是财政科学化、精细化管理的重要内容及结果要求,又是政府绩效管理的重要组成部分。加强预算绩效管理的根本目的是优化财政资源配置、改进预算支出管理、提高公共产品和公共服务质量。近年来,各级财政和预算部门认真贯彻落实党中央、国务院的要求,强化效率观念和绩效理念,积极推进预算绩效管理工作,取得了显著成效。

然而,由于相关绩效管理的法规制度建设较为滞后,相关配套改革措施还不到位,缺少有力的制度环境支持,现行预算管理方式不匹配,预算绩效管理的基础性工作较弱,各地区对预算绩效管理重视程度不一等,我国的预算绩效管理仍然存在诸多不足,主要表现在:还未牢固树立绩效理念,还存在"重分配、轻管理,重支出、轻绩效"的思想;绩效方面的法律法规相对缺失,统一的工作规划尚未制定,管理制度体系不够健全,相关办法不系统、不细化、不具体,对预算绩效管理的保障支撑不够;绩效评价主体单一,欠缺第三方评价,绩效评价的权威性及公信力还需提升;

全过程预算绩效管理还需全面推行,绩效目标编制无实质性突破;基础性管理工作较为薄弱,人员队伍、信息系统、指标体系、专业绩效评价机构建设等相对滞后,制约了绩效管理工作的深入开展;预算绩效管理试点范围偏窄、面偏小、进展不平衡,试点工作在市、县级开展得较少,仅局限于省级;激励约束机制欠健全,还需加强预算安排与评价结果的有机结合,优化预算管理的作用未能充分体现等。总体而言,预算绩效管理工作与党中央、国务院的要求和社会各界的期望还存在不小差距,亟须统筹规划、协调推进、持续改进。

第二节 我国预算审计监督现状考察

治理就是预算,对预算进行监督是保障公共权力合法有效履行社会资源分配、促进建立高效政府的手段和方式,而审计监督是我国最为重要的预算监督模式,本节从预算执行情况审计、预算合规性审计、预算绩效审计三个方面详细分析了我国预算审计监督的现状,在此基础上探讨预算审计监督存在的问题。①

一、政府预算执行情况审计现状

2015年1月1日开始施行的《中华人民共和国预算法》提出,各级政府应积极探索编制权责发生制的政府财务报告,并对预算报告的披露做了详细规定。现行的预算会计主要以收付实现制为核算基础,而政府预算报告和审计结果公告已然成为各国政府提高预算透明度的重要技术载体。目

---

① 谢柳芳:《国家审计与国家治理研究——基于完善国家预算制度视角的分析》,西南财经大学博士后研究报告,2017年,第28-39页。

第三章 我国预算绩效管理、预算审计监督现状与问题

前,我国的预算报告体系包括五张预算表(收支预算总表、公共预算收入表、公共预算支出表、财政拨款支出预算表和政府性基金预算收支表)和"三公"经费预算,决算报告中需公布五张决算表(公共预算收入支出决算总表、公共预算收入决算表、公共预算支出决算表、公共预算财政拨款支出决算表和政府性基金预算支出决算表)和"三公"经费决算以及行政经费决算;部分政府部门还在决算报告中总结了决算年度的工作成效。

2014年修订的《中华人民共和国预算法》将所有的政府性收支全面纳入审计监督的范畴,预算执行情况审计是我国预算审计①监督的主要形式与内容。根据国家审计署官方网站公布的年度中央预算执行和其他财政收支的审计工作报告,将2010~2018年政府预算执行情况审计发现的问题进行梳理和列示,如表3-1所示。

表3-1 2010~2018年政府预算执行情况审计发现的问题

年份	项目	政府预算主要存在的问题
2010	预算完整性	①部分基金项目的收支未按规定计入预算核算范畴 ②少数中央企业国有资本的经营没有编制预算
	预算详细性和准确度	①中央本级部分支出的预算未落实到部门 ②中央转移支付预算未及时细化落实到省区市 ③年初批复部门预算时未全面反映上年度国库集中支付结转和结余 ④在年初预算计划中,国有资本经营的预算还不够细化,部分支出有重复交叉的情况 ⑤公共财政预算的部分支出与基金预算内容相近
	预算执行情况	①由中央部门负责归口管理的支出预算中,部分资金年初到位率低 ②扩大投资专项范围安排支出 ③少数投资计划下达程序不规范 ④未按建设进度下达贴息补助 ⑤少量投资计划下达滞后 ⑥由于规划编制速度慢、项目启动未按时进行、前期准备不够充分、计划下达滞后等原因,导致部分投资资金闲置 ⑦部分商业银行账户应予规范和清理 ⑧国有资本经营预算资金的拨付有32%集中于11月和12月 ⑨政府性基金预算部分支出预算未落实到具体项目 ⑩少数基金管理使用和设置不够规范

---

① 本书的"预算审计"是广义含义,泛指国家审计机关针对政府预算执行情况、政府决算、财政预算收支活动等的审计监督。

续表

年份	项目	政府预算主要存在的问题
2010	预算绩效性	①由于规划编制和项目启动晚、前期准备不充分、计划下达滞后等原因，导致部分投资资金闲置 ②以前年度结转的出口退税资金未及时清理 ③无线电频率占用费纳入公共财政预算后未统筹安排使用
2011	预算完整性	①有些收支未纳入预算管理 ②由于部分资金未纳入预算管理，部门预算中的统筹使用结转结余资金与实际差异较大 ③部门预决算报表未完整反映政府采购情况 ④国有资本经营预算范围不完整 ⑤财政借款未及时清理，也未在决算草案中编报
	预算详细性和准确度	①年初预算未全部细化落实到部门和地区 ②国有资本经营预算与公共财政预算两者之间，在功能定位上界限较模糊，在补助对象与支援投向上有重复或交叉 ③国有资本经营预算有603亿元年初未落实到具体项目 ④编报程序和科目不完全符合制度要求
	预算执行情况	①个别投资计划安排不够合理 ②在预算执行过程中，随意调整预算支出用途的现象时常发生 ③下达投资计划的程序存在规范性问题 ④投资计划和预算下达时间滞后 ⑤现行国有资本经营收益收缴比例仍偏低
	预算绩效性	①部分预算执行率低 ②某些项目安排的财政补助投资比例小、不集中、额度少，影响政策执行效果
2012	预算完整性	①国有资本经营预算管理的预算范围不完整 ②上报的决算草案缺少决算资产负债表 ③决算草案编制的程序、时限、方法以及调整事项等不够完善
	预算详细性和准确度	①公共财政预算、政府性基金预算和国有资本经营预算三者之间的功能界定模糊 ②预算账户管理不规范 ③决算草案未分科目、分级次列报预算的变更情况 ④基金支出预算使用以收定支的方式来编制，部分预算资金没有在年初确定具体项目，与实际支出之间有较大出入
	预算执行情况	①公共财政预算列报不规范，部分年初预算尚未落实到项目和单位 ②公共财政预算部分投资安排给不符合条件的单位或项目，多头安排投资、资金分配过于分散 ③公共财政预算中部分预算和投资计划下达滞后 ④国有资本经营预算编报和执行不规范
	预算绩效性	①在与电影业有关的专项资金中，有大量资金未安排使用，造成资金的闲置浪费，不能很好地支持电影事业的发展 ②国有资本经营预算分配未能充分体现国家政策要求 ③中央本级财政资金闲置较多 ④绩效评价覆盖面较低

第三章 我国预算绩效管理、预算审计监督现状与问题

续表

年份	项目	政府预算主要存在的问题
2013	预算完整性	①决算草案编报内容较为模糊 ②国有资本经营的预算编制涵盖不全
	预算详细性和准确度	①决算草案未按经济性质分类编列一般公共预算支出 ②决算中某些内容列报不科学，如同一类别的工作或支出事项分散在不同的科目中，而在同一科目中又出现了不同类的事项 ③公共财政预算、国有资本经营预算和政府性基金预算界定模糊
	预算执行情况	①资金收缴和预算批复不规范 ②部分财政资金分配不规范，有的资金使用过程存在违法违规问题 ③财权与事权未理顺，专项转移支付清理整合不到位
	预算绩效性	①各级财政均存在资金沉淀，资金使用效益未能充分发挥 ②部分专项资金收入不能统筹安排使用，使资金不能及时发挥效益
2014	预算完整性	①决算草案报表体系不够完善，未包括资产负债表 ②国有资本经营预算范围还不完整
	预算详细性和准确度	①决算草案未按经济性质分类编列一般公共预算支出 ②未披露使用以前年度的超拨资金抵顶的支出 ③政府性基金预算中包含非政府性基金项目 ④一般公共预算和国有资本经营预算向中央企业安排支出存在交叉 ⑤预算变更偏多
	预算执行情况	①税费收缴执法不到位 ②预算批复下达不及时、不规范 ③某些部门预算编报和执行还不够严格，转移支付改革和规范不到位 ④政府性债务管理需进一步加强 ⑤"三公"经费、会议费等管理使用中存在违反财经纪律问题
	预算绩效性	①专项预算收入较大，且无法统筹安排 ②法定挂钩事项支出的预算存在刚性增长态势，闲置资金量较大 ③部分改革措施或工作部署推进滞后，项目资金使用效率低 ④财政专户清理不到位，形成大量结存资金
2015	预算完整性	①未报告预算级次变化情况 ②部分收入列报不够全面 ③报告中列示的财政资金绩效情况不符合列报要求。主要表现在：在预算草案中，未报告绩效相关政策的内容和绩效目标，在决算草案中，未报告相关绩效目标实现程度
	预算详细性和准确度	①预算安排未顾全大局，统筹协调做得不够。具体表现在：预算分配与项目敲定之间衔接不够，有些项目敲定滞后；预算分配与专项规划衔接不够，有些专项规划之间缺乏统筹协调；四类预算划分不够清晰，对有些项目交叉安排支出 ②有的预算安排未充分考虑结转结余 ③财政授权支付范围划分不够明细 ④专项转移支付制度欠完善。具体表现在：一般性转移支付中部分资金仍指定用途，专项转移支付也存在多头管理状况，专项转移支付管理需要强化

· 43 ·

续表

年份	项目	政府预算主要存在的问题
2015	预算执行情况	①有违规套取资金和违规使用资金等问题 ②事业单位的预算保障制度模糊 ③某些部门单位利用权力违规收费 ④在执行"三公"经费等管理制度时,某些部门单位未完全实施到位
	预算绩效性	①部分预算执行进度缓慢 ②部分关税和进出口环节税征缴入库不及时 ③存在违规套取和使用资金问题
2016	预算完整性	①部分项目预算编制未充分考虑上年执行情况 ②部分预算安排方式与政策要求和实际情况不完全相符 ③预算收支在"四本预算"中的归属不够明确、安排欠妥 ④部分中央基建投资安排不规范、项目推进缓慢
	预算详细性和准确度	①转移支付管理不能完全适应改革要求。表现在:一般性转移支付与专项转移支付界限不够明晰,专项转移支付退出机制不健全,有些专项资金安排交叉重叠,有些专项转移支付管理不够严格 ②营改增相关配套措施不完善 ③在政府购买服务改革中,部分措施不到位
	预算执行情况	①预算及资产资金管理存在薄弱环节。表现在:某些所属单位预决算编制不够准确,存在未严格执行政府采购规定、会计核算不规范等问题 ②个别部门公务用车、会议管理和办公用房清理等工作还不到位 ③存在利用部门影响力或行业资源违规收费问题
	预算绩效性	预算评审及绩效管理工作力度有限。表现在:中央部门项目支出预算评审覆盖面小,专项转移支付绩效目标未与预算同时下达、评价范围小
2017	预算完整性	①少计中央一般公共预算收支 ②重大事项披露不充分 ③部分收支事项列示不细化 ④国有资本经营预算范围不够完整
	预算详细性和准确度	①预算安排与存量资金盘活统筹衔接不够 ②预算分配标准不够明确或执行不严格。表现在:分配因素或权重不明确;分配标准欠合理或不细致;未严格按规定的办法和标准进行分配 ③部分预算安排和下达不够规范。表现在:预算级次不清;预算编制不细化;预算下达不及时 ④部门间对接不完全顺畅
	预算执行情况	①转移支付管理不完善。表现在:具有指定用途的转移支付比例较高;需完善专项转移支付退出机制;部分转移支付安排交叉重叠 ②中央部门预算执行审计依然存在问题。表现在:预决算编报欠准确;资金资产管理欠规范;"三公"经费和会议费管理不严格;个别单位依托管理职能或利用行业影响力违规收费 ③税收优惠政策后续管理不到位

第三章 我国预算绩效管理、预算审计监督现状与问题

续表

年份	项目	政府预算主要存在的问题
2017	预算绩效性	①预算绩效评价不到位。表现在：评价覆盖面小、指标不细化、自评不严格 ②中央政府投资基金管理不规范，对政策目标、职能划分等缺乏统筹规划
2018	预算完整性	①中央决算草案3个事项未披露 ②预算安排未充分考虑资金结转结余情况
	预算详细性和准确度	①预算编制不够合理和细化 ②预算调整和下达不够及时规范 ③投资计划与预算下达对接时间较长
	预算执行情况	①转移支付管理不完善。表现在：具有指定用途的转移支付比例较高；部分转移支付安排交叉重叠；部分转移支付管理制度不完善或执行不严格 ②中央部门预算执行审计存在问题。表现在：预决算编报不够准确；预算执行及资产管理还不规范；"三公"经费和会议费管理不严格；个别单位依托管理职能或利用行业影响力违规收费
	预算绩效性	①国有资本经营预算管理存在缺陷。表现在：部分企业未纳入预算范围；项目推进慢、效率低 ②全面预算绩效管理机制欠完善。表现在：绩效目标设定不够科学；绩效评价不够规范；绩效信息公开比例较低

资料来源：中华人民共和国审计署官方网站，http：//www.audit.gov.cn/。

2013年，年度中央预算执行和其他财政收支的审计工作报告的格式发生了变化，在2010~2012年报告中，预算执行审计的结果列示在中央财政管理审计情况模块，具体的列示形式有按照预算类型列示（2012年）、按照质量特征列示（2011年）和按照审计发现问题类型列示（2010年）；2013~2014年则在中央财政预算收支执行及决算草案审计情况和中央财政管理审计情况两个模块内列示，同时将审计发现的问题进行了更高程度的概括，因此，表3-1中的项目条数并不代表审计发现问题的具体数量。

据表3-1分析，从审计内容看，目前我国预算审计重心仍以合规性为主，绩效性审计的占比较少；从审计参与环节看，主要集中于预算编制和执行两个环节，预算编制环节注重审查预算编制的完整性、细化性和准确性，预算执行过程注重审查预算执行的合法合规性。2010~2018年中央预算执行与其他财政收支存在的主要问题如下。

（1）预算完整性方面，主要存在四类问题：一是部分收入的列报不够

全面；二是国有资本经营预算范围不完整；三是编制决算草案时实施的程序、使用的时间、采用的方法和预算调整等存在问题；四是缺少决算资产负债表，其中某些资产及负债情况未反映。

（2）预算详细性和准确度方面，主要存在四类问题：一是预算的安排统筹协调不到位；二是公共财政预算、国有资本经营预算和政府性基金预算功能界定模糊；三是一般公共预算和国有资本经营预算向中央企业安排支出存在交叉；四是预算变更偏多。

（3）预算执行情况方面，主要存在五类问题：一是预算执行进度不到位；二是资金收缴和预算批复不规范；三是部分财政资金分配不规范；四是财权与事权未理顺，专项转移支付清理整合不到位；五是国有资本经营预算编报和执行不规范。

（4）预算绩效性方面，主要存在四类问题：一是财政资金绩效情况未按要求报告，资金滞留现象存在于各级财政，未能充分发挥资金使用效益；二是有专项用途的收入不能统筹安排使用，不利于及时发挥资金效益；三是绩效评价覆盖面较小，不利于对预算实施全面的绩效管理；四是部分预算执行率偏低，不利于促进公共资金配置效率的提升。

二、政府预算合规性审计现状

2019年6月26日，审计署在向人大常委会报告《国务院关于2018年度中央预算执行和其他财政收支的审计工作报告》的同时，还向社会公布了88个中央部门（含审计署在内）预算执行和其他财政收支的审计结果。地方各级审计机关也定期发布审计结果公告，并且各省市的审计机关发布的审计结果公告重点都是预算审计，这为我们考察我国预算执行审计的现状提供了较为权威和丰富的资料。

1. 预算合规性审计基本情况

（1）广泛开展全口径预算执行审计，逐步拓展预算审计内容。随着预算审计范围逐步扩大，全口径预算审计在各省得到广泛实施和推进。预算

第三章 我国预算绩效管理、预算审计监督现状与问题

执行审计的内容逐步拓展,这种拓展一方面包括横向上实行全口径预算审计,将所有的政府性收支纳入预算审计;另一方面包括纵向上被审计对象的空间和时间维度的拓展,如审计省级政府部门则同时会抽查其部分下属单位,对于重要事项也会进行必要的延伸和追溯。例如,天津市审计厅预算执行审计的审计内容主要包括:组织和实施预算执行情况、财政专项资金管理使用情况、公共资金和项目管理使用情况、部分重点基础设施建设项目运作情况、50家已联网单位的联网实时审计情况,以及部分国有企业国有资产运营情况。江苏省审计厅充分运用现有信息化手段,对省级公共财政预算、政府性基金预算、国有资本经营预算和社会保障基金预算"四本预算"执行情况进行了"全口径"审计,同时探索对省级部门预算执行情况的审计全覆盖。四川省审计厅2014年对省财政厅等5个省级部门进行了重点审计,围绕政府部门购买社会服务、简政放权及行政收费、"三公"经费管理使用情况等五个专项对50个单位进行了审计调查,组织104个省级部门开展了审计自查;组织21个市(州)和183个县(市、区)审计机关开展财政存量资金专项审计调查,促进盘活存量资金等。

(2)与专项审计及其他财政审计方式结合开展预算执行审计。预算审计是对资金安全使用的全面监管,为达到较为理想的审计结果,往往和专项审计以及其他财政审计方式相结合。例如,山东省审计厅围绕深化财税体制改革,严肃财经纪律,将部门预算执行审计、财税管理审计和专项审计相结合,拓宽省级预算执行审计覆盖面,实现对公共资金收入、管理、分配、使用、绩效等重点环节的审计"全覆盖",确保财税政策法规落到实处。浙江省审计厅将政府预算执行审计与全部政府性资金专项审计调查相结合,将全部政府性资金纳入审计监督视野,组织开展预算执行情况、政府债务、财政专项资金以及财政性存款审计。同时,围绕贯彻落实新修订的《中华人民共和国预算法》,推动健全全口径预决算管理体系。

(3)积极探索实行联网审计,预算审计工作效率得到大幅提升。在目前预算执行审计的开展中,多数省份引入了联网审计,通过对大量数据进行分析和核查提高了审计工作效率。近年来,借助大数据的契机,多数省

份引入了联网审计,审计效率得到大大提高。例如,四川省审计厅通过在税收征管审计中运用联网审计方式,对信息系统的海量数据进行分析、核查,揭示了部分企业税收征管不及时、不严格等问题,预算执行审计范围和深度均得到有效拓展。再如,重庆市江北区审计局2015年开始建立"数字化审计平台",在审计人员紧缺、力量不足的情况下,创新审计组织模式,采用"以重点部门为审计重点,以专项资金为审计主线,以城建、教育和卫生等系统单位为审计覆盖面"的"点线面"结合的三位一体财政审计模式,整合审计计划,有成效地施行财政审计全覆盖。2016年江北区审计局的财政联网审计系统投入使用,该系统的数据采集全面涵盖江北区82个一级预算单位和69个二级预算单位的所有财政财务收支数据,将本级预算审计与部门预算审计、经济责任审计、专项资金审计和内部控制审计相结合,充分利用大数据实现预算审计的"全覆盖",极大地提高了审计的工作效率。

2. 预算合规性审计发现的问题

分析历年审计报告内容后可以发现,我国预算执行情况审计主要存在预算的编制欠缺恰当性,执行存在随意调整现象,监督不及时,监督效果弱等问题。

第一,预算编制欠缺规范性、合理性。随着近年来预算执行和其他财政收支审计工作的开展,预算编制工作日趋规范化、制度化和科学化,预算软约束得到改善,预算编制更为系统、完善。但同时不可忽视的是,中央和地方预算编制仍然存在一定程度的不合规现象。2016年度中央预算执行和其他财政收支的审计工作报告显示,2017年度重点审计了中央财政管理情况及其决算草案、部门预算执行情况等,被审单位达7900余家,发现预算编制仍然存在考虑不全面、不恰当等问题,致使部分预算分配效率低下,例如,针对实际执行率不到1/3的6个中央节能项目,其2016年继续按原定额度27.45亿元编制预算,但最终的执行结果仍旧未达1/3;50家单位共5696项存在434.86亿元的结余资金,而部门编制预算时,46%的上年度结余资金未纳入年度资金规划。

第三章 我国预算绩效管理、预算审计监督现状与问题

第二，普遍存在预算调整现象。由于预算编制程序不系统、欠规范，预算权力配置不恰当，预算管理缺少完善的内部控制制度，预算单位存在"利己主义"思想等因素，单位预算编制随意、预算调整频繁、预算执行不力、预算绩效低下等情况时有发生。2016 年度中央预算执行情况审计报告显示，部分预算资金配置不符合国家政策，例如，某些部门对竞争性领域投入大笔资金，其中包括 21.17 亿元的文化产业专项资金、2.5 亿元的物流行业升级转型资金。同时，还存在预算资金支出缺乏秩序的情况，其中，在财政部审批的 14 项资金计划中，2016 年执行比例仅有 1%，当年还代编了 5 个项目 62.17 亿元的资金预算。

第三，预算执行监督滞后。主要体现在：一是预算软约束。我国的社会经济正处于改革转型期，预算管理仍存在诸多缺陷，现代预算制度还未建成，为使日常的预算资金配置能够满足与支持国家政策的推行与落实，预算执行过程中可能存在适应性的预算调整，不可避免地促成预算的软约束。二是预算审计监督不及时、程序不规范。我国预算监督最高层级为人民代表大会，每年审计部门需要将预算审计报告提交人大审议，由于预算审计尤其是决算草案审计的时间短，致使审计内容覆盖不够全面、审计结果提交较迟，加之人大会期短、决议事项多，预算草案与决算草案内容庞杂，使得预算监督流于形式，预算监督效果弱化。三是预算监督人员缺乏专业胜任能力。一方面，部分人大代表不具备预算及审计相关专业知识，对预决算草案的审查难以发挥实际的监控效果；另一方面，负责中央部门公共资金使用核查的全国人民代表大会财政经济委员会，专职人员少、时间短，难以保证审查的全面性与系统深入性。此外，施行预算审计监督的国家审计部门，由于审计力量有限，审计权力配置结构的特性导致其基于独立"第三方"的预算审计监督作用难以发挥。

3.审计提出的整改建议及落实情况

审计署每年公布前一年中央部门单位年度预算执行情况和其他财政财务收支情况检查结果，并跟踪审计整改情况及发布预算执行情况和其他财政收支情况审计发现问题的整改结果。例如 2018 年 6 月审计署公布 2017

年度中央部门单位年度预算执行情况和其他财政收支情况检查结果，并于2018年12月公布中央部门单位2017年度预算执行情况和其他财政收支情况审计发现问题的整改结果。

中央部门单位年度预算执行情况和其他财政财务收支情况检查结果公告一般包括四个部分：一是基本情况，二是检查发现的主要问题，三是检查处理情况和建议，四是检查发现问题的整改情况。审计整改情况的公开则是按照中央各部门分别公开审计整改情况，针对每一个中央部门预算审计发现问题的整改结果，分别列示预算审计的整改情况和其他财政财务收支审计的整改情况。同时，中央和部分省市采用了"审计结果公告+解读稿"的形式，对重要审计结果进行深入剖析和解读，便于人民群众和舆论媒体监督。例如，2019年6月26日，披露了2018年度的中央预算审计报告及其解读稿。

各省区市也紧抓审计发现的问题，积极推进整改。如：天津市政府在其常务会议中专门研究审计发现问题的整改工作，要求有关部门切实抓好整改落实，从源头上、制度上加以规范，解决屡审屡犯问题；积极配合纪检检察机关，对违纪违法情况，认真严肃进行深查深究。有关部门和单位认真整改，审计决定落实率达98.3%；审计意见和建议落实率为96.3%。江苏省人大常委会专门制定《预算执行审计查出问题整改情况跟踪监督办法》，省政府办公厅将审计整改情况纳入政府重点督查范围进行跟踪检查。

三、政府预算绩效审计现状

西方绩效审计又称"3E"审计，即对于资源使用的经济性（Economy）、效率性（Efficiency）和效果性（Effectiveness）的审计。政治经济环境与审计要求日益变化，国外学者提议增加两个目标——环境性（Environment）与公平性（Equity），"3E"扩展至"5E"，但不变的是，"3E"目标依然占据审计核心要素地位。

2011年6月颁布的《审计署"十二五"审计工作发展规划》明确提出，

第三章 我国预算绩效管理、预算审计监督现状与问题

要在全国范围内广泛推行政府预算绩效审计,即将"绩效审计"理念纳入政府预算执行审计中,采取多种方式和方法优化公共资金配置、实现绩效政府建设,2012年绩效审计覆盖预算管理全过程,2013年建成适应中国审计实践的绩效审计体系。《预算绩效管理工作规划(2012—2015年)》指出,预算绩效管理着重围绕"建立机制""完善体系""健全智库""实施工程"等重点工作来推进。我国预算执行审计的审计目标已从合规性逐步发展到合规性和绩效性并重,公共预算资金使用的绩效性越来越受到重视,这使得绩效审计在预算审计中所占比重越来越大。

1. 政府预算绩效审计的内容及要求

我国财政预算的绩效评价由财政部门负责,按行政级次,分别针对本级财政预算资金的筹集、分配、使用的效率及效果进行评价,并将评价结果对社会公众公开。政府预算绩效的审计评价由各级审计机关负责具体实施,然而,我国目前的预算审计机制及预算审计实务工作并未单列预算绩效审计,仅在预算执行情况审计及决算审计时,关注预算编制、执行及执行结果的效果效率性,并形成审计工作报告,各级政府在人大会上进行报告,由人大进行审议,具体体现在以下方面:

(1)关注行政支出的经济性、效率性和效果性。行政支出的合理性,即关注预算计划安排的效果性,预算支出方向的合规性,公共资源使用的效率性,人员配置的恰当性,节约原则的遵循性等。重点关注行政支出是否符合经济性、效率性和效果性,即分析年初的预算安排中行政管理支出占全部财政预算支出的比重是否合理、行政管理费增长率是否合理,分析政府集中采购制度是否达到节约支出的目的,分析行政支出提供的公共服务是否达到了预期效果。在对公共部门履职过程的绩效进行鉴证时,重点关注公共权力使用的合法合规性以及公共职责的履行效果和质量。

(2)关注公共建设项目的全流程管理。随着社会经济的发展,城镇化的推进,公共建设项目的数量与金额迅速递增,国家财政资金的投资效益和效果日益受到人民群众的广泛关注。投资项目的审计监督逐步推行跟踪审计模式,关注建设项目的规划、立项、执行及验收评价各个环节的工作

效率与效果。整合国家审计、社会审计与内部审计工作成果，涉及公共资金的基本建设项目的监督，采用国家审计为主，利用社会审计与内部审计结果，促进项目建设主体重视内部管理控制，优化项目管理机制，针对项目计划、立项、实施与验收评价各个环节实施全流程跟踪审计，预防、揭露与纠正项目运行各阶段中出现的问题及薄弱点，强化监控的时效性、责任分担的恰当性及整改结果的符合性。

（3）关注转移支付资金的安全高效使用。转移支付资金的使用是目前预算审计发现问题最多的领域之一，转移支付执行是否合法合规会严重影响预算资金的使用效率，无疑是预算绩效审计的主要内容。转移支付审计中，"效果效率"观念作为审计实务的指引，应牢牢印刻在每一名审计人员的心中，重点关注转移支付的执行效率，避免过量积淀资金，提升资金使用效率，并保障各部门权力运行的合法合规、公共事务履职的恰当有效、支付资金分配的导向正确、资金配置符合成本效益原则等目标的实现。转移支付绩效审计，主要关注以下几点：第一，一般性和专项性转移支付的界限是否模糊。2016年的审计工作报告显示，76%的补助均为确定了开支方向的专项性转移支付，但在具体的管理过程中并未细化，影响了资金使用效果。例如，2016年的3776亿元针对地方转移支付的中央基建投资，涉及84个子项、19类级科目、72项分配方法，然而实际上只作为一个项目进行管理。第二，是否存在完善的退出机制。目前，我国的转移支付资金的分配、管理变更及退出机制仍然存在诸多问题。例如，2016年的审计工作报告显示，94个专项转移支付中，89.36%缺少退出机制，剩下的10.64%未遵守退出规定。第三，专项转移支付资金预算是否经济科学、执行是否合规有效。目前，我国的专项转移支付资金存在预算交合重复、执行粗犷违规等情况。例如，2016年，针对水污染防治等4个专项，财政部与发改委分别编制了276.8亿元和80.7亿元的转移支付预算；当年的94个转移支付项目，29个未及时分配地方，37个也仅履行2/3的指标。另外，有2023.11亿元的预算编制未按规定分地区罗列，674.29亿元的就业补助等预算未按规定采用"因素法"等。

第三章 我国预算绩效管理、预算审计监督现状与问题

(4) 关注社会保障资金的安全高效使用。审计机关应当充分认识到，维护公众利益、关注民生安全是审计机关的职责所在，审计实践的重点及审计目标的确定应该紧密围绕公民的基本需求展开。目前的审计实践，结合国家与党中央的政治经济政策，以"建成小康社会、努力消除贫困"为目标，把民生审计与扶贫资金审计作为审计工作的重点积极铺开实施，极大地促进了民生资金的高效使用。例如，2016 年的审计工作报告显示，扶贫资金跟踪审计抽查了国家扶贫重点涵盖的 20 个省的 158 个县，涉及金额 336.17 亿元（占 2016 年该地区扶贫总资金的 44%），通过审计监督，督促相关部门单位对存在的问题及时整改，提升了扶贫资金的配置效率，促进了国家"精准扶贫、脱贫"政策的贯彻实施。2016 年，农村减少了 1240 万贫困人口，贫困率下降至 4.5%，扶贫资金的使用取得了良好效果。

(5) 关注生态环境安全和生态文明建设。生态环境是人类赖以生存的物质基础，政治经济的可持续发展离不开与资源环境的和谐共处，随着生产力的发展、社会化的推进，大量资源被消耗，尤其是某些不可再生资源锐减，为了维护必要的生态环境与适应的生态系统，各国政府愈来愈关注生态环境的保护，我国也不例外，"生态文明建设"作为"五位一体"战略规划要素之一，已然成为绩效审计应该关注的重点。2017 年，审计机关对 40 个地区的生态资源管理情况和 18 个省份的节能环保项目进行审计，发现存在不少违规现象，例如，违规侵占耕地 2947.14 公顷、草原 2.1 万公顷；节能环保资金被违规套用 1.86 亿元，存在未按规定安排的环保资金 31.58 亿元。

2. 预算绩效审计的开展情况

西方发达国家，预算执行审计和绩效审计基本上是相互独立的，如在美国，预算执行审计主要由驻联邦政府部门的总监察长负责，美国政府问责署（GAO）并不直接负责；澳大利亚的绩效审计由专职的绩效审计局来负责组织开展工作，而其他部门负责审计预决算资金。与之相比，我国的绩效审计并未独立，所谓的政府绩效审计是将财政财务收支审计和绩效审计相结合，在审计署开展绩效审计伊始，就是从预算执行审计与绩效审计

结合处入手，如从促进部门施政水平提高的角度来深化部门预算执行审计，通过预算审计的结果确定专项资金的审计项目。同时，我国政府职能部门和财政部门具有政府预算的编制权和审批权，国家审计机关对于这两类部门均有权施行审计，并对预算配置效率出具审计评价结论。

目前我国的预算绩效审计工作以经济社会焦点和国家政策关注要点为依据，将对项目绩效的审计评价鉴定融入日常各类审计工作当中，并取得了较好的成效。例如，四川省审计厅于每年末，根据下一年的政府重大战略部署及民众尤为关注的事项，结合例行审计工作内容编制新一年度的审计计划，采用"1+N"审计模式，即遵循一条主线实施审计，当发现问题或根据审计专业判断需要拓展审计范围对象时，进行延伸审计。而开展财政审计、经济责任审计、投资项目审计等工作时，对各类审计的绩效问题均进行了关注，例如，进行预决算审计时，关注预算编制的合理性、预算执行的有效性、决算中资金使用的恰当性与效率性；进行与生态环保审计结合的经济责任审计时，关注相关地区自然资源利用的效果效率、环保项目资金配置的合理性、支出的成本效益性等；进行投资项目审计时，由于投资项目涉及金额大，又通常与廉政发生的问题密切相关，操作中遵循"凡投必审"原则，因此，对该项目的审计尤其要进行统筹规划，关注项目资金投入、产出的效益。此外，对审计过程中发现的不经济、不效益的事项与问题，及时反馈给相关单位进行整改，并建立相应的责任追究机制，促进各个项目工作开展的绩效性。

2014年，北京市强化了对预算绩效的审计，以降低行政成本、提高机关单位的行政运行效率。从单一关注市级财政部门具体组织预算执行情况，逐渐过渡到对一般公共预算、政府性基金预算、国有资本经营预算、社会保险基金预算的审查；部门预算执行审计数量连续两年保持在40家以上。为促进区县预算管理和政府绩效管理，各区县审计机关预算执行绩效审计范围不断扩大，基本已实现审计机关对"四本账"的全口径审计监督。

此外，我国部分地方审计机关还积极开展了预算绩效管理专题审计，

第三章 我国预算绩效管理、预算审计监督现状与问题

这类专题审计有时会采取与正常预算执行审计、经济责任审计等相结合的方式进行。例如,山东省审计厅在对省财政厅、省地税局、省发展改革委等22个部门单位2015年度的预算执行审计的同时,同步、集中对省委统战部、省卫计委、省文化厅等19个部门单位2014~2015年预算绩效管理开展专题审计调查。专题审计主要采用对部分大额重要资金进行跟踪审计的方式,审查2014~2015年参与分配专项转移支付绩效管理情况和部门项目支出绩效管理情况,从而揭示部门单位资金绩效管理和履行经济责任方面存在的突出问题,推动健全完善"花钱必问效,无效必问责"的预算管理机制。

3. 预算绩效审计存在的问题

我国财政预算执行绩效审计在当前仍存在诸多问题,由于绩效审计难度大、审计单位多、审计资金覆盖面广,没有形成可遵循的统一而具体的标准,影响审计工作的顺利开展。具体表现在以下几个方面:缺少完善预算绩效审计的相关法律法规、缺乏系统科学的预算绩效审计评价体系、缺乏充分披露预算绩效审计结果的制度、缺乏完善的责任追究机制等。例如,针对预算绩效审计发现的投资项目存在低水平建设、损失浪费等问题,不仅需要披露绩效审计的评价结果、存在问题的详细情况,要求相关单位进行整改,还需要强化责任的追究,以充分运用审计工作结果,提升审计的权威性。

第三节 我国预算审计监督存在的问题

预算审计监督是财政监督体系的重要组成部分,是国家审计部门对预算收入、预算支出、决算收入、决算支出的合规性、客观性、效率性进行的评价监督。预算审计是财政审计的重要内容,相较于海关审查、税务监察或工商行政监管,其处于更高层级的监控,属于对日常经济监督基础上

的监督。① 审计监督是国家监督体系的重要构成，是财政监督的核心，是保障公共资金得以有效配置、政府功能得以正常运作、政府公共受托经济责任能够顺利解除的有效方式，然而，我国目前的预算审计仍然存在一些问题，需要加以改进及完善。

一、国家审计的权威性与独立性需要进一步提升

预算审计机关规格的高低将对审计的权威性及独立性产生重要影响。从历史和国外的国家审计开展经验来看，监督者的地位高于被监督者是确保监督有效的重要条件。例如，在加拿大和美国，审计长的行政职位要高于其他部长，职权较大，任期也较长，这在一定程度上保证了审计的权威性、独立性和连续性。中国审计机关依行政权力结构设置，一级政府对应一级审计机构，具有"双重领导"特征，受同级政府领导向政府报告工作，同时接受上级审计机关的领导和监督，机构的规格级次存在一定局限性。传统的预算审计是由审计署及其下属机关执行，审计的对象是本级政府部门，行政职权上的优势有限，在一定程度上影响了审计的独立性和审计的执行效率。

2018年3月，中国共产党中央委员会根据《深化党和国家机构改革方案》组建了中国共产党中央审计委员会，作为党中央决策议事协调机构，习近平总书记亲任中央审计委员会主任，中央审计委员会办公室设在审计署，审计长胡泽君担任中央审计委员会办公室主任。随后，中国共产党各级党委也纷纷组建了本地区的审计委员会，作为各级党委议事协调机构，委员会办公室设在相应层级的审计部门。这一举措加快了中国审计管理体制改革的步伐，对构建集中统一、全面覆盖、权威高效的审计监督体系，更好地发挥审计在党和国家监督体系中的重要作用具有重大意义。中央审

---

① 谢柳芳：《国家审计与国家治理研究——基于完善国家预算制度视角的分析》，西南财经大学博士后研究报告，2017年，第39-42页。

第三章　我国预算绩效管理、预算审计监督现状与问题

计委员会的职责之一是审议年度中央预算执行和其他财政支出情况审计报告，这一改革，将国家审计的独立性与权威性提升到了一个前所未有的高度，有助于提升预算审计的独立性与权威性，从而完善预算审计监督机制，加强预算审计的效率及效果。

二、预算与决算审计需要进一步完善与推动

目前，我国审计机关对预算的审计监督重心主要放在预算执行环节，缺乏全局性，忽视对预算的编制环节、审批环节、调整环节及决算环节的预算完整流程的审计监督，致使预算的审计监督效应难以全面发挥。虽然各地市的审计机关已经逐步开始关注预算编制的合理性问题，然而我国的预算审计是在预算已经审批后开始执行时才介入，即预算编制时审计并未介入，仅是在开展预算执行审计时关注预算编制的合理性，并提出相应改进建议，审计监督效果有限且滞后。因此，对于预算编制的审查、批复的审计监督还有待拓展。并且预算执行主要注重合法性和合规性审计，对绩效性方面关注仍然不够。

此外，我国的决算审计并未得到有效实施。对预算的审计监督，除了关注预算执行情况之外，还要求对决算草案进行审批。决算是预算执行的结果，决算审计是预算执行审计的延续，然而，目前的决算审计实务开展比例非常低，大多数地方仍然处于摸索阶段。例如，出现当年预算指标还未下达而预算支出已然发生，或预算指标已经下达而当期没有预算支出的情况，决算审计的监督功能并未得到有效发挥、流于形式。究其原因，可能存在以下两个方面的因素：一方面，国家审计任务重、审计人员有限、审计力量不足，导致配备审计资源、确定审计内容时，偏向国家硬性要求完成的审计任务及当期国家政策关注的领域，从而忽视了决算审计，造成决算数据与预算执行相差不大的情形。另一方面，每年决算草案编制完成大概是4月份，审签时间仅10多天，时间紧迫、过于匆忙，容易流于形式，且决算审计结果并不影响当年决算草案，提交同级人大常委会审议的

决算草案的审定结果并不会因决算审计结论而修订及更改,这影响了决算审计的权威性,造成决算审计结果的利用率非常低。

三、预算绩效审计需要全面有效推开

预算审计仍然以合法性和合规性为主要审计目标,绩效性还未得到很好体现,预算编制主要关注预算项目的详细程度、预算支出安排的真实性,往往忽视预算编制的效益性。表 3-1 "2010~2018 年政府预算执行情况审计发现的问题"显示,审计工作报告中主要反映的是预算完整性、预算详细性和准确度、预算执行情况等方面,而预算绩效方面反映的内容较少。目前对预算编制的审计,只是关注所编制预算导致的后果,忽视了预算形成程序的合法合规性及效果效率性,未能追根溯源。

政府预算绩效审计缺少责任追究制度。在以往的政府预算绩效审计中,审计人员多次发现"预算编制不够规范、重大项目推进较慢、'三公'经费支出不严格、批复和分配财政资金不规范、部分财政资金被骗(套)取"等问题,但在各级政府的审计工作报告以及预算执行报告中,仅是对这些问题进行了笼统的披露,除对存在重大违法违规行为的人员进行处罚外,并未对相关责任人进行追究,导致被审计单位对审计结果不重视,这使得预算绩效审计未能发挥预期的功能。

预算绩效审计工作的开展往往在决算之后进行,缺乏良好的实效性。就逻辑性而言,预算管理监督应该遵循"预算编制—预算审批—预算执行—预算调整—绩效评价—决算"的逻辑轨迹,即对预算管理各个环节进行全面的绩效评价与绩效审计之后,根据结果编制决算报表、进行决算审计,然而,在实践工作中却难以遵循预算管理运行轨迹实施审计监督,绩效审计滞后于决算审计,导致绩效审计工作的实效性大打折扣。

四、预算审计结果公告制度需要进一步完善

我国正处于经济转型的关键时期,由于审计体制的不健全以及结果公告制度本身的不完善,降低了审计成果的利用率和审计信息的透明度。现行的审计结果公告制度缺少关于审计结果信息反馈程序、处理机制等的相关规定,因而预算审计成果得不到有效运用。近年来,预算审计的结果公告内容越来越详细,被审部门整改情况也日趋良好,但是预算审计结果公告中的问题却越来越多。由于查出的问题得不到及时解决,存在审出的同类同项违规在不同年度反复出现的"屡审屡犯"现象,导致审计结果公告作用得不到有效发挥,流于形式。

第四章 国家审计、国家预算与国家治理的关系

回溯现代预算制度形成发展历史,现代预算制度产生和发展的动因在于:规范与约束政府行使征税权、支出权等公共权力,保护人民合法财产权不受侵犯。现实中,大多腐败案例都与预算权力脱离监督和约束有关,建立现代预算制度,加强对政府公共权力,尤其是预算权力的监督制约,是促进预算管理体制深化改革,为国家治理体系与治理能力现代化创造良好环境的关键举措。对预算管理全过程的有效监督是发挥预算功能的关键所在,而审计是用权力监督与制约经济权力的重要机制,是保障政府恰当履行包括预算权力在内的公共权力的重要制度设计。本章从国家预算与国家治理,国家审计、国家预算与国家治理两个方面,系统探讨国家审计、国家预算与国家治理的内在关系与作用机理,构建理论分析框架。①

第一节 国家预算与国家治理的关系

如果不能预算,如何治理?(Wildavsky,1988)国家治理制度变迁中财政转型有重要的引导作用,推动财政制度现代化和预算制度现代化是实

---

① 谢柳芳:《国家审计与国家治理研究——基于完善国家预算制度视角的分析》,西南财经大学博士后研究报告,2017年,第42-45页。

现国家长治久安的基本途径。在西方的国家建设历程中，有两次重要的财政转型，即"领地国家—税收国家—预算国家"。"预算国家"是拥有现代预算体制的国家，是国家治理体系和治理能力现代化的另一种表达，"财政集中"和"预算监督"是其两个基本特征（王绍光，2008）。借助1978年与1999年的经济体制改革和预算改革，中国实现了"自产国家—税收国家—预算国家"转型。

2017年10月18日中共十九大上，习近平阐明"要贯彻发展新理念，建设现代化经济体系……坚持效益优先，推动经济发展效率变革、质量变革和动力变革"，并强调要"加快建立现代财政制度……建立全面规范透明、标准科学、约束有力的预算制度，全面实施绩效管理"。

"预算绩效"首次出现在2015年实施的《中华人民共和国预算法》中，并且贯穿于预算周期活动始终，我国政府预算的管理活动有望从粗放型转入以绩效作为评价预算管理优劣标准的科学化管理轨道。国家预算的绩效性成为衡量国家治理能力与治理水平的重要指标之一，我国预算管理制度的改革向纵深发展。

完善国家治理，实现"善治"是世界各国所追求的战略目标，这一目标可以进一步表述为国家治理体系现代化与国家治理能力现代化两个方面。国家治理的核心始终围绕着对公共权力进行有效配置，实现国家治理的根本目标，即公共利益最大化，又称为国家"善治"；而善治国家的实现需要依赖国家治理体系现代化和国家治理能力现代化的提升。国家治理的结构①如图4-1所示。

现代国家应该具备强制能力、汲取能力、濡化能力、规管能力、统领能力、再分配能力、国家认证能力、吸纳整合能力八个方面的能力（王绍光，2014）。预算能力的强弱决定着一个国家治理能力的优劣（Schick，1990），预算能力是财政能力的核心，汲取能力和再分配能力的结合体现

---

① 陈汉文：《预算国家与预算审计——基于国家治理视角的深层思考》，中国会计学会2016年学术年会，重庆，2016年7月。

的是一个国家的财政能力,前者反映的是政府有效筹集资金的能力,后者反映的是政府合理配置资金的能力;强制能力、濡化能力、规管能力、统领能力、国家认证能力、吸纳整合能力则必须以财政能力为基础支撑。基于此,形成的国家治理能力①要素结构如图 4-2 所示。

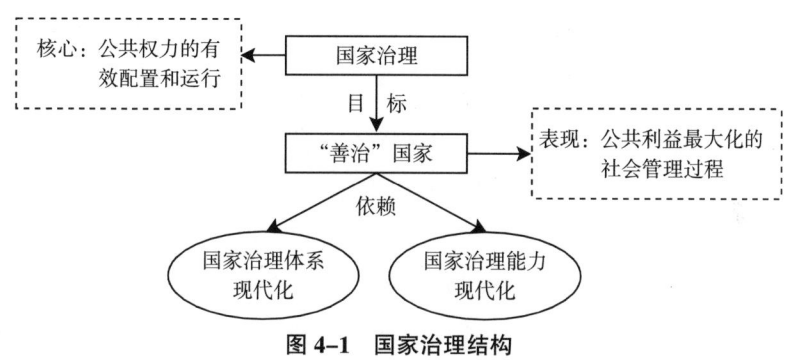

图 4-1 国家治理结构

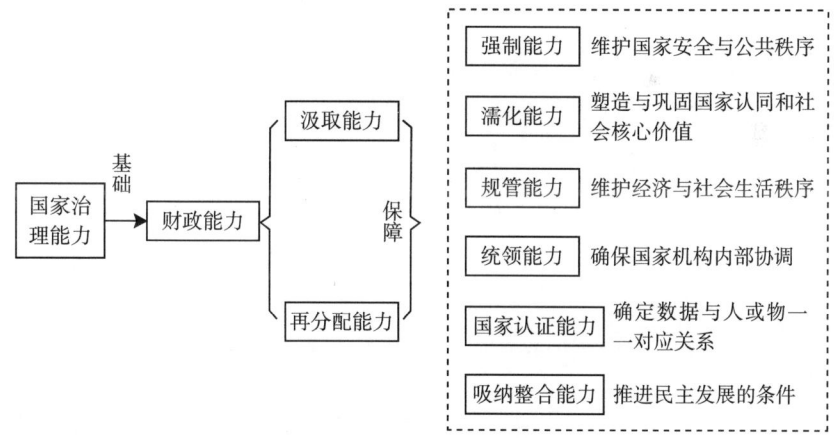

图 4-2 国家治理能力要素结构

(1)强制能力。巴泽尔认为:"国家是由个体组成的群体,群内个体依从于一个用暴力来执行合约的单一终极第三方。"可见,国家组织为履

---

① 王绍光:《国家治理与基础性国家能力》,《华中科技大学学报》2014 年第 3 期。

行群里实务管理职能合法地拥有垄断暴力,能够合法使用"强制力"。国家的"强制能力"对外表现为抵御领域外各种威胁、维护国家安全和国家利益的能力,可通过建立与维护独立常规武装力量加以保证;对内表现为保证国家政治、经济和社会持续发展需要的稳定而安全的环境的能力,可通过建立与维护内部武装警察加以保证。因此,一国武装力量的纪律制度、整体素质、经济支撑实力都是"强制能力"的表现。

(2)汲取能力。财政是国家的神经,稳定持续的收入来源是政府得以存在及持续发展的基础,汲取能力指国家机器利用强制权力从社会获取财政资源的渗透能力,是衡量一国财政能力的最主要指标。熊彼特把现代国家称为"税收国家",原因是体现汲取能力的"税收"是国家权力正常运行的基础。国家机器的正常运转、强制能力的维持、各项公共事务的开展,都需要有动员充足资源的能力,能够从经济社会产出中汲取一部分形成相应的财力作为支撑,以达到其政治目标。

(3)濡化能力。濡化能力指培育一种被人们共同认可的价值观、一致的信仰、对组织的信任感,促使其自动维持组织内部的正常秩序,该种能力避免采用强制力,极大降低了国家的行政成本。通常可以"濡化"的要素有两个,即"认可度"和"核心价值"。把对地域、宗族和家庭的忠诚转化为对国家与民族的忠诚,就是"国家认可度"的濡化;形成绝大多数公民共同信仰的、一致接受的、内化于心的、以此自我约束的核心价值体系,便是"国家核心价值观"的濡化。

(4)规管能力。"濡化能力"形成民众内在信念作用于内,与之相反,规管表现出一定的强制性,也是一种国家能力,"规管能力"是从外部施加于规管人,强制约束其行为符合一定规则的能力,规管的核心在于改变集体或个人行为,要求其行为与国家规则相符的一种活动。规管可能涉及人们社会经济生活的各个方面,例如对食品药品质量标准的要求、对安居环境的维护要求、赡养老人抚养子女的基本责任要求等。在现代工商业迅速发展的信息化时代,权力与信息的不对称可能出现代理问题,而规管是降低信息不对称、协调各方利益的重要方式。通常,一个组织的规管能力越强、规管内容越细致,表现出来的社会及市场的秩序就越好;一个组织的规管能力越弱、规管内容越粗糙,表现出来的社会及市场的秩序就越混乱。

(5)统领能力。"强制能力""规管能力"等能力的实施主体是政府,实施对象是政府之外的团体和个人,强调的是"管外"的能力;"统领能力"实施主体是政府,实施对象是政府内部各个部门与公职人员,强调的是"管内"的能力。而政府内部管理能力的强弱极大地影响其行使公共权力的合法合规性以及效率效果性,即涉及"廉洁政府""高效政府"的建设。例如,中国自中共十八大以来全面开展的反腐倡廉,有效地打击了贪污腐败现象,而对"三公"经费的严控与监督,大幅度地节约了政府履职的运行成本,提高了国家治理水平。当然,统领能力不能仅作为一种"行为"或一个"行动"开展,而需要约定形成规范化的制度加以保障。

(6)再分配能力。"再分配能力"指国家具有的将公共资源在不同社会组织之间调配的权威能力,即分配社会资源的能力。该种资源的调配价值主要体现在对稀缺物质分配权力上,例如,医疗、养老、教育等资源。再分配能力还体现在均衡基层社会民众获取公共产品与公共服务上,是"公平"的体现,公平有利于维护社会安定、增强政府信任度,而不平等、不公平可能会引发社会动荡,危害国家稳定,进而损害国家社会经济。可见,再分配的目的主要有两个:解决温饱,维持基本尊严,保障公民的经济安全;缩小财富和收入分配的差距,避免不平等。

(7)国家认证能力。"认证"指建立人、物与数据之间的对应关系,这种关系是一一对应的,是国家进行征税、征兵及统一管理的基础。例如,姓氏的出现和发展,就是古代的认证,便于官府进行收税、征劳役等政府事务的管理。而现代社会,认证也非常重要,例如,我国的个人所得税,就是用认证确定应纳税"个人"税收,以"个人"的应纳税所得额作为计算依据所征收的税费,而不是以家庭收入为基础计征,这便是国家的认证能力。

(8)吸纳整合能力。民主制度即人民当家作主的政治制度,吸纳和整合是"有序民主"的两个条件。"吸纳"指赋予公民参与公共事务管理的权利,并采用相应的措施、开设相应的参与渠道帮助民众表达其正当需求,以保障公民合法需求与政府政策的一致性。"整合"指政府通过建立相应的制度,对各个社会群体所表达的政策偏好加以整理及拟合。国家的"吸纳"与"整合"能力是推进民主发展的两个基本条件。

第二节 公共预算权力的监控与国家治理的关系

对公共权力进行有效配置是国家治理的核心,而国家的预算能力是公共财政能力的核心,预算能力的强弱决定着国家治理能力的优劣,汲取能力和再分配能力的结合即为国家的公共预算能力,分别体现为公共预算收入和公共预算支出的配置效益。可见,对包括公共预算权力的政府公共权力的有效监控便成为推进国家治理的关键因素,而审计监督便是主要的公共预算权力监督形式之一。本节从分析人民主权理论的特性出发,基于人民主权理论分析公共预算权力监控与国家治理的关系。①

一、人民主权理论

1. 卢梭的人民主权理论

卢梭的人民主权理论被喻为主权理论的第一次飞跃。在18世纪启蒙运动之前,神权论处于西方主权学说的核心位置,神权论强调"一切政治权力不是人类所赋予的,而是上帝所赐予的",② 也就是说"实行君主制的国家,君主的权力并非人民所授予的,而是君权神授思想"。③ 与之相反,

---

① 谢柳芳:《政府审计与政府信息披露研究——基于提升国家治理能力的视角》,西南财经大学出版社2015年版,第69-76页。
②③ 卢梭:《社会契约论》,商务印书馆2008年版,第81-127页。

第四章 国家审计、国家预算与国家治理的关系

卢梭认为国家的权力来源于人民，应当归属全体公民。卢梭用契约描述人和国家之间的关系，在其著作《社会契约论》中指出"人民设定契约产生国家，契约赋予并限制政府权力，此公约促使全体公民形成一个共同体即国家，国家的意志代表了全体公民的意志，也体现了国家权力，所以，国家权力等同于公民权力，国家意志等同于公民意志，政府必须按人民的意愿来行使权力"。[①] 卢梭通过《社会契约论》阐明"我们每个人自身及所有力量都以公意为最高指示，共同体作为一个整体，其中的每一个成员都是整体中一个不可或缺的部分"。因为对人的不断吸收和合并，形成的共同体会聚了更多人的意愿，便逐步产生公意，公意永远以公共福祉为依托，永远是公正的，在具体行为中表现为对公共利益的追求，即公意是按照公共福祉指导各种力量，主权本质上是由公意所构成的，因此主权也就带有了正当性。换言之，公民与国家构建一种契约关系，国家代表公民行使主权，其意志也代表全体公民的意志，所追求的是公共利益，对于公共利益的追求构成国家和政府的职责。

国家通过制定符合人民意志的法律向人民宣告其所享权力，公民借助所拥有的权力获得公共福祉；国家通过政府行政职能的履行，使权力得以实现，公众则以政府为中介将国家意志转化成个人意志，进而获取自身利益。卢梭认为："公共力量应该存在一个能将它凝聚起来的合适代理人，使它的活动符合主权人意志，而政府充当主权执行者的角色，执行行政权力的受任者只是人民的官吏而非人民的主人，人民既可以委任他们，也可以撤换他们。"人民主权体现了全体公民的意志、利益和义务，人民主权原则下的共同体（国家）拥有政治合法性，在人人平等的共同体中，不存在奴役、压迫和剥削，即每个公民的权利都得到保障。基于人民主权原则，国家与人民间形成焕然不同的关系模式，与君权神授及父权制相比，该模式关系存在本质区别；人民主权论下，人民有参与政治活动的权利，人民具备政治主体地位，基于此地位可以与国家展开互动，由此受教育

---

① 卢梭：《社会契约论》，商务印书馆 2008 年版，第 81—127 页。

权、人身自由权、社会保障权等基本权利得以实现与维护。

在社会契约观下，国家与公民之间所形成的契约关系意味着：一方面，政府公共部门的权力来自于人民，国家掌控的一切资源，如矿产、土地、人力等，本质上都是由处于共同体中的所有人（公民）共同享有；另一方面，国家的主人（人民）有权知道政府是否很好地行使了人民赋予它的权力，政府的行为及结果是否表达了公意，无疑，通过掌握受托方（政府）的履职信息，即政府信息充分披露，便可评价其行为及结果。此外，国家在维护公民的自由与平等，实现公共福祉中，部分当权者代表人民行权时可能出现权力异化行为，为防止政府追求自身利益而损害人民公共利益，社会民主在设定契约时就确立了一些制度，以制约、监督、评价政府的行为，即对公共权力实施监控。

2. 马克思的人民主权观

19世纪40年代初，马克思的人民主权观对黑格尔理性批判思想和法国哲学的借鉴及批判中逐步显示出历史唯物主义的雏形，德国革命时期，他进一步提出无产阶级革命思想及法权要求推动其逐步发展，最终马克思的人民主权理论成熟于对法国巴黎公社革命经验的总结，这是人民主权理论的第二次飞跃。

遵循卢梭的资产阶级理论，康德将其翻译成更为抽象的伦理法学体系，在其"天赋人权"与自由和平等的思想影响下，强调并积极宣扬社会成员的自由、平等和独立的特质。青年时代的马克思以康德思想作为指导原则，同样受到卢梭政治哲学思想的深刻影响，在卢梭人民主权理论中的民主与革命思想启发下，形成了民主主义革命时期人本主义的人民主权理论，马克思所倡导的人民主权论总体上是对卢梭及康德的人民主权思维之发扬和创新。其思想主要体现在以下三个方面：

第一，平等与自由是人民主权的前提。

建立在自然状态上的社会契约论是卢梭与康德人民主权理论的本原，他们认为"每个人在自然形态中均享有平等和自由的权利，有绝对权利维护自己利益，为了避免自由导致的权力滥用而侵害到他人权利，应该自觉

第四章 国家审计、国家预算与国家治理的关系

让渡出'全部'权利组成共同体（国家），以防止单个的权利及自由受到伤害，从而获得更高层次、更有安全感的自由"。马克思认为："人民享有主权即意味着人民享有言论自由。"与民主选举制度一样，言论自由对人民行使国家主权有重要作用。1848年欧洲资产阶级革命前，马克思用"经验与理性"强调在开展问题研究时要特别注意客观实际的基础性地位，以理性启蒙主义国家观来反驳宗教国家，第一次统一了人民主权与人民一般权利。他认为公民拥有的国家主权属于人权的最高表现形式，也是公民的最基本权利，如果公民丧失这项权利，也就失去了对国家拥有的主权；若人民未拥有国家主权，便会影响其一般权利的实现。

卢梭主权思想中的主权强调的是不可被代表、不可转让、不可分割及绝对不受约束，不会随着时间的推移而转变。而马克思的人民主权理论的哲学基础是历史唯物主义，即既要强调主体的主观能动性又要重视客体的作用，要充分激发人们的主观能动性去改造世界。当原有形态对社会发展不再具有积极促进作用时，就应该用新的社会形态取而代之，这是历史的必然。因而，共产主义替代资本主义属于历史发展的必然趋势，社会发展到一定阶段，阶级和国家均将完全走向灭亡。

第二，人民与政府的关系是：人民是主权者，政府是人民的公仆。

卢梭认为，政府作为受托者，其权力来源于人民，人民拥有并行使立法权，国家扮演着人民公仆的角色，如果"公仆"有损害人民利益及滥用权力牟取私利的行为，人民可以随时撤换及罢免他们。马克思提出"廉价政府和人民公仆"的思想，他说："必须从组织上及体制上对旧政府予以改造，将行使国家权力的职能还给社会自身。"例如，巴黎公社的成员由民主选举产生，巴黎公社既是立法机构，也是行政机关，公社的一切事务以工人阶级利益为目标，从而将政府彻底置于人民控制和监督之下，同时，人民可以随时撤换不称职的人员。

卢梭与康德均确立了人民主权思想，但他们所界定的人民仅指资产阶级，而非普通劳动者，他们反对的是封建地主阶级与封建专制制度，代表的是资产阶级的利益，这里的理想民主制国家政体，实质上是要求资产阶

级掌握国家主权,维护的是资产阶级团体的所谓"公共利益"。与之相反,马克思的主权者指的是无产阶级和广大劳动者,在其著作《〈黑格尔法哲学批判〉导言》中,马克思呼吁人民群众要以暴力革命手段推翻君主专制制度,实现人民主权的民主共和国,拥有主权的"人民"便是革命的主力军和代言人,而这里的"人民"指的是以工人阶级为主体的广大劳动阶级民众,即失去了生产资料、承担着社会所有痛苦、处于被剥削地位的工人阶级。

第三,人民拥有革命权,以维护自身的主权。

卢梭认为,人民通过集会达成公意,行使立法权并组成政府,人民在掌握国家主权、建立政府后,需要定期集会处理公共事务,以行使主权、维护主权者的权威,如果政府篡夺了人民对国家的主权,人民便有权推翻政府,正如其著作《论人类不平等的起源和基础》中总结出的论断"他经由暴力建立的政权,也会被暴力推翻"。马克思、恩格斯在《共产党宣言》中表明"只有使用暴力方式彻底推翻全部当前社会制度,共产党人的目的才得以实现",此为无产阶级真正实现政治自由以及个人自由的唯一途径。

卢梭的人民主权思想产生于新兴的资产阶级刚刚掌握政权的时代,他认为,民主共和国是人民掌握国家主权和实现自由民主的唯一政治形态,是最完美的资产阶级国家形态,是实现民主制度的唯一途径。然而,马克思却认为,共产主义社会才是人民主权的最理想形态,共产主义社会中,具有政治性质的国家消失,由社会成员共同管理公共事务,即人民实现自我管理。国家本质上是阶级统治的工具,人民要实现真正意义上的自由,必然以国家的消亡及阶级的消灭为前提。

马克思在对黑格尔哲学的批判中,确立了人民主权思想的唯物史观。一方面,马克思对黑格尔国家与市民的社会关系进行了矫正,黑格尔认为"观念变成了主体,家庭和市民社会对国家的现实的关系被理解为观念的内在想象活动",政治国家可以看作统治公民社会的最高共同体;相反,马克思却指出,国家取决于公民社会,即公民社会作用于国家,他阐明"公民社会与家庭均属于国家的前提,公民社会及家庭是国家的现实构成

第四章 国家审计、国家预算与国家治理的关系

部分,是国家存在的方式"。另一方面,马克思针对黑格尔设定的国家三个环节——王权、行政权和立法权进行了逐一的批判与严格论证,重新确立了人民主权原则与民主制的政治制度。马克思指出,"民主制是君主制的真理,只有在民主制中,形式与内容才能够真正统一","要实现普遍和特殊的真正统一,必须用民主政治取代官僚政治","人民代表制才是真正的民主制,它是人民直接管理社会事务的民主形式,是使普遍事务成为真正普遍事务、体现人民意志的最有效方式"。

此外,马克思曾指出"国家以公共权力为前提",国家的公共职能可能因行使公共权的统治阶级过分追求自身利益而出现权力异化现象,为防止国家权力异化,需要对国家的公共权力进行监控。

二、人民主权理论下的公共预算权力监控与国家治理

人民主权理论下,为了确保政府按公民意愿行使权力,以谋求公共福祉为目标,防止权力滥用与权力异化,必须对公共预算权力实施有效的监控,以确保政府按照公意行使权力、管理社会、使用公共资源,即实现政府、市场、公民社会之间的协调——国家治理。

1. 公共预算权力监控的必要性

马克思和恩格斯强调:"国家实质上是人民公仆,要最大程度地预防其反转为主人,因此,公社既规定选举胜出者接受权力委托,又明确胜任者行动与民众意志相悖时,可能被撤换,以此确保人民对公权的拥有权利。"① 该阐述表明恩格斯倡导公权监督的分权思路,而实现监督公共预算权力的一种方式就是让公民实际拥有对选举胜任者的罢免及监督的权力。戴维斯(2009)强调:"基于既定条件,公共权力已成为全体社会成员间普遍存在的一种共识,主要采用强制、支配以及影响社会的手段所产生的

---

① [德] 卡尔·马克思,弗里德里希·恩格斯:《马克思恩格斯选集》,人民出版社1995年版。

公共强制性和威慑性力量来掌管公共事宜。"[1] "权力拥有者,在权力的引诱下都可能出现权力滥用的问题,直至权力使用受限才会停止"[2](孟德斯鸠,1961),加之公共预算权力具有强制性、两重性、可交换性与扩张性等特征,为了避免公共预算权力异化,对其实施监控成为必然。

公共预算权力强制特征。国家公共权力实质上即为采用暴力手段的强制性力量,强制性是公共预算权力运行的保障,表现为警察、军队、法庭及监狱等,强制性运行的理想状态是自觉服从,公共利益需要公共预算权力维护,当公共利益与私人利益发生矛盾时,必须依靠暴力来维护,因此,这种暴力是合法的、有组织的一种强制力。

公共预算权力的两重性。公共预算权力是全体公民的共有权力,从本质上讲是团体的,而现实中,公共预算权力只能由公民委托少部分人来行使。如政府,在公权内部,人民与国家共同作用形成交织关系,若内部关系是协调的(具有合理性),行权者在运用权力开展活动中便是遵循了公众的意愿,维护了人民的公共利益;反之,若这种关系是异化的(具有破坏性),行权者在运用权力开展活动中,为个人私利出现违背公意的行为时,也就意味着他与公共权力的公共性背道而驰,公共性就会被破坏和腐蚀,所以对公共预算权力的监控成为必要。

公共预算权力的可交换性。公共权力向商品转化是公共权力异化的开始,公共预算权力一旦进入市场产生交换行为,不能公正配置公共资源的问题就会产生。在交换中,权力可以换取资源、获取利益,拥有权力的执行人有机会且有能力以权力交换利益,无权者由于不占据对相关需求者产生吸引力的相应资源,无法通过权力交换,获取利益。这种情况下,公共预算权力只是存在于形式表面,而实质上已经转移,通过国家强制能力牟取私利。无疑,为了防止行权者利用公众赋予的公共力量在交换中牟取私利而损害公共利益,对公共预算权力的监控成为必要。

---

[1] [美]肯尼斯·卡尔普·戴维斯:《裁量正义——一项初步的研究》,毕洪海译,商务印书馆2009年版。
[2] [法]孟德斯鸠:《论法的精神》,许明龙译,商务印书馆2012年版。

公共预算权力的扩张性。操控和监管是公共预算权力的特性,若其运行时未得到有效的管控而无限膨胀,就会损害人民自身的应有权利。其中,超限的行政权力便是最典型的一种表现,公共预算权力的受让者为了获得更多的利益而寻求公共预算权力的扩张,过度膨胀的行政权力在超越可接受程度时,就会侵犯公民利益。因此,公共预算权力的扩张性也决定了将公共预算权力置于监控之下的必要性。

2. 公共预算权力监控与国家治理

世界银行指出,为持续发展而管理公共资源,在管理过程中所涉及的权力配置方式即为治理。国家治理可理解为"社会运行中权力的配置方式以及整合公共资源和协调公共矛盾的方式"。R. Rhodes 认为,"治理是一种新的管理过程或新的管理社会的方式,其是一种改变了的有序统治状态,标志着政府管理含义的变化"。政治学的治理指系统的政治管理流程,政治管理主要涵盖了权威政治的基础规范管理、政府公务的处理模式和社会资源的配置方式三方面,其中应着重注意要在一定范围内保持相应的政治权威及必要的行权活动以实现社会稳定。治理的根本目的就是维护和增进公共利益,无论存在何种制度关系,均采用政治权威去维护社会秩序,以行政权力规范、指导及制约公民活动。

国家治理是市场经济体制中政府管理公共事务的行为,国家治理中政府充当的角色至关重要,由于政府掌控着公共权力,决定了其在国家治理中的主体地位,公共部门要充分提升政府公信力和增强行政透明度才能实现善政良治。需要强调的是,国家治理涉及政府、社会、市场三个主体,是协调三者之间关系的动态平衡过程;治理的最终主体是国家,客体是社会公共事务,同时还包括政府对自身的治理。

治理是政府部门用以掌管行政事务、配置社会资源和保证实现人权的过程,"善政良治"遵从法治规则,可以从根基上消除职权滥用情况以及贪腐行为,而评判"善政良治"的优劣标准是政府为全方位人权目标的实现所付出努力的大小。"善政良治"是一种以保证公共管理的有效性为目标,对全体人民均坚持公开公正的公共事务管理,该管理行为是基于公共财务及技术性鉴定的一种现实责任性及在公共财务援助计划执行中调动实际的管理技能,包括合法性、透明性、责任性、回应性、法治性、有效性、参与性、廉洁性、稳定性和公正性十个基本元素。

因此,达到国家治理目标的关键是建立协调、高效的治理机制,国家治理机制包括以下五类:第一,问责机制。其前提是构建系列配套法律法规,明确公共部门受托者需向特定主体阐述其所履职义务,且接受特定主体的询问以及积极回应。第二,参与机制。由于治理主体的多元化,为了实现各种主体的参与治理,需要建立一套相应的制度,例如质询、投票、信访、参加听证会、在媒体上发表意见等。第三,公开机制。管理实践证明,信息的公开、透明是缓解信息不对称带来的权力寻租、逆向选择的有效方式,将政府行使公共预算权力、参与公共事务管理的信息公开披露,增强政府透明度,是一个成本低廉、操作简单但效果奇佳的改善国家治理的渠道。第四,沟通机制。当前社会进入深度细致分工阶段,只有各利益主体形成共识才能促进国家治理,而形成一致意志的关键是建立有效的沟通机制。第五,监督机制。要实现国家的"善政良治",监督机制必不可少,其内容涉及监督公共经济权力运行情况、行政公务履职的结果情况等一整套制度,国家审计是国家治理的专门而有效的监督手段。

善治实际上是当今世界民主政治不断发展、民主参与不断扩大的产物,体现了人类社会的进步,是人类自我管理能力的不断改善和加强。以良好治理作为目标,需要在防范"无效治理"的同时使公民福祉最大化,从这一点可以看出,国家治理的最终目标与人民主权理论下的目标是一致的,换言之,人民主权理论下国家公共预算权力的最终行权效果,既是国家治理目标的实现基础,又是政府在国家治理活动中能力高低的具体体现。因此,对公共预算权力实施有效监控,是维护民众公共利益,实现国家"善政良治"的有效手段。

3. 公共预算权力监控方式

监控公共经济权力(当然包括公共预算权力)的方式主要包括人大监督、法律监督、行政监察、司法监督、舆论监督、审计监督等。

第四章 国家审计、国家预算与国家治理的关系

第一，人大监督。全国人民代表大会是我国最高权力机关及立法机关，人大监督的实现主要是基于其所拥有的立法权，监督各项权力行为以及权力运作状况，从而督促政府以满足公意、实现人民福祉为行权标准开展公共活动、提供公共产品与服务，但是人大执行日常监督力度不够，工作做得也不够细致。

第二，法律监督。公民共有的团体性权力即为"公共权力"，由于公共资源的有限性，公共预算部门通过公共选择机制确定公共资金的收支分配，公共预算权力的配置便影响预算资金的规模及方向，公民需要凭借能够体现公意的法律监督以规范公权掌控者的行权活动，以此合理保证公众的利益福祉得以实现。但是，由于法律对公共预算权力机关界定存在盲点，法律在保障公共预算权力监督主体、监督权力方面的缺失，权力运行和权力公开制度方面的缺乏，使得法律监督对公共预算权力的监控没有达到应有的效果。

第三，行政监察。行政监察是行政监察机关施行的一种监督检查，具有从上到下的单向性、权威性和强制性的特征。行政监察机关对国家行政机关遵循相关法律法规的程度及政策制度的贯彻实施状况开展核查，并就核查出的实际问题责令整改，以保证政令畅通。

第四，司法监督。司法监督指通过处理各种纠纷以实现社会稳定与和谐，在中国行使司法权的是人民法院和人民检察院，通过这两个部门的履职行为，确保法律得以正常运行，从而使人民的公共权益得到有效保障。

第五，舆论监督。相关的舆论媒介通过报刊、电视、网络等方式扩散政府信息，使民众能够获知包括政治、社会、经济等所有影响公共福祉的事项及情况，借助公民舆论的力量监督公共预算权力的行权过程。舆论监督具有直接性和有效性，可以帮助公众发挥对公共权力的制约监督作用，通过媒介资源及时获知公共部门行动的最新动态并对公共部门及公职人员的行为进行跟踪和报道，促使其在公民监督下开展工作。

第六，审计监督。经济控制是审计之本质特征，目的在于保障公共受托责任得以全面而有效地运行和实施。因此，审计也是保证公共权力（包

括公共预算权力）的行使与其公共受托责任相对应的一种有效的监控手段。Chennai（2004）指出，有效约束公共权力是审计的基本职责，使权力的拥有者合理有效地凭借权力帮助人民大众，这是审计得以存在的基本条件，其促使公共部门和拥有权力的公职人员以一种积极的形象留在人民大众心中。

第三节　预算绩效管理的基本理论

预算是财政管理的核心，预算管理的绩效体现了公共资源配置效率，影响着国家治理现代化的推进，本节从委托代理理论、公共经济理论和新制度经济学理论三个方面分析预算绩效管理的基本理论。①

一、委托代理理论

作为契约理论的重要组成部分，委托代理理论所研究的委托代理关系，是指一个（或多个）行为主体，依据明确的或隐晦的契约，给予另一些行为主体决策权力，并使之为自身服务的过程。该理论提出了两条解决委托代理问题的思路：一是创设激励机制，激励代理者朝着委托者设定的目标函数趋近；二是构建监督机制，增加代理者偏离委托者目标函数的成本。

信息不对称状态下的委托代理关系广泛存在，利用委托代理理论对国家预算绩效管理问题加以审视，有助于得出新的具有启发性的结论。

预算绩效管理制度具有以下特点：首先，预算绩效管理制度能够对如实按照民众（委托人）目标函数执行国家预算的官员实施绩效奖励，奖励

---

① 鲍啸鸣：《我国地方预算绩效管理改革研究》，江西财经大学博士学位论文，2014年，第22-30页。

的额度直接与预算执行的绩效挂钩,实行动态浮动,灵活便捷且科学合理。其次,预算绩效管理制度以预算透明为基础,预算的透明便于预算的绩效考核,这本身就迎合了加大预算透明度的需要。最后,绩效考核概念本身包含了奖惩两个维度的考虑,既有对绩优者的褒奖,也有对绩劣者的惩罚。更为重要的是,预算绩效考核使奖励与惩罚的尺度被统一到基于信息公开而形成的绩效指标上,从而为奖励和惩罚都提供了一套科学的依据。

二、公共经济理论

公共经济理论模型主要包括政府失灵与官僚预算最大化模型。

政府失灵是指政府行为无法改善经济效率或政府收入再分配出现问题等情况,现实中,政府对市场的干预存在诸多不足之处。政府干预通常由克制的有限干预演变为不自觉的逾越干预;政府供给各种公共产品均是需要成本的,整个过程中充斥着制度调整和利益再平衡,并由此产生大量的交易成本;政府干预存在明显的低效率。

官僚预算最大化模型由尼斯坎南提出,认为官僚具有过多供给公共产品以争取预算的内在利益驱动。一旦外在制度条件具备,其膨胀、臃肿和低效就在所难免。

在官僚预算最大化模型中,预算体现的是公共产品的交易关系,交易双方分别为政治家和官僚。在该模型中,官僚也是追求自身利益最大化的经济人,他们的追求包括薪金、声誉、权力、编制等在内的一组目标簇。这些目标的达成形成官员的效用,并与政府预算规模呈单调正相关关系。因此,当官僚预算最大化模型套用在我国时,预算主体对应各级人大及其委托的同级财政部门,以及其他行政管理部门。

现实中,由于财政部门与其他行政部门间的信息不对称,经常导致预算执行偏离预期,进而造成政府失灵。通过检查、评价、督促、奖励和惩罚等机制,释放明确的信号,使行政部门建立明确的预期,从而纠正预算执行过程。预算绩效管理制度显然能够在这一过程中发挥极为重要的作用。

三、新制度经济学理论

交易成本是新制度经济学中的核心概念，交易成本又称交易费用，科斯在分析企业的属性时首次提出这一概念，泛指所有为促成交易发生而产生的成本。威廉姆森首先将交易成本系统化地运用于经济分析当中，认为它广泛存在于市场组织、工会组织、现代企业治理结构、政府监管等经济社会生活中的一系列场景中。代理成本过高是影响委托代理关系的重要因素，而代理成本本身就属于交易成本的范畴，加之预算执行监督过程中存在着双重委托代理结构，更增加了代理成本的复杂性。本书聚焦于财政部门如何监管其他行政部门执行预算，虽然淡化了双重委托代理结构所带来的复杂性，但是交易成本的畸高将带来效率损失，而找到可行的且效率更高的替代性制度，则是新制度经济学需要努力解决的问题。

制度变迁是新制度（新制度结构）形成并替代旧制度的过程，它涵盖了制度的更替、转换和交易，制度因素对经济结构变迁的影响最终使制度变迁理论步入了人们的视野。根据制度变迁理论，自下而上的诱致性制度变迁和自上而下的强制性制度变迁属于制度变迁的两大类型，前者侧重于需求，后者侧重于供给。

结合上述分析，预算绩效管理改革显然属于强制性制度变迁，是政府发现制度缺陷之后主动启动改革的典范。而在预算管理过程中，信息不对称的大量存在影响了管理的效率，即使忽略民众与政府间的委托代理关系，仅就财政部门与其他行政部门间的委托代理关系进行分析，信息不对称及由此导致的交易成本过高现象依然存在。利用何种方式能够将监管、透明、激励、惩罚等诸多手段结合在一起，有效降低预算绩效管理中的代理成本，是困扰各级财政部门的重要问题。预算绩效管理改革作为兼具上述功效的重要制度创新，在中央政府的要求下，特别是修订后的《中华人民共和国预算法》实施后，明显地被推向了历史的舞台，成为我国改革开放以来最重要的强制性制度变迁进程。委托代理理论、公共经济理论和新制度经济学理论均从不同的侧面为我们展示了预算绩效管理改革的成因与过程,委托代理理论深刻揭示了预算执行问题的复杂性和存在的问题,公共经济学理论则揭示出官僚系统自我膨胀的机理和预算绩效改革的原因所在,而新制度经济学理论则赋予预算绩效改革以历史维度,揭示了这一强制性制度变迁的内在机理。

第四节 国家审计提升预算绩效、促进国家治理的作用机理

国家审计是国家治理的重要组成部分,是监督公共预算管理的主要机制,是保障和促进国家公共受托经济责任有效履行的手段,本节分别从公共受托经济责任、审计控制论与国家治理论,系统探讨国家审计提升预算管理绩效、促进国家治理的作用路径与实现机制。①

一、公共受托经济责任

委托代理理论是制度经济学中契约理论的重要组成内容,所有权与经营控制权的分离会引发经管者行为与所有者之间利益的背离(Berle & Means, 1932),代理人与委托人利益的背离以及信息不对称导致代理成本上升,引发代理问题(Ross, 1973; Jensen & Meckling, 1976),如果不能对经理人的行为建立有效的激励与约束机制,其形成的决策方案可能会威胁委托者的利益。

随着商品经济的发展和公司制企业的扩充,业务交易越来越复杂,两

---

① 谢柳芳:《国家审计与国家治理研究——基于完善国家预算制度视角的分析》,西南财经大学博士后研究报告,2017年,第52-60页。

方或多方交易活动频繁发生,促进了委托代理关系的出现,于是委托代理问题便随之产生。而公司预算控制、竞争性报酬激励、公司业绩定期评估、媒体舆论等机制能够增强股东对公司的控制,遏制经理人的机会主义行为(Jensen & Richard,1983)。

政府与公民之间同样存在委托代理问题,由于政府部门性质与承担责任履行机制的差异,需要将公共事务外包形成委托代理关系(Pulice et al.,1989;Hughes,2004;Kasper,1997)。国家权力来源于公民,作为契约主体的政府,得到公民授权,以管理国家事务,履行供应公共产品和服务的职责。政府为获取履行职责所需的资源,便凭借其"强制能力"采用征税等方式从社会上集中资源,并在履行职责时分配使用资源。基于此,在政府层面的治理框架中,人民为委托方,政府充当代理方角色,人民委托国家管理公共资源,在国家与人民之间产生公共的委托代理关系,在此关系下,政府承担履行职责、接受监督义务。在该委托代理关系下,公共资源的经管权与所有权分离,政府作为实际行权者,在行使公共权力的过程中,由于"自利人"的有限理性与契约的"不完备"可能存在政治代理人与公民意愿背离的行为,表现出管理公共事务中的寻租、腐败、浪费、低效率等。政府是公共信息拥有者,有信息控制优势,公众不容易全面、深度地了解公共信息,由此产生一系列委托代理问题,包括道德风险、信息不对称和逆向选择等,表现在预算控制机制中预算执行的不确定性,所以对预算管理的全过程进行审计监督便成为解决此类委托代理问题的有效途径。

"受托经济责任"指,要求被审计对象表达其已按提供资金者的要求管控委托资金的责任,是公共受托人披露管理的公共资源情况,以表明履行的经营、计划及财务等责任的一种义务,是受托者需就其代理的资源状况向委托者阐明和披露的一种义务。"受托经济责任"是应答履行义务状况的要求,表现为:委托方赋予受托方使用且操控社会资源的权利;而受托方则负有汇报履职过程及方式的义务。随着市场经济的迅速发展和民主社会的推进,人民的社会需求无论是从水平上还是从层次上均呈现持续提高和不断扩展态势，因而"公共受托责任"内涵也需随之扩展，表现为：拓展的行为责任，新增公证责任、安全责任和认证责任等；扩充的责任对象，责任对象由对直接利益人的"狭义责任"向"广义利益人责任"拓展。

审计是随着人类文明进步，所有者需要委托他人对自身财产实施管理，为维护自身利益，所有者需就受托者的诚信程度进行的检查。受托责任催生及促进了审计，审计是运用于加强"受托经济责任"过程的一种手段。审计存在之地，必存在一方与另一方的"经济受托责任"关系，这是审计存在的重要前提。因而，经济受托责任关系的建立有重要的现实意义，它是审计得以发展的触动因素，审计是为保证经济受托责任的完全有效履行而倒逼出的特殊的经济控制机制。基于公共管理视角，国家属于利益集合体，利益团体内的公职人员是"经济人"，有滥用公权牟取私利的动机和条件，这会触发"政府失灵"。国家审计的固有属性与管理公共资金不可分割，作为一种确保国家财政预算规范开展的、具有专业性以及技术性特征的机制，国家审计能够充分发挥预防、发现乃至消除"政府失灵"的作用，所以，国家审计的实质也可以表述为委托人防治"政府失灵"之手段。

审计任务是检查财务报告中有无重大错报并发表恰当的审计意见，检查报表可称为"验证"，主要目的是鉴证被审计对象提交的报告信息显示其经济行为和财务状况的客观程度（Mautz & Sharaf，1961）。审计也属于经济监督范畴，其职能也会随监管要求变化及经济发展而不断拓展和延伸（王德升和阎金锷，1985）。审计具有两个基本职能——鉴证与经济监督（娄尔行和唐清亮，1987），审计是依据公认审计准则程序，对管理当局自行认定、计量并编制的受托责任报告所进行的重新认定、判定与评定（王光远，2002）。公共资源管理存在委托代理关系，审计应需而产生，审计作为一种重要的控制机制，目的在于及时发现并披露违背公认原则的行为，揭露违法违规情况或资金管理缺乏经济效益等问题，并提出整改建议与完善措施。2010年9月1日颁布修订的《中华人民共和国国家审计准则》，规定了国家审计对公权行使的制约和监督职责，阐明了国家审计的一系列法定职能,并确保受托者的权利行使圈定在已授权的范围中,明确政府履行受托责任的状况、水平程度需向公众披露,接受公民监督。同时,修订的审计准则更加重视审计监督效率,如《中华人民共和国国家审计准则》中第一百二十六条与第一百二十八条规定,对专项审计调查过程中查处的问题,有关部门可直接签署审计决定书及移送处理书。

综上所述,"无审计,不治理",任何形式的组织都需要建立完善的治理结构和治理机制,国家也不例外,而审计便是有效的治理机制之一。国家审计通过完善国家预算、促进国家治理的作用路径如图4-3所示。

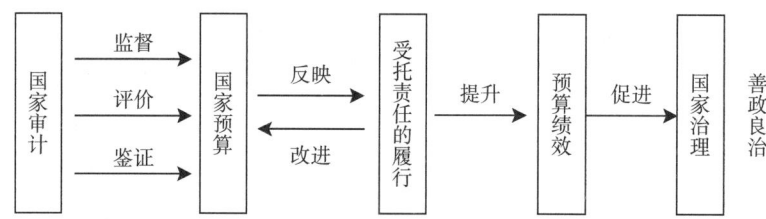

图4-3 公共受托经济责任论视角下的国家审计作用路径

从图4-3可以看出,国家审计通过以下步骤发挥监控国家预算、促进国家治理的作用:第一,对国家预算管理过程进行"监督",即通过对国家预算管理过程中公共资源的筹集、分配及使用的真实性、合法性及效益性进行审查,以督促和监察政府遵循公众委托,行使权力不跨越约束范围。第二,对国家预算的执行过程及执行结果进行"评价",即根据前一步骤检查审核结果,判断政府预算编制、执行、决策结果等的可行性,确定国家预算是否满足公共事务管理的需要、是否能够保障政府目标与决策施行的需要,考核预算执行效果的优劣情况,并关注公共部门内控制度是否健全、有效,然后据此发表意见、提出建议,促使政府改善预算管理,提高公共资源管理效率。第三,对预算管理进行"鉴证",在上述监督、评价的基础上,确定国家预算编制、执行各环节的状况与结果,形成审计意见与建议,并出具书面证明,完成审计委托。国家审计通过对国家预算的全过程进行监督、评价及鉴证,综合评定其公共受托经济责任的履行情

第四章 国家审计、国家预算与国家治理的关系

况,发现公共资金管理的问题与薄弱点,从而督促相关部门完善预算制度,促进预算功能的有效发挥,推动经济受托责任的全面履行,使得国家预算状况得以有效改善,国家治理水平和能力得以显著提升,从而实现国家的"善政良治"。

二、审计控制论

国家审计的本质是经济控制,主要通过监督政府的经济行为活动来达到促进和保证"经济受托责任"的高效运行之目的(蔡春,2001)。

"控制"实质上是一种对被控制对象起到约束作用的活动,避免其超出规定范围而任意活动。首次对控制进行界定的是维纳(1948),他阐明控制论思维是设计一种技术语言,对一般通讯和控制进行探讨,挖掘出系列通用的技术和方法来解决实际出现的具有特殊性的相关问题。

当"受托管理责任"成为"经济受托责任"的核心时,人们对受托方管理资源的绩效性进行评价时,不再局限于"财务责任"内容,其重点发生了转移,从以"成本"控制为中心变迁为评价资源管理的成效,国家审计便由注重"经济监督"转向关注"经济控制"。在西方国家,较早持"经济控制论"的弗林特认为,从社会属性角度看,审计是一种独立于相关利益方而进行的特殊检查活动,目的是将预期目标与绩效水平比较后报告比较结果,这无疑是保障公共或私营部门的"受托责任"得以全面而有效履行的一种控制机制。在我国,最早秉持"经济控制论"的蔡春教授(2001)指出,审计是一项控制活动与控制行为,实质意义就是确保"经济受托责任"得以实现。

基于审计控制论,国家审计目标从审计公共部门各项行为活动的真实合法性转变为聚焦评价被审计对象的经济效率性。"经济性"审计目标指以最小化的资源成本达到目标,"效果性"审计目标注重项目预期的效果得以实现的程度,"效率性"审计目标关注使用公共资源效率的高低。换言之,国家审计通过对国家预算管理过程与结果的审查,评价预算的经济

性、效果性和效率性，即在国家审计这种控制机制下，评价公共部门预算活动并将结果反馈给利益相关者，以便督促公共部门持续优化调整预算管理机制、完善预算制度，从而提升国家治理能力。

审计控制论阐明"审计的本质是控制"，包括两种方式：一是"直接控制"，指审计人在拥有处罚权的情况下，能够直接对审计过程中发现的不符合规则的情况和问题反馈纠偏，显示了直接明显的控制作用；二是"间接控制"，指审计人不具备处罚权时，需充分发挥审计报告的中介作用，将问题反馈给审计委托者，由委托者督促纠偏，此时控制作用是通过间接方式得以发挥，凭借审计的威慑力也能使得间接控制行之有效，因此纠偏作用依然存在（蔡春，2001）。基于此，国家审计直接或间接控制预算行为、纠正预算管理偏差，以督促公共部门不断优化预算机制，其作用路径如图4-4所示。

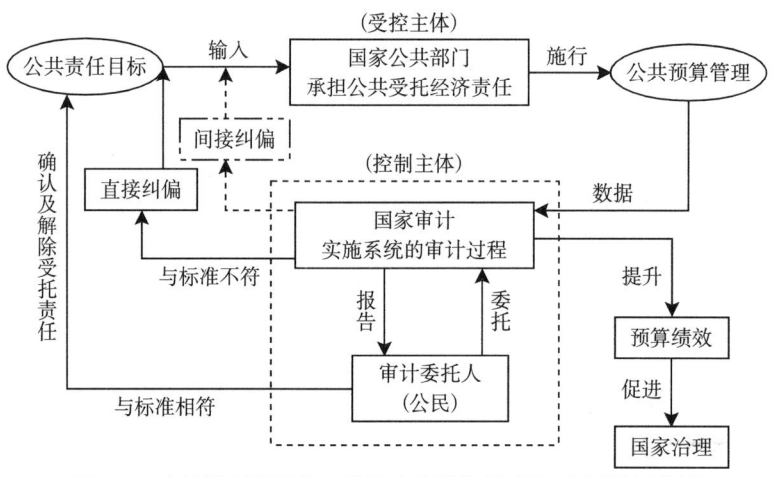

图4-4 审计控制论视角下的国家审计作用路径（审计控制论）

在审计控制论下，国家审计通过以下路径达到提高预算管理、完善预算制度的功能：第一，委托人授权后，国家审计对整个预算过程展开监控，把反映预算过程与结果的信息与代表人民公意的标准信息（审计鉴证规则）进行对比，根据对比情况形成审计报告反馈给委托人。第二，当委托人接收到的审计结果表明预算过程和预算结果与比对标准相符时,解除被审计方的公共受托经济责任;如果审计结果显示预算过程和结果与判断标准不一致时,传达纠偏指令,整改预算行为,督促其改进、优化预算行为,完善预算制度,提升预算绩效。

这种审计控制反馈系统运作的原理是基于"比较器"功能加以实现的,该系统反馈审计类信息的方向属于"负反馈",即采用持续缩减实际履行"受托经济责任"状况与目标要求的偏差,不断督促公共职责得以有效履行,国家审计借助该种控制反馈原理,对公共部门预算全过程施加调节、纠偏力度,不断强化其预算的资源配置功能,以提升预算绩效,达到促进国家治理能力的目标。

三、国家治理论

依据巴泽尔的国家模型,国家审计具有如下特征[①]:第一,委托人是"个体的集合",其将合约执行权委托给政府行使。第二,个体是采用集体行动机制及限制性条件来约束受托者。在实践中,约束机制可以通过议会、司法机关、行政机关等机构发挥作用。第三,国家形态下审计的权威性仅为中等水平。巴泽尔的国家模型认为,公民聘请具有"暴力优势"的第三方来协助履约,这种行为既非平等自由的"社会契约",也非为了维护"自然法则"下的权利,而是更注重纯经济性的目的。

根据巴泽尔的国家模型解释分析,国家审计与政府之间的关系为:为节约交易成本,将部分合约的执行交给拥有"暴力比较优势"的保护者。同时,为避免政府保护者用暴力优势掠夺个体利益,使个体福利降低,人民便采用提高执行者掠夺成本和降低抵制者成本的"集体行动机制"或其他限制措施,而国家审计便是其中一种方式。当委托人为受托者设置了预

[①] 廖义刚、韩洪灵、陈汉文:《政府审计之职能与特征——国家理论视角的解说》,《会计研究》2008年第2期。

算、征税等限制性措施时，国家审计便通过检查监督该措施是否被受托者认真执行以发挥作用。此外，政府绩效审计作为具有专业性和技术性的评价手段，可以用来评估委托"暴力第三方"执行合约的成本与获得的收益，如果成本大于收益，便不符合社会福祉最大化原则。因此，国家审计的两个基本职能为"监督"和"绩效评估"：一方面，对受托人进行监督，防止其掠夺委托人利益，例如，对征税权的财政预算的审计监督；另一方面，对行政履职实施绩效审计，例如，对预算进行控制，对政府活动的绩效进行评价等。

在"市场失灵"和"公共服务产品"理论基础上，现代公共财政是以国家为主体，通过政府公共部门的各项收支活动来管理公共职务、满足社会公共需要的一种经济体制。巴泽尔的国家模型认为，委托给"暴力第三方"履行的合约通常是市场机制缺乏效率的领域，合约的履行便是提供"公共服务产品"。可见，国家审计首先必须监督财政预算收支是否合法合规，提供的服务与产品是否符合社会需要。同时，政府规模并非是无限扩张的，存在成本效益制约，这从理论上为国家审计监督检查政府预算是否恰当及政府绩效审计提供了评价标准。

预算审计是国家审计的核心，国家起源理论模型从法理上提供了对财政预算收支进行监督是国家审计核心的依据，国家审计的出现便是监督检查政府的财政预算收支是否合法合规的客观需要，因此，以财政资金筹集、分配和使用为主要审计内容的预算审计就构成了国家审计的核心。完善国家治理，实现国家的"善政良治"是世界各国普遍追求的目标，就我国而言，这一目标可以进一步表述为两个方面，一是现代化的国家治理体系，二是现代化的国家治理能力，"财政属于国家治理的基石与重要保障"，具备现代预算体制的"预算国家"是国家治理体系现代化和治理能力现代化的另外一种表述。

王绍光（2008）认为"预算监督"和"财政统一"是成为"预算国家"的两个基本标志。如果预算监督体系是健全而高效的，便可以防止政府向纳税人过度汲取资金，并约束政府滥用资金的行为，这也是确保国家实现"善政良治"的另一关键。我国目前的预算监督体系主要包括人大监督、审计监督、社会监督和内部监督等监督形式,审计监督指由国家审计部门所实施的预算审计。与其他几种监督形式相比较,预算审计具有更加专业化、更具全面性及审计频率更加经常化等优势。从国家治理体系角度看,以预算体系为主体的财政体系和以预算审计为核心的国家审计体系都是构成国家治理体系的基础性工程。

汲取能力是政府有效筹集资金的能力,再分配能力是政府合理配置资金的能力,两种能力综合体现一个国家的财政能力;强制能力、濡化能力、规管能力、统领能力、国家认证能力和吸纳整合能力则必须以财政能力为基础支撑。预算审计能力的强弱决定着国家治理能力的现代化进程,凡是动用了公共资金的领域,必须接受预算审计的监督,以确保财政资金运用的合法合规性与效果效率性,从而保证国家治理八大能力的发挥(国家治理能力结构分析见本章第一节)。财政能力和国家审计能力是构成国家治理能力的基础性能力。因此,国家审计通过对政府预算的监督促进其完善预算管理与预算制度,从而提升国家治理能力,达到国家治理的"善政良治"目标,其作用路径[①]如图4-5所示。

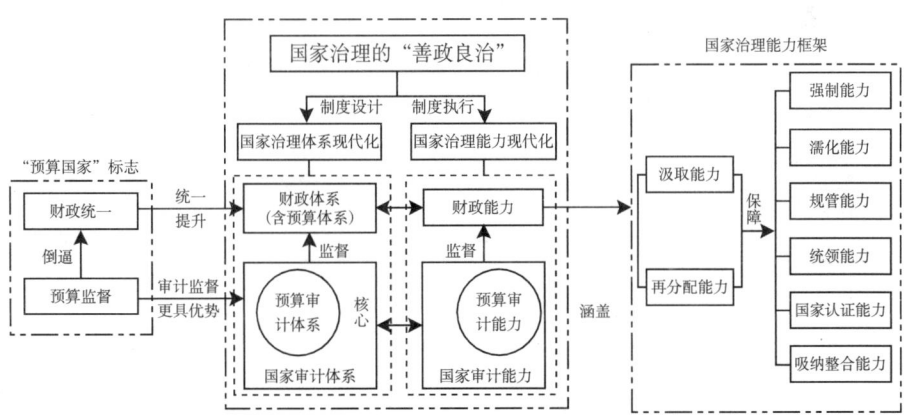

图4-5　国家治理论视角下的国家审计作用路径

---

① 陈汉文:《预算国家与预算审计——基于国家治理视角的深层思考》,中国会计学会2016年学术年会,重庆,2016年7月。

王绍光（2008）认为，建设"预算国家"有三条路径：第一，先有财政统一，再有预算监督，法国是典型代表。第二，财政统一和预算监督交替推行，英国是典型代表。第三，先有预算监督，后有财政统一，美国是典型代表。那么，我国适合采用哪种方式建立"预算国家"呢？陈汉文（2016）认为，基于我国的国情，应采取的基本路径是，先强化预算监督，再优化预算体系，利用预算监督倒逼财政统一。原因在于：从问题严重性而言，当前我国在财政方面关注度最高，最迫切需要解决的是寻租腐败和滥用公款等问题，而这些问题的长期存在与预算监督的缺位分不开。从实现的难易程度分析，在反腐败的大背景下，通过预算审计发挥预算监督作用的阻力更小，其在预算监督过程中发挥的建设性作用，能够打通横亘在部门内部与社会公众、财政上级与下级、中央与地方的财政体制阻碍，对财政统一的实现有显著促进作用。

预算审计是实现国家治理现代化的支柱之一：从制度设计角度看，以预算审计为核心的国家审计体系应该成为治理体系的重要元素；从制度执行角度看，以预算审计能力为核心的国家审计能力是构成国家治理能力的基础性能力。因此，预算审计的作用步骤为，建立以预算审计为核心的国家审计体系来完善财政体制，从制度设计上促进国家治理体系现代化，建立以预算审计能力为核心的国家审计能力以监督财政运行，从制度执行上促进国家治理能力现代化。

第五章　国家审计、国家预算及国家治理之关系的初步验证

国家预算作为一种管理工具广泛运用于行政事务管理，然而，在目前的预算管理过程中，普遍存在不按规定调整预算、任意改变预算支出用途等预算违规现象，预算的计划、控制和管理功能的发挥极为有限。2014年8月31日修订的《中华人民共和国预算法》要求对预算严格审计，并向社会公开有关预算审计工作报告，同时，《关于实行审计全覆盖的实施意见》等配套文件要求"对公共资金实行审计全覆盖，重点关注财务财政收支、预算执行和决算情况"①，为2020年基本形成与国家治理能力和治理体系现代化相适应的审计监督机制夯实基础。

本章利用省级地方政府层面的数据，以预算收支、决算收支作为国家预算的衡量指标，以经济增长情况和社会就业状况作为衡量国家治理水平的替代指标，初步探讨国家预算与国家治理之间、国家审计与国家预算之间的内在关系，为第四章构建的国家审计、国家预算与国家治理的理论框架提供经验证据。②

---

① 《中办国办印发〈关于完善审计制度若干重大问题的框架意见〉及相关配套文件》，《人民日报》2015年12月9日第2版。
② 谢柳芳：《国家审计与国家治理研究——基于完善国家预算制度视角的分析》，西南财经大学博士后研究报告，2017年，第60-75页。

第一节　国家审计、国家预算与国家治理的逻辑关系解构

治理就是统治的行为和过程，目的在于协调不同利益及相互冲突，采取联合行动的过程；国家治理则是为了达到公民目标，协调市场、政府与社会三者之间多重关系的过程（尚虎平，2009），其核心目的是协调各利益主体的不同利益诉求，促使公共资源有效合理配置（蔡春等，2012）。治理的最终目的是通过协调市场、政府与社会关系，有效配置公共资源，使经济可持续均衡发展（俞可平，2000），而预算管制是八大国家治理机制之一（蔡春等，2012）。

本章分别从两个方面衡量国家治理水平，第一，从经济发展角度衡量国家治理，以 GDP 为替代指标刻画经济发展水平，即 GDP 越高、经济发展水平越快、国家治理水平越好；第二，从协调市场、政府与社会三者之间关系的角度衡量国家治理，以失业状况为替代指标刻画社会调和程度或社会稳定程度，即失业人数越少、社会越稳定、社会调和程度越高、国家治理水平越好。

预算具有"计划""管理"和"控制"三大功能（John & Daniel，2001）。预算是通过政治过程分配有限公共资源的过程，即预算的形成过程就是不同利益团体依据其目标竞争有限政府资源的过程，预算是财政体系的核心要素，是为达到公共目标转化财政资源的制度安排，是政府通过国家机器汲取并分配公共资源的过程，是经过国家的法定程序审批的，具体确定一个财年政府的收入来源及数额，规定相应财年各项支出金额、用途，反映一国政策的年度财政收支计划。

《中华人民共和国预算法》明确规定"一级政府设一级预算"，现行的预算管理制度将政府预算分为一般公共预算、政府性基金预算、国有资

第五章　国家审计、国家预算及国家治理之关系的初步验证

本经营预算、社会保险基金预算四个部分，同时遵循"收支两条线"预算管理模式，又分为预算收入和预算支出两个方面。一般公共预算是指政府以整个社会管理者身份取得的收入和用于维持公共需要、保障国家安全、维护社会稳定和秩序、发展社会公共事业的预算，本书主要研究一般公共预算收支问题。一般预算收入主要包括各项税收收入、行政事业性收费收入、国有资源（资产）有偿使用收入、转移性收入和其他收入，一般预算收入是衡量一个地方政府可支配财力的重要指标。预算支出是政府为实现其职能，由财政部门按预算计划，将政府集中的财政资金向有关部门、领域进行的支付活动，而一般预算支出则是当地预算支出中与民生相关的开支，如用于教育、社会保障与就业、医疗卫生、环境保护、城乡社区事务、农林水事务、交通运输等方面的支出，一般预算支出是衡量一个地方政府对公共服务、改善民生和财力均等化方向努力程度的重要指标。

一个国家的预算能力是评价其治理能力的关键指标（Schick，1990），预算能力即能否有效而且负责地筹集、使用财政资金的能力。汲取能力和再分配能力是反映国家治理能力的两个核心指标，汲取能力反映的是国家有效筹集资金的能力，再分配能力反映的是国家合理配置资金的能力。因此，预算收入与预算支出越大，国家的汲取能力和再分配能力越强，越有助于增强国家治理能力、提升国家治理效率。

预算经立法机关审批后便进入执行环节，预算执行即预算实施，是预算责任人利用实际行动使预算目标得以实现的行为过程，预算实施要确保预算的实施合法合规性；根据经济政治环境变化，进行必要的预算调整，以及改进预算管理方式以保证预算资源的有效配置。国家预算执行的主要目标可概括为积极组织预算收入、及时拨付预算资金、协调预算收支平衡和强化预算执行监督四个方面。决算是预算执行情况的总结，是经立法机关审批的年度预算收支的最终执行结果，是政府支出范围、政策导向的集中表现，反映政府经济活动范围及施政方针。收入决算反映预算收入的构成和规模，体现政府的财力状况。支出决算反映预算支出的方向和规模，体现社会事业发展状况，政府决算既可为政策制定提供依据又是实现预算

监督的重要手段。因此，决算收入与决算支出越大，体现出越强的汲取能力和再分配能力施行结果，有助于强化政府治理能力、提高政府治理效率。

根据 2009~2015 年相关财政数据显示，中国省级地方财政收入增长率的标准差为 0.055，财政支出增长率的标准差为 0.052，而 GDP 增长率的标准差仅为 0.040，说明地方财政收支的波动中约 1/3 不能被正常宏观经济波动所解释，反映我国的公共预算并未对政府行政履职过程的经济行为形成刚性约束。我国于 2015 年实施的《中华人民共和国预算法》首次提出"预算绩效"的概念，要求各级政府与预算单位对预算执行情况进行绩效评价，并明确要求人大审查预决算时，重点审查年度预算如何提高绩效以及重点项目支出结果绩效的情况。预算绩效指预算过程要达到的确定性程度或对称信息程度，反映预算计划及执行获得的产出成果，即实施预算所得到的效率、效益及效果。可将预算效率分为两个方面，第一，公共产品的生产效率，要求成本耗费最少而获得的公共服务或产品最多；第二，政府资源的配置效率，要求预算安排最大限度地满足公民的消费需求偏好（俊培，1998）。预算绩效可以采用总体预算平衡进行度量，用以考察中期框架（MTF）对预算绩效的影响（Razvan，2014）或以投入产出效率作为预算支出效率替代指标衡量预算绩效（Afonso & Claeys，2007；Widmer et al.，2013；陈诗一和张军，2008；李华和任龙洋，2013）。

国家预算已然成为调控宏观经济的手段与财政工具，然而，从目前省级政府预算执行情况来看，预算收入及预算支出的年终决算数额均明显偏离年初预算数额，预算偏差普遍存在，频频出现的预算违规、低预算绩效情况引起政府与社会各界的重视和关注。此外，预算软约束的存在，为地方政府留存过大的"相机抉择"空间（龚旻和张帆，2015），基于"官员晋升锦标赛"的利益驱动，地方政府可能突破现有预算框架争夺地区利益（肖鹏和李燕，2011），预算收支呈现较大幅度的随机波动性。而信息不对称等委托代理问题，又使得预算松弛客观存在，使代理人愿意付出的努力较低，体现其努力厌恶与风险厌恶特征，即高估成本耗费，低估收入产出。预算松弛的存在既浪费资源、增加成本又降低了组织的运营效率

(Basu et al.，2012；Chow et al.，2009；Dunk，1997)，但其也可能成为应对突发状况、防范与化解风险的工具（Gulati et al.，2000；李志斌，2006；郑石桥和马新智，2009)，预算编制、预算执行和决算中都可能出现预算松弛的机会主义行为。因此，在现实的预算施行过程中，预算软约束、预算松弛、预算调整等情况也可能反映在预算收入与预算支出差额以及预算与决算差额上，即"预算收支偏差"和"预决算收支偏差"。无论是"预算收支偏差"还是"预决算收支偏差"都可能影响预算绩效，进而对国家治理产生不同程度与方向的影响，当预算偏差控制在"合适"的范畴内可能对国家治理产生积极影响，一旦偏离"适度"范畴，就可能对国家治理产生消极影响。基于上述分析，提出如下假设：

H5.1 地方预算收支状况、决算收支状况、预算偏差会影响国家治理水平。

H5.1a 地方政府预算收入和预算支出越高，地区经济增长越快、社会调和性越好。

H5.1b 地方政府决算收入和决算支出越高，地区经济增长越快、社会调和性越好。

H5.1c 地方政府的预算收入与预算支出差额大小，会影响地方政府治理水平。

H5.1d 地方政府预决算收支偏差的大小，会影响地方政府治理水平。

美国1921年的《预算与会计法案》确定了国家审计具有审查公共资金支出，为预算开支提供法律依据的职能。1986年最高审计机关国际组织（INTOSAI）将国家审计职责确定为对政府部门预算支出的经济性、效率性、效果性所做的监督与评价（即"3E"审计），近期增加对环境性与公平性的审计（即"5E"审计）。美国政府问责署（GAO）的重要职责之一便是对预算支出的使用情况进行监督，其强调国家审计需鉴证政府预算支出是否符合法规，是否适当，是否达到预定目标及结果，是否经济、效率和有效果。

一个健全高效的预算监督体系，是确保国家实现其治理目标的另一关键所在，既能规范其适度汲取资金，又能监控其正当支配资金。我国目前的预算监督体系主要包括人大监督、审计监督、内部监督和社会监督等，审计监督指由国家审计部门所实施的预算审计。2015年1月1日开始施行的《中华人民共和国预算法》规定"政府的全部收入和支出都应当纳入预算"，对预算不仅要求严格审计，而且要求向社会公开有关预算执行和其他财政收支的审计工作报告，新预算法的实施意味着所有政府财务行为均需纳入预算管理与监督的制度范畴。同时，《中华人民共和国审计法》规定，财政审计的主体是各级国家审计机关，财政审计的对象是中央政府和地方各级政府的预算执行情况、地方各级政府的财政决算，以及其他财政收支活动。《中华人民共和国审计法》从法理上明确了国家审计对预算进行监督的法律地位与职责权力。

预算执行审计在一定程度上约束了预算会计的处理、促进了预算的细化，但由于预算报告的涉及面不宽、审计次数少，其作用并不好（张淼，2014）。审计对预算违规的处罚概率决定了国家审计的作用方向，即是抑制预算违规还是诱导预算违规（宋达和郑石桥，2014）。健全预算审计利益均衡机制，实现利益相关者整体利益最大化也是抑制预算违规的重要途径（王祯昌和闫泽滢，2012）。提高审计工作量、强化违规惩罚、推进披露审计信息可以增强预算执行审计的作用（李江涛和袁蓓，2013）。预算执行审计频度和预算违规程度显著负相关，因此优化预算编制、完善预算公开、加速推进预算执行审计"全覆盖"势在必行（郑石桥和孙硕，2015）。

国家审计具有治理功能，其通过提高财政信息的披露质量，能够有效改善国家治理水平（谢柳芳和韩梅芳，2016），而预算审计是促进国家实现良好治理的基本路径（马骏，2007）。凡是运用了财政资金的领域，须接受预算审计的监督，否则就无法确保财政资金运用的合规合法与效率效果，从而无法保证国家治理八大能力的发挥。国家审计应以预算审计为核心，发挥预算审计监督作用，持续优化预算制度，倒逼财政统一，促进国家治理体系和治理能力现代化①。国家审计在其职责范围内施行审计监督后,撰写并提出国家审计报告,其中既包含审计结论还提出了审计建议,审计机关据此审核审计结果和建议,并进行跟踪调查,以报告作为后续审计的依据,以便于发挥审计的监督作用。因此,将国家审计的作用分为监督与建议两大功能,将国家审计监督与建议功能的强弱作为衡量预算审计能力的替代指标,预算审计能力的强弱决定着国家治理能力的现代化进程,预算审计能力越强,对预算收支偏差与预决算收支偏差的约束作用越大。基于上述分析,提出如下假设:

H5.2 国家审计功能的发挥,会影响地方政府预算收支差额及预决算收支偏差。

H5.2a 国家审计监督功能与咨询建议功能发挥得越好,预算收入与预算支出差额越小。

H5.2b 国家审计监督功能与咨询建议功能发挥得越好,预决算收支的偏差越小。

第二节 国家审计、国家预算与国家治理实证模型的构建

一、样本选择与数据来源

以 2009~2015 年 31 个省、自治区和直辖市的地方政府作为研究对象,考察了国家预算与国家治理的关系,及国家审计监督与建议功能对预算偏差的影响。审计有关数据来源于《中国审计年鉴》,由于国家审计主要针对

---

① 杨克智、杜勇:《第六届审计理论创新发展论坛综述》,《审计研究》2017 年第 1 期。

预算执行的过程与结果进行监督，其所发挥的作用具有滞后性，国家审计指标滞后一年；政府预算数据来源于各地方政府官网公布的预决算报告；国家治理水平从两个角度衡量，一是用地区人均 GDP 作为替代指标衡量地区经济发展水平，二是用地区失业人数作为替代指标衡量地区社会协调程度；财政收支、GDP、失业人数、工业化、研发及投资等数据来源于《中国财政年鉴》《中国统计年鉴》及 EPS 全球统计数据库，删除缺失数据并进行样本配对后，得到 121 个样本观测值，使用 Stata 14 统计软件对数据进行处理和分析。

二、变量定义与模型设定

构建模型 1、模型 2 分别检验 H5.1 与 H5.2。

模型 1：

$$Plgev = \alpha + \beta_0 Budget + \beta_1 Exfil + \beta_2 College + \beta_3 Indus + \beta_4 Rdm + \beta_5 Tfix + \beta_6 Fdi + \beta_7 Engv + \beta_8 Energy + \varepsilon \tag{5-1}$$

模型 2：

$$Budget = \alpha + \beta_0 Audit + \beta_1 Exfil + \beta_2 College + \beta_3 Indus + \beta_4 Rdm + \beta_5 Tfix + \beta_6 Fdi + \beta_7 Engv + \beta_8 Energy + \varepsilon \tag{5-2}$$

建立模型 3 考察地区市场化程度在国家审计治理功能中的调节作用。

模型 3：

$$Budget = a + b_0 Audit + b_1 Rmi \times Audit + b_2 Exfil + b_3 College + b_4 Indus + b_5 Rdm + b_6 Tfix + b_7 Fdi + b_8 Engv + b_9 Energy + e \tag{5-3}$$

其中，Plgev 是衡量国家治理的变量，国家治理水平采用两方面指标衡量，一是地区人均国内生产总值（GDP）衡量地方经济发展水平，即地区的经济发展性，二是地区失业人数（Unemp）衡量地区社会协调程度，即地区社会调和性；Budget 是衡量国家预算的一组变量，包括预算收入（Inbg）、预算支出（Exbg）、决算收入（Infc）、决算支出（Exfc）、预算收支偏差（D_bg）、预决算收支偏差（D_fc）；Rmi 是衡量地区市场化进程的

第五章 国家审计、国家预算及国家治理之关系的初步验证

变量；Audit 是衡量国家审计功能发挥作用的变量，其中用审计规模（Aupi）、审计处理力度（Auco）、审计追责力度（Auhd）三个指标衡量国家审计的监督功能，用审计提出建议数（Auad）衡量国家审计建议功能。

此外，借鉴现有研究成果，还设置了以下控制变量：政府规模（Exfil）、教育水平（College）、工业化程度（Indus）、研发投入（Rdm）、资本形成总额（Tfix）、外商投资（Fdi）、环境治理投资（Engv）、能源消耗量（Energy），其详细内容如表 5-1 所示。

表 5-1　变量定义

变量名称	变量符号	变量描述
被解释变量		
国家治理水平	Plgev	
经济发展性	GDP	地区人均 GDP
社会调和性	Unemp	地区失业人数
解释变量		
国家预算	Budget	
预算收入	Inbg	地区一般预算收入的预算金额
预算支出	Exbg	地区一般预算支出的预算金额
决算收入	Infc	地区一般预算收入的决算金额
决算支出	Exfc	地区一般预算支出的决算金额
预算收支偏差	D_bg	地区一般预算收入与一般预算支出的差额
预决算收支偏差	D_fc	地区一般预算收支的决算金额与预算金额差额的绝对值
国家审计	Audit	
国家审计监督功能	Ausp	
审计规模	Aupi	当年被审计单位的数量
审计处理力度	Auco	地方国家审计机关向有关部门移送案件数量
审计追责力度	Auhd	有关部门已处理的移送案件数量
国家审计建议功能	Auad	地方国家审计机关向有关部门提出审计建议数量
市场化程度	Rmi	市场化总指数

续表

变量名称	变量符号	变量描述
控制变量		
政府规模	Exfil	中央本级财政支出金额
教育水平	College	地区大学在校生人数
工业化程度	Indus	地区工业化水平
研发投入	Rdm	地区研究开发投入的金额
资本形成总额	Tfix	地区各类投入的资本总额
外商投资	Fdi	地区外商直接投资总额
环境治理投资	Engv	地区用于治理环境污染的总投入
能源消耗量	Energy	地区当年的能源消耗总量

资料来源：笔者自制。

第三节 国家审计、国家预算与国家治理实证结果分析

一、国家审计、国家预算与国家治理的数据特征

表5-2是样本的描述性统计结果，从表中可见，经济发展性（GDP）最小值为1.3165，最大值为15.0817，标准差为3.2927；社会调和性（Unemp）最小值为3.9，最大值为55.3，标准差为13.1222，说明各地区的经济发展水平与就业状况存在明显差异。预算收支偏差（D_bg）的最小值、最大值与标准差分别为-936、920.7022和297.6142，预决算收支偏差（D_fc）的最小值、最大值与标准差分别为0.91、884.5376和182.1084，说明各地区的预算收入、预算支出的偏离数额以及预算与决算的偏差数额存在较大差异。审计规模（Aupi）的均值、最小值、最大值与标准差分别

为 5426.116、410、13895 和 3140.139，被审计单位平均约有 5426 个，最少 410 个，最多 13895 个，证明各地区审计规模存在较大差异。审计处理力度（Auco）的均值和标准差分别为 110.0992 和 113.4042，审计追责力度（Auhd）的均值和标准差分别为 45.9008 和 51.2299，说明各地区审计监督功能的发挥存在较大差异。国家审计建议功能（Auad）的均值、最小值、最大值与标准差分别为 9552.669、658、25723 和 5711.423，说明审计提出建议数平均有 9553 条，最少的仅 658 条，各地区审计咨询建议功能的发挥也存在较大差异。其他数值显示，各地区控制变量指标及市场化水平指标均存在较大差异。

表 5–2　样本的描述性统计

变量	均值	标准差	最小值	最大值	变量	均值	标准差	最小值	最大值
经济发展性（GDP）	4.8276	3.2927	1.3165	15.0817	国家审计建议功能（Auad）	9552.669	5711.423	658	25723
社会调和性（Unemp）	28.0355	13.1222	3.9000	55.3000	政府规模（Exfil）	0.3564	0.1649	0.0864	0.9153
预算收入（Inbg）	0.4203	0.4752	0.0369	2.1585	教育水平（College）	89.40295	43.5032	4.5721	179.4188
预算支出（Exbg）	0.6088	0.3591	0.0140	2.0793	工业化程度（Indus）	3.3370	2.9902	0.1747	14.1194
决算收入（Infc）	0.4468	0.4896	0.0478	2.1837	研发投入（Rdm）	11.5171	21.0647	0.0869	137.6538
决算支出（Exfc）	0.6948	0.3544	0.0065	2.1791	资本形成总额（Tfix）	1.1319	0.6643	0.1400	2.9800
预算收支偏差（D_bg）	−188.5450	297.6142	−936	920.7022	外商投资（Fdi）	91.1045	82.4965	0.1091	357.9091
预决算收支偏差（D_fc）	217.6013	182.1084	0.91	884.5376	环境治理投资（Engv）	0.0261	0.0170	0.0026	0.0881
审计规模（Aupi）	5426.116	3140.139	410	13895	能源消耗量（Energy）	1.4281	0.7923	0.1777	4.0036

续表

变量	均值	标准差	最小值	最大值	变量	均值	标准差	最小值	最大值
审计处理力度（Auco）	110.0992	113.4042	3	673	市场化程度（Rmi）	6.5222	1.5728	2.53	9.95
审计追责力度（Auhd）	45.9008	51.2299	1	294					

二、国家审计、国家预算与国家治理指标相关性检验

对各变量进行了 Pearson 相关检验（见表 5-3），显示预算收入（Inbg）、预算支出（Exbg）、决算收入（Infc）、决算支出（Exfc）和预算收支偏差（D_bg）与经济发展指标 GDP 均在 1% 水平上显著正相关，预决算收支偏差（D_fc）与衡量社会协调程度指标（Unemp）在 10% 水平上显著正相关，即预算收支、决算收支越高，预决算收支偏差越小，预算能力越强，地区经济发展越快、社会协调稳定性越好，初步验证了 H5.1。

表 5-3 国家预算与国家治理的相关性分析

	GDP	Unemp	Inbg	Exbg	Infc	Exfc	D_bg	D_fc
经济发展性（GDP）	1							
社会调和性（Unemp）	−0.179 (0.0489)	1						
预算收入（Inbg）	0.760 (0.0000)	−0.122 (0.1832)	1					
预算支出（Exbg）	0.758 (0.0000)	−0.094 (0.3028)	0.780 (0.0000)	1				
决算收入（Infc）	0.765 (0.0000)	−0.109 (0.2331)	0.967 (0.0000)	0.767 (0.0000)	1			
决算支出（Exfc）	0.737 (0.0000)	−0.506 (0.5264)	0.847 (0.0000)	0.868 (0.0000)	0.846 (0.0000)	1		

续表

	GDP	Unemp	Inbg	Exbg	Infc	Exfc	D_bg	D_fc
预算收支偏差（D_bg）	0.299 (0.0009)	−0.081 (0.3799)	0.656 (0.0000)	0.039 (0.6727)	0.619 (0.0000)	0.304 (0.0007)	1	
预决算收支偏差（D_fc）	0.124 (0.1760)	0.171 (0.0604)	0.113 (0.2153)	0.272 (0.0025)	0.058 (0.5262)	0.151 (0.0990)	−0.147 (0.1074)	1

注：括号内为P值，P值小于等于0.1为显著。

表5-4显示，对应表5-4中第5列（D_bg）与最后4行，系数为负，P值均小于0.1，即国家审计监督与咨询建议功能（Audit）各指标与预算收支偏差（D_bg）显著负相关；表5-4最后4行与第6列预决算收支偏差（D_fc）为正相关，即国家审计监督与建议功能的发挥，有助于缩小预算收入与支出的差异，减轻由于预算过于松弛带来的负面影响；但审计对预决算收支偏差的调节作用不是很好，有助推其偏差增大的可能性，Pearson相关性检验结果初步证明了H5.2。

三、国家审计、国家预算与国家治理回归结果及分析

1. 国家预算与国家治理

为了考察地方预算对地区经济增长的影响，把衡量国家预算（Budget）的变量预算收入（Inbg）、预算支出（Exbg）、决算收入（Infc）、决算支出（Exfc）、预算收支偏差（D_bg）、预决算收支偏差（D_fc）依次代入模型1进行回归，国家治理的经济发展性用地区人均GDP进行衡量，回归结果见表5-5。检验结果显示，第（1）列~第（4）列的回归系数分别为5.337、6.268、5.148和6.552，且均在1%的水平上显著正相关，即预算收入、预算支出、决算收入、决算支出数额越大，地方政府的汲取能力与再分配能力越强，越有利于促进地区经济增长，验证了H5.1a和H5.1b。第（5）列的回归系数0.004也在1%的水平上显著正相关，说明预算收入与支出差额越大，地方政府承受财政收入局限的压力越强，反映其灵活安排预算、调度各方力量增强基本建设与服务投入的能力越好，越有助于促进地区经

表 5-4 国家审计与国家预算的相关性分析

	Inbg	Exbg	Infc	Exfc	D_bg	D_fc	Aupi	Auco	Auhd	Auad
预算收入 (Inbg)	1									
预算支出 (Exbg)	0.780 (0.0000)	1								
决算收入 (Infc)	0.967 (0.0000)	0.767 (0.0000)	1							
决算支出 (Exfc)	0.847 (0.0000)	0.868 (0.0000)	0.846 (0.0000)	1						
预算收支偏差 (D_bg)	0.656 (0.0000)	0.039 (0.6727)	0.619 (0.0000)	0.304 (0.0007)	1					
预决算收支偏差 (D_fc)	0.113 (0.2135)	0.272 (0.0025)	0.058 (0.5262)	0.151 (0.0990)	−0.147 (0.1074)	1				
审计规模 (Aupi)	−0.318 (0.0004)	−0.293 (0.0011)	−0.297 (0.0009)	−0.211 (0.0201)	−0.153 (0.0932)	0.085 (0.3521)	1			
审计处理力度 (Auco)	−0.190 (0.0368)	0.014 (0.8748)	−0.180 (0.0477)	−0.051 (0.5782)	−0.321 (0.0003)	0.169 (0.0638)	0.362 (0.0000)	1		
审计追责力度 (Auhd)	−0.192 (0.0350)	0.006 (0.9473)	−0.188 (0.0385)	−0.046 (0.6158)	−0.314 (0.0005)	0.160 (0.0787)	0.365 (0.0000)	0.900 (0.0000)	1	
国家审计建议功能 (Auad)	−0.247 (0.0063)	−0.160 (0.0796)	−0.228 (0.0119)	−0.136 (0.1357)	−0.201 (0.0269)	0.192 (0.0346)	0.893 (0.0000)	0.549 (0.0000)	0.541 (0.0000)	1

注：括号内为 P 值。P 值小于等于 0.1 为显著。

第五章 国家审计、国家预算及国家治理之关系的初步验证

表 5-5 国家预算与经济增长的关系

变量	GDP (1)	GDP (2)	GDP (3)	GDP (4)	GDP (5)	GDP (6)
预算收入 (lnbg)	5.337*** (0.000)					
预算支出 (Exbg)		6.268*** (0.000)				
决算收入 (Infc)			5.148*** (0.000)			
决算支出 (Exfc)				6.552*** (0.000)		
预算收支偏差 (D_bg)					0.004*** (0.000)	
预决算收支偏差 (D_fc)						-0.000 (0.862)
政府规模 (Exfil)	-12.369*** (0.000)	-6.914*** (0.003)	-12.573*** (0.000)	-10.279*** (0.000)	-3.954 (0.120)	0.719 (0.816)
教育水平 (College)	-0.024*** (0.000)	-0.023*** (0.003)	-0.023*** (0.000)	-0.029*** (0.001)	-0.039*** (0.000)	-0.040*** (0.000)
工业化程度 (Indus)	-0.252 (0.124)	0.464** (0.012)	-0.268* (0.070)	0.414** (0.011)	-1.522** (0.029)	-1.088 (0.769)
研发投入 (Rdm)	0.011 (0.411)	0.021* (0.065)	0.017 (0.251)	0.028*** (0.006)	0.038** (0.045)	0.048** (0.017)
资本形成总额 (Tfix)	3.627*** (0.000)	-0.104 (0.912)	3.328*** (0.000)	0.720 (0.365)	2.532** (0.013)	-0.014 (0.992)
外商投资 (Fdi)	0.020*** (0.000)	0.014*** (0.000)	0.021*** (0.000)	0.016*** (0.000)	0.029*** (0.000)	0.026*** (0.000)
环境治理投资 (Engv)	24.555 (0.221)	-25.620* (0.096)	28.142 (0.165)	-13.526 (0.308)	45.372* (0.056)	13.798 (0.586)
能源消耗量 (Energy)	-0.862** (0.023)	-0.331 (0.384)	-0.738** (0.033)	-0.259 (0.464)	-0.565 (0.249)	-0.176 (0.749)
_cons	4.484*** (0.000)	3.745*** (0.000)	4.424*** (0.000)	3.268*** (0.000)	5.853*** (0.000)	5.524*** (0.000)
N	121	121	121	121	121	121
R^2	0.796	0.725	0.802	0.760	0.515	0.435

注:*、**、***分别表示在10%、5%、1%的水平上显著,括号内为P值。

济的发展，验证了H5.1c。第（6）列的回归系数并不显著，表明预决算收支偏差对地方经济发展水平无影响，从另一个方面暴露出现行决算管理存在的问题，说明决算并未发挥其应有的反映预算执行结果、监督预算的施行、改进预算管理方式、保证预算资源有效配置等功能，H5.1d未能得到验证。此外，地方经济增长水平的高低还受到政府规模、地区教育水平、工业化程度、研发投入、资本形成总额、外商投资水平、环境治理投入水平、能源消耗总量的影响，政府规模越小、教育投入压力越低、研发投入越多、外商直接投资越多、能源消耗越少，越有利于地方经济发展，从而有助于促进地方政府治理水平的提升，而工业化程度与环境治理投入对地方经济发展的影响方向与影响大小在不同预算指标影响下并不确定。

为了考察地方预算对地区社会调和程度及稳定水平的影响，把衡量国家预算（Budget）的变量预算收入（Inbg）、预算支出（Exbg）、决算收入（Infc）、决算支出（Exfc）、预算收支偏差（D_bg）、预决算收支偏差（D_fc）依次代入模型1进行回归，地区社会调和程度及稳定水平用失业人数（Unemp）进行衡量，回归结果见表5-6。检验结果显示，第（1）列~第（4）列的回归系数分别为-4.872、-7.554、-4.521和-6.244，且均在1%的水平上显著相关，即预算收入、预算支出、决算收入、决算支出数额越大，地方政府的汲取能力与再分配能力越强，越有利于积极安排就业，缓解由于失业带来的社会矛盾，减轻由失业引起的社会不安定事件发生的概率，验证了H5.1a和H5.1b。第（5）列回归系数不显著，说明预算收支偏差对失业状况没有影响，预算收入与预算支出的偏差大小跟地区就业状况无关，即增加预算弹性、增大地方预算配置权力、加大预算松弛度并不能增加地区的社会协调程度，H5.1c没有得到验证。第（6）列的回归系数-0.011在1%的水平上显著相关，表明加大预决算收支偏差有助于调和社会关系、增强社会稳定性，即在预算执行过程中，根据社会需求状况，灵活进行预算调整，增强预算资金的配置效率，有助于减少地区失业人数，维护地区社会安定，更好地调和地方政府与公众的社会关系，H5.1d得到验证。此外，地方社会调和程度的高低还受到政府规模、地区教育水平、

第五章　国家审计、国家预算及国家治理之关系的初步验证

表 5-6　国家预算与社会调和性的关系

变量	Unemp (1)	Unemp (2)	Unemp (3)	Unemp (4)	Unemp (5)	Unemp (6)
预算收入 (lnbg)	−4.872*** (0.002)					
预算支出 (Exbg)		−7.554*** (0.001)				
决算收入 (Infc)			−4.521*** (0.003)			
决算支出 (Exfc)				−6.244*** (0.004)		
预算收支偏差 (D_bg)					−0.001 (0.702)	
预决算收支偏差 (D_fc)						−0.011*** (0.005)
政府规模 (Exfil)	31.567*** (0.002)	28.803*** (0.002)	31.293*** (0.002)	30.099*** (0.001)	20.956** (0.025)	21.669** (0.013)
教育水平 (College)	0.167*** (0.003)	0.162*** (0.003)	0.167*** (0.003)	0.171*** (0.002)	0.182*** (0.001)	0.178*** (0.001)
工业化程度 (Indus)	−1.582** (0.029)	−2.393*** (0.003)	−1.574** (0.030)	−2.210*** (0.005)	−1.619* (0.062)	−2.268*** (0.004)
研发投入 (Rdm)	−0.062* (0.053)	−0.063* (0.091)	−0.068** (0.039)	−0.077** (0.039)	−0.093** (0.027)	−0.085** (0.033)
资本形成总额 (Tfix)	−7.472** (0.018)	−4.060 (0.198)	−7.080** (0.026)	−4.850 (0.131)	−4.813 (0.200)	−1.093 (0.751)
外商投资 (Fdi)	0.046*** (0.002)	0.055*** (0.000)	0.046*** (0.002)	0.051*** (0.001)	0.040*** (0.007)	0.048*** (0.001)
环境治理投资 (Engv)	−61.868 (0.198)	−4.401 (0.937)	−64.660 (0.183)	−25.987 (0.627)	−61.183 (0.350)	−72.749 (0.233)
能源消耗量 (Energy)	9.181*** (0.000)	8.741*** (0.000)	9.049*** (0.000)	8.634*** (0.000)	8.663*** (0.000)	8.532*** (0.000)
_cons	2.640 (0.153)	3.834** (0.045)	2.657 (0.157)	3.841* (0.051)	1.603 (0.372)	1.913 (0.266)
N	121	121	121	121	121	121
R^2	0.687	0.695	0.686	0.687	0.668	0.685

注：*、**、*** 分别表示在 10%、5%、1% 的水平上显著，括号内为 P 值。

工业化程度、研发投入、资本形成总额、外商投资水平、能源消耗总量的影响，政府规模越小、教育投入压力越低、工业化程度越高、研发投入越高、资本形成能力越强、能源消耗越少，越有利于调和地方政府与社会的关系，从而有助于促进地方政府治理水平的提升。另外，外商投资水平与失业人数正相关，可能的原因是外商对地区进行资本投入的同时，将原团队人员（外地人员）一并引入该地区，对当地的劳动力市场形成竞争，产生一定就业压力，有助推失业人数增加的可能性。

2. 国家审计功能与国家预算

为了考察国家审计的监督与建议功能对国家预算是否有影响，将衡量国家审计功能作用的各项分指标分别代入模型2进行回归，结果见表5-7。结果显示，第（1）列~第（3）列的回归系数分别为-0.035、-0.815和-1.618，显著性均为1%，表明国家审计安排的年度工作项目越多、涉及审计对象的数量越大，审计规模越大，治理预算违规的能力越强；审计部门将查出的违规违法问题提交相关机构，能够增强审计的威慑力，促进问题事项的整改，减轻其产生的不利影响；有关部门处理移送案件的数量越多，表明审计的追责力度越大，审计能够发挥的作用越大，对预算的监督功能发挥得越好。第（4）列的回归系数为-0.027，显著性也是1%，表明国家审计提出的咨询建议，有利于促进被审计对象不断优化调整其内部控制与预算管理机制，更为准确地制定其预算，缩小预算收入与预算支出之间的偏差，有效改善与提升被审计单位的预算绩效与运营效率，H5.2a得到验证。即国家审计监督与建议功能的发挥，有利于缩小预算收支偏差，避免偏差过大导致的机会主义行为。例如，当出现"预算收支负向偏差"的预算支出超越预算收入过多，超出当地政府内部消化与承受水平时，地方政府要么向中央政府求取"补助"与税收优惠以弥补偏差需求，要么增加发行地方政府债务应对资金缺口，但我国现行制度规定，地方并无任意举债的权力，必然使得地方政府的债务风险加大，如果地方政府债务超出其可偿付能力，可能倒逼形成全国政府性债务，引发政府债务危机，严重时更可能引起财政危机。

第五章 国家审计、国家预算及国家治理之关系的初步验证

表 5-7 国家审计对预算偏差的影响

变量	D_bg (1)	D_bg (2)	D_bg (3)	D_bg (4)	D_fc (5)	D_fc (6)	D_fc (7)	D_fc (8)
审计规模（Aupi）	−0.035*** (0.001)				−0.003 (0.566)			
审计处理力度（Auco）		−0.815*** (0.003)				−0.179 (0.194)		
审计追责力度（Auhd）			−1.618*** (0.002)				−0.186 (0.463)	
国家审计建议功能（Auad）				−0.027*** (0.000)				−0.001 (0.744)
政府规模（Exfil）	1.595*** (0.000)	1.269*** (0.000)	1.280*** (0.000)	1.850*** (0.000)	0.214 (0.264)	0.191 (0.32)	0.188 (0.342)	0.213 (0.253)
教育水平（College）	1.477 (0.183)	0.047 (0.946)	0.208 (0.770)	1.770* (0.098)	−0.224 (0.688)	−0.300 (0.556)	−0.320 (0.523)	−0.280 (0.618)
工业化程度（Indus）	1.256*** (0.000)	1.022*** (0.002)	1.105*** (0.000)	1.217*** (0.000)	−0.473*** (0.003)	−0.516*** (0.001)	−0.489*** (0.002)	−0.477*** (0.003)
研发投入（Rdm）	0.987 (0.659)	2.563 (0.170)	2.192 (0.276)	0.490 (0.819)	0.838 (0.416)	0.974 (0.346)	0.932 (0.375)	0.876 (0.389)
资本形成总额（Tfix）	−0.776*** (0.000)	−0.571*** (0.000)	−0.615*** (0.000)	−0.704*** (0.000)	0.266*** (0.000)	0.301*** (0.000)	0.282*** (0.000)	0.272*** (0.000)
外商投资（Fdi）	−1.452*** (0.006)	−1.126** (0.039)	−1.124** (0.041)	−1.847*** (0.001)	0.581** (0.046)	0.574** (0.031)	0.602** (0.027)	0.585** (0.049)
环境治理投资（Engv）	−8.900*** (0.001)	−8.100*** (0.003)	−7.400*** (0.008)	−8.700*** (0.001)	−1.900 (0.183)	−1.800 (0.190)	−1.700 (0.218)	−1.900 (0.193)
能源消耗量（Energy）	1.243** (0.018)	1.109** (0.040)	0.884 (0.103)	0.984* (0.055)	−0.002 (0.994)	−0.005 (0.989)	−0.038 (0.902)	−0.023 (0.942)
_cons	−0.641 (0.352)	−1.227* (0.093)	−1.174 (0.103)	−1.043 (0.141)	0.220 (0.643)	0.124 (0.788)	0.165 (0.722)	0.190 (0.676)
N	121	121	121	121	121	121	121	121
R^2	0.369	0.370	0.361	0.413	0.273	0.281	0.274	0.273

注：*、**、*** 分别表示在 10%、5%、1%的水平上显著，括号内为 P 值。

第（5）列~第（8）列的回归系数虽然为负，但都不显著，表明国家审计对预决算收支偏差没有起到监督与建议作用，H5.2b 未得到验证，但这

个结论与目前的国家审计实践中确定审计工作重点内容与选择审计方法的实际做法所导致的结果并不相悖。按国家法律规定,每个年度国家审计机关都需要对预算执行情况进行审计、对决算草案进行审签,但由于审计力量有限,审计实践通常以重点为导向确定审计内容,采用"1+N"的审计模式开展工作,现实的审计工作及结果并不能完全实现预算监督目标。国家审计在预算监督中主要开展的是预算执行情况审计,对决算的审计关注较少,大多地方审计机关对决算的监督仍然处于"初级阶段",并未深入和广泛展开,原因在于:一是国家审计工作较为繁重,审计力量有限,可能"分身乏术";二是每年度政府批准决算的时间至将决算草案提交本级人民代表大会审议的时间之间间隔太短,审计机关对决算草案进行审签后所提出的审计意见和建议对当年的决算草案并无影响,致使决算的审计监督流于形式。

3. 进一步研究

地区市场化进程的高低会影响国家审计的执行效果(唐雪松等,2012)。国家审计在不同市场化水平的地区呈现不同的发展状况与作用效果,在市场化进程高的地区,良好的市场秩序与竞争性环境有利于促使预算的资源配置功能更容易得到有效实施,市场化程度越高,公共部门自我约束力越强、遵循相关制度与规则的态度越好,对政府官员权力异化及寻租行为的约束越强,政府行使公共权力、履行公共职责、使用公共资源时的无效率或违规行为就越少,即市场化水平与国家审计的监督及建议功能具有替代效应。能够合理估计,相对于市场化程度较高的地区,在市场化水平越低的地区,国家审计监督建议功能对预算偏差的作用效果越明显。用模型3对该项效果进行检验,结果如表5-8所示。

用地区市场化指数与国家审计功能指标的交乘(Rmi × Audit)检验地区市场化程度在国家审计作用于预算偏差时的影响,表5-8的第(1)列~第(4)列检验在不同市场化水平下,国家审计的监督与建议功能对预算收入与支出偏差的影响。检验结果发现,表5-8的第(1)列~第(3)列(Rmi × Audit)交乘项系数不显著,第(4)列(Rmi × Audit)交乘项的回归

表 5-8 不同市场化进程下国家审计功能与预算偏差

变量	D_bg (1)	D_bg (2)	D_bg (3)	D_bg (4)	D_fc (5)	D_fc (6)	D_fc (7)	D_fc (8)
审计规模（Aupi）	−0.059** (0.049)				0.024 (0.118)			
审计处理力度（Auco）		0.564 (0.671)				1.470** (0.030)		
审计追责力度（Auhd）			0.909 (0.656)				1.913* (0.093)	
国家审计建议功能（Auad）				−0.021*** (0.000)				−0.004 (0.319)
市场化与国家审计交乘项（Rmi×Audit）	0.005 (0.369)	−0.217 (0.322)	−0.384 (0.261)	8.079*** (0.000)	−0.005* (0.064)	−0.260** (0.016)	−0.319* (0.061)	−3.868*** (0.002)
政府规模（Exfil）	1.603*** (0.000)	1.149*** (0.001)	1.191*** (0.001)	1.845*** (0.000)	0.205 (0.275)	0.046 (0.818)	0.114 (0.567)	0.215 (0.238)
教育水平（College）	1.257 (0.241)	0.244 (0.732)	0.301 (0.678)	1.338 (0.127)	0.025 (0.960)	−0.064 (0.901)	−0.243 (0.637)	−0.073 (0.878)
工业化程度（Indus）	1.153*** (0.000)	1.184*** (0.001)	1.232*** (0.000)	1.093*** (0.000)	−0.356** (0.025)	−0.323* (0.069)	−0.383** (0.029)	−0.418*** (0.004)
研发投入（Rdm）	0.021 (0.606)	2.880* (0.097)	2.280 (0.245)	−0.291 (0.891)	0.688 (0.503)	1.353 (0.136)	1.005 (0.305)	1.249 (0.193)
资本形成总额（Tfix）	−0.778*** (0.000)	−0.542*** (0.000)	−0.596*** (0.000)	−0.736*** (0.000)	0.268*** (0.000)	0.336*** (0.000)	0.299*** (0.000)	0.288*** (0.000)
外商投资（Fdi）	−1.517*** (0.004)	−1.083* (0.052)	−1.078* (0.053)	−2.456*** (0.000)	0.654** (0.024)	0.625** (0.019)	0.640** (0.017)	0.877*** (0.001)
环境治理投资（Engv）	−8.800*** (0.001)	−7.800*** (0.004)	−6.900** (0.012)	−9.600*** (0.000)	−1.900 (0.169)	−1.400 (0.278)	−1.400 (0.310)	−1.500 (0.259)
能源消耗量（Energy）	1.350** (0.014)	0.609 (0.398)	0.484 (0.482)	1.513*** (0.002)	−0.146 (0.631)	−0.602 (0.127)	−0.370 (0.313)	−0.276 (0.371)
_cons	−0.494 (0.485)	−1.223* (0.095)	−1.155 (0.105)	5.592*** (0.000)	0.053 (0.912)	0.128 (0.778)	0.181 (0.698)	2.368*** (0.002)
N	121	121	121	121	121	121	121	121
R^2	0.367	0.371	0.362	0.479	0.280	0.299	0.279	0.310

注：*、**、*** 分别表示在 10%、5%、1%的水平上显著，括号内为 P 值。

系数在1%水平上正相关，表明市场化程度的高低与国家审计监督功能对预算收入与支出偏差的影响无关，而国家审计咨询建议功能在市场化程度较低的地区作用较大。

表5-8的第（5）列~第（8）列检验在不同市场化水平下，国家审计的监督与建议功能对预决算收支偏差的影响。检验结果发现，第（5）列~第（8）列（Rmi × Audit）交乘项的回归系数均显著负相关，说明较高的市场化水平能够缩小预决算支出偏差，即市场的调节功能可以弥补国家审计对预决算偏差治理无力的状况，检验结果与我们的预期一致。

综上分析，加强国家审计的监督力度、咨询与建议功能，充分发挥国家审计对预算的治理作用，能够缩小预算收支偏差，影响经济增长水平与就业状况，进而作用于国家治理。

4. 稳健性检验

为了保证研究结论的可靠程度，做了如下稳健性检验：采用审计查出问题金额衡量国家审计监督功能、已处理审计建议数衡量国家审计建议功能，采用地方政府预算收支总额、决算收支总额衡量国家预算，依次将替代指标代入上述回归模型，研究结果基本保持一致。总体而言，本章的研究结果具有较好的稳健性。

研究结果表明，国家审计监督与咨询建议功能的发挥对预算具有治理效应，但该种效应主要针对预算收支偏差，对决算的审计监督并未起到应有的作用。进一步研究发现，国家审计的预算治理功能在市场化程度越低的地区，发挥的作用越大，即国家审计功能与市场化水平对预算的治理具有替代效应。

为了有效发挥国家审计对预算的监督、建议功能，可从以下两个方面着手：一方面，进一步完善国家预算制度，保障《中华人民共和国预算法》的权威性，优化预算管理机制。地方政府需要关注预算收支编制的合理性和科学性，预算执行的合规性与绩效性，决算形成的充分性与完整性，对预算违规行为必须追究相应责任、进行严厉处罚，以充分保证预算法的权威性，促进现代预算制度的建立。另一方面，完善对预算的审计监督机

第五章 国家审计、国家预算及国家治理之关系的初步验证

制,强化决算审计。完善预算审计监督机制,对预算的审计监督应该涵盖预算编制、预算执行、预算调整及决算全过程;强化决算审计,进一步明确决算审计的组织形式,推动政府会计准则体系的建立,为决算审计提供评价标准,关注预算绩效的评估,强化决算审计结果的运用,从而更好地发挥治理功能。

第六章 国家审计促进国家治理的效果检验

许多国家在宪法和财政相关的法律法规中对预算信息披露进行了详细规定。例如巴西，1988年的《巴西联邦共和国宪法》，2009年的新《信息自由法》对预算公开都有明确的规定，广泛提及预算透明公开及参与性等问题，2012年5月《信息自由法》正式生效，规定公民可以查看联邦政府财政拨款及详细公务开支等。2000年5月，巴西颁布了《财政责任法》(Fiscal Responsibility Law)，在《财政责任法》中明确规定预算作为财政管理透明的工具，应将预算草案的陈述、预算立法、公民预算、年度及年终报告等所有预算资料全部公开。南非的《公共财政管理法》(1999) 规定，每月结束30天内财政部门必须披露当月公共资金的使用状况，并要求披露至少包括政府收支、债务状况等的详细内容，国家预算要予以公布经由公众讨论才能通过。南非2003年7月通过的《市级财政管理法案》以制度对政府财政和债务管理进行约束，规定预算涉及的公职人员应向公众提供有关预算执行的文件及其他关键信息，并且邀约非政府组织对公布的文件进行第三方公开评价。

"全面规范"和"公开透明"是现代预算制度特征，我国"十三五"规划明确了构建发展新体制需要："建立健全促进社会公平正义的现代财政制度，建立具有规范性和透明性的现代预算制度。""阳光是最好的防腐剂"，权力公开、信息公开、政策透明，是建立现代法治政府的应有之义；预算透明能够向公民传递有关政府已施行的活动、政府现况、政府未来活动规划等信息，以明确政府责任从而施加必要的监控（Willoughby,

1918）。预算公开凭借社会监督的力量，以实现透明政府目标，打造国家治理之"笼"。可见，公开披露预算信息既有利于监督国家预算的合法有效运作，是现代政府建设之必然，更是构建现代化治理体系与治理能力的途径。审计是制约监督公共权力的重要机制，理应服务国家治理，推动国家实现"善政良治"。2013年10月，世界审计组织第二十一届大会通过的《北京宣言》也强调："最高审计机关为了促进国家良治，应当继续致力于推动透明问责。"

我国政府于2009年起积极推动的预算信息公开改革引发了各界的热议，有学者按照西方问责理论分析美国、加拿大、澳大利亚、新西兰及15个欧盟国家预算披露动机，并将其解释为"满足政治家短期的政治需求"（Pina et al., 2006）或者"装饰性动机"（Relly & Sabharwal, 2009）。然而，将西方国家制度背景下的预算公开动机用于探讨中国预算改革问题，缺乏严格的理论推导与经验证据支持，且中国预算公开改革呈现出如下特征：预算公开的程度越来越高，涉及的政府范围亦越来越广，且预决算信息的披露水平逐年提升（张琦和方恬，2014）；各级政府已由初期的单方面公开信息，转为现阶段积极与媒体、公众互动（张琦等，2013）；媒体质疑报道已发挥问责效果，被质疑的政府被迫做出回应，并对已做出或将做出的决策进行调整（张琦和吕敏康，2014）。我国政府通过扩大预算公开的范围与内容，不断提升预算透明度质量，或者回应媒体质疑，甚至是政策调整，以优化预算管理机制。

那么，国家审计功能的发挥，是否有助于从监控预算透明度角度，促进完善国家预算制度、提升预算管理绩效，进而提高国家治理效率呢？现有针对此问题的相关研究较为匮乏，基于此，本章主要探讨国家审计与预算治理的内在关系，探索审计对预算透明的作用节点，探寻国家审计作用于预算透明与国家治理的路径通道，以期创新有效推进预算管理、推动审计实务工作开展、实现国家治理的良好方式。一个国家由若干个行政区划构成，国家的整体管理效率的高低，受到所隶属的地方政府协同合作程度的影响，并且国家的各项治理举措从上到下传达至地方，由地方政府具体去执行,地方政府政策执行情况便传导影响至国家层面的治理效率。鉴于此,本部分以预算透明度为切入点,利用2009~2014年的省级地方政府数据,验证国家审计通过提升预算透明度,进而强化预算的绩效管理、推进国家预算制度的完善、提升国家治理水平的实际效果。①

第一节 国家审计、预算透明与国家治理效率

一、预算透明的发展

党的十八大指出"要保证党领导人民有效治理国家",而党的十八届四中全会再次强调"促进国家治理体系和治理能力现代化"。这是从战略角度对国家治理提出的要求,如何推进国家治理已成为我国政治经济发展的一个战略规划。世界审计组织第二十一届大会指出:"最高审计机关能够在完善国家治理中发挥重要作用;最高审计机关可以通过强化公共部门的责任和透明等方式推动完善国家治理。"

2014年8月修订的《中华人民共和国预算法》首次将预算信息的公开与透明纳入其中,在预算监督方面,强调"要严格审计,并向社会公开预算执行审计的工作报告"。十八届三中全会明确提出:"建立权责发生制的政府综合财务报告制度。"2014年12月公布的《权责发生制政府综合财务报告制度改革方案》指明要"建立健全政府财务报告审计和公开机制",以制度形式明确了我国财政信息(包括预算信息)披露的体系构建及审计监督机制构建的建设日程与方案,2015年10月出台的《政府会计准则——

---

① 谢柳芳、韩梅芳:《政府财政信息披露在国家审计服务国家治理中的作用路径研究》,《审计研究》2016年第3期。

基本准则》标志着我国预算透明度建设迈入一个新台阶。同时，国发〔2014〕48号文件《国务院关于加强审计工作的意见》明确了要"实现审计监督全覆盖，促进国家治理现代化和国民经济健康发展"，并强调"审计要促进廉政建设，发现经济社会运行中的突出矛盾和风险隐患"。

现有文献缺乏对国家审计与预算透明度的直接研究，相关文献均是间接论证了国家审计对预算透明度的影响。张立民（2004）指出，国家审计发挥着推进国家治理、实现民主政治的催化剂作用。刘力云（2005）认为，国家审计是政府责任监督体系的核心元素，通过促进政府责任，发挥治理功能。Funnell（2007）探讨了民主进程下，审计独立性对民主发展的影响。

二、预算透明、国家审计与国家治理的关系

Zhang和Chan（2013）指出，在博客、微博以及电子政务等信息媒介的支持下，预算信息供求市场初步形成，公民与政府之间形成了良好的信息互动关系。公民为了实现对政府的问责，主要通过获取并分析预算信息，从而知晓公共事务履行情况及政府履职效果（Ingram & Copeland, 1981）。20世纪80年代以来，美国、英国、澳大利亚等国为了全面反映政府真实财务状况，缓解国家财政赤字快速扩张、债务迅速积累的态势，开始编制政府财务报告，且把政府财务报告披露的信息状况作为重要依据评价政府债务的信用等级。目前，我国还未完全形成系统的《政府会计准则》体系，对预算透明度的衡量及审计监督缺乏明确标准与实施细则，然而深化公共财政管理改革却是推进国家治理的重要途径，准确掌握政府资产、负债等长期资源和责任的情况及信息，将有助于科学安排预算收支，防范财政风险，控制政府支出，有效监控政府债务，提高预算管理水平，合理配置政府资源，促进国家可持续发展。财政部发布了《关于印发〈2012年度权责发生制政府综合财务报告试编办法〉的通知》，2012年，我国有23个省区市试编了政府综合财务报告；2015年10月，财政部发布《政府会

计准则——基本准则》,并陆续颁布了一系列的政府会计具体准则,截至2018年12月26日,财政部已经发布了《政府会计准则第1号——存货》《政府会计准则第2号——投资》《政府会计准则第3号——固定资产》《政府会计准则第4号——无形资产》《政府会计准则第5号——公共基础设施》《政府会计准则第6号——政府储备物资》《政府会计准则第7号——会计调整》《政府会计准则第8号——负债》《政府会计准则第9号——财务报表编制和列报》九项具体会计准则。政府会计准则与政府会计制度的逐步完善,推进了政府会计的改革力度,为充分完整披露财政预算信息打下了良好基础。

作为外部治理机制的国家审计,采用"经济控制"手段对公共部门的事务施加影响,并要求其将履职状况信息与结果信息充分披露,以便公民实施监督,从而督促政府按公民意愿履行受托责任,以减轻政府与公民的代理冲突,降低政府利用信息优势出现利益侵占行为的可能性。基于上述分析,提出如下假设:

H6.1　国家审计功能的发挥,能够有效改善预算透明度。

H6.1a　国家审计投入力度越大,地方政府的预算透明度越高。

H6.1b　国家审计执行力度越大,地方政府的预算透明度越高。

H6.1c　国家审计报告力度越大,地方政府的预算透明度越高。

公民让渡并授予权力给政府,使其能够公正合法利用公权力,那么政府就有义务将公共履职的状况与结果信息告知委托人。公开预算是缓解政府与公民利益冲突的可行制度设计,一方面,公共部门公开其公务活动过程与结果的信息,客观、完整而详细地揭示其在公共资源配置中的状况与效果,以便完成其经济受托责任;另一方面,公众用公开披露的预算信息进行分析,督促国家相关部门遵循其意愿进行活动,达到社会资源的有效管理与优化配置。

在世界审计组织第二十一届大会开幕式上,李克强肯定了审计在促进财政可持续、改善国家治理上发挥的重要作用,大会通过的《北京宣言》也要求最高审计机关应当继续致力于提高国家的效能。可见,国家审计可以通过强化政府的责任、治理与防范腐败、增加公共资源配置效率及提高预算透明度等多条路径达到国家良治目的。提高政府透明度是预算公开的主要动因，以便实现政治问责（马俊，2010）。可见，国家审计能够通过促进预算的公开、提升预算透明度，服务国家治理；由于达到国家治理目的的路径具有多样性，因此预算透明度在国家审计服务国家治理中发挥的是部分"中介作用"。基于上述分析，提出如下假设：

H6.2 国家审计通过作用于预算透明度，进而提升国家治理水平。

H6.2a 国家审计投入力度越大，预算透明度越高，地方政府的治理效率越高。

H6.2b 国家审计执行力度越大，预算透明度越高，地方政府的治理效率越高。

H6.2c 国家审计报告力度越大，预算透明度越高，地方政府的治理效率越高。

随着市场化程度的加深，市场在社会资源配置中发挥的作用逐渐居于主导地位，政府作用下降，政府对市场的行政干预减少，公民对政府公众受托责任履行情况的监督途径与手段多样化，对国家审计功能的依赖与需求度降低，国家审计所能发挥的作用下降（唐雪松等，2012）。在市场化程度高的地区，市场能够发挥社会资源优化配置功能，能较好地推进该地区的民主发展，形成自我调节监控系统，以监督制约政府行使公共权力、履行公共职责、使用公共资源时的无效率或违规行为，避免权力的异化及寻租行为，从而实现政府整体治理水平的提升。因此，我们可以合理预期，相对于市场化程度高的地区，在市场化程度越低的地区，国家审计对国家治理效率所发挥的提升作用效果越好[①]。基于上述分析，提出如下假设：

H6.3 相较于市场化程度高的地区，在市场化程度越低的地区，国家

[①] 谢柳芳、韩梅芳：《政府财政信息披露在国家审计服务国家治理中的作用路径研究》，《审计研究》2016年第3期。

审计对国家治理效率所发挥的提升作用效果越好。

H6.3a 相较于市场化程度高的地区，在市场化程度越低的地区，国家审计投入力度越大，预算透明度越高，地方政府的治理效率越高。

H6.3b 相较于市场化程度高的地区，在市场化程度越低的地区，国家审计执行力度越大，预算透明度越高，地方政府的治理效率越高。

H6.3c：相较于市场化程度高的地区，在市场化程度越低的地区，国家审计报告力度越大，预算透明度越高，地方政府的治理效率越高。

第二节 预算透明在国家审计服务国家治理中的路径作用分析

一、预算透明与国家审计指标的选择

本节以 2009~2014 年 31 个省、自治区和直辖市地方政府作为样本范围，考察了国家审计功能发挥对预算透明度及国家治理的影响。预算是财政管理中最为核心的内容，预算绩效是现代财政体制的特征，预算信息的披露质量是影响财政透明度的关键指标，因此，以财政透明度水平作为衡量预算透明度的替代指标，财政透明度指标来源于上海财经大学公共政策研究中心发布的《中国财政透明度报告》，国家审计有关数据来源于《中国审计年鉴》，国家治理水平指标来源于北京师范大学发布的《中国省级地方政府效率研究报告》，地区市场化程度采用市场化指数衡量，财政收支、进出口额、人口统计等数据来源于《中国统计年鉴》及 EPS 全球统计数据库，共计 186 个样本观测值，使用 Stata 14 统计软件对数据进行处理和分析。

二、预算透明与国家审计实证模型的设定

构建模型 1、模型 2 与模型 3 分别检验 H6.1 与 H6.2，借鉴 Baron 和 Kenny（1986）的经典方法检验预算透明度在国家审计提升国家治理效率中的路径效应（中介作用），具体操作步骤为：第一步，按模型 1 进行回归，检验国家审计对预算透明度的影响，显著则继续；第二步，按模型 2 进行回归，检验国家审计对国家治理效率的影响，显著则继续；第三步，加入中介变量预算透明度之后，按模型 3 进行回归，如仍处于显著水平，则说明存在中介作用。

模型 1：

$$BGIF = \alpha + \beta_0 AUDIT + \beta_1 FXIM + \beta_2 HCIM + \beta_3 TDON + \beta_4 TALV + \beta_5 PPGR + \beta_6 UBID + \beta_7 EDID + \varepsilon \qquad (6-1)$$

模型 2：

$$NAEF = \alpha + \beta_0 AUDIT + \beta_1 FXIM + \beta_2 HCIM + \beta_3 TDON + \beta_4 TALV + \beta_5 UBID + \beta_6 EDID + \varepsilon \qquad (6-2)$$

模型 3：

$$NAEF = \alpha + \beta_0 AUDIT + \beta_1 BGIF + \beta_2 FXIM + \beta_3 HCIM + \beta_4 TDON + \beta_5 TALV + \beta_6 PPGR + \beta_7 UBID + \beta_8 EDID + \varepsilon \qquad (6-3)$$

建立模型 4 检验 H6.3，考察地区市场化程度在国家审计治理功能中的调节作用。

模型 4：

$$NAEF = \alpha + \beta_0 AUDIT + \beta_1 BGIF + \beta_2 MKID + \beta_3 AUDIT \times MKID + \beta_4 \sum control + \varepsilon \qquad (6-4)$$

其中，NAEF 是衡量国家治理效率的变量，等于地方政府效率指标的标准化值；BGIF 是衡量预算透明度情况的变量；MKID 是衡量地区市场化程度的变量；AUDIT 是衡量国家审计功能发挥作用的变量，其有两种衡量方法：方法一，采用一组变量衡量，包括被审计单位数（AUPN）、审计移

送案件数（AUMN）、审计移送涉案金额（AUMM）、审计提交报告数（AURP）及审计提出建议数（AUAD），AUPN 表示国家审计投入力度、AUMN 和 AUMM 表示国家审计执行力度、AURP 和 AUAD 表示国家审计报告力度；方法二，采用单一指标衡量，AUID 是衡量国家审计作用的综合指标。

（1）被解释变量。国家治理是治理主体为有效协调政府、社会和市场的利益冲突而设计的一种制度安排，由于治理主体施行治理行为的努力程度及能力高低具有不可观测性，因此，采用治理主体施行治理行为的结果来衡量国家治理水平的高低，主要表现为治理主体在自我管理的动态系统中的政治稳定、话语问责权及政府效能等指标的实现程度。现有研究主要采用腐败控制力度、政府规模、政府行政管理效率、政府全要素生产率等衡量国家治理水平（La Porta et al., 1998；唐天伟和邓久根，2007；Helliwell & Huang, 2008；Back et al., 2009；张克中和何凌云，2012；祁毓和郭均均，2012）。

北京师范大学持续发布的《中国省级地方政府效率研究报告》从实证的角度，调查发现我国省级地方政府的财政支出（包括预算支出），主要集中在公检法、行政管理、城市维护、政策性补贴等十个领域，而财政支出所集中的领域恰是政府履职的主要范围。该报告根据国家治理的内涵与特征，以政府履职的主要范围为基础，结合并吸收借鉴国内外评价、测量国家治理的成果，设计了一套测量地方省级政府效率的指标体系，该指标体系较为客观地反映了我国地方政府的治理水平与特征，本部分用该报告所测算出的地方政府效率指标标准化值作为衡量各地区的国家治理效率（NAEF）的替代指标，以考察国家审计提升国家治理水平发挥作用的程度，该标准化值越大，说明其治理效率越高。

（2）解释变量。根据我国的《中华人民共和国审计法》与《中华人民共和国国家审计准则》规定，国家审计机关的主要工作内容是对财政、金融与保险、公共投资、政府行政部门、公营企业及公债等进行审计，即财政审计、金融审计、事业审计和企业审计。对政府履职情况所披露信息的鉴证是国家审计基本职责所在，本部分从国家审计投入力度、国家审计执行力度和国家审计报告力度三个方面衡量国家审计功能发挥作用的程度，并按分指标作用力度大小拟合为国家审计综合指标。

国家审计投入力度：唐雪松等（2012）认为，审计工作量是影响审计质量的关键因素之一，本部分以被审计单位数（AUPN）的自然对数衡量国家审计投入力度，被审计单位数值越大，说明国家审计的投入力度越大，国家审计发挥的作用越强。

国家审计执行力度：选取审计移送案件（AUMN）的自然对数和审计移送涉案金额（AUMM）的自然对数衡量国家审计执行力度。审计查处的违纪金额是判断地方审计机关和审计署特派员办事处审计工作质量高低的重要依据，也是考核其审计实践成果的重要指标（吴联生，2002；宋常等，2006）；同时，通过移送审计在监督过程中所发现的违法违规金额及违法违规案件相关信息，能对被审计部门产生监督效果与威慑作用，有助于地方政府的反腐倡廉建设。因此，以审计移送案件和审计移送涉案金额作为衡量国家审计执行力度的替代指标，该指标值越大，说明审计的监督力度越大，国家审计发挥的作用越强。

国家审计报告力度：选取审计提交报告数（AURP）的自然对数和审计提出建议数（AUAD）的自然对数衡量国家审计报告力度。国家审计将审计监督过程中所发现的漏洞与问题，以审计报告和审计建议的形式向有关部门反映，一方面，有助于地方政府不断调整与完善自身的行政管理体制机制，促进地方治理水平的提升；另一方面，有助于帮助被审计单位完善内部管理体系，及时纠正不当行为，提高单位工作效率。因此，审计工作报告是国家审计作用发挥程度大小的重要体现（唐雪松等，2012），以审计提交报告数和审计提出建议数作为衡量国家审计报告力度的替代指标，该指标值越大，说明国家审计功能发挥得越好。

国家审计综合指标（AUID）：采用因子分析法确定影响国家审计作用发挥的指标及权重，然后通过加权综合成一项反映国家审计作用的总体指标。

国家审计的目的，是客观公正地鉴证财政预算执行情况及财政决算，以揭露违法行为，监控国家公共资金是否得到合理有效使用，为财政管理提供改进措施。我国国家审计的日常性工作主要是预算审计，对中央、地方以及行政事业单位的预决算审计是我国国家审计的核心内容，审计对象以政府部门财政财务收支及履职过程中的信息为主，国家审计对预算透明度所发挥的作用更为直接地体现在对预算信息的鉴证与监控上。我国尚未形成完备的《政府会计准则》体系，因此政府部门披露的信息未能采用精确的量化数值指标及定性指标加以衡量。限于目前的条件制约，本部分以财政透明度得分作为衡量预算透明度水平（BGIF）的替代指标，较好地反映了国家审计对预算透明度的影响，以及国家审计通过作用于预算透明度这一路径，对提升国家治理水平所发挥的作用效果。

地区市场化程度（MKID）：采用樊纲等（2011）构建的"市场化指数"进行衡量，截至目前数据仅更新至2009年，后续年度数据借鉴韦倩等（2014）的方法，采用趋势法估计。

（3）控制变量。借鉴已有的研究成果，将固定资产投资（FXIM）、人力资本投资（HCIM）、贸易开放度（TDON）、地区税负水平（TALV）、人口增长率（PPGR）、城市化水平（UBID）、财政自给率（PFID）、地区教育水平（EDID）与地区人口规模（PPSL）因素的影响设置为控制变量（林毅夫和刘志强，2000；傅勇和张晏，2007；周业安和赵坚毅，2004；周业安和章泉，2008）。变量定义如表6-1所示。

表6-1 变量定义

变量名称	变量符号	变量描述
被解释变量		
国家治理效率	NAEF	地方政府效率指标计算的标准化值
解释变量		
审计投入力量	AUPN	被审计单位数取自然对数
审计移送案件	AUMN	国家审计向有关部门移送案件数取自然对数
审计移送涉案金额	AUMM	国家审计向有关部门移送涉案金额取自然对数
审计提交报告	AURP	国家审计出具审计报告篇数取自然对数

续表

变量名称	变量符号	变量描述
解释变量		
审计提出建议	AUAD	国家审计向有关部门提出建议数取自然对数
国家审计综合指标	AUID	采用因子分析法确定
预算透明度	BGIF	地方政府财政透明度得分取自然对数
地区市场化	MKID	市场化程度指数
控制变量		
固定资产投资	FXIM	实际固定资产投资总额÷实际 GDP
人力资本投资	HCIM	地区普通中学生在校学生人数÷地区人口总数
贸易开放度	TDON	进出口总额÷实际 GDP
地区税负水平	TALV	地区财政收入总额÷实际 GDP
人口增长率	PPGR	地区人口自然增长率
城市化水平	UBID	地区城镇人口数÷地区人口总数
财政自给率	PFID	中央本级财政收入÷中央本级财政支出
地区教育水平	EDID	地区高等院校在校学生人数÷地区人口总数
地区人口规模	PPSL	地区的人口总数

资料来源：笔者自制。

第三节 预算透明在国家审计服务国家治理中的路径作用检验结果

一、预算透明、国家审计与国家治理的数据特征

表6-2是样本的描述性统计结果，从表中可见，国家治理效率（NAEF）的最小值为-0.986，最大值为0.8221，标准差为0.3081，说明各地区的治理水平存在较大差异。预算透明度（BGIF）的均值为3.1837，最小值为

2.4441，最大值为 4.3529，标准差为 0.3465，说明各地区的预算透明度也存在较大差异。

表 6-2 描述性统计

变量	均值	标准差	最小值	最大值
国家治理效率（NAEF）	-0.0000	0.3081	-0.9860	0.8221
预算透明度（BGIF）	3.1837	0.3465	2.4441	4.3529
审计投入力量（AUPN）	8.1530	0.9121	5.3982	9.5393
审计移送案件（AUMN）	3.9250	1.1271	1.0986	5.9081
审计移送涉案金额（AUMM）	10.0222	2.0207	4.2195	15.5031
审计提交报告（AURP）	7.9842	1.0132	4.4427	9.5393
审计提出建议（AUAD）	8.4941	0.9503	5.5872	9.9544
地区市场化（MKID）	7.1799	2.0783	0.38	11.8
固定资产投资（FXIM）	0.6092	0.1548	0.2585	0.9339
人力资本投资（HCIM）	0.0597	0.0125	0.0246	0.0824
贸易开放度（TDON）	453.6114	575.0475	0.1915	2590.685
地区税负水平（TALV）	0.0909	0.0276	0.0500	0.1850
人口增长率（PPGR）	5.4662	2.7881	-1.24	11.78
城市化水平（UBID）	0.4274	0.1903	0	0.9076
财政自给率（PFID）	0.5030	0.2153	0.0640	0.9549
地区教育水平（EDID）	0.0161	0.0062	0.0059	0.0351
地区人口规模（PPSL）	8.0723	0.8639	5.6384	9.2596

资料来源：笔者自制。

审计投入力量（AUPN）的均值为 8.1530，最小值为 5.3982，最大值为 9.5393，转换为自然值后，被审计单位平均有 3474 个，最少 221 个，最多 13895 个，说明各地区审计投入的力度不同，审计发挥的监控作用存在一定差异。审计移送案件（AUMN）的均值为 3.925，最小值为 1.0986，最大值为 5.9081，转换为自然值后，表明审计向纪检监察、司法机关及其他有关部门移送的案件数平均达到了 51 件，最多为 368 件，为有效查处贪污腐败等违法违纪行为提供了有益线索，说明国家审计发挥了较大的监控功能。审计移送涉案金额（AUMM）的均值为 10.0222，最小值为 4.2195，最大值为 15.5031，转换为自然值后，审计向纪检监察、司法机关及其他有关部门移送的违规违纪金额平均达到了 22521 万元，最多为 5406220 万元，表明国家审计查处的有问题并提交相关部门处理的损失浪费金额最多高达 540 多亿元，显示了国家审计在反腐倡廉建设中的重大作用。审计提交报告（AURP）的均值为 7.9842，最小值为 4.4427，最大值为 9.5393，转换为自然值后，国家审计出具审计报告和报送审计调查报告平均达到 2934 篇。审计提出建议（AUAD）的均值为 8.4941，最小值为 5.5872，最大值为 9.9544，转换为自然值后，执行审计后向有关部门提出的建议数平均有 4886 条，表明国家审计为政府有关部门更好地施行管理职能及被审计单位进行自我查漏补缺，完善内部控制与内部管理发挥了一定的威慑作用与较好的建设性作用。

控制变量方面，固定资产投资（FXIM）的均值为 0.6092，即固定资产投资占实际 GDP 的 61%，说明地方政府倾向于大规模的基础建设项目投入；人力资本投资（HCIM）的均值为 0.0597，标准差为 0.0125，即普通中学在校生人数占地区总人口的 5.97%，且各地区之间的差异不大，这可能是我国推行九年义务教育制度的结果；贸易开放度（TDON）的均值为 453.6114；地区税负水平（TALV）的均值为 0.0909，即地方政府的财政收入平均占到实际 GDP 的 9%，宏观税负水平不算太高；人口增长率（PPGR）的均值为 5.4662，标准差为 2.7881，即人口自然增长率平均为 5.47‰，最小值为 -1.24，最大值为 11.78，各地区人口增长情况存在差异；城市化水平（UBID）的均值为 0.4274，标准差为 0.1903，即我国的城市化程度达到中等水平，最小值为 0，最大值为 0.9076，各地区的城市化水平存在非常大的差异；财政自给率（PFID）的均值为 0.503，平均而言各地区财政收入占财政支出的一半；地区教育水平（EDID）的均值为 0.0161，即高等院校在校生人数占地区总人口的 1.61%，说明我国的教育水平有待进一步提高；地区人口规模（PPSL）的均值为 8.0723，标准差为 0.8639，即各地区之间的人口规模差异较大。

二、预算透明、国家审计与国家治理的相关性分析

主要变量的 Pearson 相关性检验见表 6-3，预算透明度（BGIF）与国家治理效率（NAEF）的相关系数为 0.13，在 10% 的水平上显著正相关，表明预算透明度的提高有助于国家治理的增强。审计移送涉案金额（AUMM）与预算透明度（BGIF）的相关系数为 0.131，在 10% 的水平上显著正相关；审计提交报告（AURP）与预算透明度（BGIF）的相关系数为 0.127，在 10% 的水平上显著正相关；审计提出建议（AUAD）与预算透明度（BGIF）的相关系数为 0.149，在 5% 的水平上显著正相关，表明国家审计功能的发挥有助于改善预算透明度。审计移送涉案金额（AUMM）与国家治理效率（NAEF）的相关系数为 0.136，在 10% 的水平上显著正相关，表明国家审计查处并移交相关部门处理的问题金额越大，国家审计的监督力度越大，国家治理效率的提升越多；审计提交报告（AURP）与国家治理效率（NAEF）的相关系数为 0.183，在 5% 的水平上显著正相关，表明国家审计的报告力度越大，越有助于国家治理水平的提升。地区市场化（MKID）与国家治理效率（NAEF）的相关系数为 0.75，在 1% 的水平上显著正相关，表明市场化程度越高的地区其国家治理效率越高，地区市场化（MKID）与审计移送涉案金额（AUMM）、审计提交报告（AURP）及审计提出建议（AUAD）的相关系数分别为 0.332、0.261、0.319，均在 1% 的水平上显著正相关，说明地区市场化程度对国家审计治理功能的发挥具有调整作用。以上结果初步证明了前文的 H6.1 与 H6.2，即国家审计具有治理预算透明度和提升国家治理效率的功能，国家审计的国家治理功能通过改善预算透明度得以实现。

此外，模型的其余变量之间的相关系数较低，初步表明变量之间无显著自相关性，保证了模型回归结果的正确性。

表 6–3　相关性分析

	NAEF	BGIF	AUPN	AUMN	AUMM	AURP	AUAD	MKID
国家治理效率（NAEF）	1							
预算透明度（BGIF）	0.130 (0.0766)	1						
审计投入力量（AUPN）	0.049 (0.5070)	0.074 (0.3160)	1					
审计移送案件（AUMN）	0.023 (0.7577)	0.089 (0.2270)	0.672 (0.0000)	1				
审计移送涉案金额（AUMM）	0.136 (0.0663)	0.131 (0.0753)	0.443 (0.0000)	0.648 (0.0000)	1			
审计提交报告（AURP）	0.183 (0.0133)	0.127 (0.0856)	0.779 (0.0000)	0.556 (0.0000)	0.439 (0.0000)	1		
审计提出建议（AUAD）	0.119 (0.1055)	0.149 (0.0418)	0.905 (0.0000)	0.741 (0.0000)	0.524 (0.0000)	0.805 (0.0000)	1	
地区市场化（MKID）	0.75 (0.0000)	0.132 (0.0727)	0.121 (0.1003)	0.188 (0.0107)	0.332 (0.0000)	0.261 (0.0000)	0.319 (0.0000)	1

注：括号内为 P 值。

三、预算透明、国家审计与国家治理的验证结果分析

前述理论分析说明，国家审计通过预算治理，以保障和促进政府公共受托经济责任的全面有效履行，进而推进国家治理效率的提升。为了考察国家审计功能发挥对预算透明度及国家治理效率的影响，我们将相关变量引入模型 1、模型 2 和模型 3；用模型 4 检验地区市场化程度对审计治理功能的影响，结果如下。

（1）国家审计功能发挥与预算透明度。根据前文分析，预算透明度在国家审计作用于国家治理效率的提升中发挥的是路径效应，那么，国家审计必须在预算透明度的改善中能够起到促进作用，才能发挥预算透明度的路径效应。为了检验国家审计对预算透明度的影响，即为了验证 H6.1，将衡量国家审计功能作用的指标 AUPN、AUMN、AUMM、AURP、AUAD

与 AUID 分别代入模型 1 进行回归，结果见表 6-4。

表 6-4　国家审计对预算透明度的影响

变量	BGIF (1)	BGIF (2)	BGIF (3)	BGIF (4)	BGIF (5)	BGIF (6)
审计投入力量（AUPN）	0.122*** (0.000)					
审计移送案件（AUMN）		0.069*** (0.004)				
审计移送涉案金额（AUMM）			0.029** (0.023)			
审计提交报告（AURP）				0.078*** (0.003)		
审计提出建议（AUAD）					0.109*** (0.000)	
国家审计综合指标（AUID）						0.115*** (0.000)
固定资产投资（FXIM）	0.124 (0.500)	0.066 (0.732)	0.051 (0.793)	0.046 (0.806)	0.080 (0.664)	0.089 (0.638)
人力资本投资（HCIM）	−5.669** (0.024)	−4.775* (0.051)	−3.836 (0.106)	−4.011* (0.083)	−5.460** (0.022)	−5.306** (0.028)
贸易开放度（TDON）	0.000 (0.579)	0.000 (0.879)	−0.000 (0.948)	0.000 (0.847)	0.000 (0.820)	0.000 (0.745)
地区税负水平（TALV）	1.313 (0.322)	0.733 (0.574)	0.723 (0.572)	0.966 (0.454)	0.821 (0.520)	1.099 (0.397)
人口增长率（PPGR）	0.040** (0.012)	0.029* (0.055)	0.023* (0.097)	0.030** (0.041)	0.034** (0.022)	0.040** (0.011)
城市化水平（UBID）	0.043 (0.707)	0.016 (0.888)	0.028 (0.803)	0.021 (0.856)	0.011 (0.921)	0.041 (0.727)
地区教育水平（EDID）	10.079* (0.085)	10.303* (0.071)	7.755 (0.166)	7.920 (0.165)	9.857* (0.088)	10.990* (0.068)
_cons	1.916*** (0.000)	2.762*** (0.000)	2.769*** (0.000)	2.381*** (0.000)	2.104*** (0.000)	2.156*** (0.000)
N	183	183	183	183	183	181
R^2	0.047	0.030	0.019	0.032	0.058	0.094

注：*、**、*** 分别表示在 10%、5%、1% 的水平上显著，括号内为 P 值。

表 6-4 报告了模型 1 的回归结果。AUID 与 BGIF 的回归系数为 0.115，在 1% 的水平上显著正相关，即国家审计功能的发挥，对预算透明度有显著的促进作用，验证了本部分的 H6.1。AUPN 与 BGIF 的回归系数为 0.122，在 1% 的水平上显著正相关，表明国家审计范围涵盖的被审计单位数越多，即国家审计投入力度越大，地方预算透明度越高，H6.1a 得到验证。这一结果说明，国家审计工作涉及的被审计单位越多，其产生的监督效应与威慑效应越大，促使当地政府越注重自身的"民主形象"建设，对民主需求的回应越积极，更为主动地披露其履职过程及结果的信息，预算透明度的质量更高。AUMN 与 BGIF 的回归系数为 0.069，在 1% 的水平上显著正相关，表明国家审计将审计过程中发现的违法违规事项移送有关部门，加大了国家审计的威慑作用，促使地方政府更注意全面披露其履职信息。AUMM 与 BGIF 的回归系数为 0.029，在 5% 的水平上显著正相关，表明国家审计将审计过程中查出的腐败浪费问题资金移送有关部门处理，更能体现国家反腐倡廉的决心，能有效督促预算透明度的提高。回归结果表明，国家审计执行力度越大，国家审计所能发挥的监督、威慑作用越强，越有利于政府关注信息使用者的需求，不断改善预算透明度，H6.1b 得到验证。AURP 与 BGIF 的回归系数为 0.078，在 1% 的水平上显著正相关，AUAD 与 BGIF 的回归系数为 0.109，在 1% 的水平上显著正相关，即国家审计报告力度越大，国家审计所能发挥的监督、威慑、建议作用越强，越有利于推动地方政府改善其信息披露质量，H6.1c 得到验证。

回归结果也表明，预算透明度的改善还受到人力资本投资（HCIM）、人口增长率（PPGR）及地区教育水平（EDID）的影响，增加人力资本投资，可能会挤占其他建设发展所需要的资源，稀释其他方面发展所带来的效益，促使地方政府为了降低公众的关注度，减少披露预算信息，不利于预算透明度水平的提高；而人口增长率与地区教育水平的提高，有助于提高预算透明度。

（2）国家审计功能与国家治理效率。为了考察国家审计是否影响各地区的治理效率，将衡量国家审计作用的总指标及各项分指标分别代入模型

2进行回归,结果见表6-5。

表6-5 国家审计对国家治理的影响

变量	NAEF(1)	NAEF(2)	NAEF(3)	NAEF(4)	NAEF(5)	NAEF(6)
审计投入力量(AUPN)	0.111*** (0.000)					
审计移送案件(AUMN)		0.046*** (0.004)				
审计移送涉案金额(AUMM)			0.016* (0.063)			
审计提交报告(AURP)				0.083*** (0.000)		
审计提出建议(AUAD)					0.085*** (0.000)	
国家审计综合指标(AUID)						0.084*** (0.001)
固定资产投资(FXIM)	-0.180 (0.119)	-0.261* (0.074)	-0.166 (0.283)	-0.295** (0.017)	-0.247 (0.433)	-0.217* (0.078)
人力资本投资(HCIM)	-5.148*** (0.000)	-4.767*** (0.000)	-6.360*** (0.000)	-4.796*** (0.001)	-5.063*** (0.001)	-4.467*** (0.002)
贸易开放度(TDON)	0.000*** (0.000)	0.000*** (0.000)	0.000*** (0.000)	0.000*** (0.000)	0.000*** (0.000)	0.000*** (0.000)
地区税负水平(TALV)	-0.767 (0.265)	-1.498** (0.040)	-1.552* (0.077)	-0.963 (0.192)	-1.284* (0.065)	-1.075 (0.142)
城市化水平(UBID)	0.150** (0.026)	0.145** (0.037)	0.158** (0.045)	0.136** (0.042)	0.132** (0.050)	0.109 (0.108)
地区教育水平(EDID)	14.236*** (0.000)	16.662*** (0.000)	13.103 (0.544)	15.434*** (0.000)	15.562*** (0.000)	12.229*** (0.001)
_cons	0.173 (0.460)	0.980*** (0.000)	1.269*** (0.000)	0.459** (0.036)	0.446** (0.046)	-0.340 (0.149)
N	183	183	183	183	183	181
R^2	0.672	0.612	0.543	0.657	0.649	0.678

注:*、**、***分别表示在10%、5%、1%的水平上显著,括号内为P值。

表6-5显示,AUID与NAEF的回归系数为0.084,在1%的水平上显

著正相关，即国家审计功能的发挥，有利于促进地方治理水平的整体提升。AUPN 与 NAEF 的回归系数为 0.111，在 1% 的水平上显著正相关，表明国家审计范围涵盖的被审计单位数越多，即国家审计投入力度越大，国家治理效率的提升就越多。AUMN 与 NAEF 的回归系数为 0.046，在 1% 的水平上显著正相关，表明国家审计将审计过程中发现的违法违规事项移送有关部门，加大对不合规案件的惩处力度，有助于减少该类问题带来的危害，促进国家治理能力的提升。AUMM 与 NAEF 的回归系数为 0.016，在 10% 的水平上显著正相关，表明国家审计将审计过程中查出的腐败浪费问题资金移送有关部门处理，将有助于反腐建设，能有效改善国家治理效率。以上证据表明，国家审计执行力度越大，国家审计所能发挥的监督、威慑作用越强，越有利于国家治理能力的提升。AURP 与 NAEF 的回归系数为 0.083，在 1% 的水平上显著正相关，表明国家审计根据审计过程所发现的问题及形成的审计意见出具审计报告和报送审计调查报告，将审计结果向有关部门披露，有助于运用审计结果，以促进国家治理效率的提升。AUAD 与 NAEF 的回归系数为 0.085，在 1% 的水平上显著正相关，表明国家审计针对审计过程中所发现的被审计部门的管理漏洞形成审计建议，能帮助被审计单位完善自身的内部控制与内部管理体系，有效改善与提升被审计单位的运营效率，作用于当地社会经济，共同促进国家治理效率的提升。以上证据表明，国家审计报告力度越大，国家审计所能发挥的监督、威慑、建议作用越强，越有利于国家治理水平的提升。

此外，回归结果还表明，国家治理效率的提升受到人力资本投资（HCIM）的影响，在既定的九年义务教育政策下，普通中学在校生人数越多，民众对教育条件的关注度越高，当地政府对义务教育所承担的责任越大，可能影响其整体治理水平的改善。国家治理效率的提升还受到地区教育水平（EDID）的影响，提高教育水平将有利于推动国家治理效率的提升。

（3）国家审计、预算透明度与国家治理。根据前文的分析与检验，我们认为，预算透明度在国家审计提升国家治理效率的作用过程中是能够起到路径效应的，国家审计功能通过作用于预算透明度，进而提升国家治理

第六章 国家审计促进国家治理的效果检验

效率。为了检验预算透明度的"中介效应",把衡量国家审计功能作用(AUDIT)的综合指标与5个分指标及衡量预算透明度水平(BGIF)的指标依次代入模型3进行回归,结果见表6-6。

表6-6 国家审计功能、预算透明度与国家治理效率

变量	NAEF (1)	NAEF (2)	NAEF (3)	NAEF (4)	NAEF (5)	NAEF (6)
审计投入力量（AUPN）	0.094*** (0.000)					
审计移送案件（AUMN）		0.031** (0.195)				
审计移送涉案金额（AUMM）			0.015* (0.074)			
审计提交报告（AURP）				0.069*** (0.001)		
审计提出建议（AUAD）					0.069*** (0.001)	
国家审计综合指标（AUID）						0.084*** (0.001)
预算透明度（BGIF）	0.000 (0.994)	0.021 (0.671)	0.017 (0.740)	0.013 (0.762)	0.002 (0.961)	0.002 (0.957)
固定资产投资（FXIM）	−0.535*** (0.000)	−0.224 (0.107)	−0.168 (0.282)	−0.257** (0.034)	−0.548*** (0.000)	−0.217* (0.080)
人力资本投资（HCIM）	−7.557*** (0.000)	−3.329** (0.026)	−6.315*** (0.000)	−3.665** (0.017)	−6.947*** (0.000)	−4.454*** (0.003)
贸易开放度（TDON）	0.000 (0.126)	0.000*** (0.000)	0.000*** (0.000)	0.000*** (0.000)	0.000 (0.218)	0.000*** (0.000)
地区税负水平（TALV）	0.875 (0.173)	−1.530** (0.035)	−1.565* (0.076)	−1.044 (0.150)	−0.381 (0.668)	−1.078 (0.142)
人口增长率（PPGR）	−0.003 (0.746)	−0.020*** (0.009)	−0.015 (0.229)	−0.019*** (0.004)	−0.010 (0.196)	−0.013* (0.057)
城市化水平（UBID）	0.185** (0.010)	0.113 (0.100)	0.158** (0.045)	0.100 (0.136)	0.156** (0.031)	0.109 (0.108)
地区教育水平（EDID）	19.268*** (0.000)	11.114*** (0.002)	16.569*** (0.002)	10.593*** (0.002)	18.421*** (0.000)	12.203*** (0.001)

续表

变量	NAEF (1)	NAEF (2)	NAEF (3)	NAEF (4)	NAEF (5)	NAEF (6)
_cons	0.559** (0.044)	1.070*** (0.000)	1.218*** (0.000)	0.673** (0.011)	0.844*** (0.001)	0.844*** (0.001)
N	183	183	183	183	183	181
R^2	0.668	0.611	0.611	0.701	0.656	0.678

注：*、**、*** 分别表示在 10%、5%、1% 的水平上显著，括号内为 P 值。

表 6-6 报告了模型 3 的回归结果。AUID 与 NAEF 的回归系数为 0.084，在 1% 的水平上显著正相关，即国家审计功能的发挥，有利于促进地方治理水平的整体提升。AUPN 与 NAEF 的回归系数为 0.094，在 1% 的水平上显著正相关，表明国家审计通过加大投入力度，有利于改善地方的预算透明度，从而提升国家治理水平，H6.2a 得到验证。AUMN 与 NAEF 的回归系数为 0.031，在 5% 的水平上显著正相关，AUMM 与 NAEF 的回归系数为 0.015，在 10% 的水平上显著正相关，表明国家审计执行力度越强，越有利于提高地方预算透明度，进而提升国家治理水平，H6.2b 得到验证。AURP、AUAD 与 NAEF 的回归系数均为 0.069，在 1% 的水平上显著正相关，表明出具并报送审计调查报告及提出审计建议，有利于提高地方预算透明度，促进各地区治理水平的提升。表明加大国家审计报告力度可以改善预算透明度，有助于国家治理效率的提升，H6.2c 得到验证。

将表 6-5 中第（1）列~第（5）列与表 6-6 的第（1）列~第（5）列进行对比，发现加入预算透明度（BGIF）之后，国家审计各项指标的系数均有下降，AUPN 的系数下降了 15.32%（由 0.111 下降到 0.094），AUMN 的系数下降了 32.61%（由 0.046 下降到 0.031），AUMM 的系数下降了 6.25%（由 0.016 下降到 0.015），AURP 的系数下降了 16.87%（由 0.083 下降到 0.069），AUAD 的系数下降了 18.82%（由 0.085 下降到 0.069），表明存在部分中介作用，即预算透明度在国家审计服务国家治理中发挥的是部分"中介效应"，验证了除改善预算透明度外，国家审计还可以通过治理腐败、监督财政、改善民生等其他途径发挥国家治理功能的观点。

国家治理效率还受到 FXIM、HCIM、TDON、TALV、PPGR、UBID 和 EDID 水平的影响，固定资产投资、人力资本投资、税收负担与人口增长率越高，项目越复杂，其信息披露可能越不透明，国家审计的功能越难以发挥，国家治理效率越低；贸易开放度越高、城市化水平越高、地方教育水平越高，人民的参政议政能力越强，国家治理效率越高。

此外，表 6-6 第（1）列~第（6）列的回归结果还显示，BGIF 与 NAEF 的系数虽为正，但均不显著，为了再次检验预算透明度是否具有"中介效应"，我们分别用衡量国家审计功能（AUDIT）各项指标，进行了 Sobel 检验，结果见表 6-7。表 6-7 的检验结果表明，预算透明度具有显著的"中介效应"，证明了预算透明度在国家审计服务国家治理中能够发挥路径作用。

表 6-7 预算透明度"中介效应"的 Sobel 检验

检验结果	（1）	（2）	（3）	（4）	（5）	（6）
Sobel test statistic	1.7557**	1.6455**	1.5063*	1.6685**	1.7588**	1.7549**
One-tailed probability	0.0396**	0.0499**	0.0660*	0.0476**	0.0393**	0.0396**
Two-tailed probability	0.0791*	0.0999*	0.1319	0.0952*	0.0786*	0.0793*

注：*、**、*** 分别表示在 10%、5%、1%的水平上显著，括号内为 P 值。

（4）市场化进程对国家审计功能、预算透明度与国家治理效率的影响。用国家审计与地区市场化指数的交乘项（AUDIT × MKID）检验地区市场化程度对国家审计发挥治理功能效应的影响，将相应指标依次代入模型 4 进行回归，结果如表 6-8 所示。

表 6-8 显示，（AUPN × MKID）的回归系数为-0.024，在 1%的水平上显著；（AURP × MKID）的回归系数为-0.015，在 5%的水平上显著；（AUAD × MKID）的回归系数为-0.020，在 1%的水平上显著；（AUID × MKID）的回归系数为-0.020，在 5%的水平上显著，即在市场化程度越低

表 6-8 市场化进程下国家审计功能、预算透明度与国家治理效率

变量	NAEF (1)	NAEF (2)	NAEF (3)	NAEF (4)	NAEF (5)	NAEF (6)
审计投入力量（AUPN）	0.283*** (0.000)					
审计移送案件（AUMN）		0.025 (0.706)				
审计移送涉案金额（AUMM）			0.017 (0.649)			
审计提交报告（AURP）				0.147*** (0.007)		
审计提出建议（AUAD）					0.136* (0.058)	
国家审计综合指标（AUID）						0.161** (0.045)
地区市场化（MKID）	0.247*** (0.000)	0.038 (0.310)	0.027 (0.310)	0.147*** (0.004)	0.194*** (0.002)	0.161*** (0.007)
国家审计与地区市场化交乘项（AUDIT×MKID）	−0.024*** (0.000)	−0.003 (0.712)	−0.001 (0.905)	−0.015** (0.020)	−0.020*** (0.007)	−0.020** (0.023)
预算透明度（BGIF）	0.027 (0.547)	0.036 (0.412)	0.035 (0.443)	0.029 (0.491)	0.030 (0.461)	0.032 (0.457)
固定资产投资（FXIM）	0.080 (0.517)	0.197 (0.123)	0.152 (0.238)	0.120 (0.349)	0.151 (0.219)	0.162 (0.215)
地区税负水平（TALV）	−1.422* (0.173)	−0.664 (0.452)	−0.352 (0.674)	−1.140 (0.173)	−1.319 (0.169)	−1.417 (0.122)
城市化水平（UBID）	0.016 (0.861)	0.088 (0.338)	0.058 (0.546)	0.042 (0.637)	0.078 (0.861)	0.065 (0.490)
财政自给率（PFID）	0.923*** (0.000)	0.982*** (0.000)	0.945*** (0.000)	1.032*** (0.000)	0.983*** (0.000)	1.014*** (0.000)
地区人口规模（PPSL）	−0.171*** (0.001)	0.014 (0.678)	−0.012 (0.686)	−0.077** (0.028)	−0.047 (0.411)	−0.065 (0.152)
_cons	−1.745*** (0.000)	−0.901** (0.010)	−0.643 (0.155)	−1.321*** (0.002)	−1.563*** (0.000)	−1.347*** (0.004)
N	183	183	183	183	183	181
R^2	0.653	0.617	0.607	0.638	0.628	0.640

注：*、**、*** 分别表示在 10%、5%、1% 的水平上显著，括号内为 P 值。

的地区，国家审计的治理功能发挥的作用越大，检验结果与我们的预期一致。

综上分析，通过加大国家审计的投入力度、执行力度及报告力度，充分发挥国家审计的功能作用，以保障和督促政府全面履行其公共受托经济责任，能够有效提高预算透明度，进而有助于提升国家治理效率。

本章以 2009~2014 年我国 31 个省、自治区和直辖市（不包括港澳台地区）为研究对象，基于国家审计的治理功能，以预算透明度作为研究切入点，考察了国家审计功能的发挥对预算透明度及国家治理的影响，为理解国家审计服务国家治理的观点提供了新的证据。本章的证据表明，国家审计具有治理功能，国家审计通过提高预算透明度，能够有效提升国家治理效率；国家审计的治理作用受到审计努力程度的影响，即国家审计投入力度、执行力度和报告力度越大，努力程度越大，国家审计功能发挥越强，预算透明度越高，国家治理效率越高。预算透明度在国家审计服务国家治理中具有路径效应，国家审计通过作用于预算透明度，能够有效提升国家治理效率，但预算透明度在国家审计服务国家治理中发挥的是部分"中介效应"，即国家审计可以通过多条路径发挥国家治理功能。此外，进一步研究发现，国家审计的治理功能在市场化程度越低的地区发挥的作用越大。

本章验证了国家审计可以通过完善国家预算制度，进而促进国家治理能力与治理水平的提升。为了有效发挥国家审计通过提高预算透明度，进而提升国家治理水平的功能，可从以下两个方面着手：一方面，建立健全相关法规，从制度层面，规范预算公开，强化国家审计提升预算透明度的作用，以充分发挥预算透明度在国家治理中的传导效应；另一方面，完善审计监控机制，强调审计查处问题的整改责任，强化审计能力建设，以不断增强国家审计发现问题、分析问题及处理问题的能力，从而更好地服务于国家治理。

第七章　国家审计提升预算绩效、促进国家治理的基本策略

前文的理论论证、实证检验与比较分析均表明，对国家预算的审计监督能够促进预算制度的完善，提升预算绩效，从而实现国家治理的"善政良治"。然而，目前的预算管理无论是预算编制、预算执行，还是预算评价仍然存在诸多问题：预算编制方面，存在编制预算未与战略规划相对接；缺乏"全口径"，预算外收入长期存在；编制粗放，不宜理解等问题。预算执行方面，存在缺乏日常化的分析，分析力度不够、不深入；缺乏制度化的预算调整；预算执行效率低，年底突击花钱现象较为严重等问题。预算评价方面，存在尚未建立基于新绩效预算的绩效评价指标体系；技术性缺陷导致指标权数的计量不科学；缺乏奖惩机制等问题。基于此，针对预算管理的审计监督，提出如下基本改进建议。①

第一节　探索实施"党委审计委员会+国家审计"的预算监督模式

独立性是审计存在的基础，是审计之灵魂所在，而我国审计体制的行

---

① 谢柳芳：《国家审计与国家治理研究——基于完善国家预算制度视角的分析》，西南财经大学博士后研究报告，2017年，第94–102页。

政型特质难以保证国家审计完全的独立性，该审计体制在一定程度上阻碍了国家审计功能的发挥。该模式下的地方审计部门并未独立于政府机关，两者为隶属关系，在实际的审计监督中，可能会受到来自相关单位或个人的行政干扰甚至是行政干预，致使监督作用发挥受限（秦荣生，1995）。而行政干预轻则威胁到审计操作的权威客观性，带来国家审计结果的低信度、低效率和低质量，重则使得国家审计"名存实亡"，甚至沦为地区利益的保护伞。因此，有必要加强审计独立性建设，探索保证、提高和强化审计独立性的方式方法，积极推动国家审计制度的不断完善与革新，尝试实施"国家审计委员会+审计署"的预算监督模式（蔡春和蔡利，2012）。审计全覆盖的要求使审计范围超出了行政监督的范畴，法理基础上存在缺陷，而行政型审计体制对审计独立性有影响，可以借鉴监察体制改革的做法，建立国家审计委员会，增强审计独立性（董大胜，2018）。

我国目前的预算审计监督模式决定了其预算监督是一种"事后监督"，工作机理为预算草案经过相关部门法定程序批准开始实施后，审计监督才开始介入，主要的监督内容是对各级政府与部门执行预算的过程与结果的监督。例如，对预算收支及其他财政收支执行情况进行审计，对决算草案进行审签（该项内容在实际中并未得到经常性、实质性的展开），并不参与预算编制过程的监督，预算草案的审议监督由各级人民代表大会负责。然而，审议预算是一项对专业技术性要求较高的工作，预算涉及财务、金融、经济、会计、法律等专业领域，普通的人大代表并非具有专业技能的预算领域专家，甚至不能充分明白预算草案各方面反映的内容。同时，预算草案审议时间短，在人大会议召开之时，人大代表才拿到需要审议的预算执行情况报告和当年预算草案，在会议时间短、议程多、任务重的情形下，审议预算的时间非常有限，要详尽而保量保质地审议内容繁复、规模巨大的预算草案是不太可能的。此外，预算草案的审议缺乏辩论程序，人大会议期间并未安排时间让人大代表就预算草案进行辩论，且也没有相关法规对于人大代表提出预算草案审议意见的处理方式进行操作规范。预算草案的表决采用"一次性表决，一次性通过"的方式，如果有异议，处理

第七章 国家审计提升预算绩效、促进国家治理的基本策略

起来也不太现实。① 虽然，我国的人民代表大会内设"预算工作委员会"，其主要的职责是协助"财政经济委员会"审查预决算及预算执行的具体工作情况、起草有关预算的法律文件等，主要起辅助作用，但是"预算工作委员会"的人员编制仅十多人，无法胜任资金庞大、任务繁重的预算监管。2015年施行的《中华人民共和国预算法》规定"预算支出按功能分类到项，按经济性质分类到款"，要求编制非常详尽的预算方案，预算草案可能有厚厚的十几大本，十天左右的会期时间很难完成对预算草案的详细了解与审议工作，使其对预算编制的监督流于形式。全国人大代表无充分的时间熟悉和审议预算草案。因此在人大内部设立具有审计专业技术的专家组成的专门委员会对预算草案进行审查、提出对预算草案的咨询建议等是现代政治分工的必然。

2018年3月，国家机构进行全面改革，为强化党中央对审计工作的领导，增设了中共中央决策议事协调机构——中央审计委员会，其主要职责是：研究提出并组织实施在审计领域坚持党的领导、加强党的建设方针政策，审议审计监督重大政策和改革方案，审议年度中央预算执行和其他财政支出情况审计报告，审议决策审计监督其他重大事项等。2018年10月和11月，广东省、辽宁省和河南省先后成立省委审计委员会，作为省委议事协调机构，其办公室设在省审计厅，接受省委审计委员会的直接领导，负责处理委员会的日常工作。省委审计委员会的职能是落实加强党对审计工作的领导决策部署，促进构建集中统一、全面覆盖、权威高效的审计监督体系，以更好地发挥审计在党和国家监督体系中的重要作用。

借我国国家机构改革之机会，以强化公共资金收支预算的全过程监督与管理为目标，本书提出探索实施"党委审计委员会+国家审计"的预算监督模式，组织模式见图7-1。该模式在各级党委设立审计委员会，作为各级党委议事协调机构，办公室设在各级国家审计机关内部，以强化党对

---

① 刘慧：《预算监督与民主成长——全国人大预算监督制度的政治学分析》，复旦大学博士学位论文，2008年，第93-96页。

全国范围内审计工作的领导，此模式的基本思路为：首先，在中国共产党各级委员会内部设立审计委员会，其直接向各级党委负责并报告工作，审计委员会办公室设在各级审计机关内。其次，审计委员会主任由各级党委书记担任，副主任由各级行政首长担任，审计委员会办公室主任由具有丰富审计经验的各级审计长官担任。最后，各级审计委员会的预算监督职责主要涉及：对各级预算编制草案进行审查，从专业角度发表咨询建议意见，审计建议与预算草案一同提交各级人大，便于人大对预算草案进行审议与批准；审议审计监督重大政策和改革方案，审议年度预算执行和其他财政支出情况审计报告，审议决策审计监督其他重大事项等。此外，该审计监督模式，一方面，强化了党对审计工作的领导、关注审计监督的战略意识与顶层设计理念，符合我国特定国情；另一方面，国家预算的制定、执行、决算及绩效评价全过程管理在经各级审计委员会监督与专业评价后，将监督评价结果提交各级人民代表大会，有助于帮助人民群众对各级预算资金管理过程与结果进行有效审议，促进委托人对受托人的监督作用的发挥，推动民主政治的发展。这一预算监督模式提升了审计监督的层级，切实实现了对审计机关权威性及独立性的保证和提升，有效促进审计

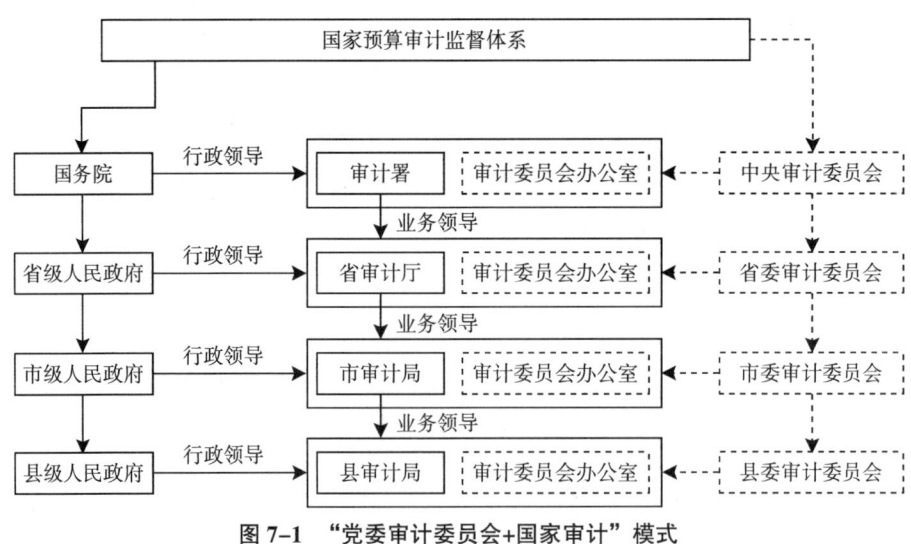

图 7-1 "党委审计委员会+国家审计"模式

第七章 国家审计提升预算绩效、促进国家治理的基本策略

监督之功能的发挥。

探索实施"党委审计委员会+国家审计"的预算监督模式，有助于强化对国家预算全过程的审计监控。国家审计会产生一定的威慑力，督促政府认真履行经济受托责任，充分利用公共资源和效率行使公共权力，在一定程度上可以减少官员的贪腐思想和行为，进而使政府的治理效率和效果得以加强，由此提升现代化治理体系的创立程度及治理能力的培育水平。所以，为了保证和推动政治经济可持续地稳定发展，要在改进审计监督机制的同时注意完善审计体制，以便更有力地推动"善治"战略目标的实现。

第二节 建立健全政府内部控制制度，探索实施政府内部控制审计

建立健全政府内部控制制度，实施政府内部控制审计，强化国家预算管理的系统全面性，促进国家预算制度的完善及国家治理目标的实现。预算是配置公共资源以实现目标的工具，预算管理是预算决策行为与公共资金管理行为的融合，是财政管理的核心和关键，决定着国家财政管理水平及管理成效，影响并制约着现代财政体制改革的有效展开。预算管理工作实践，往往存在机制体制方面的缺失与漏洞。例如，预算权力"碎片化"、预算收支控制弱、预算调整普遍存在、预算资金配置不当、预算支出使用效率不高等问题。再如，部分单位的预算管理透明度差，存在暗箱操作、越权操作、权力寻租、资金审批分配的自由裁量权过大等现象。分析原因，主要根源在于预算管理机制中缺乏有效完善的制度控制环境，风险评估及控制措施不当或缺失，信息沟通不畅，没有发挥监督应有作用，即缺少完善的预算管理内部控制体系。

2014年1月1日开始施行《行政事业单位内部控制规范（试行）》（以下简称《规范》）标志着我国政府部门的内部控制制度建设已经起步，为行

政事业单位的内部控制建设提供明确的规范指引。《规范》分为总则、风险评估和控制方法、单位层面内部控制、业务层面内部控制、评价与监督以及附则等。

各级财政部门是公共资金的核心管理机构，预算管理内部控制建设的有效性和完善性直接影响政府公共受托经济责任的履行状况、财政资金配置对国家政策的支持及社会经济的发展导向、公共资金配置效率及社会公民福祉等。国家预算包括预算编制、审批、执行以及监督的全过程，应该从预算管理部门内部监控视角出发，基于《行政事业单位内部控制规范（试行）》，借鉴COSO内部控制一体化框架与风险管理整合框架，将与政府预算管理有关的预算权力分配、预算资金的风险管理、预算资金控制活动以及内部监督等要素融于组织内部控制框架结构系统分析[①]，关注预算权力分配结构、预算资源配置模式、预算决策模式、预算管理制度等来设计风险模型和控制活动及内部监督，建立政府层面的预算管理内部控制体系，以促进预算管理各项目标的实现。此外，还可结合外部审计监督机制，对公共部门的内部控制（包含对预算管理及控制）的建立与健全情况进行评价并出具审计报告，以充分发挥内部监督与外部监督合力，促进预算资金配置的合法合规性、效率效果性。

第三节 完善预算执行情况审计，强化决算审计与预算绩效审计

2018年9月，《关于全面实施预算绩效管理的意见》提出加快建成全方位、全过程、全覆盖的预算绩效管理体系，要求"预算绩效管理要全面推

[①] 方玉红：《政府预算管理内部控制研究——基于地方财政部门视角》，中央财经大学博士学位论文，2015年，第111-113页。

第七章 国家审计提升预算绩效、促进国家治理的基本策略

进,将绩效理念和方法深度融入预算编制、执行、监督全过程,构建事前事中事后绩效管理闭环系统"。因此,必须强化预算执行审计与决算审计,以有效推进预算绩效管理改革。

一、完善预算执行审计、强化决算审计

2015年1月1日开始实施的《中华人民共和国预算法》对分税制改革过程中预算管理的相关经验进行了分析总结,基于这些经验进一步创新和发展预算管理,从深化财税改革的总体要求出发,对预算立法宗旨、预算审查、预算责任、预算公开、债务监管等部分进行调整。充分发挥对政府预算权力的控制作用和约束作用,监督政府支出,推进"权力运行的阳光化",促使国家社会资源的分配更加合理和规范。修订后的《中华人民共和国预算法》出台,对各级审计部门及审计职员是一次重大挑战,机关和个人需要充分调整迎合新的、更高层次的要求,尤其涉及预算软约束、实施全口径预算、提升预算审计透明度等方面。

(1)深化预算执行审计的内容。修订的《中华人民共和国预算法》规定,预算管理范围涉及全部政府收支,预算执行审计在我国财政监督中占有极为重要的地位,因而预算执行审计也应进一步深化审计内容。

首先,预算执行审计应加强预算编制完整性和细化程度的审计及整改情况的跟踪审计。修订后的《中华人民共和国预算法》将所有政府性收支均纳入预算管理,一方面为预算编制的完整性和细化性提供了一定的政策条件,另一方面也给预算编制的规范性提出了更高的要求。其次,加强对预算支出的刚性约束审计。修订后的《中华人民共和国预算法》第十三条明确指出"预算需经人大审核批准,一经确定,未通过法定程序,不可随意修改。在实际实施过程中,各级政府、有关部门和单位的所有支出均要严格按照已审核的预算开展,未含在预算之列的不能支取"。坚持所有支出项目以批准预算为执行依据的审计原则,着力审查预算单位是否按正确的预算项目和级次对资金进行支取,是否按规定的范围及用途对资金进行

支取，是否存在套取预算资金以及利益寻租等情况或是否存在易发生上述问题的漏洞。加强专项转移支付从设立到最后执行效果的全过程审计和政府债务的合法合规性审计。推动预算信息披露的审计，关注其是否遵循《中华人民共和国预算法》的规定，按时按量保质地向社会披露相关信息，并且保证公开的信息与实际相符，披露的方式是否考虑了公众的可获取性等，以提高预算信息披露质量。

（2）前移审计在各预算管理环节的介入时点。目前，我国预算审计依旧以事后审计为主，更多地发挥了揭示作用，预防作用发挥不足。例如，预算编制环节的审计目前包含了对预算编制完整性和细化程度的审计，也揭示了预算内容不全、未按政府收支分类来规范财政收支编制工作、细化程度不够导致预算后期随意调整等问题。但在实际解决预算编制不规范问题过程中，该种事后揭发性的审计发挥的实际作用非常有限，应通过前移审计在预算编制环节的介入时点，如被审单位编制预算时国家审计就开始介入，既可以为被审单位提供建议也可以促使其更为规范准确地编制预算。因此，逐步加强事前及事中审计，在审计资源的允许下考虑采用预算管理全流程跟踪审计，形成从预算编制、预算执行、预算调整、决算编制到绩效评价全过程的审计监督。

（3）创新预算执行审计方法。随着信息技术的发展，面对庞大繁杂的审计任务，预算执行审计应充分利用现代信息技术和大数据优势全面更新提升审计方法。一方面，预算执行审计可以通过"数据锚定"对海量的中央部门或者政府部门财务数据进行多维度、多层次分析，尝试建立全国统一的中央部门和各级政府部门的预算审计数据分析模型和评价标准体系，为实现审计全覆盖提供良好的数据基础；另一方面，预算审计机关可以根据数据分析结果制定合理的审计计划，科学地分配审计资源，引导审计组织方式创新，以提高审计效率。

（4）加强预算执行审计与其他类型审计及问责部门的协同。从审计实践看，我国政府审计机关正逐步加强预算审计与专项审计、预决算审计与经济责任审计等重要审计类型的有机结合，提高了预算执行审计效率，加

第七章 国家审计提升预算绩效、促进国家治理的基本策略

大了审计结果执行力度。应进一步尝试本级与下级预决算审计的融合方式,分析两类审计在内容要点、目的方法等各方面的异同,以统筹规划审计实施方案,包括进场时点、组织方式、人员分配等,从审查预算收支情况的合法合规性、客观绩效性出发,坚持收支同重、处置与反馈同重、分析与监控同重,以深化预算执行的审计工作。

现今审计机关拥有的处理处罚权仍然有限,与问责部门实现协同是实现审计目标的重要手段。修订后的《中华人民共和国预算法》中第九十二条仅规定"各级政府及有关部门有下列行为之一的,责令改正,对负有直接责任的主管人员和其他直接责任人员追究行政责任",却没有说明责任的大小及处罚的轻重,在审计实务中缺乏可操作性。然而,对负有直接责任的主管人员和其他直接责任人员依法审计,实质上是对领导干部在掌管政府财政资金及本单位财政收支活动中履行其所承担的经济责任施行的审计行为,其中,对预算执行的审计是经济责任履行情况审计的重要考核内容,加强预算执行审计成果在经济责任审计中的运用,有利于提高预算执行审计的威慑力和权威性,对于规范财政资金使用、加强预算管理等目标的实现有重要意义。

(5) 强化决算审计。按现行制度要求,财政决算的形成轨迹为"财政部门编制《决算草案》—审计机关审签—政府根据审计结果调整修正《决算草案》—正式的《决算草案》提交人民代表大会审批"。对于人大监督而言,由于经常出现决算编制匆忙完成便提交人大会议审批的情况,加之受限于人大会议的时间短,可能造成人大代表并不能真正深入细致地分析决算草案便做出表决的情况,对决算的监督容易流于形式。对于审计监督而言,各级审计机关应该对本级年度决算草案进行审签之后提交政府,然而,决算编制出来的时间太晚,通常仅给审计留余十多天的时间,无法在决算草案提交人大之前完成审计工作,一方面,致使决算审计结果对当年的决算草案并无影响,另一方面,人大对决算草案的审批并未得到专业审计的建议,决算审计发挥的作用非常有限。决算是预算执行结果的体现,需要按预算所列科目编制,并一一罗列预算数、预算调整或变更数、预算

实际执行数等，对变动较大的项目还需单独说明，决算是预算管理非常重要的环节，关系到预算资金配置的合理性、规范性、效果与效率性，因此，应该强化决算审计，保障预算管理的行之有效。例如，2017年，重庆市审计局的"中央转移支付"达到全额的1/3，反映出来的问题较多，加之对重大政策执行情况跟踪审计的推进，将决算审计推到极为关键的地位，预算执行的结果实际在一定程度上体现了政策执行的效果，因此，重庆市审计局开始关注决算审计，积极摸索加强决算审计的方式方法。

二、完善与强化预算绩效审计

绩效审计是一种有效的控制机制，对推动涵盖绩效责任、环境责任及社会责任的经济受托责任的充分行使具有重要的积极作用，绩效审计的内容与范围均发生了极大的扩展和延伸。其中，效益责任主要涵盖节约责任、效果效率责任；环境责任主要涉及环境保护及管理责任。

应建立中国特色的绩效审计模式，将绩效审计与财务收支真实、合法审计，环境审计及社会责任审计相结合，融合投资报酬率与利润目标，推动绩效审计模式向综合目标导向发展，将涉及运用社会资源的公共部门履职活动限定在既定的法律法规范围之内。建立健全绩效管理制度，全面推进政府绩效审计主要有以下四点。

（1）以绩效目标为导向，建立全方位、多层次、全过程绩效预算审计体系。审计机关应从绩效目标出发，探索科学合理的方式方法来指导绩效审计评价工作。同时贯彻中共中央办公厅、国务院办公厅《关于完善审计制度若干重大问题的框架意见》的要求，将公共部门受托经济责任所涉及的全部可支配公共资金归属于国家审计之中，全面全程监控财政资金的使用情况、分配情况和管理情况，发现和查处各单位各环节存在的或潜在的不当行为。促进预算法的革新、完善和发展，使全口径预算体系尽快尽早地形成及实施，实现全部预算外资金圈定于预算体系之中。前移审计介入点，加强对编制预算环节的审计监督力度，确保公共资金的安排优先满足

第七章 国家审计提升预算绩效、促进国家治理的基本策略

攸关国计民生的领域需要。扩大预算审计监控范围,强化预算资金安排、分配、运用与评价等环节的全流程全方位的审计监督。

（2）建立与完善科学的绩效评价体系。绩效评价指标体系的建立要基于完整性、调和性与持续性原则,要充分体现出国家经济、公民社会和个人方面的调和一致,不能过度追求和强调经济指标;要公平兼顾,充分糅合定量与定性指标,特别是选择经济指标时,尤其需要考虑社会经济是否具有可持续的发展能力。

审计机关应完善预算绩效审计的相关法律法规,明确界定预算绩效的审计主体、客体、对象、内容、程序方法等,详细规范预算绩效审计的施行标准、评价依据、处理方式及报告规则等,使得绩效审计有法可依。充分利用大数据背景下的信息资源,将全部财政信息系统纳入评价范围,汇总绩效审计成果,搭建大数据平台并完成审计数据资源体系建设。有阶段有步骤地实施审计"全覆盖",做到所有财政资金绩效被"无缝隙、无盲点"评价,以推进审计效率和质量双提升。

（3）构建绩效监控体系。绩效管理思路下需要建立健全绩效监控体系。绩效监控体系下的所有行为活动均应以绩效目标为基础进行。国家审计要充分发挥宏观管理优势、利用自身主导地位,积极运用内部审计及社会审计资源,建立以国家审计为核心、融合社会审计力量与内部审计力量的绩效监控机制。审计部门应积极完善制度法规,打通公民参与式预算的路径,将公众导入预算监控体系,鼓励公众主动参与预算审计各流程,参与确立审计目标、制定审计方案、收集审计信息、落实审计技术以及反馈审计意见等环节[①],广泛听取不同利益方的各种建议和意见,采取座谈会、听证会、实地调研、媒体网络等方式,为公众有效参与公共预算审计搭建平台、提供路径。

（4）建立绩效责任追究机制。绩效管理的实现有赖于绩效责任的追

---

① 赵鲁光:《国家审计推动完善国家治理的路径——基于公共预算的视角》,《经济研究参考》2013 年第 11 期。

究，绩效责任追究机制的构建需要明确两点：一是明确绩效责任各方主体的权力与责任；二是设置公正客观、合理科学的绩效评价机制。同时，注意完善预算审计结果的公告制度，在满足国家保密原则的基础上，向公众及时充分披露有关公共资金使用情况，有效发挥公众的监督作用，推动预算信息的公开化、民主化及透明化进程。

以转变方式方法为助力，提升审计整改实效。打破以往偏重于被审计单位提报情况书面材料的惯例。例如，2016年，在审计整改工作中，变"被动接受"为"主动出击"，整改通知发出后，及时采取电话回访、座谈等形式，加大对整改材料完整性的跟踪督查力度，首次实施对重要整改证据的核查和实地走访落实，确保了证明性材料齐全、证据真实可靠、整改切实到位，整改质量明显高于往年，在切实落实审计意见方面的整改成效凸显。

第四节　强化预算审计结果公告制度，促进预算审计结果的利用

预算审计结果公告是国家审计实现其工作效果的重要方式。例如，英国审计署对审计结果只有建议权，没有处理权。审计建议没有强制性，但审计署需将报告提交议会并公开发布，通过该方式推进审计建议的落实。完善预算审计结果公告制度对于提高预算审计质量有重要意义，结合我国制度背景，具体可以从以下两方面着手：

（1）建立螺旋持续穿行式审计整改报告制度。审计建议和结果的整改落实是审计发挥治理效应的重要路径。加拿大、美国等发达国家，国家审计尤其是公共政策审计，十分强调审计结果的整改跟踪，形成"审计、改进、再审计、再改进"的螺旋持续穿行式程序。具体而言，对于前一次审计建议，如果在本次审计中全部或部分未被采纳，审计机关将参照实际情

第七章 国家审计提升预算绩效、促进国家治理的基本策略

况在新的审计报告或者审计建议中继续提出，并对被审单位未接受建议而产生的消极后果做出再评价；相反，如果被审单位良好地落实了审计报告或者审计建议，则审计机关也会在新的报告中指出被审单位已经采取的措施和做出的改进。这种逐步推进、螺旋上升式的审计整改落实模式能够大大提高审计结果的运用程度，为国家审计在国家治理机制中发挥作用提供重要保障。

（2）建立审计项目产品化制度、健全审计产品的公开制度。审计计划和审计过程的透明化是国家审计提高审计效率、保障审计质量的重要举措，也是预算审计服务国家治理的重要形式。国家审计机关可以在官方网站或者通过部分专业媒体向公众披露未来（如1年）预算项目的审计计划，公众可以获取相关信息，从而吸引其参与到预算审计的各环节中。具体可以采取先在公开渠道公布预算计划信息，给公众一个反应期，同时可邀请部分重点单位进行座谈，多渠道收集整理公众的意见建议，最终依据国家相关法律法规，考虑项目的重要性和公众关注度，确定年度预算执行审计项目计划。同时，考虑到国家审计力量的限制和审计全覆盖的新要求，可以将一些重要或者关注度较高且长期存在的项目列入滚动审计计划，制定相关的审计计划，在未来的几年中实现全覆盖。

关于审计过程的公开，美国政府问责署（GAO）的做法值得借鉴。GAO每年向国会提供多种审计产品，主要包括审计报告、审计建议、审计证词等，这些文件都会在官方网站进行公布。此外，在GAO的网站上也会公开除涉及商业秘密以及隐私之外的所有审计评估结果，包括审计评估过程，这有利于处于信息劣势的公民及媒体及时掌握政策执行信息，有效参与政府治理；审计建议的采纳情况是政策审计评估效用的直接体现，不仅披露了建议整改进程和执行差异，也陈述了利益相关方的意见和建议。

总而言之，现行的预算审计存在着建设性作用没有充分发挥、绩效审计并未真正开展等问题，致使预算审计的监督并未达到预期效果。因此，需要采取相应策略，推进预算审计的改革，包括：预算审计周期应覆盖预算管理全过程，预算审计方法应向制度性审计发展，预算审计内容应向绩

效审计转型，预算审计结果处理应与预算考核相结合等，努力使预算审计的范围从结果扩展到全局，职能从整改转变为建设，标准从合规转变为绩效，处理从简单低调转变为重视高效等。通过改革与推动预算审计，建立现代预算体系，以完善预算制度、强化预算绩效管理、促进国家实现善治良治。

第八章 民生审计与预算绩效

2018年9月发布的《中共中央 国务院关于全面实施预算绩效管理的意见》要求，严格落实各项减税降费政策，严禁脱离实际制定增长目标，严禁虚收空转、收取过头税费，严禁超出限额举借政府债务。各级政府预算支出要统筹兼顾、突出重点、量力而行，着力支持国家重大发展战略和重点领域改革，提高保障和改善民生水平，同时不得设定过高民生标准和擅自扩大保障范围，确保财政资源高效配置，增强财政的可持续性。

2019年6月26日公布的《国务院关于2018年度中央预算执行和其他财政收支的审计工作报告》指出，社会民生得到持续改善，发展成果惠及的群众范围更广。例如，及时出台稳就业举措，中央就业补助资金支出增长6.8%，城镇新增就业1361万人；实施企业职工基本养老保险基金中央调剂制度，建立城乡居民基础养老金正常调整与基本养老保险待遇确定机制；跨省定点医疗机构已实现县级行政区全覆盖。然而，有关民生审计也揭示出目前仍然存在的各种问题，例如：就业补助资金和失业保险基金审计发现，还存在民生资金和民生项目管理不严格欠规范的问题，被骗取套取或挤占挪用资金5572.66万元，发放不符合条件贷款或补贴3.3亿元，闲置超过2年就业补助资金7.9亿元。基本养老保险基金审计发现，16个省份没有实现统一信息系统和数据省级集中存放；存在占用财政资金、贷款等方式筹集发放养老金，涉及金额133.57亿元；未参加养老保险或未及时缴纳保费2201.53万元；不符合条件违规发放养老金2.99亿元。医疗保险基金审计发现，医保监管能力建设较为滞后，存在虚开药品处方、骗取医保基金等问题。惠农补贴资金审计发现，惠农补贴散碎交叉情况较严重,还存在发放救助类等补贴时擅自降低标准、搞平均主义等现象。为此,审计署提出了进一步优化财政支出结构,加大对民生、扶贫、污染防治、创新创业等重点领域的支持力度,以切实提高财政资源配置效率的建议。

可见,完善与强化民生审计也是全面实施预算绩效管理、改进预算支出结构、优化预算资金配置效率的重要途径,应聚焦打好"三大攻坚战",着力推动供给侧结构性改革和"三去一降一补"任务落实,深入推进党风廉政建设和反腐败斗争,促进经济社会持续健康发展。

第一节 民生审计的特点

民生审计是指审计机关以维护国家和社会安定和谐为目标,把对那些与人民群众利益最为密切的公共资金使用效益情况进行的监督作为国家和审计部门生存和发展的生命线,着重对那些与广大人民群众生产、生活和劳动力再生产密切相关领域的公共资金管理使用情况进行监督和鉴证的行为。民生审计具有阶段性、综合性和服务性的特征。

(1)阶段性。民生涉及一个国家经济、社会、政治、文化、生态等多个方面,在财力有限的情况下,政府很难面面俱到。因此,政府在履行其保障民生职能时,必须考虑经济社会发展现阶段财政的保障能力,统筹兼顾短期和长期利益,设计科学合理的民生保障体系,设定适宜的保障标准。正因为如此,在不同的时期,民生保障的基本内容和关注重点都有所不同,民生审计的内容也随之变化,具有明显的时代特征和阶段性。

(2)综合性。作为民生审计的审计对象,民生问题涉及广泛,民生需求具有多层次、多种类的特点,这就决定了民生审计的高度综合性,包括了教育、就业、社会保障、医疗卫生、保障性住房、环境保护等多方面内容,涉及财政、财务、社会管理、人口、生态环境、建设工程等多个学科领域。

（3）服务性。主要体现在两方面：一是有效推动国家治理。通过民生审计，推进国家社会保障体系的建设，推进民生资金分配、管理和使用，促进公共资源的优化配置和政府管理效能的提升，促进国家治理体系的健全完善。二是切实维护人民群众基本利益。通过民生审计，进一步加大了对涉及民生的重点领域、重点部门、重点资金和重点项目的监管，为各种惠民政策措施的全面贯彻落实提供了有力保障，促进政府增强公共服务意识和公共服务能力，为最广大人民根本利益的实现提供了保障。

第二节 保障房建设资金审计

受中国传统思想的影响，自古以来房产便被当成安身立命之所。《汉书·元帝纪》有言："安土重迁，黎民之性；骨肉相附，人情所愿也。"即有房子才有依托，生活才有最基本的保障，房产是家的前提，家是幸福的源泉。《续资治通鉴长编》也有"富者有弥望之田，贫者无立锥之地"之言，即有无田地房产象征着一个人的社会地位，直接表明其财富情况和所属阶级。而保障性住房是政府为中低收入住房困难家庭所提供的限定标准、限定价格或租金的住房，改善城市低收入居民的居住条件，解决的是重要的民生问题，大力加强保障性住房建设力度，进一步改善人民群众的居住条件，对于促进房地产市场健康发展、促进社会和谐稳定具有重要意义。因此，本节主要从保障房建设资金审计监督角度，分析民生审计对促进预算绩效管理的途径。

1. 保障房建设资金审计的含义

保障房是社会保障体系的重要组成部分，是国家对低收入家庭的一种补贴，有利于保障二次分配的公平性和提高低收入家庭的生活水平。保障房的主要分类有经济适用房、廉租房、公共租赁房、定向安置房等。我国保障房建设始于20世纪90年代的住房体制改革，国务院2008年下发的《国务院办公厅关于促进房地产市场健康发展的若干意见》中提出要加大保障房建设力度。"十一五"期间，我国的住房保障制度初步成型。"十二五"规划中提出3600万套保障房的建设目标，以期在"十二五"末基本解决城镇低收入家庭住房困难问题。随着保障性住房建设规模的迅速扩大，保障房建设资金的筹集、使用和监管受到广泛关注，保障房建设基金审计也成为国家审计机关一项重要的工作内容。

据统计，要完成"十二五"规划提出的保障房建设目标，一共需要约4.7亿万元的资金投入，因此，保障房资金的来源非常广泛，主要包括中央和地方政府资金、土地出让收入、住房公积金增值收益、地方融资平台、保障房出租出售的回收资金等。复杂的资金来源增加了保障房建设资金筹资管理的难度，存在资金未按规定拨付、使用或管理等问题；对保障房建设资金使用管理也较为混乱，存在未足额提取或安排保障性安居工程资金未完全落实相关政策、建设招标过程不透明、虚报工程造价等问题。例如，2016年，陕西省审计厅公布的审计报告指出："截至2015年12月底，商洛市城市建设投资开发有限公司发行的15亿元保障房建设专项债券，城投公司按规定用途支付市惠民小区等5个项目债券资金1.7亿元，其余13.3亿元资金（占总资金的88.67%）未按照国家发改委批复的用途使用，而是用于城市基础设施建设项目。"

"十三五"规划（2016~2020年）指出："今后五年，要在已经确定的全面建成小康社会目标要求的基础上，努力实现新的目标，其一是人民生活水平和质量普遍提高，就业比较充分，就业、教育、文化、社保、医疗、住房等公共服务体系更加健全，基本公共服务均等化水平稳步提高。"为实现"十三五"规划中的经济社会发展目标，必须坚持创新发展，着力提高发展质量和效益，推进以人为核心的新型城镇化，深化住房制度改革，加大城镇棚户区和城乡危房改造力度。

审计署组织全国地方各级审计机关，对31个省、自治区、直辖市和新疆生产建设兵团2018年的各类保障性住房、棚户区改造以及农村危房改造等安居工程计划、投资、建设、分配、运营,以及配套基础设施的建设等情况进行了审计,并于2019年6月26日发布了"2018年保障性安居工程跟踪审计结果"。这已是审计署连续第七年审计保障房建设情况,却发现仍然存在套取挪用和骗取侵占专项资金、不符合条件家庭违规享受住房保障待遇、未依法履行招投标程序、基本建设手续不完善等问题。审计报告显示:493个项目扩大范围将园区开发、城市建设带来的拆迁安置和土地征收等纳入棚改;203.32亿元棚改项目融资用于其他项目或出借;656个项目的3.91万亩土地手续不全、闲置或被挪用;328个项目未享受税费减免或多支付融资中介费19.8亿元;754.68亿元资金未及时安排使用或分配不细化,85.44亿元资金被套取挪用;24.47万套公租房基本建成后超过1年仍未达到交付使用条件或空置未用;4.42万套住房存在违规分配、未及时腾退或销售转租等问题。

2019年5月20日,住房和城乡建设部办公厅发布《住建部关于组织开展全国建筑市场和工程质量安全监督执法检查的通知》,安置住房和保障性住房是检查重点,本次检查围绕建筑市场和工程质量安全及建筑节能两方面展开,检查分两批,时间分别为2019年5月和2019年9月。国家对保障性住房改革日渐深化,对保障性住房资金的使用绩效也日益重视、对该专项资金的监管日渐趋严。因此,为规范保障房建设资金的管理,提高建设资金的使用效率,应加强对保障房建设资金的审计监督。

2. 保障房建设资金审计存在的问题

(1)缺乏审计法律基础。发达国家政府通过一系列法律制度、财税制度和金融制度,引导金融机构通过金融市场共同参与保障房资金的供给和运作。而我国现行的保障房建设政策均是以规范性文件发布的,虽有一定的约束力,但尚未形成完善的制度体系,也不具有法律制度约束。我国保障房建设资金审计缺乏统一的法律基础,没有统一的住房保障标准、范围、方式,审计证据收集困难。各地政府与审计机关自行制定的政策不具有普遍性和法律约束力,保障房建设资金管理的权力与责任没有明确划分,造成各地保障房建设资金管理混乱。审计机关对于保障房建设资金能不能审，应该采用何种方式审计均没有统一的行为标准和法律依据，各地政府和审计机关各行其是，审计监督效果大打折扣。

（2）审计评价体系不健全。从审计署公布的保障性安居工程审计结果公告可以看出，我国审计机关着重审计保障房建设资金使用是否被套取挪用、工程建设过程是否合法合规、税费减免和金融支持优惠是否到位、保障房资源分配是否合规等，而对于建设资金的使用效率和效果缺乏有效合理的评价指标。随着我国保障房建设规模的跨越式增长，部分保障房项目成为了地方政府的"政绩工程"，项目建设与实际需求不符、违背经济发展规律，导致保障房空置率高、质量问题突出，只有建立健全审计评价体系，对保障房建设资金进行绩效审计，才能实现对保障房建设资金使用的效率性和效果性的有效监督。

（3）审计涉及部门多，追责困难。实施保障房政策涉及社会保障部门、各级财政部门、民政部门、中国人民银行、工商部门等多个部门，保障房政策处于多头管理的局面，权责划分不明确，审计问责对象不明确。由于工作涉及多个部门，审计人员需要耗费大量的时间来收集和整合数据，增加了审计工作的成本。

（4）审计要点多，审计风险大。保障房建设往往涉及资金筹集、工程招投标、资金拨付、土地供应、工程建设、住房分配使用等多个环节，保障房建设具有周期长、建设资金投入大、惠及城镇居民多等特点，因此保障房资金审计工作的重要性和复杂性并存，审计风险大。

（5）屡审屡犯问题严重，责任追究机制不完善。在审计署历年来公布的保障性安居工程审计结果公告中，审计机关发现问题重复率很高，主要包括：专项资金被套取挪用、工程建设管理监督不够严格、税费减免和金融支持优惠不到位、住房保障资源分配使用不合规等。在公告审计发现的问题中，也仅公告了审计发现问题的审计对象、所发现的主要问题以及初步整改情况，未披露责任人以及对责任人的追究措施。

（6）审计力量不足，审计人员素质亟待提高。近年来，随着我国对于国家审计的重视程度大大提高，国家审计机关的工作量大幅提高、工作范围大大拓展，但保障房建设资金审计受人员编制、审计经费等因素的制约，审计力量严重不足，且保障房建设项目又具有多样性、复杂性、长期性和社会性特征，使得保障房建设资金审计工作所要求的审计内容丰富、审计频率高、需要耗用审计资源多，更凸显了审计力量不足的问题。此外，由于保障房建设资金审计工作涉及金融、建筑、法律等多个领域的专业知识，因此对审计人员的综合素养提出了更高的要求。

3. 完善保障房建设资金审计的建议

（1）加快住房保障立法，完善制度建设。在我国大力提倡依法治国的背景下，依法审计是开展审计工作的基本要求。住房保障制度是社会保障制度的重要组成部分，完善住房保障立法有利于推动我国社会保障制度的发展，《住房保障法》于2008年11月被列入第十一届全国人大常委会五年立法规划，由住房和城乡建设部住房保障司负责该法的起草工作，但截至目前，我国仍未出台专门的住房保障法。除完善住房保障立法之外，还应完善配套的财税政策、金融政策、土地政策等，建立健全住房保障制度。

（2）完善保障房资金绩效审计评价体系，将项目跟踪审计和绩效审计相结合。目前，对保障性住房建设项目的审计主要采用跟踪审计的方式进行，缺乏对资金使用效率的监督和评价。为满足经济性、效率性、效果性、公平性和环境性的审计目标，应将绩效审计和跟踪审计相结合。我国已初步建立了财政绩效审计评价指标和方法体系，但这套指标体系仍不完善，在审计实践中，应构建专门针对保障房建设资金的绩效审计评价体系，评价体系应包括评价目标、评价内容、评价指标与含义以及评价模型等。

在对保障房建设项目进行项目跟踪审计时，可将审计关口前移，将建设项目的造价审计纳入国家审计机关的审计范围，重点关注项目的立项批报程序、资金筹集与使用、工程招投标、项目竣工验收等环节。此外，应对保障房资金管理进行绩效审计，对保障房项目资金筹集、分配、使用和回收四个阶段的资金管理情况做出审计评价。将项目跟踪审计与绩效审计相结合，有利于提高财政资金的使用效率，提高保障房建设质量，完善我国的住房保障体系。

（3）建立统一的保障房建设数据平台。资格审核是保障房项目管理与审计工作的一个重点和难点，由于之前各部门之间的信息不共享，保障房管理部门在审核申请者资格时，难以获得准确全面的收入与财产信息，造成住房保障资源的分配使用不合理。通过建立统一的保障房建设数据平台，可以有效整合各部门的信息资源，迅速而全面地掌握资格申请者的财产与收入信息，提高管理工作的效率，加强各部门之间信息的交流与沟通，减少重复性的工作，也可以降低审计机关审计数据收集的成本。数据平台建设还将每个保障房项目及其详细信息纳入系统、追踪每一笔资金、建立退出管理机制和黑名单库，从而提高管理工作和审计工作的效率。

（4）扩充审计力量，加强审计人员的培养。审计力量不足与审计人员专业素养难以满足保障房项目审计的需要，是阻碍国家审计机关对保障房资金采取有效的审计监督的一大障碍。国家审计机关要针对审计人员专业结构和工作分工，制订合理的培训计划，对于保障房审计过程中出现的跨专业、跨领域问题组织审计人员进行交流讨论，分析其原因并及时研究对策，同时吸纳各领域尤其是具有工程建造、信息技术等专业背景的人才加入审计人员的队伍。此外，还应积极整合现有审计资源，加强审计人员的专业培养，全面提高审计人员的业务能力以适应保障房资金审计的要求。

（5）强化审计结果公告，推行审计结果问责。审计结果公告是政府披露审计结果信息的载体，社会公众对审计结果拥有知情权，保障房建设资金审计的结果公告将审计工作的成果向社会公开，接受社会监督，提高了保障房建设资金管理和审计的公开性和透明性，增强了审计监督的权威性。每年审计署在《保障性安居工程跟踪审计结果》中公告了对保障房建设资金审计的审计结果，包括政策实施的基本情况和主要成效以及审计发现的主要问题及初步整改情况。大力推行审计结果问责制。通过问责制的建立，使审计查出问题有负责对象，审计成果得以真正体现。

（6）引入其他审计主体，将部分审计业务外包。近年来，审计机关积极探索创新的审计组织形式，大量的实践表明，社会审计的技术方法和审计人员业务能力以及综合素养均处于较优水平，能够胜任国家审计机关的审计工作，在保证信息安全的情况下，将部分非核心的保障房建设资金审计业务外包给社会审计机构，或者聘任临时专职人员，不仅有利于提高审计工作的效率、节约审计资源，同时也有利于解决审计力量不足、专业技术人员短缺的问题，有利于实现审计监督的全覆盖。除了引入社会审计力量外，还可以通过建立健全保障房资金的内部审计制度来规避保障房资金风险、保障资金安全，发挥保障房资金规模效应，加强保障房资金预算的绩效管理，提高保障房资金的使用效率。

第九章 经济责任审计与预算绩效

2018年9月《中共中央 国务院关于全面实施预算绩效管理的意见》（以下简称《意见》）要求加强绩效管理工作考核：各级政府要将预算绩效结果纳入政府绩效和干部政绩考核体系，作为领导干部选拔任用、公务员考核的重要参考，充分调动各地区各部门履职尽责和干事创业的积极性；各级财政部门负责对本级部门和预算单位、下级财政部门预算绩效管理工作情况进行考核；建立考核结果通报制度，对工作成效明显的地区和部门给予表彰，对工作推进不力的进行约谈并责令限期整改。为贯彻落实《意见》，财政部发布的《关于贯彻落实〈中共中央 国务院关于全面实施预算绩效管理的意见〉的通知》（财预〔2018〕167号文）强调要硬化预算绩效责任约束：财政部门要会同审计部门加强预算绩效监督管理，重点对资金使用绩效自评结果的真实性和准确性进行复核，必要时可以组织开展再评价；对绩效监控、绩效评估评价结果弄虚作假，或预算执行与绩效目标严重背离的部门、单位及其责任人要提请有关部门进行追责问责。

受托经济责任乃现代会计、审计之魂，受托经济责任关系的存在是审计产生、发展的首要前提（蔡春，1998）。最高审计机关亚洲组织（ASOSAI）在《东京宣言》里提到，公共受托经济责任意指管理公共资源的个人或当局报告资源管理情况和说明其履行所承担的财务、经营和计划责任的义务。随着政府支出规模的扩大、公民参与政治的愿望加强以及资源配置的要求等，公共受托经济责任的行为责任不断拓展，与行为责任相匹配，报告责任也在不断拓展。经济责任审计对象为依法属于审计机关、审计监督对象的国家机关和其他单位的主要负责人，经济责任审计主要是针对党政主要领导干部和国有企业领导人员履行经济责任情况的审计。经济责任审计是现代审计理论与方法相结合并具有中国特色的审计实践产生的一种制度创新，是现代审计制度在中国实现的一种创新。

经济责任审计[①]的内容有着与其他审计本质的区别，如针对领导干部个人行为，就这一点而言，经济责任审计就可以实现公共经济权力监控（包括公共预算权力），实现腐败治理（公共预算权力滥用），实现政府问责（领导干部责任）。基于此，本章从完善与强化经济责任审计角度，探讨与分析其推进预算绩效管理改革、提升国家治理能力与水平的实现路径。

第一节　经济责任审计与预算绩效的关系

一、经济责任审计的含义

经济责任审计是对经济责任关系主体的经济责任履行情况所进行的评价、鉴证与监督活动（姜彦秋，1999），若将经济责任审计限定在任期内，并界定被审计方构成，那么经济责任审计则是审计主体接受指令或委托，对行政机关、企事业单位的主要负责人在任职期间遵纪守法及履行经济职责状况的评价监督活动（刘炎，2000；崔孟修，2007）。经济责任审计特指审计机关或其他审计组织，接受干部管理部门的委托，依据国家法律法规和有关政策，审计领导干部任职期间所在部门与单位财政、财务收支的合法性、真实性、效益性以及领导干部本人对有关经济活动应当负有的责任，进行独立的评价、监督和鉴证活动（于保和和张相洲，2002；刘颖斐和余玉苗，2007；阮滢，2008）。综上，经济责任审计实质上就是一种评

---

① 本书的"经济责任审计"特指领导干部经济责任审计。

价、监督活动,其来自委托方(组织或人事)的委托,是受托方(审计机关或相关部门)即审计主体对领导干部的受托经济责任的评价,以达到监督目的。

1999年5月24日,中共中央办公厅、国务院办公厅发布了《县级以下党政领导干部任期经济责任审计暂行规定》和《国有企业及国有控股企业领导人员任期经济责任审计暂行规定》(以下简称中办国办两个规定),指出:"领导干部任期经济责任指,领导干部在任职期间对其所在部门、单位的财政收支、财务收支真实性、合法性和效益性,以及有关经济活动应当负有的责任,包括主管责任和直接责任。"2010年10月12日,发布的《党政主要领导干部和国有企业领导人员经济责任审计规定》第四条对经济责任进行重新界定:"本规定所称经济责任,是指领导干部在任职期间因其所任职务,依法对本地区、本部门(系统)、本单位的财政收支、财务收支以及有关经济活动应当履行的职责、义务。"2019年7月15日,中共中央办公厅、国务院办公厅发布了修订的《党政主要领导干部和国有企事业单位主要领导人员经济责任审计规定》,并于2019年7月7日起施行,规定中的第一章第三条对经济责任又重新进行了界定:"本规定所称经济责任,是指领导干部在任职期间,对其管辖范围内贯彻执行党和国家经济方针政策、决策部署,推动经济和社会事业发展,管理公共资金、国有资产、国有资源,防控重大经济风险等有关经济活动应当履行的职责。"换言之,领导干部经济责任审计作为特殊的审计类型,其本质也是一种经济控制,是为了保证经济责任审计对象即领导干部在变化着的外部条件下和内部环境中能够全面有效地履行人民赋予的经济责任,一旦受托经济责任审计对象的行为发生了偏离,经济责任审计就要对其进行复原,或者引导审计对象的行为使其完成预定的目标。结合受托经济责任观,领导干部经济责任的重点与落脚点在责任人,相应地,领导干部经济责任审计的重点与落脚点在负有相关责任的领导干部,其应当履行委托人赋予的目标经济责任,因此,领导干部经济责任审计本质上是确保作为责任人的领导干部全面有效履行目标经济责任的一种特殊的经济控制。

二、经济责任审计的功能

美国政府问责署（GAO）的主要目的是将联邦政府行为向社会公众说明，包括政府受托资源管理是否符合相关的法律法规、是否恰当，政府项目建设是否达到目标并获得使社会大众满意的结果；政府服务是否符合经济性、效率性、效果性的要求等；这一点在2007年发布的政府责任审计准则中也有所体现。加拿大总审计长公署（OAG）的职责在于审计联邦政府运作过程，并向国会提供独立的信息、建议及认证服务，以保证政府承担应有的公共受托经济责任。意大利审计法院（CAI）的职责在于通过事前及事后审计方式审计国家预算管理和公共资金状况，以提出评价意见并向议会报告。Chennai（2004）指出，审计产生的要求之一是保证权力使用能有效地向社会提供合法服务，这也积极影响了公共服务机构和行使权力的官员。作为中国特色的经济监督制度，领导干部经济责任审计是现代审计制度在中国的一种创新。加强对党政领导干部的经济责任审计，对于促进公共资金合法合规使用，惩治和预防腐败，落实问责制度，建立责任政府，服务国家治理有着重大而深远的意义。从监督公共预算资金、服务国家治理角度来看，领导干部经济责任审计的功能主要包括监督功能、鉴证功能、评价功能、拓展功能。

（1）监督功能。自1999年开始实行党政领导干部经济责任审计以来，主要从财政、财务收支出发，关注领导干部执行国家经济政策情况、财政财务收支情况，国有资产管理、使用和保值增值情况，部门经济管理状况，领导干部遵纪守法及个人廉洁自律情况，取得了重要成效。但仍然存在审计手段落后、人员素质不高、审计评价标准尚不健全等问题，经济责任审计的审计方法强化了"监督"功能，但却忽视了效益评价功能。监督功能主要以真实性、合规性、合法性及保全性为目标，对于完善党政领导干部经济责任制度，促进领导干部增强法律意识、责任意识、廉洁从政意识，提高执政能力与管理水平发挥着积极的作用。监督功能是党政领导干部经济责任审计的基本目标,随着环境的变化,仅限于此已经不能满足现代社会对党政领导干部所受托经济责任考评的要求,也与现阶段政治、经济体制改革不相匹配。陈波(2005)认为,经济责任审计监督是经济监督和行政监督的有机结合。

(2)鉴证功能。鉴证业务是指注册会计师对鉴证对象信息提出结论,以增强除责任方之外的预期使用者对鉴证对象信息信任程度的业务。经济责任审计的鉴证功能主要体现在财政或财务等预算资金收支的真实性方面,其与财务报表审计之间的差异是财务收支鉴证的程度不同。

(3)评价功能。经济责任审计评价是审计主体根据法律法规,结合事实认定,客观公正、实事求是地评价领导干部履职状况的活动。经济责任审计评价方法包括纵向和横向的业绩比较、定量与定性相结合等。经济责任审计评价应当重点关注经济、社会、事业发展的质量、效益和可持续性,关注与领导干部履行经济责任有关的管理和决策等活动的经济效益、社会效益和环境效益,关注任期内举借债务、自然资源资产管理、环境保护、民生改善、科技创新等重要事项,关注领导干部应承担直接责任等方面。

(4)拓展功能。领导干部经济责任审计除了具有监督、鉴证、评价等基本功能外,也具有拓展的功能。在分析经济责任审计的拓展功能之前,需要对经济责任审计功能拓展的内在依据进行说明。杨时展(1983)认为,审计因受托经济的发生而发生,又因受托责任的发展而发展。现代审计功能拓展最终都源于受托经济责任的加强。随着政治经济的发展和社会的进步,受托经济责任的内涵与外延也在不断拓展。与此相适应,作为确保受托经济责任全面有效履行的审计活动在内容与形式上也要不断创新与发展,这又促使现代经济责任审计功能的不断拓展。《党政主要领导干部和国有企业领导人员经济责任审计规定实施细则》指出,决战全面建成小康社会背景下,社会对经济责任审计功能的期望越来越高,促使领导干部增强遵纪守法意识和自我约束能力,正确行使党和人民赋予的权力,推动从机制上、源头上预防和治理腐败,加强党风廉政建设、加强领导干部管理和监督,使党内监督制度更加完善,监督手段更加有效,有利于推进党的建设以及促进社会主义法制建设和国家治理现代化体系构建。因此,除了传统的审计功能外,经济责任审计还具有权力制约、国家治理等拓展功能。

三、经济责任审计与预算绩效的关联性

2014年7月27日,中央纪委机关、中央组织部、中央编办、监察部、人力资源和社会保障部、审计署、国资委联合印发《党政主要领导干部和国有企业领导人员经济责任审计规定实施细则》,要求领导干部经济责任审计重点关注经济、社会、事业发展的质量、效益和可持续性,关注与领导干部履行经济责任有关的管理及决策等活动的经济效益、社会效益和环境效益,突出任期内举借债务、自然资源资产管理、环境保护、民生改善、科技创新等重要事项,关注领导干部应承担直接责任的问题。行政"不作为""乱作为""慢作为""笨作为"等,已经成为某些地方政府和行政部门执政能力建设过程中的痼疾。"不作为"即该做不做,"乱作为"即不按章法规矩乱做,"慢作为"即慢条斯理磨洋工、效率低,"笨作为"即作为不得法、劳而无功。政府依法行政要求公共部门在行权履职时,必须"合法行政、合理行政、程序正当、高效便民、诚实守信、权责统一",行政履职过程中的"不作为""乱作为""慢作为""笨作为"等行为,都不符合政府依法行政的具体要求。

经济责任审计是一项具有中国特色的经济监督制度,从审计署2010~2014年度绩效审计报告中可以看出,2010年对33名领导干部进行经济责任审计(13位部长、6位省长、4位副省级城市市长和10家中央企业领导人员);2011年审计35名领导干部;2012~2014年分别审计31名、29名、26名领导干部(地方省级领导干部6人、6人、3人,中央部门领导干部8人、8人、7人,高校校长4人、3人、0人;中央企业领导人员10人、9人、14人,金融机构领导人员3人、3人、2人)。同时,2011~2014年分别对审计系统11名、11名、11名、8名司(局)级领导干部进

第九章 经济责任审计与预算绩效

行了经济责任审计。审计中,着重检查了领导干部经济责任履行情况,把财政绩效、债务管理、民生改善、环境治理、生态效益、节能减排、科技创新、廉政建设等作为审计的重要内容和评价的重要方面,切实推动追责问责。可见,对领导干部经济责任进行审计,促使一批重特大案件得以揭露查处;全国审计机关得以及时发现和揭露经济社会发展各个领域中出现的矛盾和问题并提出政策建议,为深化改革、促进机制体制完善发挥了重要作用;审计机关积极开展民生项目和社会保障资金审计,较好地维护了人民群众切身利益,促进了民主政治的发展;通过对财政资金使用过程与结果的审计,促进预算绩效的管理。因此,国家治理水平与能力、绩效政府的建设和发展,与领导干部经济责任审计的实行及推进有着密切的联系。

在政治经济改革向纵深发展的时代背景下,领导干部经济责任审计与预算绩效管理存在着密切关联性,领导干部经济责任审计是完善预算绩效管理、促进国家治理的重要手段与方式,领导干部经济责任通过优化经济责任审计权限、拓展经济责任审计内容、创新经济责任审计模式及完善经济责任审计公告等方式提升预算绩效、推进国家治理。

(1)优化经济责任审计权限。经济责任审计权限一方面表现为经济责任审计的实施权;另一方面表现为经济责任审计的处理、处罚权。对于第一种情况,特别是对经济责任审计过程中发现的问题进行延伸审计时,要保证渠道畅通、不受干扰。对于第二种情况,当前的权限设置主要是针对财务收支,而对于其他经济问题主要是移送相关部门。在事实认定明确的情况下,可以适当赋予经济责任审计的处理、处罚权,特别要保证审计决定的有效执行。经济责任审计重点关注重大经济决策情况,政府重大项目决策等,而在具体实施经济责任审计过程中,审计人员对责任人决策过程的合理性审查也是为了更好地完善预算绩效管理体系。

(2)拓展经济责任审计内容。经济责任审计的本质目标在于保证和促进领导干部公共受托经济责任的全面有效履行。《党政主要领导干部和国有企业领导人员经济责任审计规定实施细则》中对具体的审计内容进行了界定,但是经济责任审计的关键是将审计内容与领导干部所承担的责任有效

· 169 ·

地结合起来。如在"权力清单"制度下,现有的审计内容是否能很好地体现权力运行的全过程,社会责任的履行是否需要关注,居民精神和文化是否改善等。经济责任审计内容的拓展,有利于领导干部的合理评价,有利于为全面客观评价履职效应提供基础。

(3) 创新经济责任审计模式。同其他审计模式不同的是,经济责任审计的对象以"人"为主,以"事"为辅。在开展经济责任审计中,包括了任中经济责任审计和离任经济责任审计两种类型,主要采用的是专项审计方式。为了更好地实现经济责任审计效果,四川推行了"经济责任审计+"模式,即经济责任审计与部门预算执行、财政决算、宏观政策措施跟踪审计和债务审计调查等有机结合,推进经济责任审计监督全覆盖。另外,经济责任审计还可以同绩效审计、战略审计、社会责任审计等相结合。在审计方式上,经济责任审计可以采用"轮审制",以提高经济责任审计的地位。

(4) 完善经济责任审计公告。席晟和倪巍洲(2006)认为,法律制度体系、社会环境和人文环境、审计机关自身能力建设会影响审计结果公告制度的实施效果。目前,对于领导干部经济责任审计报告的公告,《党政主要领导干部和国有企业领导人员经济责任审计规定实施细则》指出"按照有关规定,在一定范围内通报审计结果,或者以适当方式向社会公告审计结果"。但是,从实际情况来看,领导干部经济责任审计报告对外公告比较少。也就是说,尚未实现对领导干部经济责任审计结果的社会监督。因此,需要创新经济责任审计公告,与社会监督形成合力。具体来说,第一,明确领导干部经济责任审计结果公告对象,从而缓解利益相关者与被审计对象之间的信息不对称;第二,优化审计结果公告制度环境,合理处理领导干部经济责任审计的社会负面影响;第三,恰当披露领导干部经济责任审计发现的问题,从而有利于社会对经济责任审计报告的正确解读。

第九章 经济责任审计与预算绩效

第二节 经济责任审计提升预算绩效的路径分析

经济责任审计通过制约和监督公共权力，实现推进预算绩效管理、促进国家治理水平的提高，具体而言，经济责任审计可以通过监控政府部门主要领导人履职过程中公共经济权力的使用、监督预防公共活动中的腐败行为以及强化政府问责三条路径来实现其预算治理功能。

一、经济责任审计与公共预算权力监控

审计基本理论认为，受托经济责任是审计产生与发展的根本动因。审计必须为完善组织治理结构（机制）服务，国家审计必须为完善国家治理结构（机制）服务，促进国家治理效率的提升，此乃公共受托经济责任拓展的必然要求。经济责任审计发挥其治理功能，主要通过对党政领导干部任职期间的经济责任履行情况进行审计，这样可以强化对公共权力运行的监督和制约，减少和防止权力寻租和腐败行为的发生，保障公共权力在阳光下运行。同时，经济责任审计与行政问责机制相结合，可以减少政府官员的"庸政""懒政"行为，不断提升国家治理水平。通过经济责任的审计结果公告，可以提高公民的知情权，减少政府与公民之间的信息不对称，强化社会监督。

一方面，经济责任审计对权力进行监督是进一步健全我国权力监督机制的现实需要，经济责任审计是对权力进行监督的长效机制。在监督体系建设中重要的一条是要把监督的"关口"前移，确立权力监督的长效机制。另一方面，其他监督只有与审计监督配合，才能充分发挥作用。如果仅依靠纪检、监察、组织人事部等部门进行监督，由于缺乏专业的技术手段，很难全面监督经济预算权力，只有将审计、纪检、监察、司法等部门

的监督力量联合起来,才能更好地实施公共预算权力监督。由于经济责任审计的范围主要针对领导干部,即权力部门负责人,因此,可以更好地从宏观角度提出改进制度和完善政策的建议,通过政策和制度的完善,实施对权力的监督。领导干部经济责任审计的特点之一是针对个人行为的审计,而在具体的公务履职过程中,领导干部的行为起着重要的示范作用。因此,领导干部经济责任审计抓住了行政决策与履职中的一个重要核心——"人"之因素的影响,所有公共活动的决策与执行带有"人"的主观性,因此其与执行结果、效果密不可分。

(1) 完善公共预算权力监控机制

在中国,从1983年国家审计署成立以来,国家审计在权力监督中发挥的作用越来越大。从经济层面上看,国家审计可以强化政府依法行政,有效使用公共财政资金,抑制贪污浪费、行贿受贿等腐败行为的产生;从政治层面上看,国家审计可以提高政府行政规范、公共预算权力使用合法,预防权力滥用;从社会层面上看,国家审计通过监督、规范公共财政的使用状况,可以提高政府公信力,维护社会稳定。总的来说,通过国家审计可以加强对权力的监督和制约,在主观上能够促使政府合法、有效地行使公共预算权力;在客观上能够提高行政行为的科学性、经济性、有效性和公正性。

与公共预算权力制约及监督系统中的其他监督形式相比,审计监督具有特殊性。当前,公共经济权力的滥用或异化表现为腐败,因此,对公共预算权力制约与监督的重要任务就是预防腐败和惩治腐败。审计手段和审计方法的独特性使审计监督在经济案件的核查中有着重要或不可替代的作用,如通过领导干部任期经济责任审计,直接对公共预算权力的行为人进行监督与评价,可以从源头上防止公共预算权力的滥用。从社会发展史来看,经济越发展审计监督就越重要。御史监察之中,御史直接由皇帝指挥,在政治上督察百官的奸逆,经济上弹举百官赃罪,司法上明察大案。另外,国外的审计监督与政治监督、法律监督也存在密切的关系,比如由立法机构的审计机关和行政机构的审计机关组成的美国政府审计机构,拥

第九章 经济责任审计与预算绩效

有司法权的法国审计法院和拥有行政监察权的韩国监察院等。

对于公共预算权力需要审计监控机制，而经济责任审计是公共预算权力监控的重要组成部分。通过经济责任审计，可以完善公共预算权力的运行体系，防止公共预算权力运行异化，促进权力阳光运行。

（2）完善公共预算权力运行体系

党的十七大报告指出，"完善制约和监督机制……重点加强对领导干部特别是主要领导干部、人财物管理使用、关键岗位的监督，健全质询、问责、经济责任审计、引咎辞职、罢免等制度"。而2006年修订的《中华人民共和国审计法》也明确指出，"审计机关按照国家有关规定，对国家机关和依法属于审计机关审计监督对象的其他单位的主要负责人……应负经济责任的履行情况，进行审计监督"。受托经济责任与经济权力是对称的，因此，审计对预算权力进行控制是全面有效履行受托经济责任的内在要求。而经济责任审计是专门从事领导干部经济责任监督的一项特殊的审计活动或行为，是加强领导干部监督和管理的重要手段，其目的就是确保领导干部合理有效运用被赋予的权力，全面有效履行应承担的公共受托经济责任。国家机关、事业单位和国有企业领导干部履行受托经济责任的过程，实际上就是经济权力（包括预算权力）运行的过程；经济责任审计实质上就是对其权力运用情况的监督和制约。通过对领导干部任期内应承担的经济合规责任、经济安全责任、绩效责任、社会发展责任、环境治理责任、自然资源责任、公平责任、内部控制责任等责任的履行情况进行科学合理的审计评价，能够客观、公正地对领导干部的职责履行状况做出评价。经济责任审计人员可以发现领导干部管理过程中存在的问题，通过深入分析制度性原因，寻找权力运行中的漏洞，并在经济责任审计报告中揭露出来，完善被审计部门的各项规章制度，进一步理顺权力运行的障碍，从而防止公共预算权力异化为牟取私利的工具，更好地预防和惩治腐败行为。经济责任的履行情况向社会公众予以公告，可以借助社会监督的力量，进一步对领导干部的预算权力予以监督和制约。

2013年11月12日，十八届三中全会《中共中央关于全面深化改革若干重大问题的决定》指出，推行地方各级政府及其工作部门权力清单制度，依法公开权力运行流程；推行政府权力清单制度，坚决消除权力设租寻租空间。权力清单制度下，经济责任审计的权力制约更明确，提出的建议和对策将更有针对性，有利于更好地完善权力运行体系。基于此，经济责任审计将重点关注权力运行的关键环节，权力运行的关键部门，权力运行的关键对象，权力运行的关键岗位等，防止权力运行偏移。

（3）防止公共预算权力运行异化

强化对公共预算权力的监督，防止公共预算权力运行异化，对于促进社会主义政治制度的自我完善与发展，实现我国特色社会主义具有十分积极的促进作用。"十二五"规划提出，建立健全决策权、执行权、监督权既相互制约又相互协调的权力结构和运行机制，积极推进政务公开和经济责任审计，加强对权力运行的制约和监督。"十三五"规划则强调，加强法治政府建设，依法设定权力、行使权力、制约权力、监督权力，依法调控和治理经济，推行综合执法，把政府活动全面纳入法制轨道。2007年6月25日，时任总书记胡锦涛在中央党校省部级干部进修班发表重要讲话，强调各级党委要充分认识反腐败斗争的长期性、艰巨性、复杂性，坚持标本兼治、综合治理、惩防并举、注重预防的方针，建立健全教育、制度、监督并重的惩治和预防腐败体系，更加注重治本，更加注重预防，更加注重制度建设，加强领导干部廉洁自律工作，坚决查办违纪违法案件。法令行则国治，法令弛则国乱。全面建成小康社会进入决胜阶段，全面深化改革进入攻坚期，人民群众对法治政府的要求越来越高。2014年10月，习近平总书记就《中共中央关于全面推进依法治国若干重大问题的决定》起草情况向党的十八届四中全会做说明时，便指出："各级政府必须坚持在党的领导下、在法治轨道上开展工作，加快建设职能科学、权责法定、执法严明、公开公正、廉洁高效、守法诚信的法治政府。"法治政府的核心内涵是依法行政，确保权力行使不恣意任性，不发生公共经济权力的异化。然而，随着经济社会的发展、改革开放进程的不断推进，政府对市场经济的干预却依然存在，而领导干部掌握着分配公共资源的经济权力，面

第九章 经济责任审计与预算绩效

临着被权力腐蚀的危险。

公共预算权力运行的风险即为公共预算权力的错配，即公共预算权力异化。公共预算权力的异化主要有两种形式，一种是公共预算权力的私有化；另一种是公共预算权力的缺位。第一种是以权谋私，如损害公共利益为个人或亲人谋取利益；第二种是权力的交叉或不明确，如多部门干预，不作为等。无论公共预算权力的异化形式如何，解决的方法之一都是对公共预算权力的制约，使公共预算权力显现人民属性。阿克顿勋爵提出："权力导致腐败，绝对的权力导致绝对的腐败；要防止权力滥用，就必须对权力进行约束。"

审计的基本功能在于监督，而经济责任审计对权力的监督就是通过对责任人的职责履行的监督来体现的。审计监督作为一种手段，在促进国家经济建设、治理经济环境、维护经济秩序等一系列经济活动中，对严肃财经法纪、维护国有财产安全具有重要作用。经济责任审计主要是监督领导干部在管理、决策、执行等方面的经济责任，实质是对领导干部权力滥用、权力腐败的监督，特别是在公共财政资金、公共决策等方面。腐败是权力异化的表现形式之一，经济责任审计通过对广大领导干部遵守有关廉洁从政规定情况的审计和评价，可以配合纪检部门的审查，有助于警示、预防和惩处腐败行为，有助于深入开展党风廉政建设。

经济责任审计之所以能够防止公共预算权力的异化，是因为经济责任审计被赋予一定的权力，这也是审计权力制衡公共预算权力的一种方式，但前提是需要保障审计权力的权威性。矫正和防止权力异化是"依法治国"的需要，经济责任审计对公共权力的监督是法治政府的必然。2014年10月，《国务院关于加强审计工作的意见》指出，要发挥审计促进国家重大决策部署落实的保障作用，促进公共资金安全高效使用，强调"要看好公共资金，严防贪污、浪费等违法违规行为，确保公共资金安全，把绩效理念贯穿审计工作始终，加强预算执行和其他财政收支审计，密切关注财政资金的存量和增量，促进减少财政资金沉淀，盘活存量资金，推动财政资金合理配置、高效使用，把钱用在刀刃上"；强化审计的监督作用，强调"深化领导干部经济责任审计,着力检查领导干部守法、守纪、守规、尽责情况,促进各级领导干部主动作为、有效作为,切实履职尽责,依法依纪反映不作为、慢作为、乱作为问题,促进健全责任追究和问责机制"。2015年12月,中共中央办公厅、国务院办公厅印发了《关于完善审计制度若干重大问题的框架意见》及与之配套的《关于实行审计全覆盖的实施意见》等三个文件,提出通过加强审计资源统筹整合和创新审计技术方法,依法全面履行审计监督职责,对公共资金、国有资产、国有资源和领导干部履行经济责任情况实行审计全覆盖。领导干部经济责任审计全覆盖,主要检查领导干部贯彻执行党和国家经济方针政策、决策部署情况,遵守有关法律法规和财经纪律情况,本地区、本部门、本单位发展规划和政策措施制定、执行情况及效果,重大决策和内部控制制度的执行情况及效果,本人遵守党风廉政建设有关规定情况等,以促进领导干部守法、守纪、守规、尽责;根据领导干部的岗位性质、履行经济责任的重要程度、管理资金资产资源规模等因素,确定重点审计对象和审计周期;坚持任中审计和离任审计相结合,经济责任审计与财政审计、金融审计、企业审计、资源环境审计、涉外审计等相结合。相关制度规定的出台,为经济责任审计提供了法律支撑,并保障了经济责任审计的权威性和有效性。

(4) 促进公共预算权力阳光运行

为保证公共预算权力运行的公开和透明,党的十八届三中全会《中共中央关于全面深化改革若干重大问题的决定》强调:"坚持用制度管权管事管人,让人民监督权力,让权力在阳光下运行,是把权力关进制度笼子的根本之策。必须构建决策科学、执行坚决、监督有力的权力运行体系,健全惩治和预防腐败体系,建设廉洁政治,努力实现干部清正、政府清廉、政治清明。"而经济责任审计是对权力运行的审计,是国家审计在内容上的拓展,是国家审计的现实需求。

经济责任审计有利于完善决策机制。决策机制的完善是决策有效性的前提,也是权力阳光运行的保障,因为决策正确才能实现权力阳光运行。决策权往往集中在领导干部层面,因此,权力监督是对领导干部的决策权进行监督。经济责任审计通过对领导干部任期内决策的关注，提出相应的对策，有助于强化决策的科学性、民主性、有效性，而且对策的提出也是对决策进行纠错的过程。

权力公开不仅是在内部公开，还要在社会范围内公开，接受社会群众的监督。2007年的《中华人民共和国政府信息公开条例》，十八大要求的党务、政务和财务公开是权力公开的现实需求。经济责任审计可以发现领导干部在经济责任履行中存在的问题，与信息公开的对比，可以完善权力公开的机制，进一步明确权力公开的内容、范围、形式、载体和时间，提高权力运行的透明度和公信力。法治建设需要不断提高政府的透明度，建设责任型政府，广泛接受群众监督，不断加大政府政务公开的力度。经济责任审计结果公告制度一方面可以推进政务公开，另一方面也可以让人民群众更好地监督政府行为，以强化社会监督、形成监督合力。

经济责任审计关注领导干部重大决策部署的贯彻落实情况，如宏观调控、节能减排和环境保护、耕地保护和节约用地等政策措施落实，这是领导干部权力运行的集中体现。另外，经济责任审计关注领导干部的廉政情况，而廉政建设的完善可以达到权力明晰，权力运行规范有序，那么权力运行的轨迹、责任、流程、制度、风险都将置于阳光下。

二、经济责任审计、腐败治理与预算绩效

经济责任审计对公共预算权力监控的重要功能是防止公共预算权力运行的异化，也就是权力滥用而导致的腐败，从而优化预算管理机制、提升公共资源配置效率。无论是从经济责任审计的内容，还是领导干部经济责任的本质，其对腐败治理的作用不容忽视。

1. 腐败的成因和类型

（1）腐败的成因

腐败是指权力主体为了谋取个人利益，不恰当地利用公共权威的一种社会现象，腐败现象根源于公共预算权力的出现，是公共预算权力异化的

产物。关于腐败的成因，可以从信息不对称、现有制度特征、寻租行为以及社会文化心理四个角度进行分析。

第一，信息不对称。

传统经济学认为，信息是完全对称的，但在现实中，信息不对称的现象表现为代理人具有信息优势。政府部门的工作人员是社会公众的代理人，其本质上代表了社会公众的根本利益。而在理性经济人的假设下，个体应追求利益的最大化，而政府人员恰恰相反。因此，追求自身利益最大化的政府人员会扭曲决策，腐败行为就会发生。

公共预算权力运行的信息不够公开，缺乏透明性，为腐败发生提供可能性的同时，也使腐败行为具有了一定的隐蔽性。首先，公共预算权力运行过程的细节尚未公开，虽然权力清单的公布弥补了这一缺陷，但无法证实公共预算权力相关资料的真实性、完整性、准确性。当存在信息不对称时，相关利益集团或个人为了获得内幕信息，就可能触犯法律，如贿赂政府官员。其次，当政府工作人员自身自律性较差时，其利用对权力运行信息的掌握，就可能在损害其他社会公众利益的情况下进行暗箱操作。因此，信息不对称是腐败行为发生的原因之一。

第二，制度因素。

制度是随着社会的发展而发展的，其本身并不是一成不变的，因此制度在执行中就可能存在一定缺陷，也可以说制度的软约束为腐败行为创造了条件，是导致腐败的重要因素之一。

制度设计缺陷。首先，制度的设计是由少数人完成的，制度设计的过程本身不可能是完美的；其次，制度设计主体在主观上难以保持绝对的不偏不倚，制度的设计体现了某种程度的个人利益偏好。在该情况下，个人利益与公共利益会出现冲突，腐败动机很可能成为影响制度安排的重要因素，使得制度可能在起始的设计阶段就存在先天性缺陷。

制度变迁缺陷及制度软约束。制度是多方利益进行博弈达到均衡的产物，由于社会和经济条件的不断变化以及新事物的不断涌现，利益关系不会一成不变。一方面，制度的改革或者变迁不是短时间内完成的，而是一个艰难、渐进的过程。制度变迁是指"制度创立、变更及随着时间变化而被打破"。其中时间上的延滞和衔接上的不够吻合使得制度难免会出现漏洞，这些漏洞为腐败提供了机会，使得意志不够坚定的人萌生腐败的想法。另一方面，制度变迁具有路径依赖的特征。制度层面的缺陷为腐败的发生提供了可能性，为腐败行为人选择侥幸行为提供了路径，这是腐败成因中的条件性因素。

第三，寻租行为。

"寻租"是指人为地制造出某种物品或资源短缺的情形，从而造成获得相应资源需要支付额外租金的一种经济行为。寻租行为是一种在既得社会经济利益的基础上，某些个体或者小团体利用某些手段追求个人利益的社会现象。在现代市场经济条件下，各国政府在干预经济和加强宏观管理中，常常利用行政的和法律的手段进行高级的寻租活动，以维护其既得利益或进行既得利益的再分配。①

寻租是非生产领域的权力活动，事实上，官员的腐败就是一个发生在政治市场上的交易行为。常常发生的情形有：为维护垄断地位，设法使政府采取保护政策限制其他竞争者进入市场；通过种种手段，诱使政府给予特殊优惠政策，税负的减免或者经济补贴，从而获得特殊利益；通过政府定价、政府订货、许可证或类似准许的发布进行价格管制及市场管制等。寻租的表现形式具有多样性，达到的效果均是在既得利益的基础上通过再分配，以损害多数人利益为代价，使少部分人获得特殊利益。因此，寻租行为的普遍存在是造成腐败的另一个重要诱因。

第四，社会文化心理。

社会文化心理是社会心理、人文观念、思想意识、文化心态的总和。与腐败形成关联密切的社会文化心理如社会文化失范、腐败社会认同和人情裙带观念等②，成为腐败形成的心理条件和文化环境。

---

① 杨青：《政府失灵与政府寻租——兼论腐败产生的经济根源》，《党风与廉政》1996年第8期。
② 赵立波：《论腐败的类型与根源》，《理论学刊》1997年第1期。

一方面，由于社会中的讲情面、重义气、礼尚往来，当人情与法理出现冲突时，以人情为重，还是以法理为重，是每个当权者必须权衡的问题。亲情、人情对公权领域的渗透必然导致公共权力的扭曲①，许多官员重人情大于法理而以权谋私，跌入腐败的深渊。另一方面，公众维权意识差，权力意识薄弱，主动参与政治监督的情形较少。由于社会环境的影响，公众也习惯采用"走后门""搭便车"的方式解决问题。人情裙带关系的存在、单个公民"走捷径"的思想倾向等社会文化心理导致了腐败的滋生、蔓延。社会文化心理中不合时宜的部分是腐败发生的温床，是腐败成因中的环境性因素。

（2）腐败的类型

学术界普遍认同腐败是一种利用公共预算权力牟取私人利益的社会现象，是破坏公共预算权力体制、影响社会公平正义、有损公众利益的行为。不同的历史发展阶段，社会环境不同，腐败的类型、特点、表现形式均存在不同；即使处在同一发展阶段，不同的国家或地区之间的腐败也存在很多差异。对腐败的具体分类方式，学术界有着不同观点。

第一，根据腐败的表现形式及特点划分。

不同的腐败行为在表现形式及特点上具有区别，据此，可以将腐败分为传统腐败和非传统腐败。传统腐败又可以根据出发点和危害程度的不同，划分为单纯腐败和人情腐败。

单纯腐败，指利用职权单纯为牟取私利所进行的传统腐败方式，该方式在世界各国都较为普遍，单纯腐败的特征是民众熟知、存续时间长、易于辨别、腐败方式简单等。此类腐败广泛存在、目的单纯，主要出于利己考虑铤而走险。单纯腐败表现为官员单纯地凭借职权为己牟利，如贪污挪用、买官卖官等；也有的与他人直接或间接进行权、利、欲等交易。单纯腐败可以是一次性发生，也可以是多次发生的。单纯腐败交易明码标价、直截了当、收益较快，因此在过去，此类腐败发生较多，当然也最易被识

---

① 审计署科研所课题组：《论国家审计对权力的监督》，《审计研究》2003年第5期。

破,随着反腐水平提高、力度加大,倾向采用其他更隐蔽的腐败方式。

人情腐败,指在有限程度内人们认为理所应当的,出于人情给予亲友力所能及的各方面便利以及收受他人好处的传统腐败。人情腐败古往今来普遍存在,区别于单纯腐败,它是出于人情的容易被社会理解的有限腐败。人情腐败最大的特点是浸透着传统价值观和浓厚的人情味,人情腐败的一种表现是凭借职权为亲朋谋取适当而有限的"福利",如利用官场资源帮助亲友入职、升学、承接工程等,其另一种表现是受官员职权影响的人,为获得官员照顾或为避害给官员请客送礼。

非传统腐败。非传统腐败是在社会转型和重拳反腐的新环境下产生的,官员利用制度和法律漏洞,采取隐蔽手段规避风险、逃避打击进行的腐败。一方面,我国正处在社会转型期,政治、经济、体制都在发生着深刻变革,制度上的不完善和衔接上的不匹配,客观上为某些官员提供了腐败机会。另一方面,随着我国法规制度的完善,党和国家反腐力度的加大,反腐局势使官员有所收敛、有所顾忌。在新的环境条件下,企图腐败的官员不得不转向新的、更隐蔽的非传统手段,包装腐败行为以转移群众视线、逃避反腐制裁。

第二,根据腐败与社会制度的关系划分。

赵立波(1997)认为要对腐败进行分类,首先必须建立能够准确描述各类腐败基本特征的客观标准,这些标准由腐败与社会制度的联系、社会对腐败的接受(忍受)程度及腐败的表现(公开化程度)组成,其中腐败与社会制度的联系是基础,其他两条均由其决定,是其具体化之后的标准。根据以上三条标准,腐败可分为制度性腐败、机制性腐败与运作性腐败三种基本类型。

制度性腐败是指由于制度原因导致的腐败现象。事实上,制度性腐败根源于社会基本政治经济制度,这类腐败之所以能够在一定的制度下滋生并蔓延,是因为这类行为利用了制度的漏洞、缺陷,甚至主观上干涉了制度的最初设计。这类腐败与社会基本制度高度相关,从另一个角度讲,它受到制度有形或无形的保护;对腐败进行斗争与遏制的力量得不到制度的保护与激励，便助长了腐败广泛蔓延的势头。由于社会观念实际上不排斥甚至接受了这种行为，制度性腐败以半公开甚至公开的方式出现。

机制性腐败源于经济社会大环境下的管理体系，植根于经济及行政管理体系等经济权力运作的具体机制，由于此类腐败主要集中在某些管理机制的缺陷上，如果该问题得不到根本解决，社会文化心理便"随波逐流"在一定程度上认同机制性腐败的存在。社会经济管理体系中存在的某些缺陷为机制性腐败的发生提供了机会，例如，垂直型管理模式中上级对下级的直接管控关系，在某些公共部门内部控制机制不完善、存在重大缺陷时，公共权力使用的内部制衡受到弱化，为个别公职人员腐败提供机会；由机构林立、分工细密、运行复杂及文牍主义造成的神秘性，使得一些基层部门人为设置、增加索贿环节成为可能，这些管理漏洞都为腐败的发生提供了机会。

为降低行政成本，提高行政管理效率，改革开放以来，中国进行了8次国务院政府机构改革，国务院组成部门由1982年的100个削减为2018年的26个。通过精简机构、减少管理层次、优化管理机制、提升管理人员的素质与能力、强化公共部门的社会管理与公共服务职能等管理体系改革，改进行政管理机制中存在的问题及缺陷，完善了社会经济管理机制，为有效防范机制性腐败发挥了重要的作用。

运作性腐败指个人利用权力运作过程中的某些疏漏形成的机会而进行的以权谋私的腐败行为。运作性腐败具有明显的投机性与个体性，与制度性、机制性因素没有明显的或直接的联系，并且多在暗中进行。虽然这种腐败的存在范围较小，但由于这种行为游离于制度体系之外，得不到制度与机制的有形支持或无形支持，反而容易遭到统治阶级及整个社会特别强烈的谴责与反对。运作性腐败存在的直接基础是约束权力运作的法律机制与道德机制不够完善，间接基础是个人私欲，因此，运作性腐败存在于权力运作的各个过程、各个环节之中。

2. 经济责任审计、腐败治理与预算绩效的关系

最高审计机关国际组织（INTOSAI）认为，腐败是全世界人民面临的

第九章 经济责任审计与预算绩效

普遍问题，它对一个国家的法律秩序、公共财政、脱贫工作、社会保障、社会稳定、经济发展等诸多方面产生了重大的影响。公共预算权力的异化就表现为腐败，它是运用公共预算权力牟取私人利益的过程，出现了公共预算权力的异化就意味着预算资源配置的非合理非效率。因此，为预防腐败，一种方法是利用权力制约权力，监督权力运行，确保权力始终在阳光下运行，可以最大限度地减少各种违规问题，可以在源头上防止腐败，避免预算管理的非效率行为。经济责任审计可以发挥治理腐败的功能，从而推进公共资金的绩效管理，这是由经济责任审计的本质决定的。因为，通过实施经济责任审计，可以发现领导干部经济责任履行过程中是否存在越权、缺位或权力滥用的行为。

经济责任审计可以预防腐败，为了提高经济责任审计防治腐败的治理效果，应当结合2010年10月中共中央办公厅、国务院办公厅印发的《党政主要领导干部和国有企业领导人员经济责任审计规定》，合理选择被审计对象，加强经济责任审计力量，加大查处力度，进一步提高经济责任审计在防治腐败方面的效果。从审计制度的角度，经济责任审计在反映领导干部经济责任履行的同时，又增强了领导干部的廉政意识，有效预防领导干部腐败行为。根据2014年7月发布的《党政主要领导干部和国有企业领导人员经济责任审计规定实施细则》，经济责任审计结果应当作为干部考核、任免和奖惩的重要依据，有助于领导干部减少腐败行为，并重视领导干部经济责任审计行为。

经济责任审计可以揭露腐败行为。在腐败揭露方面，2003~2007年经济责任审计查处的违规金额增长了34.7%；从审计署审计情况统计结果来看，2008~2010年分别对34389人、32977人、10205人进行经济责任审计，112名、103名、8名领导干部和387名、308名、60名其他人员的问题被移送司法、纪检监察机关处理。腐败行为与财政资金使用有关，而经济责任审计重点审核财政管理，以及财政收支的真实、合法、效益情况；政府投资和以政府投资为主的重大项目的研究、决策及建设管理等情况也是审计的重点领域。另外，当前的腐败呈现隐蔽化、规模化、复杂化的特点，对经济责任审计提出了挑战，对经济责任审计反腐败能力和技术水平提出更高的要求。

经济责任审计可以强化腐败的惩处。由于腐败治理并不能仅依靠经济责任审计，它与社会监督、媒体监督、行政监督、司法监督、民主监督等共同组成了腐败治理体系。而且在腐败治理方面，经济责任审计并无实质性的处理处罚权力。腐败的惩处一方面是惩处效率；另一方面是惩处效果。在惩处效率方面，经济责任审计可以凭借专业能力，及时发现领导干部中存在的腐败问题，通过移送司法机关可以为司法部门节约时间，提高效率；在惩处效果方面，经济责任审计弥补了腐败治理中的不足，且经济责任审计公告与腐败曝光可以相互补充。

3. 经济责任审计实现腐败治理的方式

随着社会主义市场经济体制的建立和不断完善，国家审计对公共预算权力的监督将进一步加强。国家审计应根据经济形势的变迁，不断强化对公共预算权力的监督。经济责任审计一方面可以通过强化腐败预防与惩治风险防控体系来达到腐败治理的目的；另一方面可以通过实施腐败治理导向的经济责任审计来实现腐败治理。

（1）强化腐败预防与惩治风险防控体系。通过实施经济责任审计来达到治理腐败的目的，首先，树立经济责任审计的权力监督观念。要坚持把权力监督的思想落实到整个审计过程的始终，因为腐败的主要表现是权力异化。其次，强化经济责任落实到相关责任人。在经济责任审计过程中，主要是从经济项目入手，以实际经济活动为载体，判断所发现的问题线索，以评价实际经济责任人。与传统审计不同的是，经济责任审计直接评价责任人在经济活动中可能存在的缺陷，经济责任审计的实质是有效地将权力责任人与公共财政资金的支配权、行使权和管理权相联系，可以有效地发现腐败线索。特别地，经济责任审计以监督经济预算权力为主，而经济责任审计调查的灵活运用可以提高审计质量。为提高经济责任审计效果，应该将发现的问题与制度完善相结合，综合分析审计问题，从宏观环境的体制、机制等方面提出建议。

（2）实施腐败治理导向的经济责任审计。干部清正、政府清廉、政治清明是法治精神（法治国家、法治政府、法治社会）的要求，是治理腐败的体现，是经济责任审计的重点。腐败治理导向的经济责任审计是审计机关在审计工作的审计计划、审计实施和审计报告三个阶段中，以识别腐败风险为导向，确定经济责任审计的重点和内容，从而查找相应的腐败证据。传统的经济责任审计侧重于审查领导干部的违法、违规、决策行为，而腐败治理导向的经济责任审计侧重于发现领导干部的腐败行为。腐败治理导向的经济责任审计是法治精神下的现实选择，是实现腐败治理的重要手段。

腐败治理导向的经济责任审计实施的前提是理解腐败的动因。对于舞弊的动因，主要有冰山理论、舞弊三角理论、GONE 理论、舞弊风险因子理论，而对于腐败的动因，主要有信息不对称理论、制度理论、寻租理论以及社会文化心理理论。可见，舞弊行为并不等同于腐败，舞弊主要应用于财务方面，而腐败主要是针对领导干部权力。再者，舞弊的背后可能存在腐败的行为，舞弊是腐败的导火索。不同的理论条件暗示着不同的腐败行为可能，而对于审计机关而言，就是要归纳腐败的因素，识别腐败行为。

腐败治理导向经济责任审计的应用主要体现在三个方面，一是审计前的对象选择；二是审计中的重点内容；三是审计后的跟踪落实。关于对象选择的关键是哪些部门的领导干部产生腐败的可能性最大，而跟踪落实的关键是处罚。从腐败治理导向经济责任审计流程看，针对具体的领导干部，首先是要对腐败范围进行确认，对腐败因素进行分析以及对腐败水平进行评价，然后是审计过程的实施，如审计计划、审计实施和审计报告，腐败风险评估贯穿审计全过程。

审计计划阶段。在确定具体的领导干部后，审计机关需要制定相应的审计项目计划，即有针对性地选择腐败风险高的项目或行业。在审计计划阶段，审计人员主要是对宏观环境（国家政策、法律、监管等）和微观环境（市场结构、竞争）所引发的腐败进行判断，从而确定审计中的腐败重点。

审计实施阶段。审计实施阶段包括了审计实施方案的制定、腐败证据的收集、审计记录的整理。在审计实施阶段中,审计人员不止于发现违规行为,而是要重点评估产生这种行为的原因,即是否存在腐败压力。对于腐败的判断,需要审计机关保持职业怀疑态度,可通过审计组的交流和沟通来认定腐败行为。腐败证据的收集是腐败识别和认定的基础依据,腐败往往具有隐蔽性和复杂性,因此,审计人员在常规审计的基础上需要采用延伸审计、扩大审计等进行深入取证。审计记录是对整个审计过程的真实性进行跟踪,以便于审计检查,支持审计结论。

审计报告阶段。审计实施的最后阶段是审计报告,主要包括了编制报告、结果公告以及报告归档。对于报告的编制,重要的是揭露腐败是否真实存在,审计报告是审计工作的结果,在腐败治理导向模式下,审计人员在发现问题和建议部分应当对腐败进行特别说明,一方面是方便提供更准确的信息,另一方面是揭露腐败的特点。经济责任审计报告的公告,应根据《中华人民共和国国家审计准则》的要求,进行对外公告,将有利于今后的整改落实。

三、经济责任审计与政府问责机制

习近平总书记在第十二届全国人大一次会议上明确要求建设服务政府、责任政府、法治政府、廉洁政府,充分调动人民积极性。那么,在责任政府形成过程中,问责机制的完善势在必行。国家"十三五"规划提出,完善基层民主制度,畅通民主渠道,健全基层选举、议事、公开、述职、问责等机制。政府问责已成为一种社会常态,特别是十八大以来,完善问责机制的呼声越来越高。如 2014 年 9 月湖北对 10 起领导干部经济责任问责;2015 年 7 月杭州作风办针对"不担当、不作为、不落实"曝光 5 起案例;2016 年 1 月 30 日,《四川日报》刊登 8 起问责案例,社会民众对政府问责的期望也越来越高。政府问责的本质是要促进政府的透明和公开,而领导干部经济责任审计对公共预算权力的监控作用之一是促进公共

第九章 经济责任审计与预算绩效

预算权力运行的阳光,两者本质是一致的。

1. 完善政府问责的制度保障

2009年6月30日,中共中央办公厅、国务院办公厅印发了《关于实行党政领导干部问责的暂行规定》,标志着政府由"弹性问责"转变为"制度问责"。为了促进政府问责的有序进行,2011年出台《北京市行政问责办法》、2015年出台《湖北省行政问责办法》、2016年出台《吉林省行政问责办法》。同时,对于具体项目的实施,各地区出台了《关于对损害经济发展环境行为实行问责的暂行办法》《2016年稳增长督查激励和问责办法》《广东省扶贫开发工作问责暂行办法》等。由于经济责任审计的本质是合理确保领导干部经济责任的有效履行,因此,经济责任审计与政府问责之间必然有着紧密的联系。

从制度内容上来看,经济责任审计关注目标责任制完成、重大经济决策、贯彻执行党和国家有关经济方针政策和决策部署等,而政府问责的情形包括决策严重失误,管理和监督不力,滥用职权,对群体性、突发性事件处置失当等。也就是说,经济责任审计和政府问责侧重点一致,即个人的责任履行。从制度目标上来看,经济责任审计与政府问责具有一致性。从制度实施过程来看,经济责任审计侧重于责任发现,如评价责任是否得到履行,而政府问责则侧重于责任承担,如对责任人的处罚。因此,为了实现政府问责的目标,经济责任审计制度是一种保障,因为,经济责任审计的常态化可以更好地促进政府问责的实施。

政府问责制度的实施受外部环境的影响,如政治环境、经济环境、审计环境以及其他环境。对于政治环境而言,政治稳定性,官员变更等是影响政府问责效率和效果的重要因素,而且政治环境会影响经济形势。对于经济环境而言,经济越发展,资源使用越应该透明,这也是政府问责的目标。对于审计环境而言,特别是经济责任审计,如经济责任审计的力度,经济责任审计的范围,经济责任审计的效果等会对政府问责形成制度保障,提高政府问责的效率。其他环境,如文化环境、生态环境等也是影响政府问责的重要因素,特别地,对于环境污染,自然资源损害,空气质量等方面的政府问责案例说明了问责制度正在逐步地完善。

时任总理温家宝指出，要"加快建立以行政首长为重点的行政问责制度，并把行政问责与行政监察、审计监督结合起来，有责必问，有错必纠，努力建设责任政府"。经济责任审计为政府问责提供决策依据。《关于实行党政领导干部问责的暂行规定》规定了七种问责的情形，但若政府问责根据经济责任审计的评价来确定责任是否符合问责规定，则政府问责的效率将大大提高。另外，《关于实行党政领导干部问责的暂行规定》的问责内容并不详细，操作弹性较大，而经济责任审计可以深化政府问责内容，如地方政府性债务、自然资源、民生改善等，以强化问责作用与效果。

2. 打通政府问责的实现渠道

当前，经济责任审计与政府问责并未形成有效的合力，如审计机关尚无足够的问责权，因而对发现的问题不能及时问责，而政府问责未利用经济责任审计的成果，降低了问责效率。也就是说，经济责任审计与政府问责之间缺乏协调机制。黄溶冰（2012）认为，规制俘获使经济责任审计与政府问责之间出现脱节。

理论上，由于信息不对称，政府问责对责任人应承担的责任披露可能不充分，而且社会大众也无法判断责任人应履行什么责任。经济责任审计结果的报告很少对外公布，社会大众无标准或依据判断政府问责报告。公告制度是促使经济责任审计信息得到充分利用的重要制度性安排，是经济责任审计目标更好实现的必要条件。建立政府领导干部经济责任审计报告模式和经济责任审计公告制度，可以使得审计机关在实施经济责任审计后，通过必要的载体，在必要的制度支持下顺利将审计信息传递给审计信息使用者。经济责任审计结果公告的义务主体主要是国家审计机关，权利主体主要是社会公众，结果公告主要采取主动向社会公开的形式。从目前来看，我国还没有针对经济责任审计公告制定或者出台专门的法规，实践中，关于经济责任审计结果要不要公告、应该公告哪些内容、应该在多大范围内公告、公告应该遵循何种程序等基本问题存有较大争议。而经济责任审计可以有效促进政府问责的实现，当政府问责披露不充分时，社会公众可以依据经济责任审计报告对政府问责报告提出质疑；当经济责任审计报告披露时，政府问责报告可以提高效率，而且也会促使政府问责报告披露更详细的内容。

3. 提高政府问责的公信力

政府问责的公信力是政府问责使社会公众信任的力量，它是一种社会系统信任，同时也是公共权威的真实表达。政府问责公信力越强，社会公众越信任之，社会越稳定，反之，社会公众越质疑，社会就越混乱。政府问责是政府积极回应社会诉求的体现，如2015年天津港爆炸案问责，鸭尾溪水质污染问责，山西省15名干部不作为被问责等。政府问责公信力的提高一方面需要政府问责的公开、公平、公正，另一方面需要政府问责的及时、准确、完整。

经济责任审计的实施有利于"问责文化"环境的形成。由于经济责任审计主要针对"责任人"，因而，经济责任审计的常态化可以使相关"责任人"积极面对社会的诉求，"问责文化"将内化于"责任人"或社会大众的潜意识中。"问责文化"是一个长期的过程，在政府问责宣传的过程中，也要考虑经济责任审计的普及，从而达到文化建设的目的。在良好的"问责文化"环境中，政府问责将在社会大众中形成公信力，有利于问责制度的发展。"问责文化"具有凝聚力，促使"责任人"正常履行经济责任；"问责文化"具有向心力，促进社会对政府问责的关注。随着"问责文化"的逐渐深入人心，政府问责将成为一种社会常态，并带来持续的关注。在特定的"问责文化"环境中，政府问责质量也会随之提高。

经济责任审计的实施有利于强化"问责"力量。政府问责仅靠政府力量，其公信力难以保障，需要公众的参与，从而在社会监督下实现透明政府。在领导行政负责制下，经济责任审计以领导干部为对象，打破了领导独裁的行政方式。经济责任审计机制可以让社会参与，在强化"审计民主"的同时，更能体现领导干部在人民监督的条件下行政。由于经济责任重视发现领导干部存在的问题而容易轻视问责目标；政府问责重视领导干部的责任承担而容易轻视发现的问题，因此，经济责任审计与政府问责的结合能更好地实现问责目标，同时，也强化了"问责"力量。

经济责任审计的实施有利于"问责标准"的完善。政府问责能否说服被问责人，政府问责的质量如何，其重要的前提是"问责标准"是否完善。如果对于不同的人适用不同的标准，那么政府问责就无公信力可言，因此，只有完善"问责标准"，政府问责公信力才能逐步提高。在问责过程中，经济责任审计的评价体系有利于全面概括领导干部所履行的经济责任，确保发现问题的准确性，因而，在政府问责标准不完善的条件下，经济责任审计评价体系是政府问责的重要依据之一。

经济责任审计的实施有利于"问责范围和对象"的明确。在信息不对称的情况下，公民不明白谁是主要责任人，因而，政府问责过程中可能出现"替罪羊"的情况，即非问责对象来承担事故责任。另外，由于问责范围和对象的不确定性，政府问责只有在事件备受关注的时候，相关责任人才会受到关注。经济责任审计的重要特点之一就是界定相关领导干部的经济责任，因此，经济责任审计有利于明确领导干部的经济责任范围。也就是说，在问责过程中，人民群众可以依据经济责任审计的内容，明确问责相关的责任人及责任范围。最终，人民群众也可以判断，政府问责是否公平、公正。

第三节 经济责任审计服务国家治理的效果检验

近年来，用于污染防治的预算资金支出的合规性、绩效性审计成为预算执行审计的监督对象和重点内容，每年仍然审计出不少问题，例如，《国务院关于2017年度中央预算执行和其他财政收支的审计工作报告》指出，污染防治资金和项目审计发现：部分资金和项目绩效不高，有关地区少征或违规使用相关资金177.25亿元，62.79亿元专项资金闲置1年以上；206个污染防治和生态修复项目未按期开（完）工，43个项目建成后效果不佳。作为"三大攻坚战"之一的污染防治任务落实状况，直接关系到全面决胜小康社会战略目标的实现程度。因此，本节以污染防治为切入点，从环境视角验证经济责任审计与地方政府治理的关系，为实施领导干部经济责任审计全覆盖及领导干部自然资源资产离任审计制度，评价地方政府贯彻落实国家供给侧结构性改革政策情况提供初步的证据支撑，并为进一步强化生态文明建设、推进经济体制改革、加强经济责任审计、提升国家治理能力及水平提供重要的经验证据。

一、经济责任审计、环境污染与地方政府治理水平的关系

党的十八大提出"五位一体"总布局，要求将环境破坏、生态效益纳入社会经济发展的评价体系，将生态文明建设提升到国家战略层面。2018年3月，生态环境部、自然资源部、水利部、农业农村部、国家林业和草原局、中国科学院和国家海洋局七部门在北京联合召开"绿盾2018"自然保护区监督检查专项行动，以维护国家自然保护区，构建良好的生态系统，促进生态文明建设。十九大也提到"建设生态文明是中华民族永续发展的千年大计，坚持节约资源和保护环境是我国的基本国策"，作为"三大攻坚战"之一的污染防治，其成效与经济能否实现可持续健康发展、能否实现高速发展向高质量发展阶段转化密切相关。2019年3月，李克强总理在十三届全国人大二次会议上做的政府工作报告指明："今年经济社会发展的主要预期目标是，生态环境进一步改善，主要污染物排放量继续下降；要继续坚持以供给侧结构性改革为主线，推动经济高质量发展；要继续打好'三大攻坚战'，污染防治要聚焦打赢蓝天保卫战等重点任务，统筹兼顾、标本兼治，使生态环境质量持续改善。"

此外，2015年12月，中共中央办公厅和国务院办公厅印发的《关于实行审计全覆盖的实施意见》指出"对国有资源实行审计全覆盖、对领导干部履行经济责任情况实行审计全覆盖"，而印发的《开展领导干部自然资源

资产离任审计试点方案》将生态环境保护纳入领导干部履职责任范围。2018 年全国审计工作会上，明确指出"2018 年度的审计工作要围绕打好'三大攻坚战'，进一步聚焦审计重点；在污染防治方面，要不断创新审计方式方法，推动各级领导干部牢固树立绿水青山就是金山银山的意识，促进加快生态文明建设，推动实现经济发展和环境保护双赢"。2018 年 5 月，习近平主席在中央审计委员会第一次会议上提出，审计机关应紧紧围绕统筹推进"五位一体"总体布局和协调推进"四个全面"战略布局，依法全面履行审计监督职责，促进经济高质量发展，促进全面深化改革……而 2019 年 1 月的全国审计工作会议又强调，做好 2019 年审计工作，变压力为加快推动经济高质量发展的动力，确保 2019 年主要经济社会指标和改革发展任务顺利完成。

生态文明建设是国家治理能力与治理水平现代化的重要衡量指标之一，环境污染是影响社会稳定与经济改革推进的重要元素，而国家审计是国家治理的重要组成部分，服务于国家治理，是国家治理的重要手段与工具，领导干部经济责任审计作为国家审计的重要类型，能够有效监督与促进领导干部全面履行环境保护及生态文明建设等经济责任，有助于确保经济改革任务的顺利完成，提升国家治理水平、服务国家治理。基于上述分析，提出如下假设：

H9.1 在其他条件不变的情况下，加大经济责任审计力度有助于提升政府治理效率。

国家治理是协调不同利益及相互冲突、采取联合行动的过程（全球治理委员会，1995），是为了达到公民目标，协调市场、政府与社会三者之间多重关系的过程（尚虎平等，2009）。其核心目的是协调各利益主体的不同利益诉求，促使公共资源有效合理配置（蔡春等，2012），最终目的是通过协调市场、政府与社会关系，有效配置公共资源，促进经济的可持续均衡发展（俞可平，2000）。

从国家治理的社会层面看，失业率反映了一个地区的社会调和程度及稳定水平，积极安排就业可以缓解由于失业带来的社会矛盾，降低由失业引起的社会不安定事件发生的概率,协调政府与社会的关系,有利于促进国家治理。

改革开放四十多年来,中国经济持续高速增长,成功步入中等收入国家行列,已成为名副其实的经济大国,然而国民经济的平稳发展取决于经济中需求和供给的相对平衡,但随着人口红利衰减、"中等收入陷阱"风险的累积、国际经济格局深刻调整等一系列内因与外因的作用,我国经济发展遇到了瓶颈。一方面,国内部分产能出现过剩;另一方面,老百姓日益增长的高层次需求得不到满足。2015年11月10日,习近平总书记主持召开中央财经领导小组第十一次会议,研究经济结构性改革和城市工作,他强调要推进经济结构性改革,在适度扩大总需求的同时,着力加强供给侧结构性改革,着力提高供给体系的质量和效率,增强经济持续增长动力,推动中国社会生产力水平实现整体跃升。2016年1月27日,习近平总书记主持召开中央财经领导小组第十二次会议,研究供给侧结构性改革方案,他提出:供给侧结构性改革的根本目的是提高社会生产力水平,落实好以人民为中心的发展思想;要在适度扩大总需求的同时,去产能、去库存、去杠杆、降成本、补短板(即"三去一降一补"),从生产领域加强优质供给,减少无效供给,扩大有效供给,提高供给结构适应性和灵活性,提高全要素生产率,使供给体系更好适应需求结构变化。此外,党的十九大在中国经济社会发展的历程中,具有里程碑的意义,新时代很重要的特征,就是中国的经济发展由过去的投资、出口、消费拉动,转向了消费升级拉动和供给侧改革。供给侧结构性改革,就是从提高供给质量出发,用改革的办法推进结构调整,矫正要素配置扭曲,扩大有效供给,提高供给结构对需求变化的适应性和灵活性,提高全要素生产率,更好满足广大人民群众的需要,促进经济社会持续健康发展。从国家治理的经济层面看,经济结构中消费需求状况反映了一个地区的经济增长可持续能力,也是一个地区治理水平的表征,污染导致经济更加依赖投资,不利于扩大内需,与供给侧结构性改革相悖,不利于促进地区治理。基于上述分析,提出如下假设:

H9.2 在其他条件不变的情况下,地区环境污染状况越严重,对该地区政府治理产生的消极影响越大。

H9.2a 在其他条件不变的情况下,地区环境污染程度越严重,该地区的失业率越高。

H9.2b 在其他条件不变的情况下,地区环境污染程度越严重,该地区的消费需求越低。

H9.3 在其他条件不变的情况下,审计能够有效识别监督重点,地区环境污染程度越严重,经济责任审计力度越大。

二、经济责任审计、环境污染与地方政府治理水平的衡量指标

1. 样本选择与数据来源

以 2011~2016 年 31 个省、自治区和直辖市的地方政府作为研究对象,考察经济责任审计、环境污染与国家治理的关系。经济责任审计有关数据来源于《中国审计年鉴》,由于国家审计发挥的作用具有滞后性,因此经济责任审计数据滞后一期;地方政府治理效率指标来源于北京师范大学发布的《中国省级地方政府效率研究报告》,其他数据来源于《中国财政年鉴》《中国统计年鉴》及 EPS 全球统计数据库,共计 186 个样本,使用 Stata 14 统计软件对数据进行处理和分析。

2. 变量定义与模型设定

构建模型 1、模型 2、模型 3 分别检验 H9.1、H9.2 和 H9.3。

模型 1:

$$Plgev = \beta_0 + \beta_1 Jingze + \beta_2 Dqjy + \beta_3 Sffb + \beta_4 Open + \beta_5 Gidp + \beta_6 Gztz + \beta_7 Unem + \beta_8 Tfix + \varepsilon \tag{9-1}$$

模型 2:

$$Unem/Consum = \beta_0 + \beta_1 Airpol/Waterpol/Solidpol/Noisepol + \beta_2 Rd + \beta_3 Dqjy + \beta_4 Sffb + \beta_5 Tfix + \beta_6 Gidp + \beta_7 Gztz + \varepsilon \tag{9-2}$$

第九章 经济责任审计与预算绩效

模型 3：

$$Jingze = \beta_0 + \beta_1 \text{Airpol/Waterpol/Solidpol/Noisepol} + \beta_2 Gdp + \beta_3 Dqjy +$$
$$\beta_4 Sffb + \beta_5 Open + \beta_6 Unem + \beta_7 Tfix + \beta_8 Gidp + \beta_9 Gztz + \varepsilon \quad (9-3)$$

其中，Plgev 是衡量政府治理水平的变量，等于地方政府效率指标的标准化值；Jingze 是衡量经济责任审计的变量；环境污染从空气污染、水污染、固体废弃物污染和噪声污染四个维度衡量：以废气排放总量（Airpol）衡量空气污染，以水污染排放量（Waterpol）衡量水污染，以一般工业固体废物丢弃量（Solidpol）衡量固体废弃物污染，以环境噪声（Noisepol）衡量噪声污染；用城镇失业率（Unem）衡量社会协调性；用消费需求（Consum）衡量经济协调性。

此外，借鉴现有研究成果，还设置了以下控制变量，以控制其他因素的影响：国内生产总值（Gdp）、研发投入（Rd）、地区教育水平（Dqjy）、地区税负水平（Sffb）、资本形成总额（Tfix）、固定资产投资（Gztz）、地区经济开放程度（Open）、财政透明度（Gidp）。具体变量定义如表 9-1 所示。

表 9-1 变量定义

变量	变量名	计算方法
Plgev	政府治理水平	政府治理效率指标标准化值
Jingze	经济责任审计	当年被审计领导干部人数取对数
Airpol	空气污染	废气排放总量（百亿标准立方米）
Waterpol	水污染	水污染排放量（万吨）
Solidpol	固体废弃物污染	一般工业固体废物丢弃量（万吨）
Noisepol	噪声污染	环境噪声污染（dB（A））
Unem	失业率	城镇失业率
Consum	消费需求	消费需求/GDP
Growth	国内生产总值增长率	国内生产总值增长率
Gdp	国内生产总值	人均 GDP
Rd	研发投入	研发投资占 GDP 的百分比
Dqjy	地区教育水平	每万人大学生在校生数的自然对数

续表

变量	变量名	计算方法
Sffb	地区税负水平	(地区财政收入总额/实际GDP)×100
Tfix	资本形成总额	资本形成总额占GDP的比重
Gztz	固定资产投资	实际固定资产投资总额/实际GDP
Open	地区经济开放程度	地区外商直接投资（FDI）占GDP的比例
Gidp	财政透明度	财政透明度指标标准化值

资料来源：笔者自制。

三、经济责任审计、环境污染与地方政府治理水平的检验效果

1. 描述性统计

表9-2是样本的描述性统计结果，从表中可见，政府治理水平（Plgev）均值为0.001，最小值为-0.986，最大值为0.822；经济责任审计（Jingze）均值为6.787，最小值为3.714，最大值为8.466。失业率（Unem）均值为3.404，最小值为1.3，最大值为4.4；消费需求（Consum）均值为0.506，最小值为0.36，最大值为0.8，说明各地区的就业状况与消费结构存在明显差异。空气污染（Airpol）均值为4.685，最小值为1.417，最大值为6.087；水污染（Waterpol）均值为11.8，最小值为8.452，最大值为13.72；固体废弃物污染（Solidpol）均值为0.031，最小值为-6.908，最大值为4.895；噪声污染（Noisepol）均值为3.996，最小值为3.863，最大值为4.078。其他数值显示，各地区控制变量指标均存在较大差异。

表9-2 样本的描述性统计

变量	均值	中值	标准差	最小值	最大值
政府治理水平（Plgev）	0.001	-0.020	0.297	-0.986	0.822
经济责任审计（Jingze）	6.787	7.028	0.913	3.714	8.466
空气污染（Airpol）	4.685	4.897	0.977	1.417	6.087
水污染（Waterpol）	11.800	11.930	1.095	8.452	13.720

第九章 经济责任审计与预算绩效

续表

变量	均值	中值	标准差	最小值	最大值
固体废弃物污染（Solidpol）	0.031	0.432	2.540	-6.908	4.895
噪声污染（Noisepol）	3.996	3.996	0.034	3.863	4.078
失业率（Unem）	3.404	3.500	0.653	1.300	4.400
消费需求（Consum）	0.506	0.490	0.081	0.360	0.800
研发投入（Rd）	0.565	0.228	0.664	0.032	2.846
地区教育水平（Dqjy）	4.593	4.579	0.393	3.462	5.474
地区税负水平（Sffb）	10.890	10.410	3.080	6.191	21.680
资本形成总额（Tfix）	0.642	0.589	0.185	0.379	1.304
财政透明度（Gidp）	31.250	25.390	13.770	14.190	68.460
固定资产投资（Gztz）	0.781	0.779	0.249	0.253	1.507
地区经济开放程度（Open）	0.021	0.018	0.017	0.000	0.080
GDP	3.984	3.962	2.999	0.826	15.081

资料来源：笔者自制。

2. 相关性检验

对各变量进行了 Pearson 相关检验，见表 9-3，经济责任审计（Jingze）与政府治理水平（Plgev）在 1%水平上显著正相关，说明经济责任审计力度越大，越有利于促进地方政府治理水平的提升。空气污染（Airpol）和固体废弃物污染（Solidpol）与失业率（Unem）分别在 1%、5%水平上显著正相关，说明环境污染越严重，失业率越高，社会调和度越差。空气污染（Airpol）、水污染（Waterpol）和噪声污染（Noisepol）与消费需求（Consum）均在 1%水平上显著负相关，说明环境污染越严重，消费需求越低，越不利于经济结构调整。空气污染（Airpol）、水污染（Waterpol）和噪声污染（Noisepol）与经济责任审计（Jingze）均在 1%水平上显著正相关，说明审计能够识别监督重点，对污染越严重地区的领导干部监督力度越大，Pearson 相关性检验结果初步证明了前文的 H9.1 和 H9.2、H9.3。

表 9-3 变量的相关性分析

	Plgev	Jingze	Airpol	Waterpol	Solidpol	Noisepol	Unem	Consum	Rd	Dqjy	Sfb	Tfix	Gidp	Gztz	Open	GDP
政府治理水平 (Plgev)	1															
经济责任审计 (Jingze)	0.273***	1														
空气污染 (Airpol)	0.242***	0.791***	1													
水污染 (Waterpol)	0.500***	0.729***	0.707***	1												
固体废弃物污染 (Solidpol)	-0.281***	0.0310	0.379***	-0.0190	1											
噪声污染 (Noisepol)	0.330***	0.383***	0.297***	0.397***	-0.0930	1										
失业率 (Unem)	-0.190***	0.238***	0.328***	0.0500	0.206**	0.101	1									
消费需求 (Consum)	-0.410***	-0.434***	-0.472***	-0.420***	0.119	-0.267***	-0.231***	1								
研发投入 (Rd)	0.399***	0.0540	-0.0310	0.275***	-0.242***	0.102	-0.303***	0.0600	1							
地区教育水平 (Dqjy)	0.432***	0.120	-0.103	0.198***	-0.205***	0.237***	-0.171***	-0.219***	0.348***	1						
地区税负水平 (Sfb)	0.201***	-0.599***	-0.420***	-0.164***	-0.0230	-0.0730	-0.404***	0.370***	0.390***	0.262***	1					

续表

	Plgev	Jingze	Airpol	Waterpol	Solidpol	Noisepol	Unem	Consum	Rd	Dqjy	Sffb	Tfix	Gidp	Gztz	Open	GDP
资本形成总额（Tfix）	-0.490***	-0.395***	-0.247***	-0.601***	0.0570	-0.447***	0.152**	0.208***	-0.288***	-0.335***	-0.119*	1				
财政透明度（Gidp）	0.0640	0.0510	-0.0130	0.201***	-0.153**	0.0860	-0.137**	0.140**	0.301***	0.135**	0.109*	-0.0290	1			
固定资产投资（Gztz）	-0.537***	-0.126	-0.0790	-0.367***	-0.0010	-0.260***	0.0690	0.197***	-0.144**	-0.257***	-0.215***	0.626***	0.0970	1		
地区经济开放程度（Open）	0.467***	-0.115	-0.131**	0.181***	-0.185***	0.123*	-0.0550	-0.338***	0.155***	0.463***	0.328***	-0.371***	-0.0630	-0.359***	1	
GDP	0.713***	0.094***	-0.196***	-0.0617	-0.2323***	-0.1348*	0.132**	0.698***	0.584***	0.630***	-0.341***	0.534***	-0.171	0.691***	0.884***	1

注：*、**、*** 分别表示在10%、5%、1%的水平上显著。

3. 多元回归结果及分析

（1）经济责任审计与地方政府治理水平。用模型1考察经济责任审计对地方政府治理水平是否有影响，结果见表9-4，第（1）列显示，经济责任审计（Jingze）与政府治理水平（Plgev）系数是0.102，在1%水平上显著正相关，即经济责任审计力度越大，越有利于提升该地区的政府治理水平，H9.1得到验证。第（3）列结果显示，经济责任审计（Jingze）与政府治理水平（Plgev）系数是0.108，在5%水平上显著正相关，即市场化程

表9-4 经济责任审计与地方政府治理水平（不同市场化/法制化程度）

变量	（1）全样本 Plgev	（2）高市场化 Plgev	（3）低市场化 Plgev	（4）高法制化 Plgev	（5）低法制化 Plgev
经济责任审计（Jingze）	0.102*** (2.79)	0.002 (0.04)	0.108** (2.51)	0.011 (0.23)	0.098** (2.38)
地区教育水平（Dqjy）	0.061 (1.08)	0.058 (0.79)	0.037 (0.58)	0.007 (0.12)	0.071 (0.84)
地区税负水平（Sffb）	−0.001 (−0.13)	−0.034** (−2.06)	−0.009 (−0.69)	−0.020 (−1.17)	−0.014 (−1.31)
地区经济开放程度（Open）	5.413*** (5.46)	6.628*** (4.98)	6.840** (2.31)	5.316*** (4.37)	6.984*** (3.40)
财政透明度（Gidp）	0.002* (1.67)	0.001 (1.14)	0.003** (2.14)	0.000 (0.02)	0.005*** (2.82)
固定资产投资（Gztz）	−0.552*** (−5.43)	−0.599*** (−5.38)	0.065 (0.44)	−0.353** (−2.57)	−0.038 (−0.24)
失业率（Unem）	−0.098*** (−3.01)	−0.138*** (−3.66)	0.046 (0.98)	−0.174*** (−4.56)	0.045 (0.91)
资本形成总额（Tfix）	0.167 (1.18)	−0.641** (−2.64)	0.246 (1.48)	−0.407* (−1.78)	0.289* (1.96)
_cons	−0.456 (−0.90)	1.253* (1.74)	−1.547*** (−2.83)	1.192** (2.07)	−1.535** (−2.64)
N	153	77	76	78	75
R^2	0.497	0.598	0.260	0.541	0.322
F	18.541	13.483	3.007	12.546	6.078

注：*、**、***分别表示在10%、5%、1%的水平上显著，括号内为P值。

第九章 经济责任审计与预算绩效

度越低地区的经济责任审计力度越大，越有利于提升该地区的政府治理水平；第（5）列结果显示，经济责任审计（Jingze）与政府治理水平（Plgev）系数是0.098，在5%水平上显著正相关，即法制化水平较低地区的经济责任审计力度越大，越有利于提升该地区的政府治理水平。

表9-5考察了地区不同经济状况下，经济责任审计对地方政府治理水平的影响。第（1）列结果显示，经济责任审计（Jingze）与政府治理水平（Plgev）系数是0.157，在1%水平上显著正相关，即高GDP增长地区的经济责任审计力度越大，越有利于提升该地区的政府治理水平；第（4）列结果显示，经济责任审计（Jingze）与政府治理水平（Plgev）系数是0.153，在1%水平上显著正相关，即在GDP水平较低地区的经济责任审计力度越大，越有利于提升该地区的政府治理水平。说明在国民经济改革新时期，经济责任审计既关注经济发展速度，也关注经济增长质量，通过激励经济水平落后地区和监督经济增长快速地区而作用于国家治理。

表9-5 经济责任审计与地方政府治理水平（不同经济水平）

变量	(1) 高GDP增长 Plgev	(2) 低GDP增长 Plgev	(3) 高GDP Plgev	(4) 低GDP Plgev
经济责任审计 （Jingze）	0.157*** (3.12)	0.041 (0.93)	0.022 (0.62)	0.153*** (3.34)
地区教育水平 （Dqjy）	0.063 (0.90)	0.052 (0.73)	−0.002 (−0.04)	0.089 (1.48)
地区税负水平 （Sffb）	−0.010 (−0.75)	−0.001 (−0.09)	−0.006 (−0.40)	0.003 (0.25)
地区经济开放程度 （Open）	7.559*** (5.68)	2.853 (1.45)	3.401** (2.01)	8.666*** (6.45)
财政透明度 （Gidp）	0.003** (2.04)	−0.002 (−1.39)	0.001 (0.67)	0.003* (1.81)
固定资产投资 （Gztz）	−0.398** (−2.29)	−0.422** (−2.12)	−0.334** (−2.49)	−0.039 (−0.28)
失业率 （Unem）	−0.040 (−0.61)	−0.088** (−2.33)	−0.146*** (−4.13)	0.013 (0.29)

续表

变量	(1) 高GDP增长 Plgev	(2) 低GDP增长 Plgev	(3) 高GDP Plgev	(4) 低GDP Plgev
资本形成总额 (Tfix)	0.421** (2.50)	−0.281 (−1.31)	−0.450** (−2.43)	0.557*** (3.60)
_cons	−1.330* (−1.83)	0.361 (0.67)	0.933** (2.10)	−2.236*** (−3.76)
N	79	74	78	75
R^2	0.453	0.537	0.545	0.436
F	11.324	13.624	13.410	12.987

注：*、**、***分别表示在10%、5%、1%的水平上显著，括号内为P值。

（2）环境污染与地方政府治理水平。用模型2考察环境污染对地方政府治理水平的影响，结果见表9-6和表9-7，表9-6中第（1）列~第（4）列的结果显示，空气污染（Airpol）、水污染（Waterpol）、固体废弃物污染（Solidpol）和噪声污染（Noisepol）与失业率（Unem）的回归系数分别为0.258、0.128、0.06、2.843，依次在1%、5%、5%、5%水平上显著正相关，说明环境污染越严重，失业率越高，社会调和度越差，地区治理水平越弱，H9.2a得到验证。表9-7中第（1）列~第（4）列的结果显示，空气污染（Airpol）和水污染（Waterpol）与消费需求（Consum）的回归系数分别为-0.023、-0.019，均在1%水平上显著负相关，说明环境污染越严重，消费需求越小，越不利于经济结构调整，有损于经济的可持续发展，地区治理水平越弱，H9.2b得到验证。

表9-6 环境污染与失业率

变量	(1) Unem	(2) Unem	(3) Unem	(4) Unem
空气污染 (Airpol)	0.258*** (5.72)			
水污染 (Waterpol)		0.128** (2.06)		

第九章 经济责任审计与预算绩效

续表

变量	(1) Unem	(2) Unem	(3) Unem	(4) Unem
固体废弃物污染 (Solidpol)			0.060** (2.60)	
噪声污染 (Noisepol)				2.843** (2.26)
研发投入 (Rd)	−0.106 (−1.38)	−0.110 (−1.27)	0.030 (0.24)	−0.053 (−0.64)
地区教育水平 (Dqjy)	0.061 (0.45)	0.035 (0.25)	−0.086 (−0.49)	−0.015 (−0.10)
地区税负水平 (Sffb)	−0.038* (−1.82)	−0.060*** (−2.69)	−0.044* (−1.85)	−0.072*** (−3.48)
资本形成总额 (Tfix)	1.025*** (3.47)	0.954*** (2.68)	0.271 (0.73)	0.729** (2.34)
财政透明度 (Gidp)	−0.001 (−0.43)	−0.002 (−0.42)	0.000 (0.06)	−0.001 (−0.25)
固定资产投资 (Gztz)	−0.512** (−1.98)	−0.362 (−1.38)	−0.257 (−0.69)	−0.353 (−1.31)
_cons	2.085*** (2.64)	2.120* (1.82)	4.261*** (4.27)	−7.285 (−1.46)
N	186	186	124	186
R^2	0.228	0.146	0.066	0.138
F	7.392	3.454	1.349	3.828

注：*、**、*** 分别表示在10%、5%、1%的水平上显著，括号内为P值。

表9-7 环境污染与消费需求

变量	(1) Consum	(2) Consum	(3) Consum	(4) Consum
空气污染 (Airpol)	−0.023*** (−3.49)			
水污染 (Waterpol)		−0.019*** (−2.80)		
固体废弃物污染 (Solidpol)			0.003 (1.55)	

续表

变量	(1) Consum	(2) Consum	(3) Consum	(4) Consum
噪声污染 (Noisepol)				−0.272 (−1.24)
研发投入 (Rd)	0.001 (0.08)	0.004 (0.51)	0.008 (1.09)	−0.004 (−0.56)
地区教育水平 (Dqjy)	−0.062*** (−3.98)	−0.060*** (−3.79)	−0.039* (−1.82)	−0.055*** (−3.57)
地区税负水平 (Sffb)	0.011*** (6.41)	0.012*** (6.39)	0.011*** (6.20)	0.014*** (8.93)
资本形成总额 (Tfix)	−0.022 (−0.60)	−0.038 (−0.94)	0.057 (1.27)	0.003 (0.07)
财政透明度 (Gidp)	0.001* (1.67)	0.001* (1.89)	0.000 (0.07)	0.001* (1.67)
固定资产投资 (Gztz)	0.079** (2.42)	0.065** (2.05)	−0.005 (−0.16)	0.065** (1.98)
_cons	0.697*** (7.98)	0.806*** (6.07)	0.516*** (4.93)	1.611* (1.84)
N	186	186	124	186
R^2	0.391	0.372	0.247	0.348
F	16.840	17.577	10.302	17.633

注：*、**、*** 分别表示在10%、5%、1%的水平上显著，括号内为P值。

（3）环境污染与经济责任审计。用模型3考察经济责任审计对地区环境污染的反应，结果见表9-8，数据显示，空气污染（Airpol）、水污染（Waterpol）、固体废弃物污染（Solidpol）和噪声污染（Noisepol）与经济责任审计（Jingze）的回归系数分别为0.543、0.498、0.094、4.362，依次在1%、5%、1%、5%水平上显著正相关，说明环境污染越严重，地区政府审计机关投入的经济责任审计力度越大，即国家审计能够充分意识到环境污染对地区治理的消极影响，从而强化对该地区领导干部履职状况的监督，以促进该地区改善生态环境、维护地区经济可持续发展，H9.3得到验证。

第九章 经济责任审计与预算绩效

表 9-8 环境污染与经济责任审计

变量	(1) Jingze	(2) Jingze	(3) Jingze	(4) Jingze
空气污染（Airpol）	0.543*** (7.33)			
水污染（Waterpol）		0.498** (2.57)		
固体废弃物污染（Solidpol）			0.094*** (5.74)	
噪声污染（Noisepol）				4.362** (2.18)
国内生产总值（Gdp）	0.097 (1.05)	0.111 (0.60)	0.575*** (6.60)	0.581*** (8.54)
地区教育水平（Dqjy）	0.201** (2.14)	0.276** (2.45)	0.331*** (2.79)	0.137 (1.34)
地区税负水平（Sffb）	−0.097*** (−6.50)	−0.097*** (−6.15)	−0.117*** (−6.60)	−0.100*** (−6.12)
地区经济开放程度（Open）	−3.948 (−1.32)	−9.963*** (−2.96)	1.306 (0.44)	−10.776*** (−2.98)
失业率（Unem）	−0.093* (−1.77)	0.065 (1.23)	−0.025 (−0.35)	0.069 (1.32)
资本形成总额（Tfix）	−0.926*** (−2.96)	−0.342 (−0.93)	0.378 (0.91)	−0.408 (−1.20)
财政透明度（Gidp）	0.000 (0.21)	−0.002 (−0.81)	−0.006** (−2.40)	−0.004 (−1.32)
固定资产投资（Gztz）	0.047 (0.24)	0.527** (2.28)	0.145 (0.62)	0.585** (2.36)
_cons	3.428* (1.89)	−1.573 (−0.82)	−4.277* (−1.85)	−21.170** (−2.52)
N	153	153	96	153
R^2	0.773	0.706	0.772	0.710
F	59.107	46.458	38.551	51.372

注：*、**、*** 分别表示在 10%、5%、1% 的水平上显著，括号内为 P 值。

4. 稳健性检验

为了检验结果的可靠性，我们使用烟尘排放量和二氧化硫排放量来重新衡量空气污染，用工业固体废弃物处置量重新衡量固体废弃物污染代入前述模型，研究结论基本一致，即总体而言，本部分的研究结果具有较好的稳健性。

我国经济正处于从高速发展向高质量发展阶段转化的新时期，生态文明建设至关重要，其影响着经济的可持续发展，也关系着我国能否实现国家治理能力与治理水平现代化。本节利用省级政府数据，基于国家审计治理功能，以环境治理为研究切入点，从大气污染、水污染、固体废弃物污染和噪声污染四个维度衡量地方环境治理水平，实证考察环境问题、经济责任审计与地方政府治理的关系。本节的证据表明：第一，国家审计具有治理功能，经济责任审计强度越大，地方政府治理效率越高；相较于市场化程度和法制化水平较高地区，经济责任审计对政府治理效率的促进效果在市场化程度和法制化程度较低的地区更为明显，即国家审计功能与市场、法制的调节功能具有替代作用；从经济发展质量视域考察，经济责任审计对地方政府治理效率的积极作用主要表现在高 GDP 增长组及低 GDP 水平组，即经济责任审计通过关注高 GDP 增长地区的经济可持续性、推动低 GDP 水平地区的经济发展来促进地方政府治理效率的提升。第二，从社会稳定性与经济改革两个层面考察地方政府治理状况，发现地方环境问题越严重，失业率越高，越不利于维护社会稳定；地方环境问题越严重，经济对投资的依赖程度越高，越不利于扩大内需，与我国经济结构调整改革策略不吻合，即地方环境污染不利于推进由投资拉动转向消费驱动的经济结构调整战略。第三，国家审计能够识别并在审计实务中切实关注被审计对象应该履行的环保责任，地方环境问题越严重，经济责任审计投入力度越大，即经济责任审计可以通过关注与强化领导干部的环境保护责任，影响地方政府治理水平。

第十章 国家审计、"三大攻坚战"与预算绩效

2017年，党的十九大报告指出，要坚决打好污染防治、防范化解重大风险、精准脱贫的攻坚战，使全面建成小康社会得到人民认可、经得起历史检验。2018年国务院政府工作报告提出："抓好决胜全面建成小康社会三大攻坚战，要分别提出工作思路和具体举措，排出时间表、路线图、优先序，确保风险隐患得到有效控制，确保脱贫攻坚任务全面完成，确保生态环境质量总体改善。"具体措施包括：优化财政支出结构，提高财政支出的公共性、普惠性，加大对"三大攻坚战"的支持，更多向创新驱动、"三农"、民生等领域倾斜；坚决打好"三大攻坚战"，要围绕完成年度攻坚任务，明确各方责任，强化政策保障，把各项工作做实做好；为防范化解地方债务风险，严禁各类违法违规举债、担保等行为，为地方政府提供了合理的融资渠道。明确提出任务要求：2018年安排地方专项债券1.35万亿元（比2017年增加5500亿元），优先支持在建项目平稳建设，合理扩大专项债券使用范围；2018年二氧化硫、氮氧化物排放量要下降3%，化学需氧量、氨氮排放量要下降2%；加强生态系统保护和修复，完成造林1亿亩以上，耕地轮作休耕试点面积增加到3000万亩。

2018年9月发布的《中共中央 国务院关于全面实施预算绩效管理的意见》指出，构建全方位预算绩效管理格局，将各级政府收支预算全面纳入绩效管理。各级政府预算收入要实事求是、积极稳妥、讲求质量，必须与经济社会发展水平相适应，各级政府预算支出要统筹兼顾、突出重点、量力而行，着力支持国家重大发展战略和重点领域改革，确保财政资源高

效配置，增强财政可持续性。

可见，优化预算支出结构，预算安排极力保障国家重大发展战略和重点领域的财力需求，积极支持打好"三大攻坚战"，是促进国家治理的又一现实路径，基于此，本章从国家审计如何打好"三大攻坚战"着手，研究国家审计促进预算绩效、实现国家治理的实施策略。

第一节　国家审计、污染防治与预算绩效

一、国家审计、污染防治与预算绩效的关系

2017年10月18日，党的十九大再次提到"建设生态文明是中华民族永续发展的千年大计，坚持节约资源和保护环境是我国的基本国策"，作为"三大攻坚战"之一的污染防治，其成效与经济能否实现可持续健康发展、能否实现高速发展向高质量发展阶段转化密切相关。而国家审计与环境治理密切相关，它既是环境保护公共资金支出、相关环境保护税费收入的监控者，又是政府环境保护、污染治理活动的监督者。2015年12月，中共中央办公厅和国务院办公厅印发的《关于实行审计全覆盖的实施意见》指出"对公共资金、国有资产、国有资源和领导干部履行经济责任情况实行审计全覆盖"，印发的《开展领导干部自然资源资产离任审计试点方案》将生态环境保护纳入领导干部履职责任范围。2018年全国审计工作会上，明确指出"2018年度的审计工作要围绕打好'三大攻坚战'，进一步聚焦审计重点；在污染防治方面，要不断创新审计方式方法，推动各级领导干部牢固树立绿水青山就是金山银山的意识，促进加快生态文明建设，推动实现经济发展和环境保护双赢"。2018年5月，习近平主席在中央审计委员会第一次会议上提出，审计机关应紧紧围绕统筹推进"五位一体"总体

布局和协调推进"四个全面"战略布局,依法全面履行审计监督职责,促进经济高质量发展,促进全面深化改革……而2019年1月的全国审计工作会议又强调,做好2019年审计工作,变压力为加快推动经济高质量发展的动力,确保2019年主要经济社会指标和改革发展任务顺利完成。

2019年5月29日,中国生态环境部发布的《2018中国生态环境状况公报》显示,京津冀及周边地区重点行业企业自2018年10月1日起全面执行大气污染物特别排放限值,全国实现超低排放的煤电机组约8.1亿千瓦(占全国煤电总装机容量的80%),非石化能源消费比重达14.3%,北方地区冬季清洁取暖试点城市由12个增加到35个,完成散煤治理480万户以上,煤炭等大宗物资运输加快向铁路转移,铁路货运量比2017年上升9.1%;36个重点城市1062个黑臭水体中,1009个消除或基本消除黑臭,消除比例达95%;推进禁止洋垃圾进口工作,全国固体废物进口总量2263万吨,比2017年下降46.5%,严厉打击固体废物及危险废物非法转移和倾倒行为,"清废行动2018"挂牌督办的1308个突出问题中1304个完成整改,比例达99.7%。我国的环境治理取得了较好的成效,但环境污染治理的投入与环境质量的改善目标之间仍然存在一定的差距。

改革开放以来,发展过程更多地强调经济发展和GDP增长,忽视了资源环境的承载能力,资源约束趋紧、环境污染严重、生态系统退化等问题日渐突出。然而,国家治理现代化既体现为经济与社会的和谐,也体现为人与自然的和谐。习近平总书记提出:"绿水青山就是金山银山,走向生态文明新时代,建设美丽中国,是实现中华民族伟大复兴的中国梦的重要内容。"为了实现经济的可持续发展,节约资源和保护环境已然上升到国家战略的层面。基于此,本节从环境污染治理视角,探讨国家审计通过关注环境保护促进国家治理的作用路径。

二、国家审计促进环境污染防治的实证研究

中国社会经济高速发展的同时,垃圾污染、水污染及雾霾天气等环境

问题也日益严重,环境污染已然成为社会关注的热点与难点问题,治理环境污染与稳定经济增长同等重要,保护生态环境、治理污染成为人类社会推进持续发展的共同利益诉求,成为推进国家治理现代化的重要任务之一。我国政府绿色采购的规模不断扩大,财政对环境污染治理的投资也在逐年递增,然而"先污染,后治理"经济发展模式导致了环境污染危害累积叠加,且在财政分权体制下,地方政府追求短期经济增长的显性政绩动机又降低了治理环境污染的实际动力,致使环境污染问题成为难以解决的"痼疾",成为社会经济高质量持续发展的障碍,引起了政府及监管部门的高度重视。

2012年11月8日,党的十八大提出"五位一体"总布局,要求将环境破坏、生态效益纳入社会经济发展的评价体系,将生态文明建设提升到国家战略层面。2014年3月5日,十二届全国人大二次会议上,李克强总理做政府工作报告时提出"加强生态环境保护,下决心用硬措施完成硬任务",强调"出重拳强化污染防治,要像对贫困宣战一样,坚决向污染宣战"。2015年10月26日至29日,十八届五中全会将生态文明建设列入国家"十三五"规划中,提出"创新、协调、绿色、开放、共享"五大发展理念,并提出坚持绿色发展,坚持节约资源和保护环境的基本国策,坚持可持续发展……加快建设资源节约型、环境友好型社会,形成人与自然和谐发展现代化建设新格局,推进美丽中国建设。强调要加大环境治理力度,以提高环境质量为核心,实行最严格的环境保护制度,深入实施大气、水、土壤污染防治行动计划,实行省以下环保机构监测监察执法垂直管理制度。2018年3月,生态环境部、自然资源部、水利部、农业农村部、国家林业和草原局、中国科学院和国家海洋局七部门在北京联合召开"绿盾2018"自然保护区监督检查专项行动,以维护国家自然保护区,构建良好的生态系统,促进生态文明建设。2019年3月,李克强总理在十三届全国人大二次会议上做的政府工作报告指明:"今年经济社会发展的主要预期目标是,生态环境进一步改善,主要污染物排放量继续下降;要继续坚持以供给侧结构性改革为主线,推动经济高质量发展;要继续打好

'三大攻坚战'，污染防治要聚焦打赢蓝天保卫战等重点任务，统筹兼顾、标本兼治，使生态环境质量持续改善。"

基于此，本部分从环境治理的视角，研究并实证考察国家审计功能发挥对治理环境污染的作用，提供了国家审计通过监控环境治理资金，进而促进国家治理的经验证据。

1. 国家审计功能与环境治理效率的关系

现有研究认为，环境绩效和资源效率构成生态效率的两个核心要素，环境绩效指某一地区、行业或企业单位价值创造中对环境的影响程度，是衡量可持续发展的标准之一（世界可持续发展工商理事会，1992）。分析美国 1970~1997 年的农业污染治理状况发现，农业污染治理投入产出规模报酬呈现递增效应（Managi & Kaneko，2006）。以大气污染、水污染、固体废弃物作为中国地区环境治理投资效率评价指标，研究发现环境治理投资效率存在地域差异，且多数地区环境治理投资的效率较低（胡艳和吴振鹏，2013）。环境规制与第二产业产值之间呈倒"U"型关系，环境规制力度在临界值 10.3 以下时经济与环境才可以实现双赢（夏春婉和林勇，2011）。从行业特征角度研究中国工业废水治理成本，发现末端治理有助于减少化学耗氧量（COD）的排放，2003 年施行的清洁生产法律规制有助于抑制 COD 的排放（Fujii et al.，2013）。中国的企业技术创新比治理投资对环境污染治理的影响效应和促进作用更大，即污染治理的前端预防效应优于末端治理效果，且污染治理投资效果在西部地区更明显，企业技术创新的污染治理效应在东部地区更显著（王鹏和谢丽文，2014）。通过对中国 85 个地方城镇分析发现，地方政府对工业污染治理的偏好受到上级政府干预以及本辖区居民态度的影响，上级政府对环境保护越重视、本辖区居民对环境污染投诉越多，地方政府对环境污染治理力度越强（Wang & Di，2010）。以工业"三废"治理效率衡量环境污染治理进行研究，发现政府颁布的公众环境参与政策对环境污染具有积极的治理效力，能够降低环境恶化速度（张国兴等，2019）。财政分权体制影响着地方政府的环境治理行为，为吸引生产资金的投入，可能放松环境规制、贷款担保等政策要求，增大了地区污染物的排放，致使当地环境质量恶化（张欣怡，2015）。在治理环境的问题上，政府行为较大程度地受当地主政官员的影响（臧传琴和初帅，2016）。然而，加大国家审计的抵御功能，有助于促进环境绩效的提升（李丽和孙文远，2019），审计机关的处理处罚权会增加被审计单位对于违法违规的成本预期，在一定程度上震慑了潜在的违法违规行为（郑石桥和梁思源，2018）。

环境治理问题具有外部性、公共产品属性与宏观性，而国家审计是国家治理的重要组成部分，其实质是促进政府公共受托经济责任的全面有效履行，在环境治理监督体系中居于主导地位。国家审计通过评价各地方政府贯彻执行环境保护与污染治理的相关政策措施的状况，监督污染治理与环境保护资金分配、使用情况，能够有效促进环境政策制度的落实及提升环保支出的绩效。例如，通过财政审计促进预算管理和环保资金使用的合规合法性，通过绩效审计提高环境保护监管行为的效果及环境公共资金的利用效率。基于上述分析，提出如下假设：

H10　在其他条件不变的情况下，国家审计功能发挥得越好，越有助于提升环境治理效率。

H10a　在其他条件不变的情况下，审计功能发挥得越好，该地区的大气污染治理效率越高。

H10b　在其他条件不变的情况下，审计功能发挥得越好，该地区的水污染治理效率越高。

H10c　在其他条件不变的情况下，审计功能发挥得越好，该地区的固体废弃物污染治理效率越高。

2. 国家审计功能与环境治理效率的实证模型

（1）样本选择与数据来源。以2010~2016年31个省、自治区和直辖市的地方政府作为研究对象，考察地方政府审计功能的发挥对当地环境治理效率的影响，地方政府审计有关数据来源于《中国审计年鉴》；用工业三废处理率（即工业废气处置率、工业废水处置率和工业固体废弃物处置率）衡量当地环境治理效率，该数据来源于中国经济信息网统计数据库；

固定资产投资、资本形成总额、失业率、环境治理投资等数据来源于《中国财政年鉴》《中国统计年鉴》及 EPS 全球统计数据库，使用 Stata 14 统计软件对数据进行处理和分析。

（2）变量定义与模型设定。构建模型 1、模型 2、模型 3 分别检验 H10a、H10b 和 H10c。

模型 1：

$$SORR = \beta_0 + \beta_1 Audit + \beta_2 Dqjy + \beta_3 Sffb + \beta_4 Open + \beta_5 Gidp + \beta_6 Gztz + \beta_7 Unem + \beta_8 Tfix + \beta_9 Engv + \varepsilon \quad (10-1)$$

模型 2：

$$IWTR = \beta_0 + \beta_1 Audit + \beta_2 Dqjy + \beta_3 Sffb + \beta_4 Open + \beta_5 Gidp + \beta_6 Gztz + \beta_7 Unem + \beta_8 Tfix + \beta_9 Engv + \varepsilon \quad (10-2)$$

模型 3：

$$SWTR = \beta_0 + \beta_1 Audit + \beta_2 Dqjy + \beta_3 Sffb + \beta_4 Open + \beta_5 Gidp + \beta_6 Gztz + \beta_7 Unem + \beta_8 Tfix + \beta_9 Engv + \varepsilon \quad (10-3)$$

Audit 是国家审计功能发挥作用的变量，分别以审计投入和审计产出进行描述，其中，以被审计单位数（Aupi）衡量审计规模及审计投入力度；以审计监督功能和审计咨询建议功能刻画审计产出效果，分别用审计提交报告数（Sjbg）衡量国家审计的监督功能、用审计提出建议数（Auad）衡量国家审计的咨询建议功能，由于国家审计的作用具有滞后性，因此将国家审计功能指标滞后一期进行检验。借鉴王鹏和谢丽文（2014）、张国兴等（2019）的研究，使用工业三废处理率作为环境治理效率的衡量指标，鉴于近年二氧化硫污染的严重性，用工业二氧化硫去除率（SORR）衡量大气污染处理效率；以工业废水处理率（IWTR）衡量水污染处理效率；以工业固体废弃物处理率（SWTR）衡量固体废弃物污染处理效率。还设置了以下控制变量，以控制其他因素对环境治理效率的影响：地区教育水平（Dqjy）、地区税负水平（Sffb）、地区经济开放程度（Open）、财政透明度（Gidp）、固定资产投资（Gztz）、失业水平（Unem）、资本形成总额（Tfix）、环境治理投资（Engv），具体变量定义如表 10-1 所示。

表 10-1 变量定义

变量	变量名	计算方法
环境治理效率		
SORR	大气污染处理效率	工业二氧化硫去除量/二氧化硫产生量
IWTR	水污染处理效率	工业废水处理量/工业废水产生量
SWTR	固体废弃物污染处理效率	工业固体废弃物处理量/工业固体废弃物产生量
国家审计功能		
审计投入		
Aupi	审计规模	被审计单位数进行对数化处理
审计产出		
Sjbg	审计监督功能	审计提交报告数进行对数化处理
Auad	审计咨询建议功能	审计提出建议数进行对数化处理
Dqjy	地区教育水平	每万人大学生在校生数的自然对数
Sffb	地区税负水平	地区财政收入总额/实际 GDP×100
Tfix	资本形成总额	资本形成总额占 GDP 的比重
Gztz	固定资产投资	实际固定资产投资总额/实际 GDP
Open	地区经济开放程度	地区外商直接投资（FDI）/实际 GDP
Unem	失业水平	失业人数/劳动力人口
Gidp	财政透明度	财政透明度评分的标准化值
Engv	环境治理投资	环境治理投资/实际 GDP

资料来源：笔者自制。

3. 国家审计功能与环境污染治理效率的实证结果及分析

（1）描述性统计。表 10-2 是样本的描述性统计结果，从表中可见，大气污染处理效率（SORR）均值为 65.4%，最小值为 0，最大值为 87%；水污染处理效率（IWTR）均值为 66.5%，最小值为 0，最大值为 89%；固体废弃物污染处理效率（SWTR）均值为 17.9%，最小值为 0，最大值为 55%。审计规模（Aupi）均值为 8.141，最小值为 4.99，最大值为 9.369；审计监督功能（Sjbg）均值为 8.17，最小值为 4.898，最大值为 9.539；审计咨询建议功能（Auad）均值为 8.706，最小值为 5.989，最大值为 10.15，即各地区的审计投入力度、发挥的审计监督和审计咨询建议功能存在较大差异。地区教育水平（Dqjy）均值为 4.546，最小值为 3.462，最大值为 5.474；地区税负水平（Sffb）均值为 10.76，最小值为 6.191，最大值为 21.68；地区经济开放程度（Open）均值为 0.022，最小值为 0.001，最大值为 0.08；财政透明度（Gidp）均值为 27.24，最小值为 14.19，最大值为 68.46；固定资产投资（Gztz）均值为 0.753，最小值为 0.253，最大值为 1.507；失业水平（Unem）均值为 3.425，最小值为 1.3，最大值为 4.4；资本形成总额（Tfix）均值为 0.641，最小值为 0.379，最大值为 1.304；环境治理投资（Engv）均值为 0.146，最小值为 0.04，最大值为 0.403，即各地区控制变量指标均存在较大差异。

表 10-2 样本的描述性统计

变量	均值	中值	标准差	最小值	最大值
大气污染处理效率（SORR）	0.654	0.680	0.156	0.000	0.870
水污染处理效率（IWTR）	0.665	0.660	0.116	0.000	0.890
固体废弃物污染处理效率（SWTR）	0.179	0.160	0.126	0.000	0.550
审计规模（Aupi）	8.141	8.408	0.948	4.990	9.369
审计监督功能（Sjbg）	8.170	8.349	0.968	4.898	9.539
审计咨询建议功能（Auad）	8.706	8.907	0.952	5.989	10.150
地区教育水平（Dqjy）	4.546	4.523	0.403	3.462	5.474
地区税负水平（Sffb）	10.760	10.260	3.048	6.191	21.680
地区经济开放程度（Open）	0.022	0.018	0.018	0.001	0.080
财政透明度（Gidp）	27.240	22.820	11.240	14.190	68.460
固定资产投资（Gztz）	0.753	0.756	0.224	0.253	1.507
失业水平（Unem）	3.425	3.500	0.649	1.300	4.400
资本形成总额（Tfix）	0.641	0.589	0.179	0.379	1.304
环境治理投资（Engv）	0.146	0.131	0.071	0.040	0.403

资料来源：笔者自制。

(2) 相关性检验。对各变量进行了 Pearson 相关检验，结果见表 10-3，审计规模（Aupi）与大气污染处理效率（SORR）、水污染处理效率（IWTR）和固体废弃物污染处理效率（SWTR）均在 1% 水平上显著正相关，说明审计投入力度越大，越有利于提升地方政府的大气污染处理效率、水污染处理效率和固体废弃物污染处理效率。审计监督功能（Sjbg）与大气污染处理效率（SORR）、水污染处理效率（IWTR）和固体废弃物污染处理效率（SWTR）均在 1% 水平上显著正相关，说明审计提交的报告数量越多，发挥的监督作用越大，越有利于提升地方政府的大气污染处理效率、水污染处理效率和固体废弃物污染处理效率。审计咨询建议功能（Auad）与大气污染处理效率（SORR）、水污染处理效率（IWTR）和固体废弃物污染处理效率（SWTR）也均在 1% 水平上显著正相关，说明审计提交咨询建议数量越多，发挥的建议功能作用越好，越有利于提升地方政府的大气污染处理效率、水污染处理效率和固体废弃物污染处理效率。Pearson 相关性检验结果初步证明了前文的 H10a、H10b 和 H10c。

4. 国家审计提升环境污染治理效应的结果分析

(1) 国家审计提升环境污染治理效应的回归结果分析。

1) 地方政府审计功能与地区大气污染治理效率。用模型 1 考察地方政府审计对该地区工业废气污染治理是否有影响，结果见表 10-4，第（1）列显示，审计规模（Aupi）与大气污染处理效率（SORR）系数是 0.076，在 1% 水平上显著为正，即政府审计投入力度越大，越有利于提升该地区对大气污染的治理效率；第（2）列显示，审计监督功能（Sjbg）与大气污染处理效率（SORR）系数是 0.095，在 1% 水平上显著为正，即政府审计监督力度越大，越有利于提升该地区对大气污染的治理效率；第（3）列显示，审计咨询建议功能（Auad）与大气污染处理效率（SORR）系数是 0.086，在 1% 水平上显著正相关，即政府审计建议功能发挥得越好，越有利于提升该地区对大气污染的治理效率，H10a 得到验证。此外，控制变量的回归结果显示，地区税负水平越高、地区经济开放程度越大，当地的大气污染治理效率也就越高。

第十章 国家审计、"三大攻坚战"与预算绩效

表 10-3 变量的相关性分析

	SORR	IWTR	SWTR	Aupi	Sjbg	Auad	Dqjy	Sffb	Open	Gidp	Gatz	Unem	Tfix	Engv
大气污染处理效率 (SORR)	1													
水污染处理效率 (IWTR)	0.020	1												
固体废弃物污染处理效率 (SWTR)	0.133*	0.350***	1											
审计规模 (Aupi)	0.315***	0.297***	0.289***	1										
审计监督功能 (Sjbg)	0.432***	0.275***	0.272***	0.929***	1									
审计咨询建议功能 (Auad)	0.423***	0.235***	0.246***	0.902***	0.962***	1								
地区教育水平 (Dqjy)	0.154*	−0.153*	−0.068	−0.227***	−0.193***	−0.161**	1							
地区税负水平 (Sffb)	0.113	−0.068	−0.185**	−0.470***	−0.374***	−0.311***	0.255***	1						
地区经济开放程度 (Open)	0.154*	0.031	−0.169**	−0.194***	−0.156**	−0.158**	0.490***	0.323***	1					
财政透明度 (Gidp)	0.052	−0.080	−0.022	−0.026	0.028	0.041	0.011	0.116*	−0.039	1				
固定资产投资 (Gatz)	−0.067	0.067	0.194**	0.059	0.053	0.029	−0.246***	−0.193***	−0.339***	0.100	1			

续表

	SORR	IWTR	SWTR	Aupi	Sjbg	Auad	Dqjy	Sffb	Open	Gidp	Gztz	Unem	Tfix	Engv
失业率水平 (Unem)	-0.063	0.248***	0.169**	0.187***	0.124*	0.108	-0.177***	-0.415***	-0.067	-0.164**	0.117*	1		
资本形成总额 (Tfix)	-0.349***	-0.036	0.029	-0.298***	-0.361***	-0.398***	-0.319***	-0.117	-0.353***	-0.032	0.616***	0.183***	1	
环境治理投资 (Engv)	-0.061	0.044	0.086	-0.084	-0.095	-0.130*	-0.131*	0.130*	-0.205***	0.120*	0.272***	-0.070	0.299***	1

注：*、**、*** 分别表示在 10%、5%、1%的水平上显著，括号内为 P 值。

第十章 国家审计、"三大攻坚战"与预算绩效

表 10-4 地方政府审计与地区大气污染治理效率

变量	(1) SORR	(2) SORR	(3) SORR
审计规模（Aupi）	0.076*** (4.01)		
审计监督功能（Sjbg）		0.095*** (4.76)	
审计咨询建议功能（Auad）			0.086*** (4.64)
地区教育水平（Dqjy）	0.020 (0.53)	0.016 (0.45)	0.015 (0.43)
地区税负水平（Sffb）	0.013*** (2.86)	0.015*** (3.49)	0.011*** (2.70)
地区经济开放程度（Open）	1.100 (1.26)	1.377 (1.51)	1.454* (1.66)
财政透明度（Gidp）	−0.001 (−0.99)	−0.001 (−0.78)	−0.001 (−0.79)
固定资产投资（Gztz）	0.040 (0.66)	0.032 (0.56)	0.025 (0.41)
失业水平（Unem）	−0.017 (−0.89)	−0.021 (−1.26)	−0.020 (−1.10)
资本形成总额（Tfix）	−0.112 (−1.40)	−0.030 (−0.40)	−0.037 (−0.47)
环境治理投资（Engv）	0.140 (0.62)	0.156 (0.83)	0.195 (0.90)
年度	控制	控制	控制
_cons	−0.050 (−0.15)	−0.276 (−0.80)	−0.199 (−0.59)
N	154	154	154
R^2	0.275	0.352	0.309
F	3.407	3.884	3.675

注：*、**、***分别表示在10%、5%、1%的水平上显著，括号内为t值。

2) 地方政府审计功能与地区水污染治理效率。用模型2考察地方政府审计对该地区工业废水污染的治理是否有影响，结果见表10-5，第（1）

· 219 ·

列显示，审计规模（Aupi）与水污染处理效率（IWTR）系数是0.038，在1%水平上显著为正，即政府审计投入力度越大，越有利于促进该地区水污染的治理效率；第（2）列显示，审计监督功能（Sjbg）与水污染处理效率（IWTR）系数是0.034，在5%水平上显著为正，即政府审计监督力度越大，越有利于促进该地区水污染的治理效率；第（3）列显示，审计咨询建议功能（Auad）与水污染处理效率（IWTR）系数是0.026，在5%水平上显著正相关，即政府审计建议功能发挥得越好，越有利于促进该地区水污染的治理效率，H10b得到验证。此外，控制变量的回归结果显示，地区教育水平越低、经济开放程度越大、失业率越高，对当地水污染的治理效率影响也越大。

表10–5　地方政府审计与地区水污染治理效率

变量	(1) IWTR	(2) IWTR	(3) IWTR
审计规模（Aupi）	0.038*** (2.85)		
审计监督功能（Sjbg）		0.034** (2.48)	
审计咨询建议功能（Auad）			0.026** (2.05)
地区教育水平（Dqjy）	−0.050* (−1.68)	−0.053* (−1.81)	−0.059* (−1.96)
地区税负水平（Sffb）	0.006 (1.50)	0.005 (1.33)	0.004 (0.94)
地区经济开放程度（Open）	1.083* (1.96)	1.068* (1.94)	1.130* (1.93)
财政透明度（Gidp）	−0.001 (−1.36)	−0.001 (−1.28)	−0.001 (−1.42)
固定资产投资（Gztz）	0.039 (1.00)	0.043 (1.09)	0.049 (1.32)
失业水平（Unem）	0.043*** (3.18)	0.044*** (3.22)	0.044*** (3.22)
资本形成总额（Tfix）	−0.026 (−0.33)	−0.025 (−0.31)	−0.052 (−0.64)

第十章 国家审计、"三大攻坚战"与预算绩效

续表

变量	（1）	（2）	（3）
	IWTR	IWTR	IWTR
环境治理投资（Engv）	0.114 (0.93)	0.118 (0.98)	0.140 (1.11)
年度	控制	控制	控制
_cons	0.333 (1.59)	0.385* (1.86)	0.490** (2.49)
N	216	216	216
R²	0.130	0.120	0.102
F	2.647	2.371	1.983

注：*、**、***分别表示在10%、5%、1%的水平上显著，括号内为t值。

3) 地方政府审计功能与地区固体废弃物污染治理效率。用模型3考察地方政府审计对该地区工业固体废弃物污染的治理是否有影响，结果见表10-6，第（1）列显示，审计规模（Aupi）与固体废弃物污染处理效率（SWTR）系数是0.036，在5%水平上显著为正，即政府审计投入力度越大，越有利于促进该地区工业固体废弃物污染的处理效率；第（2）列显示，审计监督功能（Sjbg）与固体废弃物污染处理效率（SWTR）系数是0.035，在5%水平上显著为正，即政府审计监督力度越大，越有利于促进该地区工业固体废弃物污染的治理效率；第（3）列显示，审计咨询建议功能（Auad）与固体废弃物污染处理效率（SWTR）系数是0.03，在5%水平上显著正相关，即政府审计建议功能发挥得越好，越有利于提升该地区工业固体废弃物污染的处理效率，H10c得到验证。

（2）稳健性检验。为了检验结果的可靠性，我们进行了如下稳健性检验：第一，为了考察国家审计对工业"三废"的治理效应是否稳定，将衡量国家审计功能的三个指标审计规模（Aupi）、审计监督功能（Sjbg）、审计咨询建议功能（Auad）滞后两期依次代入模型1、模型2和模型3中进行检验，研究结论与前文一致。第二，为了控制地区层面不可观测因素对研究结论的影响，我们将省级地区按传统方法划分为东部、中部和西部地

区，并在回归模型中加入相应的地区控制变量，结论保持不变。总体而言，本部分的研究结果具有较好的稳健性。

表10-6 地方政府审计与地区固体废弃物污染治理效率

变量	(1) SWTR	(2) SWTR	(3) SWTR
审计规模（Aupi）	0.036** (2.34)		
审计监督功能（Sjbg）		0.035** (2.43)	
审计咨询建议功能（Auad）			0.030** (2.11)
地区教育水平（Dqjy）	0.027 (0.80)	0.021 (0.65)	0.020 (0.62)
地区税负水平（Sffb）	0.004 (0.94)	0.003 (0.90)	0.002 (0.51)
地区经济开放程度（Open）	−0.757 (−0.82)	−0.699 (−0.76)	−0.683 (−0.73)
财政透明度（Gidp）	0.000 (0.01)	0.000 (0.09)	0.000 (0.05)
固定资产投资（Gztz）	0.141* (1.96)	0.147** (2.07)	0.145** (1.98)
失业率水平（Unem）	0.022 (1.29)	0.021 (1.28)	0.022 (1.33)
资本形成总额（Tfix）	−0.049 (−0.47)	−0.044 (−0.42)	−0.052 (−0.50)
环境治理投资（Engv）	0.080 (0.59)	0.085 (0.62)	0.099 (0.69)
年度	控制	控制	控制
_cons	−0.437 (−1.49)	−0.418 (−1.49)	−0.374 (−1.28)
N	154	154	154
R^2	0.071	0.070	0.059
F	3.661	3.727	3.340

注：*、**、*** 分别表示在10%、5%、1%的水平上显著，括号内为t值。

第十章 国家审计、"三大攻坚战"与预算绩效

1) 国家审计功能指标滞后两期进行检验。为了检验国家审计对当地环境污染的治理效应是否稳定，将衡量地方政府审计功能的三个指标审计规模（Aupi）、审计监督功能（Sjbg）、审计咨询建议功能（Auad）滞后两期依次代入模型1、模型2和模型3进行回归，结果见表10-7、表10-8和表10-9。

在表10-7中，第（1）列显示，审计规模（Aupi_2）与大气污染处理效率（SORR）系数是0.08，在1%水平上显著为正；第（2）列显示，审计监督功能（Sjbg_2）与大气污染处理效率（SORR）系数是0.105，在1%水平上显著为正；第（3）列显示，审计咨询建议功能（Auad_2）与大气污染处理效率（SORR）系数是0.093，在1%水平上显著正相关，即地方政府审计的投入力度越大，地方政府审计的监督和审计咨询建议功能发挥得越好，越有利于促进该地区大气污染治理效率的提高。

表10-7 地方政府审计与地区大气污染治理效率（滞后两期）

变量	(1) SORR	(2) SORR	(3) SORR
审计规模（Aupi_2）	0.080*** (3.66)		
审计监督功能（Sjbg_2）		0.105*** (4.89)	
审计咨询建议功能（Auad_2）			0.093*** (4.63)
地区教育水平（Dqjy）	0.034 (0.81)	0.035 (0.90)	0.032 (0.81)
地区税负水平（Sffb）	0.014*** (2.98)	0.016*** (3.80)	0.012*** (2.88)
地区经济开放程度（Open）	0.906 (1.01)	1.206 (1.31)	1.301 (1.47)
财政透明度（Gidp）	−0.001 (−0.68)	−0.000 (−0.27)	−0.000 (−0.35)
固定资产投资（Gztz）	0.048 (0.74)	0.022 (0.35)	0.022 (0.35)

续表

变量	(1) SORR	(2) SORR	(3) SORR
失业率水平（Unem）	−0.009 (−0.43)	−0.016 (−0.86)	−0.017 (−0.88)
资本形成总额（Tfix）	−0.148* (−1.72)	−0.023 (−0.29)	−0.042 (−0.51)
环境治理投资（Engv）	0.150 (0.68)	0.175 (0.95)	0.220 (1.02)
年度	控制	控制	控制
_cons	−0.277 (−0.72)	−0.565 (−1.52)	−0.444 (−1.21)
N	154	154	154
R^2	0.269	0.362	0.309
F	3.210	3.912	3.590

注：*、**、*** 分别表示在10%、5%、1%的水平上显著，括号内为t值。

在表10-8中，第（1）列显示，审计规模（Aupi_2）与水污染处理效率（IWTR）系数是0.043，在1%水平上显著为正；第（2）列显示，审计监督功能（Sjbg_2）与水污染处理效率（IWTR）系数是0.036，在1%水平上显著为正；第（3）列显示，审计咨询建议功能（Auad_2）与水污染处理效率（IWTR）系数是0.027，在5%水平上显著正相关，即政府审计的投入力度越大，审计监督和审计咨询建议功能发挥得越好，越有利于促进该地区水污染治理效率的提高。

表10-8 地方政府审计与地区水污染治理效率（滞后两期）

变量	(1) IWTR	(2) IWTR	(3) IWTR
审计规模（Aupi_2）	0.043*** (3.25)		
审计监督功能（Sjbg_2）		0.036*** (2.82)	
审计咨询建议功能（Auad_2）			0.027** (2.06)

续表

变量	(1) IWTR	(2) IWTR	(3) IWTR
地区教育水平（Dqjy）	−0.050* (−1.68)	−0.055* (−1.85)	−0.060** (−1.99)
地区税负水平（Sffb）	0.007* (1.68)	0.006 (1.42)	0.004 (0.92)
地区经济开放程度（Open）	1.124** (2.05)	1.092** (1.99)	1.142* (1.97)
财政透明度（Gidp）	−0.001* (−1.77)	−0.001 (−1.52)	−0.001* (−1.68)
固定资产投资（Gztz）	0.031 (0.81)	0.038 (1.00)	0.044 (1.19)
失业率水平（Unem）	0.043*** (3.22)	0.043*** (3.19)	0.044*** (3.16)
资本形成总额（Tfix）	−0.013 (−0.18)	−0.018 (−0.23)	−0.049 (−0.60)
环境治理投资（Engv）	0.123 (1.05)	0.131 (1.09)	0.155 (1.24)
年度	控制	控制	控制
_cons	0.289 (1.42)	0.376* (1.91)	0.489** (2,45)
N	216	216	216
R^2	0.142	0.126	0.105
F	2.860	2.510	2.058

注：*、**、***分别表示在10%、5%、1%的水平上显著，括号内为t值。

在表10-9中，第（1）列显示，审计规模（Aupi_2）与固体废弃物污染处理效率（SWTR）系数是0.037，在5%水平上显著为正；第（2）列显示，审计监督功能（Sjbg_2）与固体废弃物污染处理效率（SWTR）系数是0.033，在5%水平上显著为正；第（3）列显示，审计咨询建议功能（Auad_2）与固体废弃物污染处理效率（SWTR）系数是0.026，系数为正但不显著，总体而言，政府审计的投入力度越大，审计监督和审计咨询建议功能发挥得越好，越有利于促进该地区固体废弃物治理效率的提高。

表 10-9 地方政府审计与地区固体废弃物污染治理效率（滞后两期）

变量	（1）SWTR	（2）SWTR	（3）SWTR
审计规模（Aupi_2）	0.037** (2.25)		
审计监督功能（Sjbg_2）		0.033** (2.17)	
审计咨询建议功能（Auad_2）			0.026 (1.60)
地区教育水平（Dqjy）	0.027 (0.80)	0.021 (0.65)	0.018 (0.57)
地区税负水平（Sffb）	0.004 (1.05)	0.003 (0.88)	0.002 (0.44)
地区经济开放程度（Open）	−0.788 (−0.86)	−0.755 (−0.82)	−0.757 (−0.80)
财政透明度（Gidp）	−0.000 (−0.05)	0.000 (0.13)	0.000 (0.06)
固定资产投资（Gztz）	0.144** (1.98)	0.149** (2.05)	0.153** (2.04)
失业率水平（Unem）	0.022 (1.33)	0.022 (1.32)	0.022 (1.35)
资本形成总额（Tfix）	−0.050 (−0.49)	−0.048 (−0.45)	−0.068 (−0.63)
环境治理投资（Engv）	0.075 (0.54)	0.080 (0.57)	0.090 (0.60)
年度	控制	控制	控制
_cons	−0.408 (−1.35)	−0.349 (−1.23)	−0.263 (−0.88)
N	154	154	154
R^2	0.073	0.066	0.052
F	3.604	3.568	3.117

注：*、**、*** 分别表示在 10%、5%、1%的水平上显著，括号内为 t 值。

2）控制地区层面不可观测因素的影响。为了控制地区层面不可观测因素对研究结论的影响，我们将省级地区按传统方法划分为东部、中部和

第十章 国家审计、"三大攻坚战"与预算绩效

西部地区，并在模型1、模型2和模型3中加入相应的地区控制变量进行回归，结果见表10-10、表10-11和表10-12。

在表10-10中，第（1）列显示，审计规模（Aupi）与大气污染处理效率（SORR）系数是0.086，在1%水平上显著为正；第（2）列显示，审计监督功能（Sjbg）与大气污染处理效率（SORR）系数是0.103，在1%水平上显著为正；第（3）列显示，审计咨询建议功能（Auad）与大气污染处理效率（SORR）系数是0.094，在1%水平上显著正相关，即地方政府审计的投入力度越大，地方政府审计的监督和咨询建议功能发挥得越好，越有利于促进该地区大气污染治理效率的提高。

表10-10 地方政府审计与地区大气污染治理效率（控制地区差异）

变量	(1) SORR	(2) SORR	(3) SORR
审计规模（Aupi）	0.086*** (4.08)		
审计监督功能（Sjbg）		0.103*** (5.00)	
审计咨询建议功能（Auad）			0.094*** (4.80)
地区教育水平（Dqjy）	0.029 (0.79)	0.021 (0.59)	0.022 (0.62)
地区税负水平（Sffb）	0.015*** (2.73)	0.018*** (3.42)	0.013** (2.56)
地区经济开放程度（Open）	0.246 (0.24)	0.428 (0.41)	0.628 (0.62)
财政透明度（Gidp）	−0.001 (−1.31)	−0.001 (−1.12)	−0.001 (−1.08)
固定资产投资（Gztz）	0.117 (1.56)	0.115 (1.53)	0.101 (1.35)
失业率水平（Unem）	−0.002 (−0.08)	−0.006 (−0.32)	−0.005 (−0.28)
资本形成总额（Tfix）	−0.093 (−1.12)	−0.011 (−0.14)	−0.018 (−0.23)

续表

变量	(1) SORR	(2) SORR	(3) SORR
环境治理投资（Engv）	0.160 (0.73)	0.178 (0.98)	0.220 (1.04)
年度	控制	控制	控制
地区	控制	控制	控制
_cons	−0.351 (−0.94)	−0.524 (−1.45)	−0.455 (−1.24)
N	154	154	154
R^2	0.293	0.371	0.325
F	3.296	3.768	3.541

注：*、**、***分别表示在10%、5%、1%的水平上显著，括号内为t值。

在表10-11中，第（1）列显示，审计规模（Aupi）与水污染处理效率（IWTR）系数是0.039，在1%水平上显著为正；第（2）列显示，审计监督功能（Sjbg）与水污染处理效率（IWTR）系数是0.036，在1%水平上显著为正；第（3）列显示，审计咨询建议功能（Auad）与水污染处理效率（IWTR）系数是0.026，在5%水平上显著正相关，即政府审计的投入力度越大，审计监督和审计咨询建议功能发挥得越好，越有利于促进该地区水污染治理效率的提升。

表10-11　地方政府审计与地区水污染治理效率（控制地区差异）

变量	(1) IWTR	(2) IWTR	(3) IWTR
审计规模（Aupi）	0.039*** (3.31)		
审计监督功能（Sjbg）		0.036*** (2.93)	
审计咨询建议功能（Auad）			0.026** (2.37)
地区教育水平（Dqjy）	−0.062** (−2.17)	−0.066** (−2.32)	−0.072** (−2.44)

第十章 国家审计、"三大攻坚战"与预算绩效

续表

变量	(1) IWTR	(2) IWTR	(3) IWTR
地区税负水平（Sffb）	0.011*** (2.61)	0.010** (2.47)	0.008** (2.00)
地区经济开放程度（Open）	0.415 (0.52)	0.461 (0.57)	0.595 (0.72)
财政透明度（Gidp）	−0.001 (−1.47)	−0.001 (−1.33)	−0.001 (−1.41)
固定资产投资（Gztz）	0.060 (1.04)	0.056 (0.95)	0.060 (1.04)
失业率水平（Unem）	0.048*** (2.86)	0.047*** (2.78)	0.047*** (2.73)
资本形成总额（Tfix）	0.016 (0.22)	0.023 (0.30)	−0.012 (−0.16)
环境治理投资（Engv）	0.125 (0.99)	0.128 (1.03)	0.149 (1.16)
年度	控制	控制	控制
地区	控制	控制	控制
_cons	0.320* (1.80)	0.368** (2.06)	0.493*** (3.01)
N	216	216	216
R^2	0.152	0.146	0.124
F	3.024	2.875	2.637

注：*、**、***分别表示在10%、5%、1%的水平上显著，括号内为t值。

在表10-12中，第（1）列显示，审计规模（Aupi）与固体废弃物污染处理效率（SWTR）系数是0.036，在5%水平上显著为正；第（2）列显示，审计监督功能（Sjbg）与固体废弃物污染处理效率（SWTR）系数是0.033，在5%水平上显著为正；第（3）列显示，审计咨询建议功能（Auad）与固体废弃物污染处理效率（SWTR）系数是0.029，也在5%水平上显著为正，即政府审计的投入力度越大，审计监督和审计咨询建议功能发挥得越好，越有利于促进该地区固体废弃物治理效率的提高。

表 10-12 地方政府审计与地区固体废弃物污染治理效率（控制地区差异）

变量	(1) SWTR	(2) SWTR	(3) SWTR
审计规模（Aupi）	0.036** (2.46)		
审计监督功能（Sjbg）		0.033** (2.42)	
审计咨询建议功能（Auad）			0.029** (2.02)
地区教育水平（Dqjy）	0.038 (1.13)	0.031 (0.95)	0.031 (0.93)
地区税负水平（Sffb）	0.000 (0.11)	0.000 (0.01)	−0.002 (−0.40)
地区经济开放程度（Open）	−0.359 (−0.35)	−0.273 (−0.26)	−0.210 (−0.20)
财政透明度（Gidp）	0.000 (0.14)	0.000 (0.22)	0.000 (0.21)
固定资产投资（Gztz）	0.139 (1.60)	0.141 (1.60)	0.137 (1.53)
失业率水平（Unem）	0.021 (1.11)	0.020 (1.06)	0.020 (1.08)
资本形成总额（Tfix）	−0.072 (−0.75)	−0.072 (−0.73)	−0.079 (−0.81)
环境治理投资（Engv）	0.073 (0.53)	0.076 (0.56)	0.089 (0.62)
年度	控制	控制	控制
地区	控制	控制	控制
_cons	−0.409 (−1.45)	−0.355 (−1.34)	−0.317 (−1.11)
N	154	154	154
R^2	0.079	0.075	0.066
F	3.489	3.569	3.259

注：*、**、*** 分别表示在 10%、5%、1% 的水平上显著，括号内为 t 值。

第十章 国家审计、"三大攻坚战"与预算绩效

改革开放以来，工业化和城市化推动着我国经济呈现持续高速的发展态势，然而随之出现的环境问题也不容忽视，为此，国家"十三五"规划制定了13个约束性指标，其中有10个指标涉及资源环境。如何实现环境污染治理与绿色协调发展双重目标，对于完成国家"十三五"战略规划，促进经济可持续健康发展，实现环保双赢具有重要意义。基于此，本部分利用省级地区层面的数据，以环境治理为研究切入点，以工业"三废"的处理效率衡量地区环境治理水平，实证研究国家审计与地方政府环境治理的关系。本节的证据表明：国家审计对环境污染具有治理功能，国家审计的投入力度越大，审计监督和审计咨询建议功能发挥得越好，越有助于提升该地区工业"三废"的处置效率；将国家审计功能指标滞后两期，且考虑地区差异的影响后，研究结论依然稳健。

第二节 国家审计、风险防范与预算绩效

一、国家审计、风险防范与预算绩效的关系

1. 政府债务风险与预算绩效

党的十九大指出："我国经济已由高速增长阶段转向高质量发展阶段，必须加快建设现代财政制度，确立规范透明、科学标准、约束有效的预算制度；健全金融监管体系，严防系统性金融风险的底线。"2017年12月18日至20日，中央经济工作会议部署2018年度的经济工作，按照党的十九大要求，"2018~2020年重点抓好严防重大风险、治理污染、精准脱贫三大攻坚战，以达到小康社会建成战略目标；而有效防范重大风险的重点是防控金融风险，以供给侧结构性改革为主线，完善相关环节的监管制度，严防关键领域可能出现的重大风险"。

防范地方政府债务风险是防止发生系统性金融风险的主要内容,是维护国家安全的重要环节。2017年全国财政工作会议指出,重点做好七个方面工作,其中包括对地方政府性债务的有效监管,要求"强化监督地方债务管理制度落实情况,严格地方政府债务的预算与限额管理,完善地方政府债务风险的评估预警机制,有效处理政府存量债务,促进融资平台公司转型市场化,增加举债融资违规行为的责任追究力度"。此外,2017年12月25日,十二届全国人大常委会第三十一次会议上,分组审议"国务院关于2016年度审计查出问题整改情况报告",多位全国人大常委会委员尤其关注地方政府债务,认为地方政府债务是中国经济最大的"灰犀牛",问题比较突出的是隐性债务风险,部分地方政府仍然抱有"中央兜底"的心态,建议倒查追责,以杜绝地方政府债务持续发生"屡审屡发"的状况。可见,政府债务风险防范问题仍然是目前社会经济改革需要关注的焦点。

政府债务既属于经济范畴,也属于财政范畴,早期的公债作为税收外的政府筹资方式而产生,随着政治经济的发展,政府行权范围日益扩大,财政支出逐渐递增,税收收入不能满足财政支出的增长需要,由此出现国家公债。财政即政府的收支与治理,当政府收入小于政府支出时便是财政赤字,财政赤字是一个财政年度的预算执行结果收入小于支出的金额,政府决算的收支差额既可能是预算赤字(赤字财政政策)导致,也可能是预算执行过程的收入减少、支出增加原因导致。政府债务既是一项预期的财政支出,也属于非经常性的一项财政收入,发行国家公债是弥补财政赤字的一种普遍而可靠的做法,但债务的还本付息责任也可能进一步扩大财政赤字,引发政府债务风险。

2008年以来,我国的财政空间持续缩减,财政的宏观经济调控效用不断降低,初步呈现"财政疲软"态势,而提高财政后备是解决当前问题的有效途径之一(李丹等,2017)。财政赤字或政府债务能否加大社会总供给,是衡量财政的经济调控效果的核心指标,也是判断未来是否发生财政危机的重要标志。中国的政府债务具有显著外生性特征,减弱财政赤字效果,持续递增的政府债务规模导致财政赤字的低效率,并加大实体经济压

第十章　国家审计、"三大攻坚战"与预算绩效

力,即存在潜在的财政危机(缪小林,2017)。为消除 2008 年全球金融危机对经济的负面影响,各国政府均采取了积极的财政政策,中国政府实施 4 万亿"经济刺激计划"以应对金融危机,其中,中央投资新增 1.18 万亿元(占比为 29.5%),地方投资 2.82 万亿元(占比为 70.5%),地方投资主要包括政策性贷款、地方政府债券、地方财政预算等。可见,政府债务既是弥补财政缺口的重要方式,也是刺激经济增长的有效手段,此后我国的政府债务规模持续大幅度增长,由此引发的政府债务风险也日益受到关注。2013 年香港惠誉认为我国地方政府债务风险持续扩大,将中国长期本币信用评级从 AA-降至 A+;2016 年,穆迪国际和标准普尔评级服务认为我国政府债务的急剧增加引发了财政疲软,债务风险不断递增,遂将中国主权信用评级展望由"稳定"降到"负面"。由此可见,防范政府债务风险已然成为维护国家财政与经济安全、实现国家治理现代化战略亟待解决的重要问题之一。有效管理政府债务,谨慎防范与有效应对政府债务风险是促进财政政策效果、提升政府预算效率、实现良好治理的关键因素。

2. 国家审计与政府债务风险防范

党和政府一直极为关注政府债务与财政风险问题。2012 年 3 月,温家宝在政府工作报告中指出"高度重视防控财政金融领域的潜在风险隐患,及时对地方政府债务进行全面审计……这些债务也存在风险隐患,尤其是部分偿债能力较弱地区"。2013 年 11 月,党的十八届三中全会通过的《中共中央关于全面深化改革若干重大问题的决定》明确要求"建立规范合理的中央和地方政府债务管理及风险预警机制"。2013 年底,李克强指出"要把财政赤字和债务规模控制在合理范围,并强调发挥审计的财政监督作用"。2015 年 12 月,中央经济工作会议指出,2016 年经济工作重点是落实"十三五"规划建议要求,为顺利实现目标,将推行积极的财政政策,阶段性提高财政赤字率,并强调要完善全口径政府债务管理,有效化解政府债务风险。

审计理应成为防范政府债务风险,维护财政安全的有效手段与工具。2015 年 12 月 28 日,刘家义在全国审计工作会议上表示"2016 年审计需

切实突出风险易发高发领域和环节的风险防范,重点关注政府债务的薄弱环节和风险隐患"。2016年12月29日,全国审计工作会议再次强调"2017年的审计工作重点关注地方政府债务的管理……"。

2018年1月9日的全国审计工作会议上,胡泽君指出"5年来,我们始终把揭示和反映经济社会运行中的风险隐患作为重要任务,密切关注财政、金融、政府债务、国企国资等领域,及时揭示部分地方政府债务增长较快、一些金融机构违规经营、部分企业投资经营风险管控薄弱等问题,推动相关地方及时完善防范措施,切实维护经济安全",并强调各级审计机关要围绕打好"三大攻坚战",进一步聚焦审计重点,"在防范化解重大风险方面,要继续发挥审计专业性强、触角广泛、反应快速等优势,深入揭示风险隐患,及时发出预警,防范好金融风险"。随着改革的深化、经济的发展,审计作为党和国家监督体系的重要组成部分,作用越来越强、地位越来越重要,通过扎实开展政策落实跟踪审计、财政审计、金融审计等方式,有效防范政府债务风险及金融风险、服务国家战略、推进国家治理。

二、地方政府债务现状考察

政府债务风险的有效防控离不开对政府债务水平的准确分析、完善的债务管理制度以及有效的债务监控机制。

1. 地方政府债务水平

财政部公布数据显示,2016年末,我国政府债务27.33万亿元,其中,地方政府债务15.32万亿元、中央政府债务12.01万亿元,政府债务负债率(债务余额/GDP=27.33/74.41)为36.73%、地方政府债务率(债务余额/综合财力)为80.5%,低于国际水平,风险总体可控。经全国人大会议审议批准,2017年全国地方政府债务限额为18.81743万亿元,一般债务限额11.548922万亿元,专项债务限额7.268508万亿元。截至2017年12月末,全国地方政府债务余额16.4706万亿元,其中,一般债务

103322亿元，专项债务61384亿元；政府债券14.7448万亿元，非政府债券形式存量政府债务1.7258万亿元，控制在全国人大批准的限额之内。

同时，根据覃汉和高国华编写的《2017年中国地方政府信用综合质量排序（负债率、偿债率和定位图篇）》报告显示，省级政府负债水平与债务风险分析结果为：政府债务风险呈现西高东低、南高北低的地理特征，直辖市和西部地区债务比率最高，贵州、天津、重庆、云南和青海超过负债率60%的警戒线，不断增长的融资风险值得关注。地市级政府负债水平与债务风险分析结果为：全国共有6个地级市负债率超过100%，兰州市、昆明市、南宁市和贵阳市超过150%，成都市和乌鲁木齐市在100%~150%之间；全国共有5个地级市偿债率超过1000%，兰州市和南宁市最高，超过2000%，昆明市、贵阳市和成都市偿债率数值在1000%~2000%之间。最近，云南省主动通报四个市县违规举债，2016年末，云南省政府债务余额为6353.2亿元，居全国第九位，债务率为116%，超过100%的警戒线，居全国第四位。可见，防范政府债务风险仍然是经济改革需要关注与解决的重要问题。

2. 地方政府债务管理制度

为促进地方政府合法合规举借债务，发挥赤字财政的积极作用，同时防范金融风险，维护财政与经济安全，国务院于2014年9月21日发布《关于加强地方政府性债务管理的意见》，对地方政府举债规模实行严格控制，并限定了政府举借债务的程序及筹借资金的用途，施行地方政府举债的全口径预算制度，建立"借、用、还"系统化政府债务管理机制，该规定的实施有效监控了财政金融风险。表现在：2013年6月至2014年底，新规定实施前，政府或有负债增长22.9%，直接负债增长41.3%；施行新规定后，新增债务增速下降，截至2017年11月地方政府债务余额为165944亿元，2015年地方政府债券新增额度为6000亿元，2016年为1.18万亿元，2017年为1.63万亿元，政府债务的总规模得到了有效控制，但某些地区还存在不合规的举债行为，局部风险仍需引起重视。

2016年，印发《财政部驻各地财政监察专员办事处实施地方政府债务监督暂行办法》(财预〔2016〕175号),确立对地方政府债务的常态化监督机制。2016年10月27日,国务院办公厅印发《地方政府性债务风险应急处置预案》,为有效细化地方政府债务风险的管控提供制度依据。2016年12月2日,财政部印发《地方政府一般债务预算管理办法》的通知,对政府债务预算管理操作进行规定,以促使2014年修订的《中华人民共和国预算法》及《国务院关于加强地方政府性债务管理的意见》得以顺利执行。

2017年4月26日,为贯彻落实党中央、国务院决策部署,严防区域性、系统性风险的发生,财政部、发展改革委、司法部、人民银行、银监会和证监会联合发布《关于进一步规范地方政府举债融资行为的通知》,将地方政府债务管理上升到了维护国家总体安全高度。详细措施有:第一,地方政府融资担保清理整改的全面施行。设立由本级政府主要负责人任组长的"债务管理领导小组",监督本级政府完善风险防范机制,纠正违规融资担保行为,限定在2017年7月31日清改到位,并于2017年8月31日之前反馈财政部,不达标者追究负责人责任。第二,融资平台公司融资管理的强化。强化管理融资平台公司,促使融资行为的规范化,推动融资平台公司尽快转型为市场化运营的国有企业,完善信息披露机制,举债时书面声明不承担政府融资职能。第三,加强PPP项目的管理。规范PPP模式,避免形成潜在的地方政府债务。第四,建立与完善地方政府的举债融资机制。实施地方政府举债限额,采用政府债券方式,严格控制举债规模,提高举债行为信息透明度,规范政府债务的管理,提升资金使用效率。第五,实施跨部门联合监测与防控机制。建立政府部门及相关行业自律组织参与的监管机制,形成监管合力,强化对政府融资行为的规范化管理。第六,进一步推动信息公开。推进地方政府及其所属部门举债融资行为(包括PPP项目)的决策、执行、管理、结果等信息的全面公开,对信息公开严格实施责任追究制度。

2018年1月8日,为贯彻党的十九大精神,落实中央经济工作会议和金融工作会议2018年度的经济金融工作部署,财政部和保监会发布《关于加强保险资金运用管理支持防范化解地方政府债务风险的指导意见》,要求保险机构"积极支持、依法合规地开展投资业务；积极配合地方政府处置存量债务、降低债务风险工作；监督投融资平台公司的投融资行为、实施严格的市场化融资模式；审慎合规开展PPP或保险私募基金等创新业务、严禁转变为政府债务；加强行业风险管理、强化监测保险资金运用涉及的地方债务风险；严格落实市场主体的风险管理及风险承担责任"，以强化保险机构的责任意识，有效防控地方性债务风险。

2018年2月8日，国家发改委和财政部出台《关于进一步增强企业债券服务实体经济能力严格防范地方债务风险的通知》，对以PPP项目发行债券融资等各种企业债券工作进行了详细的规定，以严控地方政府债务风险，遏制地方隐性债务的增长。

3. 地方政府债务审计状况

2019年6月26日，第十三届全国人民代表大会常务委员会第十一次会议上，《国务院关于2018年度中央预算执行和其他财政收支的审计工作报告》指出：2018年度严格地方政府债务限额管理，建立终身问责、倒查责任机制；金融市场总体平稳，金融乱象整治取得阶段性成效。对18省本级、17市本级和17县共52个地区政府债务进行了审计。审计结果显示，各地区风险防范意识增强，违规举债势头得到遏制，债务风险总体可控。但仍然存在债务管理低效、风险防控手段落后等问题。例如，16省未按要求对困难较大的市县制定风险应急预案；债务数据存在漏报、多报涉及32个地区；11个地区存量隐性债务没有制定化解措施，或债务化解方案缺乏可行性，涉及金额170.78亿元；35个地区债务资金闲置，涉及金额290.4亿元，其中22个地区共114.26亿元闲置超过1年。因此，国家审计署提出，加强财政、金融和就业优先政策协调配合；坚持结构性去杠杆基本思路，加强地方新增债务资金投向监管，建立完善地方政府和国有企业债务风险监测预警、应急处置机制；加强对金融市场、机构和业务的监管，提高地方金融监管能力等措施，以防范风险。

2015年，我国的国债发行规模为1.99万亿元；2016年为2.95万亿元；2017年上半年1.37万亿元，2017年全年4万亿元，2018年财政部共计发行国债 3.6 万亿元，较 2017 年下降 10.07%（4030.82 亿元），相较于 2015 年和 2016 年，2018 年国债整体发行总量仍处于近四年以来的相对高位，即总体规模上升趋势明显，各地方的政府债务也呈持续增加态势。

三、国家审计与政府债务风险防范

为了解各地方政府债务的管理及风险监控情况，从各省市审计厅官方网站收集各个省市公开的《省本级预算执行和其他财政收支的审计工作报告》，针对各省级政府的地方政府债务所开展的审计工作及审计结果进行梳理和分析，发现地方审计部门对地方政府债务相关问题实施的审计监督作用仍然有限，需要进一步强化对地方政府债务的审计监控以防范风险。

具体而言，基本上所有的省市均在各自的审计工作报告最后一部分提出了加强政府债务管理的相关意见。主要措施包括：修订完善政府性债务管理的相关文件，理顺政府债务管理体制，规范政府债务举借、使用、偿还和管理行为。设立政府债务管理领导小组，强化对政府债务的日常监管。强化政府债务资金使用的监管，确保债务资金专款专用，发挥资金使用效益。规范政府举债融资方式，加快融资平台市场化转型，增强融资投资能力和应对债务风险的能力等。

虽然各个省市的国家审计机关从不同程度、不同角度对本地区的政府债务风险进行了关注与审计，但总体而言，各地区政府债务的审计监督工作存在政府债务未被纳入日常的年度审计计划，债务审计重视度不够，债务审计涉及面小，债务审计范围较窄，债务审计内容不够全面，债务审计关注问题不够深入，债务审计模式有待创新，债务审计问题的报告方式方法欠详细、不规范，提出的政府债务管理建议较笼统、可操作性弱等问题。因此，需要进一步规范与强化政府债务的审计监督机制，将对政府债务的审计监督纳入国家审计的日常工作层面，以充分有效地发挥国家审计在防控政府债务风险、维护财政与经济安全、优化预算资金配置、服务国家治理方面的作用。

第十章 国家审计、"三大攻坚战"与预算绩效

财政审计属于国家审计的重要类型,其基本职能是对各级政府及公共部门的会计账目进行独立审核,以评判各项财政收入与支出是否合法合规、真实有效。政府债务是由政府在履职活动过程中的融资行为所形成的,理应处于国家审计的监督范畴,可见,国家审计居于债务风险监控的主导地位,具有直接监控债务风险的职能。此外,公共领域,审计仍然是治理信息的有效手段与工具,将审计引入政府财务报告治理机制,优化债务信息披露,建立政府债务风险审计监控体系,能够提升政府债务信息透明度,防范各级地方政府的债务风险。

以防范政府债务风险为重心,以优化地方政府债务结构为主线,构建地方政府债务风险审计监控机制,以防范重大领域的风险,维护经济的平稳可持续发展,实现预算的绩效管理,促进国家治理能力与水平的提升。具体内容包括:创新国家审计目标,把防范政府债务风险作为国家审计的主要目标;拓展国家审计功能,从政府债务源头即预算开始监督,实施政府财务报告审计、创新绩效审计,强调对政府债务管理全过程的审计监督;创新国家审计方式方法,引入"风险导向审计"模式,识别政府债务风险、对政府债务风险进行评价、关注债务风险的防范;创新国家审计报告与审计结果公告,审计报告内容应该包括对政府债务信息披露的评价及对政府债务风险的评估结果等,审计结果应全面、及时地向社会公布,以触发社会监督作用的发挥。

第三节 国家审计、精准扶贫与预算绩效

一、精准扶贫与预算绩效的关系

"十二五"期间,我国的经济实力跃上新台阶,国内生产总值从54万

亿元增加到 82.7 万亿元，年均增长 8.9%，占世界经济比重的 15% 左右，对世界经济增长贡献率超过 30%；改革开放迈出重大步伐，人民生活持续改善，脱贫攻坚取得决定性进展，贫困人口减少 6800 多万人，易地扶贫搬迁 830 万人，贫困发生率由 10.2% 下降到 3.1%；居民收入年均增长 7.4%，形成世界上人口最多的中等收入群体。2018 年，中央财政补助地方扶贫资金增长 23.2%，贫困县涉农资金整合超过 3000 亿元，减少农村贫困人口 1386 万人，顺利完成 280 万人易地扶贫搬迁建设任务。2018 年 3 月 5 日，在第十三届全国人民代表大会第一次会议上，李克强总理指出："当前，我国发展面临的机遇和挑战并存，世界经济有望继续复苏，但不稳定不确定因素很多，主要经济体政策调整及其外溢效应带来变数，保护主义加剧，地缘政治风险上升。实践表明，中国的发展成就从来都是在攻坚克难中取得的。本阶段的战略目标考虑了决胜全面建成小康社会需要，符合我国经济已由高速增长阶段转向高质量发展阶段实际。"并强调："要认真贯彻习近平新时代中国特色社会主义经济思想，坚持稳中求进工作总基调，大力推动高质量发展、加大改革开放力度、抓好决胜全面建成小康社会三大攻坚战，确保风险隐患得到有效控制，确保脱贫攻坚任务全面完成，确保生态环境质量总体改善。"

2017 年，党的十九大报告提出，经济由高速增长转向高质量发展，必须坚持质量第一、效益优先，推动经济发展质量变革、效率变革、动力变革，不断增强我国经济创新力和竞争力。自 1995 年，十四届五中全会便提出了转变经济增长方式，由粗放型增长方式向集约型增长方式转变，提高经济增长效率；2007 年，十七大报告中提出转变经济发展方式，实现中国经济又好又快发展；自 2011 年以来，中国经济增长速度持续下滑，表明现有经济增长模式已经无法维持中国经济的高速增长，需要加快转变经济发展方式，促进经济持续健康发展；2015 年，中央财经领导小组第一次会议提出供给侧结构性改革；2016 年中央经济工作会议提出了当前供给侧结构性改革的主要任务是"去库存、去产能、去杠杆、降成本、补短板"。

然而，经济增长的质量受到脱贫攻坚任务完成情况的影响。我国扶贫开发政策调整始于1986年，从上至下成立了专门的扶贫机构，确定了开发式扶贫方针及划分贫困县的标准。1994年，国家启动"八七"扶贫攻坚计划，经过重新调整，国家级贫困县增至592个。2001年出台《中国农村扶贫开发纲要（2001—2010年）》，取消了沿海发达地区的所有国家级贫困县，增加了中西部地区的贫困县数量，将国家级贫困县改为扶贫开发重点县。2013年4月，世界银行和国际货币基金组织共同设定了在2030年前基本消除全球绝对贫困的目标；2016年3月，我国的"十三五"规划纲要提出，要在2020年全面建成小康社会，特别指出要在我国现行标准下农村贫困人口实现脱贫，贫困县全部摘帽；2016年3月，人民银行等七部门联合印发了《关于金融助推脱贫攻坚的实施意见》，旨在全面改进和提升扶贫金融服务，增强精准性和有效性。可见，如何促进精准扶贫政策的有效落实，已经成为推动中国经济由数量型增长阶段向质量型增长阶段转化、推进我国财政体制改革、完善预算的绩效管理、促进经济可持续稳定发展、实现国家治理的亟待解决的迫切问题。

二、国家审计与精准扶贫的关系

党的十八大以来，脱贫工作虽然已经取得了一定成效，但在精准扶贫方面效果仍然不佳。2018年6月20日,《国务院关于2017年度中央预算执行和其他财政收支的审计工作报告》中，扶贫政策落实和资金管理审计情况显示：部分扶贫资金和项目监管仍较粗放，28.11亿元被骗取套取或挪用，举借的11.75亿元闲置，261个项目（投资2.88亿元）长期闲置或未达目标。2019年6月26日,《国务院关于2018年度中央预算执行和其他财政收支的审计工作报告》中，扶贫政策落实和资金管理审计发现，各地政府部门的扶贫工作仍然存在以下问题：擅自拔高或随意降低脱贫标准；扶贫领域腐败和作风问题仍然存在；扶贫主体责任落实不到位；扶贫资金和项目管理绩效不佳。

早在 2014 年 10 月 9 日，国务院发布的《关于加强审计工作的意见》（国发〔2014〕48 号）便要求，要发挥审计促进国家重大决策部署的落实保障作用，持续组织对国家重大政策措施和宏观调控部署落实情况的跟踪审计，推动政策措施贯彻落实。2015 年 9 月 18 日，审计署发布了《关于进一步加大审计力度促进稳增长等政策措施落实的意见》，旨在进一步加大审计力度，更加有效地推动稳增长等政策措施落实，表明国家审计已在促进提高经济增长质量过程中发挥了重要作用。2016 年 5 月，审计署"十三五"发展规划提出，要加强扶贫审计，对扶贫政策落实情况进行跟踪审计，重点监督检查脱贫工作责任制落实情况，精准扶贫与脱贫相关项目实施和资金管理使用情况，推动扶贫资金统筹整合使用，促进提高扶贫实效，打赢脱贫攻坚战。2018 年 1 月 9 日，全国审计工作会议指出，各级审计机关要始终推动党中央、国务院重大政策措施贯彻落实，促进我国经济高质量发展、提高经济增长质量；要围绕打好"三大攻坚战"，进一步聚焦审计重点；在精准脱贫方面，要举全国审计机关之力持续组织开展扶贫审计，实现对贫困地区审计全覆盖，揭露扶贫资金被挪用滥用、贪污侵占等问题，揭露作风不实、形式主义、弄虚作假甚至失职渎职等问题，推动追责问责，使全面建成小康社会得到人民认可，经得起历史检验。2019 年 1 月 13 日，胡泽君审计长在全国审计工作会议上强调："做好 2019 年审计工作，扎实推进审计管理体制改革，依法履行审计监督职责，确保 2019 年主要经济社会指标和改革发展任务顺利完成。"因此，审计作为一种特殊的经济控制机制，有利于促进政府公共受托经济责任的全面有效履行，审计在促进精准扶贫方面应该并且能够发挥重要作用。

三、国家审计促进精准扶贫政策落实的实现策略

（1）构建与完善精准扶贫管理体系。现实中，我国精准扶贫存在政府职责边界不清晰、各部门职责有交叉和空白地带，扶贫政策传导机制不科学，扶贫绩效评价指标、评价方法、评价标准不完善，扶贫资源整合不到

位、绩效低下，精准扶贫项目时效性较弱等问题。为解决精准扶贫存在的现实问题，应该构建精准扶贫管理体制，从精准扶贫事项的事前、事中、事后三个阶段进行全方位的管理。精准扶贫的事前管理阶段，主要内容包括：摸清贫困详情，进行精准识别。通过建立贫困人口基础信息库、扶贫数据信息资源库等，实现各部门及主体之间扶贫信息的区域共享，为精准扶贫开发规划夯实基础，提供数据决策支持。精准扶贫的事中管理阶段，内容主要包括：分析其扶贫对象家庭情况、生产生活条件、收入结构、致贫原因及变化趋势等，对财政扶贫资金的预算、划拨、分配与使用进行精细化管理。精准扶贫的事后管理阶段，内容主要包括：对贫困人口识别与退出、贫困地区收入增长、扶贫资金管理和使用等绩效进行实时监测、全面评估，并建立责任追究制度、处理精准扶贫中的违法违规行为，及时更新脱贫动态、实现数据动态监测和贫困对象动态管理。

（2）建立与优化精准扶贫绩效评价体系。建立精准扶贫绩效评价体系是促进精准扶贫政策落实的前提条件，是对精准扶贫进行动态监控，有效推进扶贫事宜的重要手段。应该从精准扶贫绩效评估出发，以审计监控为作用路径，提出各级政府部门建立精准扶贫绩效评价系统的建议。

（3）创新与实施精准扶贫跟踪审计。以促进精准扶贫政策落实为重心，以提升精准扶贫绩效为主线，延循精准扶贫管理体系，针对精准扶贫项目的事前、事中与事后三个阶段，实施全过程跟踪审计。

（4）创新与实施精准扶贫绩效审计。对于现阶段采用传统审计模式存在的缺陷以及扶贫出现的问题，应该以"精准、安全、效率"为目标，采用精准扶贫绩效评价体系，持续关注精准扶贫、精准脱贫政策措施落实情况，对精准扶贫的绩效进行全面鉴证与评价。其中，"精准"从扶贫专项资金分配角度进行审计；"安全"从单位、个人是否套取违规使用扶贫资金角度进行审计；"效率"从扶贫项目管理情况、政策到位情况、资金统筹盘活情况、项目预期效果情况、项目推进情况、项目预算节约超支情况等方面进行审计。

附 录

2010年9月审计署颁布的《中华人民共和国国家审计准则》(2011年1月1日起实施)第五章（审计报告）第五节（审计整改检查）要求审计机关建立审计整改检查机制，主要内容涉及：检查或了解审计决定执行、自行纠正、审计建议执行和移送事项采取措施等情况；审计整改检查可以采取实地检查、取得并审阅书面材料或其他方式，并取得落实整改的证明材料；检查报告主要包括检查工作开展情况、被审计单位整改情况以及没有完成整改事项的原因和建议；对没有或没有完全整改事项，依法采取必要措施。该条款有助于建立有效的责任追究制度，强化对审计结果的利用，促进被审计单位及时纠正和处理预算活动中的违法违规行为，避免相关问题的"屡查屡犯"情况，以强化预算审计效果，提升预算管理效率。

最近5年（2013~2017年）的中央预算执行和其他财政收支审计查出问题整改情况的报告如下，以便读者对照参阅。自2015年12月实施审计全覆盖之后，对预算执行和其他财政收支审计查出问题整改情况的监督更为关注与强化，且注重与社会监督形成合力。例如，2015~2017年，在公告中央预算执行和其他财政收支审计查出问题整改情况的报告的同时，还以附件的形式公开了"部门关于重点问题的整改情况报告"及具体的各"中央预算单位预算执行等情况审计查出问题的整改情况"文件，这有利于推进国家预算管理的社会监督。

附录1 2013年度中央预算执行和其他财政收支审计查出问题整改情况报告

审计署2015年第1号公告：《关于2013年度中央预算执行和其他财政收支审计查出问题整改情况》

关于2013年度中央预算执行和其他财政收支审计查出问题整改情况

（2015年1月16日公告）

十二届全国人大常委会第九次会议审议了审计署审计长刘家义受国务院委托所做的《关于2013年度中央预算执行和其他财政收支的审计工作报告》，要求国务院责成有关方面对审计查出的问题认真整改、严肃问责，并在2014年底前将整改和处理情况向全国人大常委会报告。国务院对此项工作十分重视，李克强总理于2014年7月2日主持召开国务院第53次常务会议，研究部署审计查出问题的整改工作，明确各相关地方、部门和单位"一把手"是整改的第一责任人，要列出整改任务清单，排出时间表，实行对账销号，不折不扣坚决严肃整改；要着力构建长效机制，用改革的办法解决前进中的问题，克服屡审屡犯的"牛皮癣"，强化责任追究，建立和落实决策审批终身责任制、执行监督连带责任制，依法规范财政收支行为。有关部门、单位和地方按照全国人大常委会和国务院的要求及审计署依法下达的审计决定，认真进行整改。截至2014年10月底，各被审计单位通过上缴国库、归还原资金渠道、补征税款、收回贷（借）款、调整账目等方式，整改问题金额1062.5亿元，挽回和避免损失33.9亿元；根据审计建议，制定完善规章制度3122项。审计发现的314起案件线索及其他问题移送有关部门查处后,已有1454人被依法依纪处理。现将审计查出问题的整改情况公告如下:

一、中央财政预算收支执行及决算草案审计查出问题的整改情况

(一)关于决算草案编报内容不够清晰。对决算草案中同类工作或支出事项分散在不同科目列报问题,财政部将会同有关部门结合实际工作需要,随着预算管理制度改革推进,逐步完善支出功能科目设置,更加清晰反映预决算支出情况。对决算草案目前仅按功能分类科目情况列报问题,财政部结合落实新修订预算法相关规定,正在研究按经济性质分类编制中央决算的工作思路。

(二)关于公共财政预算、政府性基金预算和国有资本经营预算界定不清晰。对将有公共财政预算性质的船舶港务费纳入政府性基金预算管理问题,财政部将从2015年起将船舶港务费纳入公共财政预算管理。对向同一项目或企业通过不同渠道交叉安排支出问题,财政部正在按照建立定位清晰、分工明确的政府预算体系要求,研究进一步明确公共财政预算、政府性基金预算和国有资本经营预算的支出范围,加大政府性基金预算、国有资本经营预算与公共财政预算统筹力度;对公共财政预算和国有资本经营预算安排同一项目的资金,制定统一的管理办法,统一分配,减少交叉重复。

(三)关于国有资本经营预算范围不完整。对中央部门和单位全资或控股的重点企业尚未全部纳入预算等问题,财政部将结合事业单位分类改革、政企分开和国有企业改革,逐步扩大国有资本经营预算实施范围。对财政部持股的中央金融企业国有资本经营收益收缴缺乏统一规定、执行标准不一问题,财政部研究起草了《中央金融企业国有资本经营预算管理办法》,明确了适用的中央金融企业范围和收益分配决策程序、预算管理程序等,已经国务院同意,拟于近期印发。

(四)关于各类预算中有专项用途的收入不能统筹安排使用,不利于及时发挥资金效益。财政部将按照《国务院关于深化预算管理制度改革的决定》(国发〔2014〕45号)要求,结合税费制度改革,完善相关法律法规,逐步取消城市维护建设税、排污费、探矿权和采矿权价款、矿产资源补偿费等专款专用的规定,统筹安排各项资金。

二、中央财政管理审计查出问题的整改情况

(一)资金收缴和预算批复不规范。

1. 关于未收缴入库资金91.4亿元。对发展改革委委托所属企业管理的20年前已取消的国家轿车零部件横向配套基金本金和清收款(含资产)10.26亿元问题,财政部印发了《关于请将"国家轿车零部件横向配套基金"尽快清理、上缴中央国库的通知》,要求发展改革委尽快清理上缴中央国库,并将随时了解情况、掌握进度,及时督促其完成整改,近期将再次发函了解、督促相关工作进度。对财政部参股的创业投资基金收益1.38亿元问题,已全部上缴国库,财政部要求托管机构进一步缩短其参股的创业投资基金收益缴库时限,及时办理缴库。对财政部同意农业银行从受托处置资产收入中留用的委托手续费和超收奖励79.52亿元未实行"收支两条线"管理问题,财政部要求农业银行将处置委托资产回收现金全部缴入国库,并根据回收现金情况,核定手续费和超收奖励,再通过国库拨付给农业银行,实行"收支两条线"管理。对电网经营企业从农网还贷资金收入中留用的手续费2400万元未实行"收支两条线"管理问题,财政部正在根据农网还贷资金特点,对征收环节手续费直接留存企业问题进行统筹研究。

2. 关于批复的部门预算中个别事项不够准确和细化。对批复的56个部门年初预算少编报已确认的2011年底结余资金18.33亿元问题,财政部将继续强化预算编制与预算执行的结合,增强预算编制的科学性、完整性,对尚未安排使用的结余资金全部统筹用于安排下一年度相关支出,努力提高财政资金使用效益。对批复的教育部年初预算列入了未细化到具体项目的"高校发展长效机制补助经费"等两个项目预算43亿元、执行中由财政部再次批复问题,财政部2014年已将"高校发展长效机制补助经费"项目在年初预算中全部细化到高校,同时提高了部门预算中"2011计划"项目细化的比例。

3. 关于批复的部门预算中个别事项不合规。对批复的农业部、林业局部门预算中安排"病虫害控制"等补助地方支出8.97亿元问题,财政部已要求农业部、林业局切实规范部门预算编制,并进一步加强此类资金管理,切实提高资金使用的规范性、安全性和针对性。对批复安全监管总局等4个部门在未实行定员定额管理的下属单位预算中编列机动经费预算4493.18万元、银监会等11个部门超范围动用机动经费2.03亿元问题,财政部从2014年起严格按照《中央本级项目支出预算管理办法》等规定,进一步加强了部门机动经费预算编制和使用管理,防止超范围编列和使用部门机动经费。对批复的证监会、保监会、社保基金会部门预算中按职工工资总额的14%安排职工福利费、超过中央在京部门标准问题,财政部正按照预算管理和国库管理制度有关要求,对现行银监会、证监会和保监会财务管理办法进行修订,规范福利费支出,将福利费按工资总额一定比例提取的规定改为据实列支,同时规定计提比例上限,并与相关制度做好衔接,社保基金会将参照执行。

4. 关于预算下达不及时。对转移支付预算下达不及时问题,财政部印发了《关于进一步加强财政支出预算执行管理的通知》等文件,积极采取措施,督促各地方、各部门加快资金拨付进度。下一步,将研究采取措施,继续加快完善资金管理办法,加快转移支付下达进度。对公共财政本级支出预算未及时下达问题,财政部将改进代编预算管理,除重点支出、重大支出外,不再批准超时限追加预算,保证下达进度。对国有资本经营预算下达晚问题,财政部将通过预收部分国有资本金收益,缓解收益上缴晚对支出预算安排的制约,保障预算及时下达。

5. 关于财政专户清理不到位。财政部主要采取3项措施清理撤并有关财政专户,进一步加强专户管理:一是世界银行赠款专户一年内未发生业务，予以撤销；二是亚洲开发银行赠款等专户当年未发生资金业务但项目仍在执行，督促项目单位及时提款报账，待项目执行完毕后予以撤销；三是对于清理归并后分币种或按国际赠贷款协议等开设的其他专户，采取完善协议、规范业务等措施加强管理。

（二）财权与事权未理顺，专项转移支付清理整合不到位。

1. 关于专项转移支付项目清理力度不够大。财政部已研究起草关于改革和完善中央对地方转移支付制度的意见，将进一步清理、整合、规范专项转移支付，强化专项转移支付预算管理，改变以收定支专项管理办法。按照分步推进转移支付改革的原则，2014年将争议少、影响范围小的转移支付项目纳入第一批清理整合范围，并按此编制2015年预算。

2. 关于有的政策目标不够协调。对"海洋捕捞渔民转产转业补助"和"渔业成品油价格补助"政策目标不一致问题，财政部正在研究调整完善包括渔业油价补贴在内的成品油价格补贴政策，结合行业主管部门渔业产业政策的顶层设计，统筹考虑相关财政激励措施，使财政激励措施与渔业资源保护、产业结构调整相协调。对"重点节能工程"项目补助未充分考虑节能效果和不同行业的节能成本问题，发展改革委2014年在重点地区开展节能资金切块下达、由地方安排具体项目试点，并区分行业、项目的节能成本和效果细化补助方案，优先支持单位投资节能量大的项目。

3. 关于分配管理权责有待理顺。财政部继续积极推进相关专项资金整合统筹，从预算编制环节整合归并资金，研究制定管理办法，搭建资金统筹使用平台，并推动部门、指导地方进行整合。

（三）部分财政资金分配不规范，有的使用中存在违法违规问题。

1. 关于财政资金分配中存在超范围、超标准。

对财政部分配的"成品油价格补助""小额担保贷款财政贴息""全科医生规范化培养基地能力建设"等3个专项中有128.32亿元超出规定的补助范围问题，财政部已督促行业主管部门将成品油价格补助违规因素剔除，重新报送了用油数据，并据此清算2013年度油价补贴；责成有关方面对小额担保贷款财政贴息补助情况进行核查整改，查明属实的，追回已拨贴息资金，并按规定处理相关责任人；卫生计生委下发了《关于建立住院医师规范化培训制度的指导意见》，明确对包括全科医师规范化培训在内的住院医师规范化培训基地由"中央财政通过专项转移支付予以适当支持"，不再将中央财政补助范围限定在财政困难地区，今后财政部将按照该指导意见有关规定分配下达补助资金。

对财政部在清算成品油价格补助时未按实际油品分类结算、多支付地方12.62亿元问题，财政部将在清算2013年度成品油价格补助时，按实际油品价格计算成品油价格补贴。对发展改革委在"重点节能工程"专项中超范围安排地方发展改革等部门车辆购置补助2.18亿元，向"防灾减灾能力建设"专项的7个项目超出标准或申请额多安排投资940万元问题，发展改革委督促地方节能主管部门协调有关部门尽快落实项目的执法用车指标，加快项目建设；对确实无法落实用车指标的广东省等6个节能监察能力建设项目，正式函复予以撤销，并调整投资计划；要求地方节能主管部门加强对节能执法监察人员的集中培训，从2015年起不再安排资金补助地方节能监察能力建设；发展改革委将按照投资补助和贴息管理相关办法，认真安排好投资补助，科学制定有关投资专项管理办法，明确政策目标、资金投向和分配标准，进一步加强审核、严格管理。

2. 关于财政资金申报中存在虚报冒领。审计重点抽查6个专项中有18.59亿元专项资金被骗取套取问题，有关部门和地方已采取措施进行整改。其中，发展改革委对6.78亿元投资涉及的项目逐一核查，已清理收回1.92亿元，并约谈了有关地方主管部门负责人；财政部调减有关省份2014年专项转移支付；各地采取追缴专项资金、停止拨付、扣回补贴、补办手续、司法介入等方式整改，收回资金和避免损失4.78亿元。

对项目单位和个人采取虚构项目、伪造申报材料等方式骗取财政资金问题，发展改革委以《关于撤销太湖嘉源纺织工业有限公司纺织节水改造项目等36个项目的复函》，收回了包括南充鑫泓建材有限责任公司、四川安格儿建材有限责任公司在内的36个项目中央基建投资补助。财政部加强中央基建投资项目监督检查和绩效评价工作，组织对违规违纪行为依法进行处理。财政部和林业局要求，凡经核查及审计发现申报中央贴息资金的贷款及项目实施情况不实的，将调减其包括中央贴息资金在内的林业补助资金，对骗息情况比较严重的地方，已停止核拨2014年新增林业贷款贴息。财政部、林业局、银监会部署了林业贷款贴息资金专项检查，并对审计和专项检查发现的问题认真整改，对进一步加强林业贷款贴息资金管理提出了针对性的措施。

对一些主管部门和工作人员出于地方或部门利益审核把关不严问题，财政部要求相关省市对骗取套取成品油价格补助等中央财政专项资金的行为依法依规严厉查处，同时督促各省按照省长负责制要求，加强事前、事中、事后监管；督促相关部门加强对行业油补审核管理，清理违规违纪情况，对发现的问题落实责任、严肃处理。对于滨州、新泰、宁阳交通运输局存在的问题，地方政府在追缴资金的同时，处理处分了14名相关责任人。

对有的公职人员与企业或个人内外勾结骗取财政资金、从中牟取不当利益问题，山西省检察院已对山西信联机械制造股份有限公司涉嫌骗取农机具购置补贴的问题立案处理；财政部将会同农业部加强对各地补贴实施情况督导检查，督促相关地区对发现的问题及时处理、认真整改，并进一步完善制度，加强资金管理和监督。

3. 关于财政资金使用中存在挤占挪用。对8个省及所属12个县挤占挪用专项资金31.33亿元问题，目前已全部归还原资金渠道，财政部印发了《关于深入推进地方预决算公开工作的通知》，推动地方预算公开，督促地方提高财政资金使用透明度，实施地方财政管理绩效综合评价，建立激励约束机制，引导地方规范财政管理、提高资金使用效益。同时，开发地方预算综合管理系统，及时掌握地方财政资金分配管理情况，保障资金使用安全。其中，对四川简阳市挪用资金14.19亿元问题，四川省政府组织工作组认真核查，督促简阳市抓好整改工作，并责成有关部门严格依法追究相关人员责任；四川省财政厅对经论证确无必要继续实施项目的0.31亿元资金收回，不再安排；简阳市追缴被挪用的13.88亿元资金，全部拨付到原定项目。

（四）各级财政均有一些资金沉淀，资金使用效益未能充分发挥。

1. 关于中央本级财政存量资金较多。财政部将严格控制权责发生制结转资金规模，并加强结转资金使用管理。在以后年度使用结转资金时，将根据具体实施方案、资金分配方案认真审核后下达。针对类似科学技术支出结转问题，将及时清理规范重点支出同财政收支增幅或生产总值挂钩事项，严格控制权责发生制列支事项，采取切实措施盘活财政资金存量。

2. 关于重点审计的32个中央部门结存资金半数闲置超过一年。对2013年采取虚列支出、以拨作支等方式人为减少存量资金6.11亿元问题，7个部门本级和36个所属单位已通过退回虚列的支出，调整有关账目，规范管理等方式完成整改。对未及时上缴或未经批准动用结余资金1.29亿元问题，1个部门本级和16个所属单位已通过将结余上缴国库，清理存量资金等方式完成整改。

3. 关于重点审计的9个省本级和9个市本级财政存量资金近三成已无法按原用途使用。2014年，中央财政提前下达转移支付28612亿元，同比增长9.9%，促进地方进一步提高预算编制完整性、加快预算执行进度，避免形成新的存量资金。在此基础上，财政部采取多种措施督促地方盘活财政存量资金：一是要求各地严格按照《财政部关于加强地方预算执行管理激活财政存量资金的通知》等规定，完善预算执行监控机制，建立结余结转、暂存暂付等资金定期清理机制；二是建立科学的预算支出进度考核机制,将政府性基金预算、国有资本经营预算、财政库款以及专户存款全面纳入地方支出进度考核范围,督促地方加快消化财政存量资金;三是积极实施地方财政管理绩效综合评价,全面评价地方盘活存量资金、加快支出进度等工作绩效,对评价得分较低的地区,通过通报、约谈等方式督促整改。

4.关于中央财政对创业投资基金的投入闲置较多。财政部2014年初已会同发展改革委约谈受托管理机构,要求进一步督促有关基金加快设立和投资进度,切实提高财政资金使用效益。两部门将在研究设计引导基金框架方案时,从机制设定上进一步约束参股基金设立和投资进度问题,在实际投资中通过协议等明确相关约定,超过时限的将撤销投资。

(五)对地方财政的管理不到位,一些地方财政管理中存在违规问题。

1.关于一些地方人为调节财政收支指标。对地方通过财政专户或过渡户隐瞒财政收入等问题,财政部对地方财政专户及其资金管理情况进行专项检查,纠正地方财政收支管理等方面存在的问题。有关地方政府已撤销财政专户188个,并通过加快项目实施进度、调整相关单位账目、调整2014年预算等方式予以整改。对辽宁省岫岩满族自治县虚增财政收入8.47亿元问题,岫岩满族自治县政府已将其中2.93亿元退库,同时印发关于进一步加强财政收入征管工作的通知,组织定期对县乡各级财政收入征管情况进行专项检查,依法严肃处理隐瞒、截留、虚增收入等行为。

2.关于一些地方政府自行出台招商引资财税优惠政策,部分财政资金投向不符合相关规定。财政部已报请国务院印发《国务院关于清理规范税收等优惠政策的通知》(国发〔2014〕62号),就全面规范各类税收等优惠政策提出了建议;有关地方已取消、停止执行自行出台的优惠政策,其中大连市废止相关文件条款,并对有关企业扶持政策进行梳理,对涉及返税内容的政策予以取消,不再以此吸引投资。

3.关于机构运行经费管理不严格。有关地方对转嫁因公出国(境)

费用、违规使用公务用车、在公务接待中购买高档礼品等问题已全部采取措施整改。其中，山西省柳林县出台《公务接待管理办法》，对接待审批程序、食宿标准、结算办法、经费管理监督作出详细规定；严格实行关于公务接待的"三个严禁"，县纪委牵头，采取明察暗访的办法监督实施；规范定点接待，确定县政府机关接待中心、民兵训练基地定点接待，对发票所列支出与实际支出内容不符问题予以纠正；对现金白条抵库，审计期间全部上缴。2014年上半年，当地公务接待费用比上年同期下降了88%。

（六）关于社保基金会投资管理问题。社保基金会认真查找问题根源，研究整改意见，落实整改措施。对社保基金自营指数化投资亏损问题，社保基金会将就拓宽自营指数标的范围与有关部门协商，积极研究和完善委托指数化投资。对信托贷款和协议存款中存在中间人借机牟利问题，涉及的违法违规案件线索已移送有关部门查处，社保基金会修订完善了信托贷款投资管理办法以及协议存款管理办法，对信托贷款投资论证决策、协议存款的询价和决策机制等内容作了进一步改进和完善，加强和完善了监督审查机制，并通过细化尽职调查内容、设计信托报酬分段计付等方式督促信托公司加强信托贷款项目投后管理。对未按照规定对股票计提减值准备问题，社保基金会正与财政部沟通研究解决方案。

三、中央部门预算执行和决算草案审计查出问题的整改情况

本次审计的38个中央部门高度重视2013年预算执行审计整改工作，及时采取措施，落实整改责任。24个部门的主要负责人和分管领导作出专门指示，要求切实采取措施进行整改；29个部门召开专门会议研究部署整改工作，制定整改方案和具体措施。截至2014年10月底，本次审计发现38个中央部门及其所属单位违反财经制度规定问题93.04亿元，已经整改80.46亿元（占86.5%），其中上缴中央财政2.86亿元、归还原资金渠道3.63亿元。在认真整改审计查出问题的同时，18个部门及所属单位制定、修订了123项内部规章制度，涉及财务预

算、政府采购、"三公"经费管理、资产管理和内部监督等方面。

(一)"三公"经费和会议费管理使用不严格。

1. 关于因公出国(境)。对4个单位违规组织7个"双跨"(跨地区、跨部门)出国考察或营利性团组问题,已采取退回多收取费用、规范管理等措施整改。对7个部门本级和9个所属单位的149个团组擅自更改行程、延长境外停留时间问题,已采取团组成员自行承担违规费用等措施整改,并追究相关人员责任。对14个部门本级和54个所属单位超标准、超预算或超范围列支出国(境)费用3229.53万元问题,已采取用自有资金归还、调整账目等措施整改。对9个部门本级和14个所属单位由企事业单位承担出国(境)费用1568.75万元问题,已退还企事业单位承担的费用等整改1134.73万元,其余434.02万元正在进一步核实清退。

2. 关于公务用车。对14个部门本级和13个所属单位公务用车配备超编制289辆、超标准123辆问题,已采取将超编、超标车辆封存或上交国管局等措施整改。对8个部门本级和32个所属单位长期占用下属单位和其他单位车辆145辆,还通过租赁等方式变相配备公务用车62辆问题,已采取归还车辆、解除租赁合同等措施整改。对6个部门本级和63个所属单位无预算、超预算列支公务用车费用1094.15万元问题,已采取调整账目,规范管理等措施整改。

3. 关于公务接待。对4个部门本级和6个所属单位转嫁或摊派、自行调剂项目或其他支出用于公务接待266.85万元问题,已采取退还资金、调整相关账目等措施整改。

4. 关于会议费。对22个部门在非定点饭店召开会议384个问题,已完善制度、加强管理。对23个部门超标准、超范围或虚列会议费支出1355.85万元问题,已采取将套取的资金归还原资金渠道、调整账目等措施整改,并追究了有关人员责任。对14个部门向所属单位等转嫁摊派会议费555.95万元问题,已采取退还资金、调整账目等措施整改。

（二）违规建设楼堂馆所或超标准占用办公用房。对林业局所属大兴安岭林业集团公司投资建设三亚接待处项目，挪用棚户区改造相关资金购置土地问题，已收回前期垫付资金，并将项目公开转让；对民航局四川监管局违规建设办公用房，以及民航局违规批复哈尔滨太平国际机场空管工程综合业务楼初步设计问题，已核减"搭车"建设的办公用房和超标面积；对中科院所属物理研究所、生态环境研究中心主要负责人办公用房实际使用面积超过上报面积问题，已腾退超标准用房。

（三）预算申报和执行中存在违反财经制度规定问题。

1. 对2个部门本级和24个所属单位通过虚报人数、重复申报项目等方式多申领财政资金问题，已采取将套取的资金上缴国库、归还原资金渠道等措施整改。

2. 对1个部门本级和2个所属单位挪用或套取财政资金等问题，已采取清退奖金、归还原资金渠道等措施整改。

3. 对1个部门本级和34个所属单位账外设立"小金库"问题，已采取将结余资金退回、转回合法账簿等措施整改，并追究相关人员责任。

（四）一些中央部门主管的社会组织和所属单位依托行政资源不当牟利。对13个部门主管的35个社会组织和61个所属事业单位采取违规收费、未经批准开展评比达标、有偿提供信息等方式取得收入29.75亿元问题，已停止收费、取消收费项目，并进一步规范管理；对部分单位违规发放津补贴1.49亿元问题，已停止发放津补贴或清退已发放的奖金等整改1.03亿元，其余0.46亿元正在进一步清理。

（五）部门决算草案编报和部分会计核算不准确。对23个部门账务处理不规范或报表填列错误问题，相关部门在审计过程中和审计结束后已调整账目、报表。对预算编报不规范、政府采购规定执行不严格、资产管理及会计核算不规范等57.66亿元问题，已采取归还原资金渠道、调整账目、补办报批手续，以及完善制度、规范管理等措施整改45.58亿元，其余12.08亿元正在进一步清理。

四、政府性债务审计查出问题的整改情况

为加强政府性债务管理，中央审议通过的《深化财税体制改革总体方案》，提出了规范地方政府债务管理的总体要求；新修订预算法，增加了允许地方政府规范举债的规定；国务院先后印发《国务院关于加强地方政府性债务管理的意见》（国发〔2014〕43号）和《国务院关于深化预算管理制度改革的决定》（国发〔2014〕45号），围绕建立"借、用、还"相统一的地方政府性债务管理机制提出了具体要求，并对中央政府债务、地方政府债务的年度预算控制方式作出规定。为全面掌握中央政府性债务情况，财政部积极推进建立中央政府性债务统计制度，探索研究加强中央政府性债务管理政策措施，印发通知部署中央政府性债务具体填报工作，逐步实现对中央政府性债务的动态监控。

（一）关于政府性债务管理制度尚不健全。对2个地区未制定政府性债务综合管理制度、9个地区未制定政府性债务风险预警制度问题，相关地区加快完善地方政府性债务管理制度，拟订或出台了地方政府性债务综合管理制度和风险预警制度11项。

（二）关于省本级债务借新还旧数额较大。财政部印发了《地方政府存量债务纳入预算管理清理甄别办法》，妥善处理存量债务；将对地方政府债务实行限额管理，有效控制增量债务；建立地方政府性债务风险预警和应急处置机制，对债务高风险地区进行风险预警，防范和化解债务风险。

（三）关于个别地方债务举借和使用不规范。对违规由政府担保或不合规抵押融资157亿元问题，有关地方已整改146.24亿元，其中收回贷款13.24亿元，撤销政府担保30亿元，要求补足项目资本金、剥离融资平台公司政府融资职能等整改103亿元。对违反合同约定将108.62亿元债务资金用于房地产开发、项目资本金或其他项目建设等问题，有关地方已整改99.84亿元，其中收回贷款62.91亿元，要求补足项目资本金、通过增收节支保证资金偿还等整改36.93亿元。对4个省市本级

通过非公开定向融资工具、私募债等方式举债问题，新修订的预算法和《国务院关于加强地方政府性债务管理的意见》（国发〔2014〕43号）对此作出明确规定，要求建立对违法违规融资和违规使用政府性债务资金的惩罚机制，加大对地方政府性债务管理的监督检查力度。

五、重点民生工程及矿产资源审计查出问题的整改情况

（一）全国城镇保障性安居工程跟踪审计查出问题整改情况。住房城乡建设部和各省级政府加强统筹部署，明确整改责任主体，并派出督查组现场重点督办。截至2014年10月底，针对审计查出的问题，各地依法处理了358名责任人，并采取措施纠正了违规问题。其中：对骗取套取棚户区改造资金15.41亿元问题，已整改15.3亿元，其中追回被骗取资金13.88亿元，调整项目计划方式整改1.42亿元；对将78.29亿元挪用于市政设施、园区开发等问题，已整改59.33亿元，其中49.89亿元归还原资金渠道，4.6亿元上缴国库，0.34亿元归还银行及其他借款人，4.5亿元以调整账目、追加拨款等方式整改；对4.75万户不符合条件的家庭享受了住房或货币补贴问题，已有4.45万户被取消资格或停止享受待遇，追回租赁补贴2665.94万元，对保障性住房1.39万套腾退收回或提高租金、补缴差价；对2.65万套住房被挪作他用或违规销售问题，已完成整改1.85万套，其中对挪作他用的住房1.38万套已腾退住房、收回自住、补建或加收租金，对违规出售的住房4639套已清理收回或补缴土地出让金、房屋差价款。同时，各地出台或调整相关政策文件1629个，对加强工程建设监管、创新资金筹措机制、完善住房保障准入标准、探索建立有效的供后管理与退出机制、加强基础管理和信息化建设等方面做出了明确规定。

（二）扶贫资金审计查出问题整改情况。中央办公厅、国务院办公厅印发《关于创新机制扎实推进农村扶贫开发工作的意见》后，财政部会同扶贫办深入分析了财政专项扶贫资金使用管理中存在的问题及根源，起草了改革财政扶贫资金管理机制的意见，报经国务院同意后，以国务院扶贫开发领导小组名义印发。截至2014年10月,扶贫办、财政部督促相关地方根据审计结果认真整改,共出台或修订规范性文件40多项,归还原资金渠道1.32亿元,重新发放扶贫资金634万元,清理消化闲置资金2.01亿元,查处178名责任人。其中,被个人侵占的扶贫资金已追缴入库201.51万元,挽回资金损失400万元;虚报冒领、挤占挪用的扶贫资金已缴入库3236.73万元、归还资金原渠道8215.59万元、调整账目1646.12万元,补办项目变更手续、完善制度、加强管理等整改3460.64万元;损失浪费的扶贫资金,归还原资金渠道526.52万元,通过维修加固、加强培训、调整项目实施方案等措施整改3737.16万元;对闲置逾1年的扶贫资金2.27亿元,已清理消化2.01亿元,并完善规章制度8项。

(三)重要物资储备审计查出问题整改情况。对应急煤炭储备不足的问题,国资委加强了对有关企业的监管,将促进应急储备制度执行到位列为经常性工作,相关企业正在积极进行整改。对储备棉存放管理不当的问题,中国储备棉管理总公司通过完善经营业绩考核机制,加强了企业内部控制,并设立安全专家委员会、安全巡回检查组,采取建立推广安全生产行业标准和安全事故责任追究机制等措施,加强储备棉安全管理。对进口玉米质量不合格问题,中国储备粮管理总公司加强了进口玉米的合同谈判、进口检验、运输保障和库存检验等质量控制措施,确保进口玉米符合国家标准。

(四)矿产资源开发利用及相关资金征管审计查出问题整改情况。相关地方政府高度重视,对审计发现的问题逐条研究,确定整改措施和责任部门,截至2014年10月底已修订相关制度、规定和办法40项。对应征未征及挤占挪用探(采)矿权价款和使用费、矿产资源补偿费、资源税等资金284.18亿元问题,已追缴和归还资金68.65亿元,其中纠正应征未征探(采)矿权价款和使用费、矿产资源补偿费、资源税63.76亿元,占应征未征158.76亿元的40.16%;被挤占挪用的资金4.89

亿元已按原渠道归还、调整账目。对越权审批或违规审批不符合条件的矿业权以及转让过程中的问题，各地分别立即停止在自然保护区内设立矿业权审批，下达整改督办通知督促违规开采企业尽快补办相关手续，同时对矿业权进行全面清理和整顿，认真排查有关问题。

六、国有金融机构审计查出问题的整改情况

截至2014年10月底，审计查出的126个问题已全部完成整改，整改问题金额218.32亿元，处844人次，并完善制度及工作流程211项。

（一）关于金融创新业务不规范，有的规避信贷调控和监管。对3749.88亿元贷款通过同业合作、基金理财等类信贷业务投向国家限制的地方政府融资平台公司及房地产企业问题，人民银行、银监会等加大对商业银行重点环节和高风险领域的监控力度，同时针对同业、理财等业务领域中"类信贷"及"暗保"等突出问题，出台了多项化解风险的政策措施。对有的企业通过贷款"空转"套利，抽查25家黄金加工企业2012年以来虚构贸易背景，进行跨境、跨币种循环滚动贷款累计944亿元，套取汇差和利差9亿多元问题，人民银行、银监会等部门加大监督检查力度，督促各家商业银行认真整改，加快转变经营方式和盈利模式。

（二）关于违规经营问题仍较突出。对违规放贷或办理票据业务、掩盖不良贷款等183.34亿元问题，涉及的2家金融机构采取清收问题贷款、做好资产保全、限期完善贷款手续、准确反映贷款形态、清退超范围吸收存款等措施进行了整改。对虚增中间业务收入、账外存放资金等财务违规问题34.98亿元，涉及的3家金融机构采取规范支出范围和标准、及时调整账务、收回违规发放的奖金、加强报销票据审核等措施进行了整改。对12个形成损失或面临损失风险的境外投资项目存在管理人员失察、投后管理不到位等问题，涉及的1家机构从加强管理、完善制度、落实责任入手，完善投资决策机制，加强了项目投后管理和风险控制。

对涉嫌利用互联网等进行非法集资、网络诈骗的11起案件线索，审计署已经移送司法机关立案查处，人民银行、银监会等部门通过完善相关制度，加强了互联网金融监管及风险防范化解工作。

七、国有企业审计查出问题的整改情况

对审计查出的问题，相关企业召开专题会议研究，逐项提出措施意见。截至2014年10月底，已经补缴税款和挽回损失35.87亿元，处理292名责任人，并建立健全规章制度1194项。

（一）关于重大事项决策不规范，造成大量国有资产损失。对11户企业的230项重大决策违反程序、缺乏论证以及内容不符合规定问题，11户企业整改收回出借资金23.8亿元，挽回和避免损失33.15亿元，完善了163项相关的决策制度规定，对194名责任人进行了处理。其中，对中国石油天然气集团公司的油气开发、并购重组、国有资产处置等过程中一些企业管理人员违法违纪问题，相关案件线索已移交中央纪委等部门查处。

（二）关于有的企业会计核算不准确，薪酬管理不到位。对11户企业收入利润和资产不实、物资采购和工程项目未公开招标以及超提超发工资等问题，有关企业已调整相应的账目，补缴税款1.36亿元，对257项财务制度、招投标制度等进行了完善，收回违规发放的奖金福利2.02亿元，处理98名责任人。

八、审计查出的涉嫌重大违法违规案件的查处情况

审计署向有关部门移送的案件线索，有关部门已经立案查处或正在进一步调查处理。审计署将及时向社会公告查处结果。

九、加强财政管理意见的落实情况

（一）关于严肃财经纪律，切实做到依法行政、依法理财落实情况。财政部积极推进健全完善财政法律体系，深化预算管理制度改革，进一步推进预算公开透明，切实保障依法行使行政决策权和财政管理权。一是深入推进财政部门内控制度建设，按照分事行权、分岗设权、分级授权的原则,制定完善相关制度,强化流程控制,逐步建立对财政工作进行事前防范、事中控制、事后监督和纠正的运行机制。二是切实贯彻落实中央八项规定精神,进一步完善因公出国(境)、会议费等相关经费管理制度,严格控制行政经费支出,同时积极推进财政预决算、"三公"经费和行政经费公开,财政部、审计署在全国行政事业单位开展严肃财经纪律和"小金库"专项治理工作,取得较好成效。三是推进健全财政法律制度体系,提升财政制度建设质量,规范财政权力运行。

(二)关于加快转变政府职能和简政放权,深入推进财税体制改革落实情况。财政部正按照《深化财税体制改革总体方案》和新修订预算法的要求,研究完善政府预算体系,改进预算管理制度,研究明确各级政府间的事权和支出责任,逐步建立事权和支出责任相适应的制度。一是着手研究中央部门滚动规划管理改革,完善项目支出预算管理机制,加大项目支出预算整合力度,明晰预算管理权责,突出部门在部门预算管理中的主体地位,强化部门的预算审核责任。二是明确公共财政预算、政府性基金预算、国有资本经营预算、社会保险基金预算的收支范围,建立定位清晰、分工明确的政府预算体系,加大政府性基金预算、国有资本经营预算与公共财政预算的统筹力度。三是研究起草了权责发生制政府综合财务报告制度改革方案,已经国务院发布,对改革的总体要求、主要任务、具体内容、配套措施、实施步骤等作出规定。四是在重点梳理成熟市场经济国家政府间事权划分制度框架的基础上,结合相关领域事权现状,分析存在的问题与难点,研究提出改革思路,并推动开展省以下政府间事权划分相关研究。

(三)关于盘活存量、优化结构,提高财政资金使用效益落实情况。财政部积极采取措施进一步优化财政支出结构,严控竞争性领域财政支出,盘活财政存量资金,将更多的资金用于民生领域支出,提高财政资金使用效益。一是各级税收征管部门要依照法律法规及时足额组织税收收入,做到依法征收、应收尽收。二是优化财政支出结构,严格控制一般性支出，财政资金逐步退出竞争性领域，优先保障对教育、医疗卫生、社会保障等民生支出。三是加强结转结余资金管理，建立结转结余资金定期清理机制，强化预算编制与结转结余资金管理相结合的机制，加大结转资金使用力度，并建立科学合理的预算执行进度考核机制，有效控制新增结转结余。四是加大中央国库现金管理操作力度，加快出台地方国库现金管理试点办法，研究建立库底目标余额管理制度，合理调节库款余额，有效盘活库款存量。五是认真贯彻落实《国务院关于加强地方政府性债务管理的意见》（国发〔2014〕43号），逐步建立规范的地方政府举债融资机制，对地方政府债务规模实行限额管理，并规范地方政府债务资金使用，债务只能用于公益性资本支出和适度归还存量债务，不得用于经常性支出。

附录2　2014年度中央预算执行和其他财政收支审计查出问题整改情况报告

国务院关于2014年度中央预算执行和其他财政收支审计查出问题整改情况的报告

——2015年12月22日在第十二届全国人民代表大会常务委员会第十八次会议上

审计署审计长　刘家义

全国人民代表大会常务委员会：

我受国务院委托，向全国人大常委会报告2014年度中央预算执行和其他财政收支审计查出问题的整改情况，请审议。

2015年6月28日，十二届全国人大常委会第十五次会议听取并审议了《国务院关于2014年度中央预算执行和其他财政收支的审计工作报告》,要求责成有关方面切实加强整改,注重完善制度,进一步规范财政管理工作。全国人大常委会将在12月份听取审议整改情况的报告,并开展专题询问。国务院高度重视整改工作,7月8日,李克强总理主持召开国务院常务会议作出部署,要求加强对审计查出问题的整改,建立整改台账,明确时限,严格问责,着力在完善制度上下功夫,坚决防止一些问题屡改屡犯;要以整改为契机,进一步加大转变政府职能力度,及时修改完善与改革发展不适应的规章制度;建立健全监督制约长效机制,加大对骗取财政资金、侵占国有权益等行为的打击力度,确保公共资金安全有效运行,发挥最大效益。国务院办公厅将审计查出问题的整改情况纳入了督办事项。审计署按国务院要求,向有关部门、单位和地方下发督促整改的通知,并积极配合全国人大常委会预算工委改进审计查出突出问题整改情况报告机制有关工作。

总的看,按照国务院的部署和要求,有关部门、单位和地方认真整改审计查出问题,及时纠正违法违规违纪问题,对涉及体制机制的问题,加快研究完善相关规章制度。截至2015年10月底,通过整改促进增收节支5794.94亿元;根据审计建议,制定完善规章制度5935项。审计发现的895起违法违纪问题线索移送有关部门查处后,已有5598人被依法依纪处理。现将整改情况报告如下:

一、中央预算执行及决算草案审计查出问题的整改情况

(一)关于决算草案报表体系不够完善问题。财政部按照《中华人民共和国预算法》和《财政总预算会计制度》,规范了资产负债相关核算,正在完善资产负债表编报;在编制2015年中央本级一般公共预决算时,基本支出已按经济性质分类编列到款。

(二)关于预算变更偏多问题。财政部将按照《国务院关于印发推进财政资金统筹使用方案的通知》(国发〔2015〕35号)对严格控制代编事项、硬化预算约束等要求,减少预算变更事项。

(三)关于未披露用以前年度超拨资金抵顶的支出问题。财政部已研究确定了披露的方式,今后将增强资金拨付的准确性。

(四)关于中央决算草案与部门决算草案衔接不够问题。财政部将结合建立健全事业单位财务报告制度,对财政拨款以外的事业收支和经营收支等,仅在事业单位的财务报告中反映,使中央决算草案与部门决算草案更好衔接。

二、中央财政管理审计查出问题的整改情况

(一)关于各本预算间收支划分不够清晰问题。

1. 关于政府性基金预算中包含非政府性基金项目问题。财政部将从2016年起把5个项目转入一般公共预算;除国务院批准的个别事项外,其余项目将在3年内逐步调整转列一般公共预算。

2. 关于一般公共预算和国有资本经营预算向中央企业安排支出存在交叉问题。财政部正在研究制定统一的厂办大集体改革支出资金分配管理办法;对外经贸发展专项资金,将从2016年起统一由一般公共预算安排。

3. 关于国有资本经营预算范围不完整问题。2015年,财政部已将21个中央部门和单位所属67户产权清晰、主业突出、市场化程度较高的企业纳入国有资本经营预算。今后将根据事业单位和国有企业改革推进情况,继续扩大实施范围。

(二)关于税费收缴执法不到位问题。

1. 关于征管不严造成税收流失问题。税务总局专门发文,要求税务机关进一步规范税收征管,加强减免和缓退税管理。截至2015年10月底,6个省国税部门延压税款159.64亿元已全部收缴入库;14个省国税部门已补征税款6.03亿元(占审计查出问题金额的73.7%,下同),其余2.15亿元税款正在核实追缴中。

2. 关于药品购销领域偷逃税问题。审计署将企业虚开发票偷逃税问题移送税务总局和公安部查处后,两部门联合成立了案件查办领导小组

和 20 多个专案组，其中涉及 15 户企业的偷逃税案件已办结，查补税款、罚款 22.29 亿元，其余问题正在查处中。税务总局还将加大专项检查力度，完善税收违法"黑名单"制度。

3. 关于未及时足额收缴非税收入问题。中央非税收入方面，财政部已将核定的国际金融组织贷款还贷准备金利息等增值收益 61.4 亿元全部缴入中央国库；对地方未上缴的探矿权采矿权价款中央分成 128.76 亿元，财政部已会同相关部门发文催缴；中央部门已上缴资产出租出借或处置收入 2.14 亿元（占 67.1%），其余资金正在继续清缴。地方非税收入方面，已补征 19.79 亿元（占 72.6%），其余 7.48 亿元已下发催缴通知或待评估后补征；收入过渡户中的 30.81 亿元已全部缴入国库或纳入部门预算管理。

（三）关于预算批复下达不及时、不规范问题。

1. 关于部分预算下达不及时问题。财政部在 2015 年度预算执行中，采取严格按规定时限下达预算、继续预收部分企业国有资本经营收益、完善资金拨付程序等措施，加快了预算下达进度。截至 2015 年 9 月底，中央本级一般公共预算、转移支付预算和中央国有资本经营预算的执行率，分别比上年提高 2.9 个、3 个和 35 个百分点。

2. 关于财政部批复的部门预算中个别事项不规范问题。一是对少编报已确认结余问题，财政部正在研究完善减少结转结余资金的长效机制，并要求部门年度结余资金统一收回财政统筹使用。二是对部分高校专项资金安排问题，财政部、教育部等制定了改革相关预算拨款制度的方案，正在制定专项资金管理办法。三是对预算安排结构不合理问题，财政部正在协调人力资源和社会保障部等部门，规范银监会、证监会、保监会的人员经费等预算管理。

3. 关于发展改革委安排的投资计划中个别事项不规范问题。一是对未严格按照投资计划的级次和投向安排资金问题，发展改革委在安排 2015 年投资计划时，采取逐项梳理项目前期工作进展和实际投资需求等措施，提高计划安排的准确性。同时，将编制3年滚动投资计划，加强政府投资项目储备。二是对采取直接将投资补助分配到企业的方式安排专项问题，发展改革委将调整中央预算内投资安排方向，减少直至取消对一般竞争性项目的补助，对确需保留的竞争性领域专项，探索实行基金管理等市场化运作模式，不再直接安排到具体项目。三是对未公开标准或无规划、向不符合条件项目安排专项问题，发展改革委已暂停安排"动物防疫体系建设"新建项目，将会同农业部编制动物防疫体系建设规划；根据各地煤矿安全改造等需求，适时调整优化"煤矿安全改造"等专项支持方向。四是对少数专项分配较随意问题，发展改革委将合理制定"残疾人康复和托养设施建设项目"补助标准，严格控制补助比例，加大项目公示力度；会同农业部编制"畜禽水产良种工程项目"建设规划，分区域明确补助比例；按规划安排"农户科学储粮设施"年度建设项目，并及时评估规划执行情况。

（四）关于转移支付改革和规范不到位问题。

1. 关于部分一般性转移支付有限定用途问题。财政部在2015年度预算安排及转移支付清理整合中，根据项目性质对这部分支出作了梳理，将其中属于中央委托事权或中央地方共同事权的项目转列专项转移支付，属于地方事权的项目归并到均衡性转移支付。

2. 关于专项转移支付清理整合不到位问题。财政部正在按照《国务院关于改革和完善中央对地方转移支付制度的意见》（国发〔2014〕71号）要求，继续清理整合，严格控制新设专项。对"公共卫生服务补助"专项细分为21个明细专项问题，已对20个明细专项进行清理整合，其中3个予以整合，4个属于地方事权的从2015年起不再安排中央转移支付资金，将疾病预防控制类的13个明细专项从2016年起整合为6个。

3. 关于部分专项转移支付分配审核不够严格问题。财政部会同相关部门加大了预算评审和项目审核力度，改进了专项资金管理方式：一是在分配2015年"农业技术推广与服务补助资金"（原农林业科技成果转化与技术推广补助资金）专项时，财政部、农业部共同研究方案，统一分配拨付资金，"农民培训"专项在清理整合中并入了其他专项。二是对未经评审下达专项预算的9个项目，财政部、文物局组织进行了预算评审。三是对未经江苏省申报下达专项预算的3个项目，财政部要求江苏省补报了书面材料。四是对"中小企业发展"专项，财政部将原来的直接支持项目和分部门分行业管理模式，调整为集中资金支持"小微企业创业创新基地城市示范"项目，并会同工业和信息化部对向存在问题企业安排的专项资金提出了处理意见。

4. 关于部分专项资金被骗（套）取问题。一是对"关闭小企业中央财政补助"1.03亿元被骗（套）取问题，财政部已发文请有关部门核实情况，提出处理意见，追回被骗（套）取资金，并在2015年清理取消了此项补助。二是对"国际服务外包业务发展专项"9181.24万元被骗（套）取问题，财政部正在督促涉及的12个省市予以追缴，并在2016年暂停或按比例扣减此专项。三是对"产业化经营中央财政补助"4210万元被骗（套）取问题，财政部拟终止相关项目实施，全部追回未拨付、未报账和被骗取资金；5年内取消54家违规企业申报农业综合开发项目补助的资格，扣减有关地方2016年中央财政补助指标，并研究改进项目评审、管理和监督检查制度。四是对"文化产业发展专项补助"7100万元被骗（套）取问题，财政部根据涉及的13家企业的具体情况，责成有关地方采取收回资金、督促加强专项资金管理或补充相关申报资料等措施进行整改。五是对"产业振兴和技术改造"等中央投资专项2.13亿元被骗（套）取问题，财政部已督促发展改革委落实管理工作责任制，严格审批流程；发展改革委已要求有关地方采取冻结尚未拨付资金、追回已拨付资金、组织开展产业类项目专项稽查等措施进行整改。六是对"农机具购置补贴"等涉农专项7.38亿元被骗（套）取问题，财政部、农业部联合发文，进一步规范了农业机械购置补贴、渔业捕捞和养殖业油价补贴等管理,追回专项资金2.7亿元,处理301人。七是对8个省的财政等部门挤占挪用或出借资金等29亿多元问题,其中5个省已收回资金或归还原资金渠道19.55亿元,其余问题正在整改中。

(五)关于政府债务管理需进一步加强问题。

1. 关于国债发行与库款管理衔接不够问题。财政部2015年制定国债发行计划时,综合考虑国债市场、财政收支和库款流量预测等因素,优化了国债发行节奏;适当加大短期国债发行,2015年第二季度开始按月滚动发行6个月短期国债,第四季度开始按周滚动发行3个月短期国债。

2. 关于主权外债项目审批管理不够严格问题。财政部建立了国际贷赠款项目申报登记、集体决策审批和档案管理等制度,完善了项目审批流程。未追偿的垫款等14.82亿美元中,对正常运行项目单位拖欠的1.32亿美元,已追回0.09亿美元,相关项目单位制定了剩余垫款的还款计划;对破产清算、资不抵债或已不存在的项目单位拖欠的2.56亿美元,指导清理回收资金;对国内转贷银行垫付的5.18亿美元和拖欠的手续费、罚息及滞纳金5.76亿美元,正在与有关方面进行核对,逐项研究解决措施。

3. 关于个别地方政府偿债压力较大问题。财政部按照"到期债务全覆盖"的原则,已下达3批置换债券额度,主要用于偿还经清理核实后地方政府债务中2015年到期的本金,由各地区根据偿债支出进度、库款情况等安排发行。同时,要求各地将地方政府债务纳入预算管理,统筹安排偿还,不得违法违规举借债务。

三、中央部门预算执行审计查出问题的整改情况

本次审计的44个中央部门及有关所属单位高度重视整改工作,其中35个部门专门召开党组会、部务会、专题会等研究部署。截至2015年10月底,这些部门整改违反财经制度规定问题金额11.23亿元(占

77.2%），政府采购、资产管理和账务处理等方面不规范问题金额28.05亿元（占71.9%）。通过整改，促进上缴财政、归还原资金渠道、收回出借款等2.34亿元，调整会计账目15.86亿元，制定完善73项预算和财务管理制度。

（一）关于有的部门预算编报和执行不够严格问题。一是对在部门预算中编报对地方专项转移支付问题，2个部门今后将采取购买服务或委托等方式，安排需地方完成的事项。二是对多申领人员经费或项目经费问题，其中7个部门和单位已通过上缴财政或归还原资金渠道等方式整改1578.39万元（占96.5%），其余资金正在申请通过核减预算等方式予以归还。三是对将项目经费或公用经费调剂用于人员支出问题，36个部门和单位已将1.49亿元归还原资金渠道，其余问题正在整改中。此外，对政府采购、资产管理和账务处理不规范等问题，已通过重新招标、完善手续、调整账目等方式整改28.05亿元（占71.9%），其余问题正在补办手续、拟定招标方案或进一步清理核实中。

（二）关于"三公"经费、会议费等管理使用中存在违反财经纪律问题。

1. 因公出国（境）方面。一是对出国（境）团组擅自更改行程或境外停留时间问题，5个部门和单位对相关责任人进行了通报批评，并采取个人承担有关费用、取消出访代表资格等措施整改，其中3个部门完善了本部门因公出国相关管理办法。二是对超范围、超标准列支或由企事业单位等承担出国（境）费用问题，26个部门和单位通过退回由企事业单位承担的出国（境）费用、调整账目、强化预算约束和完善监管机制等措施全部整改。

2. 公务用车和公务接待方面。一是对占用或租赁的122辆公务用车，33个部门和单位通过退还车辆或解除租赁合同、申请划转指标、办理产权变更手续等全部整改。二是对挤占其他支出用于车辆购置等问题，20个部门和单位通过归还原资金渠道、清退或停发交通补贴、调整账目等整改940.16万元（占88.8%），其余问题正在整改中。三是对超标准列支或由其他单位承担公务接待费169.66万元问题，10个部门和单位通过归还资金、调整账目、完善审批流程等全部整改。

3. 会议费方面。一是对在京外、非定点饭店召开会议问题，27个部门和单位采取严格执行会议定点管理规定、严格履行会议计划报批程序等措施进行了整改。二是对超标准支付、虚列支出或由其他单位承担会议费346.05万元问题，26个部门和单位通过严格执行会议费标准、将转嫁或虚列的会议费退回或归还原资金渠道等措施全部整改，并处理了有关人员。

4. 津补贴方面。一是对转移、挪用或套取财政资金发放劳务费、职工福利等问题，40个部门和单位采取归还原资金渠道、追回资金、上缴国库以及调整账目等措施整改25365.04万元（占99.95%），处理5人；其余问题正在进一步清理整改。二是对违规发放津补贴或奖金、实物等问题，36个部门和单位采取退还资金、停发津补贴以及严格控制工资性经费支出等措施整改6439.03万元（占99.6%），处理17人；其余27.38万元正在逐月扣收，预计12月底前完成。三是对违规在所属企业、社团兼职取酬问题，14个部门和单位停止了有关人员兼职取酬行为，12个部门和单位清退兼职取酬所得391.26万元。

（三）关于信息系统建设统筹规划不够问题。针对审计指出的问题，有关部门加强了信息化建设的统筹管理，主要采取以下措施：一是编制部门信息化建设"十三五"规划及中长期规划；二是开展信息系统全面清理和等级保护定级工作；三是对信息数据托管情况进行清理，完善相关制度规范；四是对存在安全隐患的数据信息，指定专人管理或收存本单位管理；五是推进信息资源的开放共享和业务协同，提高信息数据的利用效率。其中，工商总局已取消相关收费，约谈了有关责任人，16人退回了劳务费。

四、财政存量资金审计查出问题的整改情况

国务院多次就盘活财政存量资金、推动财政资金统筹使用作出部署,印发了《推进财政资金统筹使用方案》等文件,提出明确要求。财政部印发《关于推进地方盘活财政存量资金有关事项的通知》等文件,积极推进相关工作。

(一)关于预算中有专项用途的收入较多,按现行管理办法不能统筹安排问题。财政部采取了以下措施:一是在3年内逐步取消一般公共预算中以收定支的规定,并推动修订相关法律法规;二是新出台的税收收入或非税收入政策,一般不得规定以收定支、专款专用;三是对政府性基金和专项收入实行目录清单管理,定期公开项目名称、设立依据、征收方式和标准、收入规模等。

(二)关于法定挂钩事项支出预算刚性增长,资金闲置量大问题。对科技支出结转问题,财政部加大了资金统筹使用力度,积极消化结转资金,并结合科技重大专项管理改革试点,探索优化科技资金管理流程;中科院结合编制"三年滚动预算"的要求,正在充实完善科研项目库,加强了过程监督和动态管理,健全长效机制。目前,中央本级科技支出2014年底在财政部累计结转的426亿元中,已有135.03亿元安排用于科技重大专项支出;中科院存量资金已从104亿元减至29亿元。

(三)关于一些改革措施或工作部署推进滞后,影响项目资金有效使用问题。一是对创业投资引导基金,14个省加大了支持创业创新力度,截至2015年10月底,新增基金投资15.63亿元,累计安排使用基金比例比2014年底提高3.7个百分点。二是对重金属污染综合防治项目,17个省加快了项目统筹推进,截至2015年10月底,40个未开工或进展缓慢的项目中,有11个已经完工或进入试运行阶段,27个加快了进度,2个已取消;11个省财政等部门结存两年以上的中央专项资金中,有9719.32万元已收回财政统筹使用,其余资金加快了拨付进度或已投入项目使用。

（四）关于财政专户清理不到位，大量资金结存问题。财政部制定了全面清理整顿地方财政专户的措施，加大整改督促力度。一是对地方财政存量资金清理范围未包括财政专户问题，财政部下发通知，要求地方盘活财政专户存量资金，将地方财政专户资金情况纳入财政库款月报，加强了监测和管理。二是9个省应取消的35个财政专户中，截至2015年10月底，已撤销10个，将于2016年底撤销2个，正在申请合并13个，其余10个拟待有关在建项目等完成后撤销。三是4个省虚列支出转入财政专户的国库资金667.08亿元中，已拨付项目14.94亿元、清理收回13.89亿元，其余638.25亿元将根据项目实施进度拨付使用。

五、政策措施贯彻落实跟踪审计查出问题的整改情况

国务院高度重视稳增长、促改革、调结构、惠民生、防风险政策措施贯彻落实情况，要求审计署做好跟踪审计工作，并组织了多次专项督查和问责。

（一）关于部分重大投资项目审批周期长、开工不及时、建设推进慢问题。发展改革委对43个未批复项目逐项梳理，已批复19个项目的立项申请或可行性研究报告，1个正在履行委内报批程序、1个下放给地方核准，其他项目申请因未纳入有关规划、建设资金不落实、缺少前置性要件等已退回地方；557个已批准未按计划开工的项目，已开工建设479个，调整或取消25个，其余53个因前期工作不到位、征地拆迁困难等仍未开工；对46个未完成年度投资计划的重大水利工程，加快了实施进度，已完成投资计划的97.9%；对3个国家石油储备二期基地建设工期延长问题，能源局召开专门会议研究整改工作，加快推进工程建设；对11个虚报投资完成额的铁路、水利项目，已调整了账目，加大了项目推进力度。

（二）关于一些部门和地方简政放权力度不够问题。4个部门按规定取消或合并了8个行政审批事项，4个暂不适宜取消的正在申请保留；15个省取消了自行设置的119项职业资格许可和认定，其余14项因需从行业主管部门层面进行规范等暂未取消；8个部门所属单位和4个省环境保护、住房城乡建设部门停止了相关违规收费；13个部门所属单位取消了违规自定的收费项目，其他单位的收费清理工作正在积极推进中。

（三）关于有关部门推进商事制度改革的具体措施不够协调问题。"三证合一"改革方面，国务院办公厅印发《关于加快推进"三证合一"登记制度改革的意见》（国办发〔2015〕50号），明确2015年底前在全国全面推行"一照一码"登记模式。商事审批方面，工商总局积极推进相关制度清理，初步完成涉及本部门的法规规章修订；进一步梳理出165个需其他部门修订或废止的规章和规范性文件，其中85个已完成修订，其余80个已列入修订计划或正在修订、审议及待发布中。

（四）关于有关部门落实进出口通关服务便利化措施未完全到位问题。服务收费方面，海关总署取消了5项经营性服务收费、降低了1项收费标准，对符合规定予以保留的收费项目实行了正面清单管理；质检总局发文要求各直属检验检疫局和所属企事业单位取消不合理的自定收费项目；商务部取消或降低了部分收费。免税审核方面，财政部会同有关部门将重大技术装备关键零部件及原材料进口免税政策审核周期缩短到两个半月，在下达2015年重大技术装备关键零部件及原材料免税进口额度的同时，预拨了2016年度部分免税进口额度。报关报检方面，海关总署、质检总局进一步完善了协作机制，"信息互换、监管互认、执法互助"的大通关模式正在进一步推进中。

六、重点专项资金审计查出问题的整改情况

（一）土地出让收支和耕地保护审计查出问题整改情况。

国务院专门部署此次审计查出问题的整改工作，国土资源部组织开展了土地管理领域专项整治行动，财政部、审计署等部门加强了督促。各省级政府制定了整改工作方案、建立了整改台账和部门联席会议，逐项落实、核销审计查出问题。截至2015年10月底，有关部门和地方通过补征收入、追回资金等促进增收节支5683.9亿元，制定完善制度3877个，处理4133人。

1. 土地出让收支方面。有关地方补征土地出让收入2262.46亿元（占61.7%）；对通过空转等方式虚增土地出让收入问题，通过调整预算和会计账目等整改1009.2亿元（占68.8%）；对违规用于弥补行政经费、对外出借、修建楼堂馆所等的资金，通过归还原资金渠道等方式整改5452.26亿元（占69.8%）。征地拆迁补偿方面，补发少支付的补偿资金15.65亿元（占89.9%），收回被套取或骗取的补偿资金10.12亿元（占95.7%）。土地出让收支核算方面，已将滞留在财政专户、坐支的7218.35亿元（占86.4%）纳入预算管理。对为支持经济发展减免或返还土地出让收入问题，各地按要求进行了整改规范。

2. 建设用地方面。有关地方采取补办手续等措施，纠正违规批地30.97万公顷（占79.9%）；采取收回土地、完善"招拍挂"程序、补交土地价款等措施，纠正违规供地11.03万公顷（占76.4%）；采取立案查处非法占用耕地、没收地上建筑物、收回土地使用权证等措施，纠正违法用地面积11.53万公顷（占52.7%）。

3. 土地利用和耕地保护方面。一是对城市新区突破土地或城市规划、土地长期未用问题，采取了衔接和修订规划、调整新区范围、加快土地供应等措施。二是对地方开发区设立和建设中的问题，正在采取清理整治、合并裁撤、优化布局等措施。三是对基本农田保护和管理中的问题，正在采取完善土地利用总体规划、开展永久基本农田划定等措施，已落实98.71万公顷（占66.2%）基本农田的保护责任。四是对土地整治项目中的问题，加大了检查力度，做实补充耕地5.53万公顷，挤占挪用整治资金有67.35亿元（占61.5%）已归还原资金渠道。

（二）城镇保障性安居工程跟踪审计查出问题整改情况。截至2015年10月底，有关地方整改问题金额98.89亿元（占99.8%），制定完善政策文件673个，处理149人。一是对专项资金使用中的问题，通过归还原资金渠道、上缴财政、收回对外出借资金、调整补助项目或会计账目等整改98.68亿元（占100%）。二是对不符合条件的家庭享受住房和补贴问题，通过取消保障资格或调整待遇等整改4.26万户（占96.8%），涉及住房1.26万套、追回住房补贴2075万元；其余0.14万户正在调查核实中。三是对住房被违规用于经营或出售问题，已完成整改5334套（占90.5%），其中3127套清理收回，1734套停止违规销售、租借或加收了租金；其余561套正在清理中。

（三）彩票发行费和彩票公益金审计查出问题整改情况。民政部、体育总局和财政部对各地整改工作作出专门部署，督促及时纠正违法违规问题，建立健全制度机制。截至2015年10月底，有关部门、单位和地方整改问题金额794.73亿元（占99.4%），制定完善政策制度200个，处理274人。一是对虚报套取、挤占挪用专项资金等问题，通过归还原资金渠道、上缴国库或财政专户、停发或降低标准发放津补贴、补办手续、调整账目等方式整改164.33亿元（占97.1%）；其余4.99亿元正在落实整改中。二是对未经批准利用互联网销售彩票问题，财政部等8个部门联合发文严格禁止，各地开展自查自纠，全面停止了违规互联网销售彩票行为，财政部等正在研究完善有关管理办法。

（四）矿产资源开发利用保护及相关资金征管审计查出问题整改情况。国土资源部组织了矿产资源管理领域专项整治行动。截至2015年10月底，有关地方整改问题金额157.18亿元（占51.3%），修订地方性法规和规章21件、规范性文件146件，处理27人。一是对712宗矿业权（占88.3%）出让中存在的问题，采取补办手续、注销矿业权、规范审批流程等方式进行了整改，其余94宗矿业权涉及的问题正在核实整改中。二是对欠征矿产相关资金问题，采取"一对一"上门催缴、启动专项工作等方式，追缴入库103.25亿元，注销了无力补缴价款企业的矿业权（涉及价款5.89亿元）；其余90.95亿元正在整改中。三是对未按规定使用矿产相关资金问题，已归还原资金渠道41.44亿元，收回出借资金6.6亿元；其余58.35亿元正在整改中。

七、金融审计查出问题的整改情况

针对审计指出的问题，相关金融机构成立了整改工作领导小组。截至2015年10月底，整改问题金额184亿元（占98.97%），完善制度和工作流程130项，处理367人次。

（一）关于一些分支机构违规经营、内部管理不到位问题。一是对违规放贷问题，3家金融机构逐户进行清理处置，通过收回贷款、冻结授信额度、诉讼清收、加强监控等方式全部整改，修订规章制度53项，处理260人。二是对在工资总额之外发放薪酬补贴、购买年金保险等问题，3家金融机构通过调整账目、加强薪酬管理等方式整改16亿元，制定完善制度62项。

（二）关于对中小企业融资的支持力度还不够问题。一是对中小企业贷款、转贷利率问题，人民银行、银监会等加大对相关政策参数的调整和调频力度，引导加大对中小企业融资的倾斜力度；相关金融机构制订完善15项支持中小企业措施。二是对企业民间借贷风险问题，处置非法集资部际联席会议办公室、人民银行、公安部等开展了全国非法集资问题整治等专项行动，依法查处审计移送的地下钱庄、非法集资等问题，并推进监管制度体系建设；商业银行采取措施，严格银行账户开立审核，规范网银业务发展，并加大宣传力度，引导社会公众增强风险防范意识，从源头上加以防范。

八、企业审计查出问题整改情况

针对审计指出的问题，14户中央企业均召开了集团层面的专题会议部署整改，多数建立了内部多部门联动整改机制。截至2015年10月底，整改问题金额2336亿元（占93%），建立健全规章制度800多项，处理344人次。

（一）关于一些企业违规决策、违规经营造成重大损失问题。有关企业通过积极清理处置、盘活资产、追回资金或挽回损失等整改40多亿元；完善决策管理相关制度77项，加强了投资项目可行性研究、核准、报批等工作；严格实行问责和责任追究，已对25人次追究违规决策责任。

（二）关于企业财务和内部管理存在薄弱环节问题。对会计核算不实问题，有关企业通过调整会计账目和报表全部整改，并补缴税金1.3亿元。对薪酬福利发放和招投标不规范等问题，已退回多发的薪酬福利等8亿元，完善物资采购、工程建设和招投标等制度730多项，处理319人次。

九、审计移送的重大违法违纪问题查处情况

审计署移送的重大违法违纪问题线索，有关部门已经立案查处或正在进一步调查中。审计署将及时向社会公告查处结果。

十、加强财政管理意见的落实情况

（一）关于进一步深化财税体制改革意见的落实情况。财政部采取了以下措施：一是研究起草推进中央与地方事权和支出责任划分的相关办法，计划在试点的基础上逐步推进。二是推进政府预算体系的统筹协调，加大政府性基金预算转列和调入一般公共预算力度，加强国有资本经营预算与一般公共预算的统筹协调，推进专项收入统筹使用。三是加强专项转移支付的清理整合，按"一个专项一个办法"的要求，完善专项转移支付项目资金管理办法。2015年，向全国人大常委会报送了转移支付分地区预算草案，向社会公开了专项转移支付情况。四是对政府性基金和专项收入实行目录清单管理，以提高政策透明度。

（二）关于加快建立完善有关制度规定意见的落实情况。财政部采取了以下措施：一是按照《国务院关于印发推进财政资金统筹使用方案的通知》（国发〔2015〕35号）要求，及时清理规范重点支出同财政收支增幅或生产总值挂钩的规定，就涉及需要修订的法律包括教育法、义务教育法、农业法、科学技术进步法等，财政部多次与全国人大常委会法工委、法制办沟通研究。二是对决定取消、合并、调整的政府性基金、专项收入、专项转移支付等,需要修改财政部制定或牵头制定的规范性文件的,财政部将作出相应修改。三是在整合完善现有相关规定的基础上,修订了《财政总预算会计制度》。四是根据预算法规定和中央决算编报工作需要,拟研究完善中央决算编制办法。

(三)关于提高财政管理绩效,切实防范各类风险意见的落实情况。财政部采取了以下措施:一是继续要求各级财政税务机关坚持依法依规、及时足额组织收入,坚决不收过头税,坚决防止采取空转等手段虚增收入,坚决避免突击收税,切实保证税收收入质量。二是推进科技、教育、农业、节能环保、医疗卫生等重点科目,以及部门内部、跨部门资金统筹使用,督促指导各部门各地方盘活财政存量资金,提高资金使用效率。三是合理安排国债发行期限和节奏,全年保持基本均衡,确保以较低成本和市场风险完成国债筹资任务;适当加大短期国债发行力度,加强短期国债发行与国库库款管理有效衔接。四是完善地方政府债务管理制度,完成地方政府存量债务的清理甄别工作,制定了地方政府债务风险预警、一般债券和专项债券预算发行管理等办法。

(四)关于严格预算约束,严肃财经法纪意见的落实情况。财政部采取了以下措施:一是印发了《财政部关于加快推进中央本级项目支出定额标准体系建设的通知》,提出加快推进项目支出定额标准体系建设的基本原则、总体思路和重点工作,并积极推进相关工作。二是进一步完善因公出国(境)、会议费等相关经费管理制度,推进财政预决算、"三公"经费和行政经费公开。三是进一步健全财政法规制度体系,提升财政制度建设的质量,规范财政权力运行。发展改革委采取取消和下放核准事项、简化审批流程、严格限定审批时限等措施,促进加快重大项目实施进度。

委员长、各位副委员长、秘书长、各位委员,以上是《国务院关于2014年度中央预算执行和其他财政收支的审计工作报告》反映问题的整改情况,大部分问题得到了纠正。还有一些问题未整改到位,有的是整改措施针对性不强、推进慢，或者整改中遇到了实际困难，整改效果不理想；有的是整改涉及多个部门单位，统筹解决难度大或协调配合力度不够，影响及时整改；有的是问题情况较为复杂，特别是少数历史遗留问题，需要逐步梳理解决；有的是相关制度规则不符合实际，未及时修订完善，或相关重大改革措施正在统筹规划、深入论证、试点试行，整改实际也是推进制度逐步健全、体制逐步完善、改革逐步深化的一个过程。下一步，我们将继续加大对整改工作的跟踪督促力度，促进整改到位，并积极推进深化改革和体制机制创新。

附录3 2015年度中央预算执行和其他财政收支审计查出问题整改情况报告

国务院关于2015年度中央预算执行和其他财政收支审计查出问题整改情况的报告

——2016年12月23日在第十二届全国人民代表大会
常务委员会第二十五次会议上
审计署审计长 刘家义

全国人民代表大会常务委员会：

我受国务院委托，向全国人大常委会报告2015年度中央预算执行和其他财政收支审计查出问题的整改情况，请审议。

一、关于整改工作的部署推进情况

2016年6月30日，十二届全国人大常委会第二十一次会议审议了《国务院关于2015年度中央预算执行和其他财政收支的审计工作报告》，要求高度重视审计查出问题的整改工作，严肃对违法违规问题进行追责和问责，着力加强制度建设，年底前向全国人大常委会报告整改情况。7月7日，李克强总理主持召开国务院常务会议专题研究部署整改工作，要求以整改审计查出的问题倒逼改革，针对一些年年审、年年存在的"顽疾"，抓住体制机制深化改革，从根子上解决问题；对以各种方式骗取财政资金、违反财政收支规定等行为严肃追责问责，铲除滋生腐败的土壤；强化对整改工作的督促检查，有关地方、部门和单位要对照审计查出问题，倒排时间表，按要求逐项、逐条整改，整改结果要于10月底前报国务院，并在向全国人大常委会报告后向社会公开。国务院办公厅将审计查出问题整改情况纳入督查督办事项。有关地方、部门和单位认真落实全国人大常委会和国务院要求，狠抓整改工作。

（一）着力落实整改主体责任。被审计的有关地方、部门和单位认真组织开展整改，及时制定整改方案和整改台账，实行定期检查和通报制度。有的召开党委（党组）会议或部务会议等专题部署整改；有的成立机构专门负责组织整改；有的将整改与"两学一做"学习教育结合，作为落实全面从严治党和党风廉政建设主体责任的重要抓手；有的将整改纳入绩效考核和内部巡视等工作，确保整改到位。

（二）着力强化整改督促检查。有关地方将整改纳入政府督查督办事项，有关主管部门也加强了对相关领域问题整改的督促检查。按照国务院要求，审计署向被审计单位下达专门整改通知，将审计工作报告反映的问题逐条分解，逐项明确整改单位、整改要求和完成时限，并将检查审计发现问题的整改落实情况纳入后续审计内容，持续跟踪督促。

（三）着力强化整改追责问责。有关地方、部门和单位在整改工作推进中，建立健全通报批评和追责问责机制，并不断强化审计结果运用，将审计结果和整改情况作为对相关单位及领导干部考核、奖惩的重要依据。对审计移送的违纪违法问题，有关部门及时组织查处，依纪依法追究有关人员责任。

（四）着力健全整改长效机制。有关地方、部门和单位在及时纠正违纪违法违规问题的同时，注重举一反三，通过规范管理、堵塞漏洞、完善制度等方式，不断提高预算和管理水平，力求从根本上遏制同类问题再发生。同时，认真研究审计反映的典型性、普遍性、倾向性问题和提出的审计建议，积极创新体制机制，完善了有关制度和风险防范措施。

二、关于整改落实的具体情况

从整改结果看，审计工作报告反映的问题大部分得到了纠正，对有关责任人员依纪依法进行了处理处分；对体制机制性问题，进一步完善了相关制度规范；对一些情况相对复杂、整改难度较大的问题，也落实了整改责任和进度安排。截至2016年10月底，整改问题金额共计1605亿元，整改率为84.5%，处理处分3229人次；通过整改，促进增收节支和挽回损失等共计976亿元，制订完善制度2116项，有力地促进了国家重大政策措施贯彻落实，推动了依法行政和反腐倡廉建设，推进了深化改革和规范管理。

（一）聚焦规范财政管理，着力提升财政资金绩效。

1. 关于中央决算草案编报方面的问题。财政部研究改进了决算草案编制管理，一些问题在决算草案报请全国人大常委会审议前已整改完成。具体情况：一是对未报告预算级次变化情况、部分收入列报不够全面的问题，财政部已在决算草案中对主要科目的预算级次调整、按规定向部分企业退税等情况做了说明和披露。二是对据实结算处理不规范的问题，财政部将相关专项补助办法由"当年预拨，到期清算"改为事后"据实结算"，目前已完成部分资金的清算，有4项还在进一步清算，将于本年度完成。三是对未按要求报告财政资金绩效情况的问题，财政部在2016年度预算中加强了绩效管理，对部门项目支出和部分专项转移支付设定了绩效目标，明确了绩效要求。

2. 关于中央部门预算执行方面的问题。截至2016年10月底，有关部门整改违反财经制度规定问题金额共计76.4亿元、整改率为98.6%，制定完善财务预算、经费管理、内部监督等方面制度64项。具体情况：

一是关于违规套取和使用资金等问题。主要通过将资金上缴国库、归还原资金渠道、退还费用、调减预算、完善制度等方式进行整改，并调整了相关账目。对重复申报项目或多报人数等取得财政资金的问题，通过将资金上缴国库、归还原资金渠道、调减预算等方式整改6205.43万元，并全面清理和规范了部门预算项目。对财政资金未纳入部门预算管理的问题，通过收回借款、归还原资金渠道、上缴国库等方式整改2.43亿元，并规范了预算管理范围和项目资金来源渠道，调整了有关账目。对未及时办理竣工决算、政府采购不规范等问题，通过归还原资金渠道、加快竣工决算等方式整改59.47亿元，完善制度27项。对利用部门权力或影响力取得收入的问题，停止违规评比、违规考试活动，取消了违规收费项目，清退收费1034.04万元，完善制度9项。

二是关于"三公"经费和会议费等问题。主要采取归还车辆、停止违规活动、退还费用、完善手续等措施进行整改。因公出国（境）方面，退回多收取的团组费用35.06万元和由企事业单位承担的费用104.5万元，调整账目涉及30.61万元，完善制度5项。公务用车方面，长期无偿占用的其他单位车辆已全部归还，将超标准购置的车辆拍卖、清退或封存，并严格公务用车运行费用预算管理，避免超预算问题再发生。公务接待方面，退回超标准列支、转嫁其他单位的接待费63.66万元，完善制度4项。会议费方面，退回超预算、超标准及由其他单位承担的会议费65.24万元，完善制度15项，并严格会议计划和费用报销等管理。

3. 关于财政资金绩效方面的问题。主要涉及预算安排、预算执行、税款征收和国库支付等方面，有关部门单位通过整改，加快了预算执行进度，提高了预算管理和财政资金使用绩效。具体情况：

一是关于预算执行进度慢、项目推进慢、资金结转多的问题。财政部在2016年度预算执行中，严格按规定时限下达一般公共预算，提前下达了政府性基金预算转移支付指标，国有资本经营预算部分转移支付采取"预拨加清算"方式管理。目前，一般公共预算等三本预算的执行进度均有所加快。同时，财政部督促有关部门和地方加强预算执行的监督检查，通过调减预算额度、加快项目执行、强化绩效管理等，已将2015年底结转结余的26.95亿元全部安排使用。

二是关于关税和进出口环节税征缴入库不及时、应转为税款的保证金超期未转的问题。海关总署通过推动"财关库银"横向联网工程建设运行，进一步加强了海关、银行和国库间的信息沟通，据海关总署统计，2016年8月银行滞压税款额较前7个月月均水平下降超过80%。相关关区对企业保证金进行核实清理，按规定解除担保或将保证金及时转税入库，并优化了作业流程，加强了日常监控。

三是关于财政授权支付范围划分不够明细的问题。财政部统一了基本支出和项目支出、政府采购支出和非政府采购支出的支付方式划分标准，加强大额资金支出审核和授权支付动态监控，并比照商业银行市场化收费标准修订国库集中支付银行代理手续费计付标准；在39个部门推行"基层预算单位+科目"的用款计划控制机制。

四是关于预算安排未充分考虑结转结余的问题。财政部印发《中央部门结转和结余资金管理办法》（财预〔2016〕18号），改进了结转结余资金管理模式，并核减3个部门有关项目的年度预算，明确从2016年起不再代编文化体制改革等项目预算。

（二）聚焦体制机制问题，促进加快形成适应深化改革要求的制度体系。

1.关于中央财政管理方面的问题。主要涉及预算安排统筹协调和转移支付制度改革情况，有关部门采取了以下整改措施：

一是关于预算安排与项目安排衔接不够、多本预算间支出划分不够清晰、交叉安排项目支出的问题。财政部积极推进中央本级项目库建设，督促主管部门及早确定项目名单，完善相关资金管理办法，加强项目预算绩效管理，对在规定期限未确定具体项目的资金予以收回，并明确将对年底仍未使用的资金予以收回；取消了一般公共预算中与其他预算安排交叉重复的电信普遍服务资金。发展改革委在中央经济工作会议确定年度投资规模后，加快中央预算内投资计划下达，加大相关方面资金的统筹力度，并强化了事中和事后监管。

二是关于预算安排与专项规划衔接不够的问题。财政部会同有关部门以高标准农田建设为平台，在湖南省开展涉农资金整合试点，将根据试点情况及时总结经验予以推广、完善政策，促进与相关规划做好衔接。环境保护部在编制"十三五"重点流域水污染防治规划中，将进一步突出规划的统揽和引领作用，协调做好预算安排与规划衔接。

三是关于预算安排与制度规定衔接不够的问题。发展改革委按照"一专项一办法"的要求加快制定专项管理办法，已出台60多项办法，督促有关地方严格管理、完善手续、加快实施，并从2016年起不再安排农户科学储粮专项。财政部完善了相关专项资金管理办法，并在2016年预算安排中严格执行。

四是关于转移支付制度方面的问题。对一般性转移支付具有指定用途、专项转移支付多头管理的问题，财政部在提高一般性转移支付资金比例的同时，不再强调专款专用，清理取消"政策产业技术研究与开发"等已到期、外部形势发生变化的专项转移支付，要求农业综合开发专项做到分配主体统一、分配办法一致、申报审批程序唯一。对专项转移支付管理薄弱的问题，财政部进一步优化支出结构、规范资金分配管理；发展改革委对确需安排资金但分布范围广、单项资金少的项目，以及涉及补助县级的项目，原则上均采取"切块"或"打捆"方式下达，交由地方具体安排，并会同相关部门加强事中事后监管。对用虚假资料、违规多头申报等获得中央投资补助的问题，发展改革委在清理收回2340万元上缴国库的同时，采取列入"黑名单"等方式，对相关项目单位和企业予以惩戒；对农林水事务补助资金被骗取、侵占或损失浪费的问题，通过追回或盘活相关资金、严肃追责问责、建立健全制度等方式进行了整改,涉及金额 13.11 亿元。其中,湖南省已对澧县骗取种植业保险保费补贴问题中的 8 名责任人给予撤职、降职等处分,对其他有关人员的调查处理正在进行中。

2. 关于政策措施落实方面的问题。审计工作报告重点反映了制度规则、重大项目审批管理、财政资金统筹整合、政府投资基金、科研投入管理等方面制约政策落实的制度机制情况,提出了加快推进改革、进一步优化资源配置、加强财政收支统筹协调等建议。有关部门主要采取以下措施进行整改:

一是转变管理方式。对一些领域的制度规则需要完善的问题,财政部在教育、农业、科技等重点事项预算支出实际安排中,对挂钩要求作了适当调整,防止资金运用低效、沉淀,正在组织研究修订与此相关的制度规定。对政府投资基金支持创新创业的作用未得到有效发挥的问题,财政部与发展改革委联合发文,要求基金管理机构定期清查,明确对至少 30 只基金进行清退处理,并研究制定绩效评价办法,通过对基金管理机构加强正向激励等,促进投资基金加快运用,截至 10 月底中央和地方创业投资基金已向有关项目新增投放 62.45 亿元,结存的资金正按项目协议约定依进度投放。对落实转变财政管理方式、加强财政收支统筹协调的建议,财政部会同有关主管部门加大力度推进项目资金、重点科目资金及有关部门资金统筹使用,并通过民族贸易和民族特需商品生产企业贷款贴息、创业担保贷款财政贴息奖补等措施,支持发展实体经济。

二是深化简政放权。对重大项目审批管理改革中存在的问题,有关部门认真落实国务院要求,将高速公路审批前置要件减至 7 项,其中 5 项改为开工前并联审批,具备条件的推行报建手续"先建后验",取消 9 项指定由地方实施的审批事项;清理规范中介服务 81 项,对确有必要保留的实行清单管理,并采取允许申请人自行编制或改由审批部门委托有关机构编制等方式,减轻申请人费用负担;建设在线审批平台,加快纵向贯通,推行网上并联审批,采取提前告知相关审批要求等方式提高办理效率。

三是修订完善制度。对科研投入管理机制与科技创新要求不适应的问题,有关部门贯彻落实中共中央办公厅、国务院办公厅印发《关于进一步完善中央财政科研项目资金管理等政策的若干意见》的要求,采取了简化相关预算编制、下放管理权限、加大激励力度、加强制度建设、形成协同监督检查机制等措施,以避免重复检查、多头检查和过度检查。对健全财政管理体系的审计建议,《国务院关于推进中央与地方财政事权和支出责任划分改革的指导意见》(国发〔2016〕49号)提出了改革的总体要求、划分原则、改革任务、保障措施以及改革时间表路线图等,选取国防、外交等基本公共服务领域率先启动改革。对加强财政收支统筹协调的审计建议,《国务院办公厅关于支持贫困县开展统筹整合使用财政涉农资金试点的意见》(国办发〔2016〕22号)提出,试点地区要以重点扶贫项目为平台,统筹整合各级财政安排用于农业生产发展和农村基础设施建设等方面资金,撬动金融资本和社会帮扶资金投入扶贫开发,提高资金使用的精准度和效益,形成"多个渠道引水、一个龙头放水"的扶贫投入新格局;财政部加快完善影响财政资金统筹整合的法律法规和相关制度,从严控制设立专项转移支付项目,并在门户网站增设"中央对地方转移支付管理平台",集中公开专项转移支付的主要内容,提高预算分配透明度。

四是完善配套措施。对实体经济融资等问题和优化财政支出结构的审计建议,财政部、银监会等部门结合落实"三去一降一补"任务出台一系列配套政策措施。去产能、去库存、去杠杆方面,设立工业企业结构调整专项奖补资金,印发资金管理办法,出台支持钢铁煤炭企业重组破产、化解过剩产能的财税会计和金融支持政策,有序开展市场化债转股,对商品房库存较大地区提高棚改货币化安置比例。降成本方面,全面推开"营改增"试点,阶段性降低企业职工基本养老保险和失业保险费率、住房公积金缴存比例,扩大日用消费品降税范围,取消、停征和整合部分政府性基金项目,扩大政府性基金、行政事业性收费免征范围,建立了收费基金、进出口环节收费等目录清单。补短板方面,全面实施农业三项补贴改革,积极推广农业信贷担保体系建设,推进棉花目标价格改革,实施农业种植结构调整和休养生息改革、玉米生产者补贴制度和大豆目标价格改革试点。银监会牵头制定《进一步加强小微企业金融服务工作方案》,出台改进小微企业金融服务的20条具体措施,加强"三个不低于"目标完成情况的监测、通报和考核,并督促银行业采取续贷、循环贷款等方式支持实体经济发展,推动利用应收账款融资服务平台、银税互动工作机制等,提高小微企业融资便利度。

(三)聚焦民生资金及项目绩效,积极推进惠民政策落实。

对审计工作报告反映的扶贫、农林水、保障性安居工程、工伤保险、水污染防治等资金违规分配、使用和相关项目推进慢、绩效不高等问题,有关地方主要采取以下措施进行整改:

一是追回或盘活相关资金。通过上缴国库、归还原资金渠道、收回贷款或借款等方式,追回被套取、侵占或损失浪费等资金12亿元,其中扶贫资金1.15亿元、保障性安居工程资金8.23亿元、工伤保险基金7529.95万元、农林水资金2.2亿元,并腾退收回住房、调整取消保障资格10.58万户(套);通过收回后重新安排、加快项目实施、完善手续、加快下拨、调整计划等方式盘活闲置资金333.29亿元,其中扶贫资金7.88亿元(占93.5%)、保障性安居工程资金325.41亿元(占68%);通过退回多征收保险费等方式,整改工伤保险基金财务管理不规范问题1.21亿元(占49.4%)。其余相关问题资金已作出清理、拨付或清收计划,正在抓紧实施。

二是推进加快政策落实和项目实施。对部分扶贫资金分配未充分考虑建档立卡贫困人口情况的问题,国务院扶贫办和财政部正在研究修订财政扶贫资金管理和分配办法,2016年在分配扶贫资金中,已将签订责任书的扶贫人口脱贫任务数和计划搬迁建档立卡贫困人口数作为分配依据,云南省寻甸县已收回向非建档立卡贫困户发放的贴息贷款等2724.48万元。通过完善配套设施,促进保障性安居工程交付使用17.35万套(占91%),并对存在未批先建、非法占地、未依法招投标等问题的3653个项目(占85.2%),采取完善手续或终止合同等方式进行了整改。对未按规定为职工办理工伤保险的问题,已为2.1万名在职职工和6.54万名"老工伤"人员补充办理了参保手续。对保障性安居工程项目未按规定享受税费减免、优惠利率或被加收中间费用等,通过退还费用、补充安排资金等整改261.72亿元(占93%)。

三是加大生态环境保护力度。对区域水环境压力大的问题,开展河湖专项治理等执法行动,规范中心城区岸线管理,搬迁砂石场、养殖船等污染源,依法实施涉水工程审查审批,推进加快污水处理厂和污水管网建设进度,提高城市污水收集率。对矿产资源开发及矿山环境恢复治理等方面问题,通过补办手续、注销采矿权、完善制度等方式整改347宗,处理15人。通过整改,盘活水污染防治资金92.9亿元(占53.7%),追缴入库矿业权相关资金10.68亿元,归还原资金渠道6.29亿元。

四是严肃追责问责。各地针对民生资金及项目审计查出的违纪违法问题,组织深入核实,依纪依法处理。截至2016年10月底,有1965人次受到党纪政纪处分,其中保障性安居工程涉及1591人,扶贫资金涉及153人次,农林水资金涉及211人次。

(四)聚焦重点领域和关键环节,及时化解经济运行中的风险隐患。

审计工作报告重点反映了地方政府债务、商业银行不良贷款、国有资产管理等领域存在的问题,提出继续强化地方政府债务管理,强化金融监管协作,防范财政金融风险等审计建议。有关部门主要采取以下措施进行整改:

1. 加强财政领域相关风险防范。具体措施:一是加强监督检查和协调。对地方发债融资未有效使用问题,财政部要求有关地方与债权人提前协商，及时掌握债务到期和存量债务提前置换协议签订情况，合理安排发债计划，对债务资金使用和偿还情况及时报备；对违规或变相举债问题，财政部组织开展专项核查、整改，督促严格落实地方政府债务限额管理要求，并进一步明确了地方政府不得担保承诺的相关要求。二是强化重点地区风险防控。财政部等部门加强了风险评估和预警，督促重点地区多渠道筹集资金，加快推进融资平台公司市场化转型和规范化运营，促进化解和严控地方政府性债务风险。三是健全风险防范预案。《国务院办公厅关于印发地方政府性债务风险应急处置预案的通知》（国办函〔2016〕88号）提出，明确地方政府的偿债责任，实现债权人、债务人依法分担债务风险，中央实行不救助原则，按照风险事件性质、影响范围和危害程度等将风险事件划分为四个等级，实行分级响应、分类处置，加强应急政策储备，推进风险防控科学化、精细化。

2. 加强金融领域相关风险防范。具体措施：一是拓宽不良资产处置渠道。银监会先后印发《关于规范金融资产管理公司不良资产收购业务的通知》（银监办发〔2016〕56号）、《关于适度调整地方资产管理公司有关政策的函》（银监办便函〔2016〕1738号），有序扩大化解不良资产批量转让受让的主体范围，强化金融资产管理公司的作用，适度引入地方资产管理公司参与不良资产处置；财政部印发《关于加快金融企业不良资产处置有关问题的通知》（财金〔2016〕88号），完善金融企业不良资产批量转让支持政策。二是引导规范处置方式。银监会研究制定防范理财和信托业务跨市场、跨业态风险传播的应对预案，发布《关于规范银行业金融机构信贷资产收益权转让业务的通知》（银监办发〔2016〕82号）。人民银行指导银行间市场交易商协会制定《不良贷款资产支持证券信息披露指引（试行）》，促进规范不良资产证券化信息披露。三是强化监管措施。银监会进一步规范了商业银行代理销售业务，明确了业务范围及与其他业务之间的风险隔离要求；制定《银行业金融机构创新业务后评估工作规程》，加强对潜在苗头性、趋势性风险的研判和应对，进一步明确对创新产品的监管标准;商业银行对符合条件的贷款进行重组和加固抵押、落实担保;相关金融机构采取冻结授信额度、诉讼清收、加强监控等措施整改违规经营问题457.42亿元,通过拍卖、封存、退赔等方式分类整改违反中央八项规定精神的问题,修订完善制度190项,处理485人次。

3. 加强国有资产领域相关风险防范。具体措施:一是《国务院办公厅关于建立国有企业违规经营投资责任追究制度的意见》(国办发〔2016〕63号)明确了资产损失、经营投资责任的认定标准和责任追究范围、处理等规定,对国有企业内部建立相应的责任追究制度提出了要求。二是国资委、人民银行、外汇局等8个主管部门对境外国有资产管理中存在的问题,开展专项检查,采取针对性措施加强风险管控,并督促企业建立健全境外资产管理制度,完善工程建设、物资采购和投资等方面的规章制度。三是对企业经营成果不实和造成国有资产重大损失、违反中央八项规定精神和廉洁从业规定的问题,基本得到整改,追缴违法所得、违规发放的津补贴、公款消费支出以及挽回或避免损失共计50.9亿元,处理763人次。

三、关于部分问题未完成整改的原因及下一步工作安排

从有关地方、部门和单位反映的情况看,有些问题尚未得到全面纠正,未完成整改的原因比较复杂,归纳起来主要有以下几种情况:

(一)相关重大改革正在统筹推进,整改工作需随着改革逐步深化。具体情况:一是涉及中央与地方财政事权和支出责任划分改革。财政领域中央与地方事权和支出责任改革已经启动,对转移支付管理、专项资金整合、中央预算内投资管理等方面存在问题的整改工作正在逐步推进,需要进一步明确部门职能、中央和地方责任,进一步规范管理;对政府性基金预算和一般公共预算交叉安排支出、涉农工程补偿标准低、相关激励考核机制不完善的问题,也需要在事权和支出责任划分等改革过程中逐步加以解决。二是涉及机构调整和政府职能转变。如事业单位

分类改革正在积极推进或试点,与之密切相关的经费保障制度正在研究制订中,杜绝变相违规收费等问题也有赖于分类改革深入推进。三是涉及债务监管体系建设方面。预算法明确对地方政府债务实行限额管理,且只能通过发行地方政府债券的方式举借债务,但在债务监管体系尚不够完善、处理处罚机制尚不够健全的情况下,从根本上遏制地方政府债务管理中发生的违规问题,需要不断健全债务监管体系,完善与预算法要求相配套的政策措施。

(二)相关问题产生的历史背景或外部条件比较复杂,整改工作需要持续推进。具体情况:一是有些问题涉及前期相关发展规划未及时调整,或目标实现条件已不完全具备,调整安排预算资金需要审慎区分情况,并遵循一定的规范程序,如年度有关预算安排与"十二五"有关专项规划衔接不够、以前年度存量资金清理不到位等问题。二是有些问题涉及不可控的外部条件,简单或机械纠正容易造成较大损失或其他不利影响,如有关境外项目投资方面问题的整改,需要与有关方面充分沟通、协调,达成共识后方可进一步实施。三是有些问题涉及难以追溯调整的事项,时过境迁后纠正具体事项已无实际意义,而建立完善相关制度和问责机制需要深入研究,如对预算分配与制度规定衔接不够、预算下达不及时、执行慢等问题,有关部门将在以后年度预算分配与执行中予以改进。

(三)相关问题全面整改面临一些特殊困难。具体情况:一是涉及历史遗留问题,整改难度大,如对未及时办理竣工决算、政府采购不规范等问题,由于有关单位债权或往来款形成较久,有的还涉及机构改革、经办人员屡经变更、相关资料缺失等,清理核实难度大,目前仍在梳理落实中。二是涉及特定阶段的特殊困难,如对部分矿业企业欠缴矿业权相关资金的问题,由于行业发展严重不景气,企业资金压力大,同时考虑落实去产能、去杠杆等重大任务要求,有的难以如期如数催收,只能要求企业明确缴款计划、承诺分期缴纳。

同时，对涉嫌违纪违法的事项，审计机关将查出的问题线索移送纪检监察部门或司法机关后，由于涉及履行有关法定程序，对责任单位、人员的处理处分，有关部门正在依纪依法调查处理。

对以上问题，有关地方、部门和单位对进一步整改做出了安排和承诺。下一步，将加强以下几方面工作：一是进一步加大整改推进力度。对尚未整改到位的问题，分类梳理、深入分析原因，制定切实有效的措施，确保整改落实。对历史遗留问题和特殊困难事项，加强与有关方面的沟通协调，积极稳妥推进。二是进一步加大改进管理、完善制度力度。对已经整改的问题，深入查找管理漏洞和制度根源，积极建章立制，巩固整改成果，推动整改的制度化、长效化。三是进一步加大改革创新力度。按照中央全面深化改革的相关部署和要求，积极推进相关重大改革举措落实，健全完善配套措施，切实建立健全适应新形势新要求的体制机制。审计署将按照国务院的要求，继续加强对整改的跟踪督促等工作，推动整改取得实效，切实提高预算管理和绩效水平。

附录4 2016年度中央预算执行和其他财政收支审计查出问题整改情况报告

国务院关于2016年度中央预算执行和其他财政收支审计查出问题整改情况的报告
——2017年12月23日在第十二届全国人民代表大会
常务委员会第三十一次会议上
审计署审计长 胡泽君

委员长、各位副委员长、秘书长，各位委员：

受国务院委托，我向全国人大常委会报告2016年度中央预算执行和其他财政收支审计查出问题的整改情况，请予审议。

党中央、国务院高度重视审计查出问题的整改工作，习近平总书记多次作出重要批示指示。李克强总理今年7月主持召开国务院常务会议，专题研究部署2016年度中央预算执行和其他财政收支审计查出问题的整改工作，强调要限时按项逐条严肃整改，切实构建长效机制。据此，审计署组织全国1万多名审计人员，按照"谁审计、谁负责督促"的原则，按项逐条对《国务院关于2016年度中央预算执行和其他财政收支的审计工作报告》（以下简称《审计工作报告》）反映问题的整改情况进行跟踪督促检查，涉及31个省（区、市）、100多个中央部门和4000多家单位。各地方、部门和单位认真学习贯彻落实党的十九大精神，全面整改审计查出的问题，积极建立健全整改长效机制。

一、各地方、部门和单位认真组织部署落实整改

（一）严格落实整改主体责任。按照国务院部署，国务院办公厅转发了审计署2016年度中央预算执行和其他财政收支审计查出问题整改分工方案。相关地方、部门和单位严格落实整改分工方案要求，逐一制定整改台账，实行对账销号。各被审计单位能够切实承担整改主体责任，主要负责人均亲自召开党委（党组）会议或部务会议等专题部署整改工作，有的还成立了以主要负责人为组长的整改工作组。很多地方、部门和单位还把整改纳入督查督办，结合"两学一做"学习教育常态化制度化扎实推进。

（二）认真履行行业主管责任。针对审计查出的突出问题，有关主管部门依法承担主管事项的监督管理责任，指导、督促抓好整改工作，有的还组织开展全国范围的专项督查，积极推进健全相关领域和行业发展的长效机制。如国务院扶贫办会同财政部印发《关于认真做好158个贫困县扶贫审计发现问题整改工作的通知》（国开办司发〔2017〕27号）、国务院国资委印发关于进一步加大审计发现问题整改力度的通知，督促地方和企业认真及时落实整改要求。

（三）积极健全整改长效机制。各地方、部门和单位均报告了解决审计查出问题长效机制的建立情况，一些地方建立完善了整改协调机制，做到任务、责任、时间节点"三明确"，增强整改合力。如重庆市扶贫办等12个市级主管部门加强协作，建立集中联合督促整改扶贫问题机制；有6个省（市）建立了由社保、卫生、财政、公安等部门组成的省级医保整改工作领导（协调）小组，统管全省医保整改工作。

（四）强化整改结果运用。相关部门和单位坚持以整改为契机，举一反三，认真查找管理漏洞和薄弱环节，加强制度建设和规范管理。如国家铁路局结合整改，研究制定了事业单位党委工作规则、政府购买服务指导性目录等多项制度；国家卫生计生委等部门还专门制定了整改工作办法，将审计结果及整改情况纳入干部考核、任免、奖惩等评价内容，对整改不力的单位和人员追责问责。

二、审计工作报告反映问题的整改情况

截至2017年10月底，有关地方、部门和单位通过上缴国库、补征（缴）税款、收回贷（借）款和结转结余、加固抵（质）押等方式整改问题金额4872.5亿元，能够按金额计量的问题整改率（下同）达到95%；处理处分相关责任人员8123人次，制定完善预算和财务管理、境内外投资、司法保障等制度2476项。

（一）中央财政管理及决算草案审计查出问题的整改情况。

1. 关于部分事项未在决算草案中反映的问题。财政部修订了有关收益上缴方案，从2017年起调整决算报表格式反映上述事项，其中对2016年决算少列报当年外债发生额的问题，财政部在当年决算草案中对数据差异做了说明。

2. 关于部分预算分配和管理还不够规范的问题。

一是对部分项目预算安排未充分考虑上年执行情况的问题。财政部在2017年预算编制中，除保留个别项目并压减代编规模外，对审计指出的其余项目不再代编预算；同时要求部门在申请下一年度预算时，统

筹考虑结转结余情况，对结转较多的项目减少2018年预算安排，并及时收回结转结余资金。

二是对部分预算安排方式与政策要求和实际情况不完全相符的问题。国家发展改革委2017年取消了物流业转型升级专项，进一步调整优化中央基建投资，避免财政资金直接投向竞争性领域；对文化产业发展专项直接投向竞争性领域的问题，财政部2017年进一步降低了采取这种方式安排资金的比例，更多通过市场化方式支持文化企业发展。对批复10个部门14个项目预算12.02亿元当年仅执行1%的问题，财政部督促相关部门加快了执行进度，推动重点项目及时完成，并印发通知优化中央本级预算调剂等事项的工作流程，提高办理效率；对确认不能执行的项目结余资金435.75万元，已发文要求上缴财政。

三是对部分中央基建投资安排不规范、项目推进慢的问题。国家发展改革委通过调整投资计划、收回投资、加快实施进度等方式，整改问题金额20.65亿元；印发通知要求加快工作进度，提前开展下一年度投资计划编报工作，促进提高年初细化比例；完善投资计划下达系统模块，加大与财政部对账频率，避免出现工作不衔接等情况；督促有关项目单位加快进度，对确实无法实施的项目调整收回投资计划，已促进329个项目开工或完工，有24个项目调整投资计划，盘活财政资金27.84亿元。

3.关于转移支付管理还不完全适应改革要求的问题。

一是对一般性转移支付与专项转移支付界限还不够清晰的问题。财政部在编制2018年预算时，将进一步清理具有指定用途的一般性转移支付，并会同国家发展改革委研究规范中央基建投资预算分配管理。

二是对专项转移支付退出机制还不健全的问题。财政部已明确要求取消政策到期的转移支付项目或支出方向，如需继续实施应按程序报批；加强专项转移支付清理整合，专项转移支付数量由2016年的94个下降到76个。

三是对有些专项资金安排交叉重叠的问题。部门层面，国家发展改革委加大对属于中央财政事权重大工程项目的支持力度，财政部加强统筹衔接、避免资金投向重叠。司局层面，国家发展改革委将原由农经司安排的国有林区、垦区棚户区配套基础设施投资补助，纳入保障性安居工程配套基础设施专项统筹安排；对地区司、环资司同时安排污水和垃圾处理设施建设补助的问题，将抓紧修订相关政策文件，进一步细化补助标准，同时将建立项目联合审查机制，对可能重复安排的项目在下达前先行对接，避免类似问题再次发生。

四是对有些专项转移支付管理不够严格的问题。财政部分配的3个专项中，2017年已取消人工影响天气补助专项，对就业补助和农业综合开发补助等2个专项严格按因素法等要求分配。

4.关于财税领域部分事项改革亟待深化的问题。

一是对营改增相关配套措施还不够完善的问题。全面推开营改增试点以来，财政部会同相关部门，合理确定建筑、金融、房地产和生活服务等4个新增行业的适用税率，起草完成全面推开试点方案；牵头建立全面推开营改增试点部际联席会议制度，按照"边试点、边完善"的思路，先后发布8个补充文件。税务总局分5批下发53个文件，解决了74个营改增试点政策执行中存在的普遍性问题，推出了160余项简化征管和优化服务的措施。对增值税进项与销项税率倒挂的问题，财政部、税务总局联合印发《关于简并增值税税率有关政策的通知》（财税〔2017〕37号），自2017年7月1日起取消13%的税率、改按11%税率征税；对国家重点鼓励的一些特殊行业，将制定临时性期末留抵退税政策。对向个人采购难以获得增值税专用发票的问题，税务总局推行小规模纳税人网上申请代开增值税发票，并将住宿、鉴证咨询、建筑等行业小规模纳税人纳入自行开具增值税专用发票试点。对建筑业简易计税优惠政策难以全面落实、税负有所增加的问题，税务总局发布《关于进一步明确营改增有关征管问题的公告》（2017年第11号），明确了建筑安装企业销售自产货物、异地预征、税款抵扣、审批时限等政策;联合财政部印发《关于建筑服务等营改增试点政策的通知》(财税〔2017〕58号),明确了部分甲方供材项目的计税方法,联合住房城乡建设部印发《关于做好建筑行业营改增试点工作的意见》(税总发〔2017〕99号),切实保证改革政策措施落地。

二是关于政府购买服务改革部分措施不到位的问题。财政部已编制完成5个部门政府购买服务指导性目录范本,加快编报审核进度,2017年底前将基本完成其他部门指导性目录;要求中央部门编制2018年部门预算时报送政府购买服务支出表;批复2018年部门预算时将对部门开展政府购买服务相关事项予以明确;开展了对地方政府购买服务工作的督查,把分级分部门编制政府购买服务指导性目录作为督查重点,北京、天津、辽宁、湖北、宁夏等省份已完成全部省级部门的指导性目录编制工作,其他大多数省份已有若干省级部门出台了指导性目录。下一步,财政部将继续督导、加快推进。

(二)中央部门预算执行审计查出问题的整改情况。

《审计工作报告》反映的73个中央部门及其332家所属单位问题,各部门单位已通过上缴财政、归还原资金渠道、调整账目等方式整改84.41亿元,整改率92%,并制定、修订规章制度201项。

1. 关于预算及资产资金管理还有薄弱环节的问题。对预决算编制不够准确、虚列支出的问题,29个部门和58个所属单位整改15.54亿元。对违规出租出借办公用房或设备的问题,11个部门和38个所属单位整改7.9亿元,有的已停止出租出借。对虚假发票套取或账外存放资金的问题,2个部门和19个所属单位已整改9386.26万元;对违规出借资金或购买理财产品等问题,8个所属单位已收回资金5.26亿元。对未严格执行政府采购规定、会计核算不规范等问题,60个部门和308个所属单位已整改52.39亿元。

2. 关于个别部门公务用车、会议管理和办公用房清理等工作还不够到位的问题。对公务用车问题，均已通过退回车辆、归还原资金渠道等方式整改完毕，其中退回无偿占用或超编制配置的公务用车48辆。对会议管理问题，已通过归还原资金渠道、完善相关制度等方式全部整改完毕，其中转嫁的会议费59.2万元已归还原单位。对办公用房问题，相关单位通过清退、调整或封存超标办公用房等方式全部整改完毕。

3.关于利用部门影响力或行业资源违规收费的问题。对违规收费问题，3个部门和24个所属单位已停止或取消违规收费项目，安全监管总局和中国设备管理协会等8个所属单位出台或修订相关规章制度规范收费行为；质检总局两次下发文件，要求加强培育和引入社会检疫处理单位，截至10月底，35个直属局辖区内增加系统外检疫处理单位12家，系统内检疫处理单位收费标准降低10%。

(三)国家重大政策措施落实跟踪审计查出问题的整改情况。

1.关于"放管服"改革有些具体措施尚未完全落地的问题。对未按要求取消、下放的21项审批认证等事项，已取消或下放14项，清理优化5项，停止办理2项。对下放或取消后未能有效承接或监管未及时跟进的11项行政审批和中介服务事项，国家发展改革委等5部门通过增加经费保障、制定指导性文件、主动优化调整办理程序等，强化11项行政审批事项承接能力和监督，其中对限额以上项目进口设备免税事项，国家发展改革委、海关总署要求各地缩短销保办理时间，相关企业缴纳的21.24亿元税款担保金已基本完成销保手续，投资总额5000万元以上的内资鼓励类项目进口设备，11月1日起直接办理减免税手续；海南省食品药品监管和工商部门加强监管数据互联互通，对药品和医疗器械生产经营企业形成联合监管；河北省收回市县暂时无力承接的1项行政许可事项。此外，对部分网上办事系统在线办理效率不高的问题，能源局完善在线审批平台，编制服务指南，已实现能源项目审批"一个窗口"受理和网上办理；抽查的吉林省14家医院中有10家已完成信息系统建设并投入使用，另4家正在安装调试或加快建设。

2. 关于涉企收费管理机制还不够健全的问题。相关地方已退还收费1353.74万元，废止涉企收费文件2项，处理处分8人次。如湖南省郴州市不仅退还审计查出的全部问题金额，还自查并退还价格调节基金等4项收费347.8万元。按照国务院部署要求，国家发展改革委已会同财政部、工业和信息化部、民政部等在全国范围持续清理规范涉企经营服务性收费。截至10月底，有关部门、地方已为企业减负合计1710亿元，提前完成全年减负1700亿元的目标。此外，行政审批中介服务事项由国务院审改办负责清理并公布目录清单，目前中央层面已没有政府定价的行政审批中介服务事项。

3. 关于个别地方未严格落实淘汰化解产能相关要求的问题。中国建筑材料集团有限公司、东风汽车公司已通过淘汰、停止租用落后产能整改完毕；中国船舶工业集团公司制定了淘汰落后产能计划，正在分批次逐步清理。对未按要求关闭或违规批复煤矿问题，相关地方采取撤销新增产能初步设计批复、签订产能置换协议等方式，对违规新增产能的25家煤矿进行清理整顿；对与大型煤矿、饮用水水源保护区或自然保护区重叠的42家煤矿，已采取关闭封井、场地恢复等整改措施。

4. 关于有的政府投资基金和支持小微企业措施未达预期效果的问题。对有的政府投资基金未达预期效果问题，相关地方通过加快推进投资基金设立步伐、参股设立子基金、支持重点领域建设和实体经济发展等方式，进一步带动社会资本投入；建立投资基金管理公司筛选审查管理机制，出台和修订相关投资基金管理办法，推动基金市场化和专业化运作；财政部、国家发展改革委共同修订《政府投资基金管理暂行办法》，强化信用约束和投资项目对接服务，创新政府投资基金事中事后监管模式，并将严格控制新设政府投资基金，清理整合已设立的政府投资基金，明确政府有关部门与基金管理机构的责权利关系，加强财政监管。对存在违规转贷行为的小微企业增信集合债券，国家发展改革委将小微企业债券列为年度重点关注事项，加强存续期监管，督促发行人和银行将资金切实用于小微企业生产经营;相关地方要求发行人及小微企业严格按照债券募集说明书规定使用资金,已限期收回违规使用资金10.04亿元,对部分资金将按照相关规定对小微企业进行筛选,重新委托贷款给符合标准的小微企业。对政府和社会资本合作收费公路项目,有37个项目经调整后以政府与社会资本合作模式推进建设运营,44个项目改由地方政府所属企业建设运营,10个项目积极推进解决遗留问题。

5. 关于部分地方政府债务增长较快、有的还违规举债问题。

财政部强化风险评估、预警和应急处置。一是落实地方政府属地管理责任,要求严格遵守政府债务管理制度,提升风险防控能力;二是加强地方政府债务风险警示,核查地方政府违法违规融资问题并公开曝光典型案例;三是进一步摸排债务风险,会同有关部门部署地方清理整改违法违规融资担保问题。审计署在政策落实情况跟踪等审计中,始终关注地方政府债务管理情况,及时发现和报告相关情况。对《审计工作报告》反映的其他地方政府债务问题,相关地方也积极推进整改。对组织管理问题,4个省、2个市和2个县均已按规定成立政府性债务管理领导小组;对违规举债问题,相关地方通过终止或修改协议、撤销承诺函及提前偿还等方式整改253.5亿元;对其余283.69亿元违规举债余额,相关地区与债权人进行协商,制定了整改方案。

(四)扶贫资金审计查出问题的整改情况。

截至10月底,各地通过追回、盘活或避免损失等方式整改32.68亿元,有970人被追责问责,93%的问题得到整改。

1. 关于有些地方精准识别等基础工作还不够扎实的问题。被审计的各县共剔除和清退不符合建档立卡贫困人口10.18万人,重新识别补录贫困人口9.51万人,完善建档立卡数据信息21.68万人,从2018年起实现贫困识别常态化管理。一些地方建立了扶贫对象收入财产与公安、民政、工商、税务等部门大数据比对机制,切实提高贫困对象识别精准度。同时,相关地方扶贫部门加强与教育、金融、卫生等部门和单位的信息共享，积极筹措补助资金，落实财政风险补偿与担保机制等，已按规定向符合条件的贫困家庭发放补助或退还资金4.01亿元，收回违规使用的贷款及贴息补助等2.52亿元；各地共推动精准扶贫政策落实316项，细化或完善制度324项。

2. 关于有的地方存在追求短期效应倾向的问题。对项目建成后改作他用或废弃涉及的1.41亿元扶贫资金，相关地方通过追回资金、责成修补、落实后期管护责任等方式已全部整改。对"垒大户"、"造盆景"、搞简单"平均主义"等问题，相关地方通过追回或补发资金、完善与贫困对象利益联结机制、拓宽精准帮扶渠道等方式，已整改1.88亿元；对"被提前脱贫"人口逐一核查，将不符合政策要求的脱贫人口重新纳入贫困人口或给予财政补助，规范脱贫退出公示公开。同时，国务院扶贫办多次部署开展建档立卡"回头看"等工作，着力解决扶贫工作中的形式主义等问题。财政部会同农业部、国务院扶贫办印发《关于做好财政支农资金支持资产收益扶贫工作的通知》（财农〔2017〕52号），要求各地创新资产收益扶贫机制，通过"保底收益+按股分红"等模式，切实完善产业扶贫项目与贫困对象的利益联结机制，防止"泛福利化"和"平均主义"。

3. 关于基层扶贫资金统筹和监管还未完全到位的问题。对财政涉农资金统筹整合试点推进慢的问题，财政部、国务院扶贫办印发了《关于做好2017年贫困县涉农资金整合试点工作的通知》（财农〔2017〕4号），对2016年整合试点工作进行了分类排序和通报，指导和督促各地加快推进，同时还联合组织开展了2017年贫困县涉农资金整合专项督查工作。相关地方将社会帮扶资金纳入财政统一管理统筹使用，通过约谈通报、召开项目调度会等措施，已统筹盘活19.8亿元。对资金日常监管还不严格的问题，相关地方已追回被骗取套取、截留挪用资金1.95亿元，并通过加强项目后续管理、完善资金审批手续等方式整改1.11亿元，追责问责412人次。对阳光化管理要求未能有效落实的问题，相关地方通过网站、村务公开栏、公示公告牌等方式，对项目安排全过程进行公示公告。

（五）重点专项资金审计查出问题的整改情况。

1. 全国医疗保险基金审计查出问题的整改情况。截至10月底，相关地方通过补缴补征医保费、归还原资金渠道等方式整改问题金额43.25亿元，整改率97%，其中：对少缴少征医疗保险费的问题，已通过补缴补征或完善征缴办法等整改28.68亿元；对未参加职工医保的问题，通过将相关人员纳入职工医保、完善制度等整改33.16万人；对骗取套取、违规出借基金的问题，已通过收回资金、制定还款计划、移送公安或主管部门处理等整改3.35亿元；对药价和收费不合理的问题，通过收回资金、完善收费制度等整改11.22亿元；处理处分505人次，制定完善制度618项。

2. 全国保障性安居工程跟踪审计查出问题的整改情况。截至10月底，各地已整改问题金额494.6亿元，整改率93%；处理处分1363人次，制定完善制度709项。

一是关于资金管理使用方面的问题。超过1年未及时安排使用的资金中，有479.8亿元已安排使用；被违规使用或骗取、套取、侵占的资金中，有13.74亿元已上缴国库、归还原渠道或移交司法机关处理等。对项目建设管理方面的问题，未严格执行设计、施工等招投标规定的项目中，有703个通过行政处罚、补办手续和完善制度等进一步加强管理；未严格执行监理、建筑强制性标准等要求的项目中，有319个已通过修缮加固等方式整改。

二是关于保障对象资格审核和后续监管不到位的问题。不符合条件或不再符合条件的家庭中，有8.49万户被取消保障资格或调整保障待遇等，追回违规领取的补助补贴1.03亿元；被违规享受或使用的住房中，有3.61万套通过腾退置换、提高租金、补收差价、调整住房性质等方式进行整改；因配套基础设施建设滞后无法交付使用的住房中，有

11.4万套完善后投入使用。

3. 水利和粮食收储等涉农专项资金审计查出问题的整改情况。已整改问题金额217.25亿元，整改率92%。其中：未达计划进度或效益不佳项目涉及投资中，有152.06亿元通过加强项目科学管理、严格项目施工流程等方式进行整改；对违法违规和损失浪费问题，有65.19亿元通过上缴、归还、盘活等方式进行整改。对粮食收储中存在的问题，相关部门和地方全面加强粮食流通监管，完善粮食流通体制。同时，相关地方还处理处分62人次，完善相关制度74项。

4. 自然资源资产管理和节能环保资金审计查出问题的整改情况。对未经批准占用耕地、草原、林地的问题，相关地方通过恢复土地原状、完善用地手续、调整规划等方式，整改违规占用的耕地2806.78公顷、草原和林地1.99万公顷。对土地长期闲置等问题，相关地方督促加快项目开发进度，收回闲置土地766.02公顷，责令企业缴纳土地闲置费或出让金480.3万元，还有378.76公顷土地已商定项目开（竣）工时间或正在明确处置方案。对有些节能环保项目推进缓慢等问题，相关地方加快项目实施进度，已开工或建成102个、发挥效益4个；有31个拟调整或取消的项目已上报审批，36个项目明确了完工时限。对相关专项资金被违规使用或套取的问题，相关部门已全部整改；对一些汽车产销企业采用自产自购、供应电池回购整车等手段获取财政补贴问题，工业和信息化部、财政部会同地方全面核查了新能源汽车推广应用情况，对涉及问题的19家企业分别实施了追回资金、罚款、取消补贴申报或生产资质、停产整顿等措施，同时对相关人员进行了追责问责。抽查相关专项资金发现的闲置资金中有23.32亿元已拨付至项目实施单位或收回，有2.33亿元将按项目进度拨付。同时处理处分226人次，完善相关制度47项。

（六）金融审计查出问题的整改情况。

截至10月底，8家重点商业银行已整改问题金额175.37亿元，处理处分73人次，制定完善制度43项。

1. 关于资金投向仍需进一步优化的问题。8家重点商业银行严格执行涉农及扶贫金融服务倾斜政策，切实加大"三农"支持力度；认真落实银监会关于做好2017年小微企业金融服务工作等要求，制定完善相关配套制度文件，优化续贷业务办理流程；建立普惠金融事业部，调整内部考核机制，进一步提升小微和涉农业务金融服务效率。

2. 关于信贷发放和资产管理中存在违规操作的问题。8家重点商业银行按照监管部门统一部署进行自查，重点排查违规放贷、贷款"三查"不严、信用风险暴露不充分等问题，对屡查屡犯的问题加大问责力度。对违规放贷和办理票据业务问题，相关银行通过回收贷款、加固抵（质）押、加强贷后监管等措施已整改完毕，其中收回贷款45.87亿元。对资产质量管理问题，在自查基础上，准确分类、有效管控风险，并按要求披露信息。

（七）中央企业审计查出问题的整改情况。

1. 关于部分企业业绩不实的问题。国务院国资委将问题分类梳理，建立分工督导机制；要求企业层层落实整改责任，按照制度未完善、资金未追回、责任未落实的"三个不放过"原则，切实抓好整改，对问题性质严重的严肃问责。相关企业坚持边审计、边整改，在全国人大常委会听取审计工作报告当天即向社会公告了整改结果。截至10月底，对业绩不实问题，相关中央企业采取调整账目报表、中止违规业务、追究责任、清退追回资金等措施整改完毕，其中：已调整账目报表1790.88亿元，清退追回违规资金3159.82万元，处理处分149人次，完善规章制度75项。

2. 关于部分企业投资经营风险管控比较薄弱的问题。对境内业务风险问题，相关企业通过采取诉讼清收、追究责任、完善制度等方式，已整改问题金额581.66亿元；对境外业务风险问题，已整改问题金额371.6亿元。此外，对超标准办会、购车、高档消费等问题，相关企业已整改 5.07 亿元。同时，共处理处分 652 人次，建立健全相关制度 341 项。通过整改，共挽回损失 12.74 亿元。

三、建立健全长效机制情况

各地方、部门和单位按照党中央、国务院决策部署，认真落实习近平总书记和李克强总理重要指示精神，深入研究分析审计揭示的体制机制问题，着力建立健全长效机制。截至目前，有关方面共制定出台、修订完善规章制度 2476 项，涵盖审计查出问题涉及的各个领域。

（一）进一步深化财税领域改革。

1. 推动形成有利于调动中央和地方两个积极性的财税体制。财政部按照《国务院关于推进中央与地方财政事权和支出责任划分改革的指导意见》（国发〔2016〕49 号）的相关要求，会同外交部、教育部、国家卫生计生委等部门积极推进分领域改革。同时，财政部正在按照深化财税体制改革总体方案要求，综合考虑税种属性，在保持中央和地方财力格局总体稳定的前提下，研究制定中央和地方收入划分改革总体方案。

2. 推动结构性减税降费效应充分显现。财政部、税务总局印发《关于简并增值税税率有关政策的通知》（财税〔2017〕37 号）、《关于扩大小型微利企业所得税优惠政策范围的通知》（财税〔2017〕43 号），税务总局印发《关于进一步深化税务系统"放管服"改革优化税收环境的若干意见》（税总发〔2017〕101 号），促进形成减税效应和长期效应。财政部建立完善全国政府性基金和行政事业性收费目录清单"一张网"，并予以公示，明确清单外的收费一律不得收取，取消或停征 43 项行政事业性收费，降低 7 项收费标准；取消工业企业结构调整专项资金；取消 2 项政府性基金、扩大 1 项免征范围，授权地方自主减免 2 项政府性基金。国家发展改革委正在按照"横到边、竖到底"的要求，对"三项收费目录清单"进行系统梳理整合，实现中央和地方政府定价管理的经营服务性收费一张清单，将于年内对社会公布；清单内一律实行市场调节价格，实施清单动态调整机制，增强收费透明度，接受社会监督，以进一步减轻企业负担、激发市场活力、促进实体经济发展。

3. 推动继续清理整合专项转移支付。财政部取消了政策到期的转移支付项目或支出方向，以及绩效低下或不适应形势的专项等；在布置编制2018年至2020年中央对地方转移支付支出规划和2018年预算时，要求每年选取一定比例的转移支付开展评估，推动建立转移支付评估退出机制；根据分领域财政事权和支出责任划分改革进展，调整与事权属性不一致的转移支付资金。

（二）进一步提高财政管理水平和绩效。

1. 推动加大财政资金统筹力度。财政部印发《关于进一步完善中央部门项目支出预算管理的通知》（财预〔2017〕96号）等，着力健全结转结余资金管理的制度体系。预算编制中，要求充分预计结转资金，将其与下一年度预算统筹安排；预算执行中，督促中央部门加强对结转资金的跟踪分析，对当年预计无法支出的，及时调剂用于其他急需支出，并将结转资金纳入对中央部门预算管理的考核。

2. 推动提高财政支出的精准度和有效性。财政部、国家发展改革委等部门在预算分配、项目安排中减少了一般性支出和对竞争性领域的支持，确保财力向基本公共服务事业、困难地区和基层倾斜。国家发展改革委加强重大项目建设事前指导，确保支持的项目前期工作成熟，并建立项目日常监管工作机制，保证项目顺利推进。

3. 推动强化预算约束。财政部建立重点绩效评价常态机制，要求中央部门将绩效评价指出问题的整改措施报财政部，进一步加大绩效评价结果及整改情况的公开力度；对中央本级项目支出开展全面绩效自评，部分自评结果向全国人大报告并向社会公开；中央部门积极推进定额标准、经费管理、绩效评价、预算公开等管理改革，预算管理进一步规范；对专项转移支付绩效评价工作，财政部计划从2017年开始用5年时间对所有专项转移支付开展重点绩效评价，逐步扩大向全国人大报送绩效评价报告的范围，并推进公开。同时，严格执行审批制度，落实各级审核责任,加强财政监督检查,严肃追责问责。

(三)进一步促进重大政策措施贯彻落实。

1. 推动"放管服"改革具体措施落地。对限额以上项目进口设备免税确认事项的问题,国家发展改革委明确内资企业投资建设的项目合规且进口自用设备不在《国内投资项目不予免税的进口商品目录》内的,均可享受该政策,同时简化工作程序,海关对企业申请材料审核后,可直接办理减免税手续。对小微企业增信集合债券,国家发展改革委坚持简化企业债券申报程序,着力加强风险防范和改革监管方式。

2. 推动落实淘汰化解产能相关要求。对中央企业未全面淘汰落后产能问题,工业和信息化部支持优势企业搭建产能整合平台,推进联合重组,探索设立主动退出过剩产能奖补专项资金,开展水泥行业转型发展试点;财政部安排奖补资金,加大对钢铁、煤炭行业化解过剩产能的支持引导力度。对相关地方未关闭或违规批复煤矿等问题,国家发展改革委会同有关部门印发《关于认真抓好钢铁煤炭行业去产能目标任务和政策措施落实的通知》(发改运行〔2017〕1319号),对淘汰落后产能、控制新增产能、监督问责等作出全面规定;与新华社合作研究建立钢铁煤炭行业去产能舆论监督机制,并组织开展专项复查。

3. 推动自然资源资产利用和保护。对违法占地和土地闲置问题,国土资源部修订了建设用地审查报批管理办法,改进了建设用地审批流程,完善了常态化执法检查机制和部门协同推进工作机制,并通过强化土地供应合同约束、土地闲置信用约束和考核监管等机制,推进闲置土地处置。对新能源汽车推广应用问题,工业和信息化部、财政部、科技部、国家发展改革委等部门印发了《关于进一步做好新能源汽车推广应用安全监管工作的通知》(工信部装〔2016〕377号)、《关于调整新能源汽车推广应用审批责任有关事项的通知》(财建〔2016〕877号)、《关于调整新能源汽车推广应用财政补贴政策的通知》(财建〔2016〕958号)等文件,规范产业发展秩序,调整完善补贴政策,提高生产准入和购置补贴技术门槛,改进资金拨付方式,明确各级监管责任,加大违规惩罚力度。

(四)进一步强化重点领域监管和风险防控。

1. 推动跨部门、跨区域监管协作。人民银行牵头成立综合统计、信息共享等工作组,银监会、证监会、保监会积极参与。国土资源部将在新一轮全国土地调查工作中,与农业部、国家林业局等部门对接,推动解决林地、草原数据不衔接问题。税务总局利用大数据技术,推进风险分析、识别及应对工作,有效查处涉票案件,2016年以来向基层推送涉税风险企业27万户、增收500多亿元。

2. 推动规范地方政府债务监管和融资机制。财政部、国家发展改革委、司法部、人民银行、银监会、证监会联合印发《关于进一步规范地方政府举债融资行为的通知》(财预〔2017〕50号),进一步健全规范地方政府举债融资机制,严格规范金融机构接受担保等行为。财政部印发《关于坚决制止地方以政府购买服务名义违法违规融资的通知》(财预〔2017〕87号),设立"正面清单"和"负面清单",严禁变相举债;印发《关于试点发展项目收益与融资自求平衡的地方政府专项债券品种的通知》(财预〔2017〕89号),会同相关部门印发《地方政府土地储备专项债券管理办法(试行)》(财预〔2017〕62号)、《地方政府收费公路专项债券管理办法(试行)》(财预〔2017〕97号),逐步建立健全规范的地方政府举债融资机制。

3. 推动防范化解金融风险隐患和境内外国有资产经营风险。银监会强化信用风险管控,推动商业银行不良贷款企稳,依法进一步扩大银行的自主经营权;财政部研究完善呆账核销、贷款减免等制度,加快不良资产处置进度;商务部牵头起草的《关于规范企业海外经营行为的若干意见》和《关于改进境外企业和对外投资安全工作的若干意见》已经中央全面深化改革领导小组会议审议通过,同时建立健全境外投资"双随机、一公开"抽查工作机制,对企业境外投资发现的问题,必要时录入全国信用信息共享平台，实施联合惩戒；国务院国资委正按国务院部署，积极稳妥推进中央企业降杠杆减负债，推动中央企业资产负债率总体持续稳中有降，促进高负债企业负债率逐步回归合理水平。

（五）进一步织密织牢民生资金安全网。

1. 推动完善扶贫工作机制。财政部、国务院扶贫办等6部门修订了《中央财政专项扶贫资金管理办法》（财农〔2017〕8号）、《财政专项扶贫资金绩效评价办法》（财农〔2017〕115号），各地结合当地实际作了进一步细化，夯实脱贫攻坚基础工作，强化基层监管。国务院扶贫开发领导小组脱贫攻坚期内每年组织开展省级党委和政府扶贫开发工作成效考核、脱贫攻坚督查巡查和贫困县退出评估，确保贫困退出有序推进，脱贫结果真实可信。相关主管部门制定了易地扶贫搬迁、教育扶贫、金融扶贫等精准扶贫政策考核管理等制度，并定期组织开展督查。

2. 推动完善医疗和住房保障机制。相关部门和地方全面推行药品购销"两票制"和取消公立医院药品加成；健全对定点机构的长效监管机制，实现"能进能出"的动态管理；深化医保支付方式改革，加快推进全国联网和异地就医直接结算；大力推进医保智能监控系统、医疗机构和医务人员诚信体系等建设，提升信息化实时监管能力。银监会督促银行优化信贷流程，建立责任倒查机制，促进依法合规使用安居工程资金；住房城乡建设部会同有关部门印发了《关于进一步做好公共租赁住房有关工作的意见》（建保〔2017〕111号）、《关于加强和完善建档立卡贫困户等重点对象农村危房改造工作若干问题的通知》（建村〔2017〕192号）。

3. 推动完善涉农工作机制。对粮食收储问题，国家发展改革委、国家粮食局等部门研究起草了完善制度创新方式加强粮食流通监管的意见，并对当年的粮食收储工作专门提出要求。财政部会同水利部印发《中央财政水利发展资金绩效管理暂行办法》（财农〔2017〕30号），建立以绩效评价结果为导向的资金分配机制；研究起草了进一步加强水利工程建设管理工作的通知,强化项目建设、管理和监管责任,保障资金使用效果。

4. 推动完善规范的权力运行机制。相关主管部门建立了重大案件、重大问题的联防联控机制,推行联动执法,严厉打击侵害群众利益等问题。如国务院扶贫办建立了与纪检监察、财政、审计、检察等部门的协作配合机制,充分发挥监督合力;加大对违纪违法典型案例曝光通报力度,在全国持续开展警示教育。

5. 推动建立审计发现问题整改的长效机制。按照国务院部署,审计署在有效衔接和细化既有制度规定、进一步固化成熟做法和经验的基础上,研究起草了关于建立健全审计发现问题整改长效机制的若干意见(征求意见稿),从健全整改工作领导机制和日常机制、完善整改情况报告公告制度、强化整改责任落实和结果运用等方面,明确了被审计单位的整改主体责任,加大了追责问责力度。

四、部分问题未完成整改的原因及后续措施

从整改情况看,尚有少部分问题未得到全面纠正,原因比较复杂,主要有以下几种情况:

(一)属于体制机制制度问题,涉及改革中长期目标,需要通过不断深化改革逐步解决。对一般性转移支付中具有指定用途的资金较多、专项转移支付清理整合不到位等问题,财政部、国家发展改革委等部门不断加大工作力度,逐年健全完善管理,但此类问题的彻底解决,根本上还需进一步推进中央与地方财政事权和支出责任划分改革,短期内还难以一步到位;对部分预算收支在三本预算中的归属不够明确、安排不够合理的问题,涉及政府预算体系建设的最终目标,目前,财政部等部门正在研究修订预算法实施条例,进一步深化预算管理制度改革,改进和完善现有预算管理模式。

(二)属于历史遗留问题,涉及面广,整改工作还面临一些困难。对企业"三供一业"分离移交、"僵尸企业"和特困企业处置问题,相关企业正加大推进力度,按照有关时间节点要求倒排工期,持续推进处置工作,由于涉及职工安置、资产处置等,推进中还存在一定困难;对存量资金的清理整合工作,因部分项目立项时间跨度大、历史遗留问题多,有待持续推进;对职工医保参保问题,由于部分企业经营困难、务工人员流动性大,需要逐一核实并通知本人,短期内难以彻底整改到位。

(三)客观情况确较复杂或外部条件尚不成熟,整改工作需要持续推进。对资金管理使用中被套取或损失浪费等问题,追回资金时由于涉及单位或个人数量众多,需要协作追缴或通过诉讼途径解决,在行政或法律程序上耗时较长;对违规出租出借办公用房问题,由于受租赁合同期限、违约金额等制约,以及承租方另找办公场所难度大等,难以立即清理腾空,需等合同到期后才能收回;对增值税进项与销项税率倒挂问题,目前全面实行期末留抵结转改退税的时机尚不成熟,财政部正在会同税务总局结合增值税立法工作统筹研究。

(四)个别问题涉及部门间沟通协调,需要一定时间履行必要程序。如中央基建投资计划和项目安排由国家发展改革委负责,相关预算安排和资金审核下达由财政部负责,对其长期作为1个专项转移支付管理、支出方向较多的问题,需要国家发展改革委与财政部共同研究规范。

对以上尚未整改到位的问题,相关地方、部门和单位对进一步整改做出了安排和承诺。一是分类实施整改。对确属历史遗留或整改难度较大的问题,通过不断深化改革、持续推进,作出明确安排并分阶段报告整改结果;对涉及主管部门审批、诉讼等外部因素的,加强统筹协调,形成合力,共同推进。二是加大督促力度。有关单位将进一步落实整改主体责任,逐项、逐条整改。相关部门将认真履行主管责任,加强整改督促,并把审计结果及整改情况作为考核和奖惩的重要依据,严肃追责问责。审计机关将进一步加大跟踪督促检查力度。三是着力构建完善各领域长效机制。按照中央全面深化改革的相关部署和要求,积极推进相关重大改革举措落实,坚持堵塞漏洞、举一反三,健全完善配套措施,切实建立健全适应新形势、新要求的体制机制。

对涉嫌违纪违法的事项,审计机关将查出的问题线索移送后,有关部门正在依纪依法调查处理。

委员长、各位副委员长、秘书长,各位委员,我们将更加紧密地团结在以习近平同志为核心的党中央周围,认真学习贯彻党的十九大精神,以习近平新时代中国特色社会主义思想为指导,按照党中央、国务院的决策部署,依法履行审计监督职责,诚恳接受全国人大常委会的指导和监督,为决胜全面建成小康社会、夺取新时代中国特色社会主义伟大胜利作出新的更大贡献。

附录5 2017年度中央预算执行和其他财政收支审计查出问题整改情况报告

国务院关于 2017 年度中央预算执行和其他财政收支审计查出问题整改情况的报告

——2018 年 12 月 24 日在第十三届全国人民代表大会常务委员会第七次会议上

审计署审计长 胡泽君

委员长、各位副委员长、秘书长,各位委员:

受国务院委托,我向全国人大常委会报告 2017 年度中央预算执行和其他财政收支审计查出问题的整改情况,请予审议。

党中央、国务院高度重视整改工作。习近平总书记在中央审计委员会第一次会议上强调,各地区各部门特别是各级领导干部要积极主动支持配合审计工作,依法自觉接受审计监督,认真整改审计查出的问题,深入研究和采纳审计提出的建议，完善各领域政策措施和制度规则。李克强总理主持召开国务院常务会议专题研究部署整改工作，要求制定台账、明确时间表，集中攻关、确保销账，并加大督促检查。有关部门、单位和地方认真学习贯彻习近平总书记在中央审计委员会第一次会议上的重要讲话精神，按照国务院常务会议要求，全面落实十三届全国人大常委会第三次会议关于"扎实做好整改工作，坚持问题导向，强化主体责任，严肃追责问责"的审议意见，扎实推进审计查出问题的整改工作，自觉接受审计跟踪检查，同时以整改为契机，进一步推动深化改革，建立健全相关长效机制。

一、整改工作总体推进情况

（一）审计机关加强跟踪检查。按照国务院要求，审计署向有关部门、单位和地方印发了整改通知和详细问题清单，并按照"谁审计谁负责跟踪检查"的原则，组织各级审计机关对照问题清单，按项逐条跟踪检查整改情况，涉及80多个中央部门、31个省（对省级行政区统称为省，地市级行政区统称为市，县区级行政区统称为县）和2300多家单位，重点检查整改措施的真实性和效果，督促对整改进展慢的问题制定针对性措施。

（二）被审计单位认真落实整改主体责任。有关部门、单位和地方通过召开党委（组）会、专题业务会等研究部署整改工作，按要求建立整改台账，逐条研究整改措施，落实责任主体，层层压实责任。有的地方要求审计查出问题整改要比照巡视整改进行。很多部门和地方成立了由主要负责同志任组长的整改工作领导小组，有7个部门还专门制定了整改分工方案，并将整改工作纳入督查督办，实时跟踪整改进度，限时整改到位。同时，深入剖析问题原因，认真研究采纳审计建议，着力破除体制机制性障碍，堵塞管理漏洞，建立健全长效机制。

（三）主管部门切实履行监督管理责任。有关主管部门认真指导、监督本行业扎实推进整改，并建立部门间整改协调机制，形成整改合力。如国资委出台《关于督促中央企业整改审计问题工作方案（试行）的通知》（国资厅财管〔2018〕475号），要求"整改全覆盖、问题零容忍"，全委联动督导整改，针对重点问题进行跟踪督导。国务院扶贫办会同财政部印发《关于认真做好扶贫审计发现问题整改工作的通知》（国开办司发〔2018〕33号），督促各地坚决纠正违规问题，期间约谈了两个县的主要负责人。有的还举一反三，开展全行业整治行动，从体制机制上巩固整改成果。

二、审计查出问题的整改情况

截至2018年10月底，有关部门、单位和地方通过上缴国库、补征税款、收回贷款、归还原资金渠道、统筹盘活、调账等，整改问题金额2955.58亿元，制定完善相关规章制度2944项，问责处理3299人次。

（一）中央决算草案和预算管理审计查出问题的整改情况。

财政部、国家发展改革委和有关地方已整改7.66亿元，完善预算管理、税收征管、行政审批等方面制度8项。

1. 关于中央决算草案编制不够准确完整的问题。

一是少计中央一般公共预算收支问题。财政部正在研究加强对通过退库方式安排资金的管理。对国际金融组织赠款，正在研究制定办法纳入一般公共预算管理。对中央返还地方的税收3.01亿元，已列入决算。

二是重大事项披露不充分问题。对中央政府投资基金有关情况，财政部已向全国人大财经委报告，正在研究预算草案反映的具体方式；对政府投资基金注资和特别国债到期续作情况，已在决算中披露。

三是部分收支事项列示不细化问题。对进出口环节增值税、消费税收入及退税情况，已在决算中按税种分4个科目列示，并细化补助地方的其他支出，同时要求细化中央基建投资决算。

2. 关于预算分配管理存在薄弱环节的问题。

一是预算安排与存量资金盘活统筹衔接不够问题。财政部督促相关部门加快预算执行，及时调剂部门预算，对执行较慢的项目调减下年度预算，减少结转资金；按规定收回结余，6个部门和13家所属单位已上交1.14亿元，其他部门正在与财政部进一步沟通协商。对无法按计划实施或超期未开工的项目，国家发展改革委督促加快建设进度或调整投资计划，有9个项目已开工、6个作出调整，1个项目的1.17亿元财政补助已缴回国库，另2个项目正在履行调整手续。财政部要求各部门编制2019年部门预算时，充分准确预计资金结转情况，加大统筹力度。

二是预算分配标准不够明确或执行不严格问题。财政部制定修订管理办法，明确相关专项转移支付的分配因素、权重，涉及的24项专项转移支付中，除1项已清理整合外，1项已完成办法修订，22项正在抓紧推进。对分配标准不细化或不合理的专项转移支付和投资专项，财政部已研究调整补助办法，编制2019年预算时将审慎从严核定补助标准；国家发展改革委将提前在公告中明确资金安排具体比例、档次划分和定额标准等。对未严格执行规定办法和标准问题，财政部将严格按照因素法分配资金，优化因素设置、严控特殊事项；国家发展改革委明确和细化补助标准，将强化中央基建投资与下达任务量详细核算，对不符合条件的17个项目，已调减6个项目投资2515万元，对资金已全部支出的4个项目加强事后监管，完善1个项目的备案手续，6个项目单位整改了失信行为。

三是部分预算安排和下达不够规范问题。对预算级次不清问题，财政部督促相关部门将补助地方支出转列转移支付或调整使用方向等，并核减其2019年部门预算中编报的补助地方支出；国家发展改革委将进一步提前年度投资计划编制，尽早确定中央本级和补助地方投资规模。对预算编制不细化问题，财政部将进一步细化转移支付预算，提高年初落实到地区的比例。对预算下达不及时问题，财政部将从严控制代编预算的范围和规模，规范使用程序，督促相关部门加强预算执行管理；对转移支付预算，财政部将严格按时限下达，国家发展改革委要求各地方、部门提前报送投资计划草案，做好项目储备，加快计划下达。

四是国有资本经营预算范围不够完整问题。财政部梳理了尚未纳入预算的中央部门和单位所属非金融类一级企业户数及财务情况，研究起草了进一步扩大中央国有资本经营预算实施范围的初步工作方案。

五是部门间对接还不够顺畅问题。国家发展改革委已将3092亿元中央基建投资明确到地方，相当于上年执行数的78.4%。财政部请国家发展改革委协助做好中央基建投资对地方转移支付2019年至2021年支出规划和2019年预算编制工作，国家发展改革委将中央基建投资计划下达文件同步抄送财政部并强化对账工作。两部门将进一步提高计划编制的准确性和精细化程度，优化审核流程，加快审核速度，缩短下达时间。

3. 关于转移支付管理仍不够完善的问题。

一是具有指定用途的转移支付占比仍较高问题。财政部正在研究完善中央对地方转移支付制度，已形成初步报告。

二是专项转移支付退出机制不完善问题。财政部正在修订相关资金管理办法，明确实施期限或退出条件，除2项专项转移支付已整合外，3项已完成修订、9项已起草修订稿，其他38项正结合机构改革、完善转移支付制度和相关领域改革等抓紧推进，力争年底前完成。编制2019年预算时，财政部进一步增强专项转移支付评估的完整性和科学性，将评估结果作为转移支付取消、调整或整合的重要参考。

三是部分转移支付安排交叉重叠问题。相关部门进一步加强统筹，财政部将建立查重机制，加强投资计划审核，减少拼盘支持、重复安排、多头支持等问题。对高标准农田建设，财政部正会同农业农村部整合相关资金；对两个投资专项安排同一地区重大项目前期工作经费问题，国家发展改革委将从2019年起只在一个专项中安排。

4. 关于部分财税领域改革有待深化的问题。

一是预算绩效评价不到位问题。财政部进一步扩大绩效评价范围，健全绩效指标体系，推进评价结果公开，2018年对51项（比上年增加

16项）重大政策和项目开展评价，已向全国人大提交15项的评价结果，以及中央部门182个项目的自评结果。国家发展改革委2018年对安排地方的投资支出，按专项填报绩效目标，并要求各地方、各部门2019年在申报投资计划草案时填报绩效目标。对部门预算绩效评价问题，相关部门通过增设或细化二三级绩效指标、组织专家评审等，提高指标科学性、有效性，并组织专人复审、排查指标和开展不定期检查等，提高自评结果的真实性、准确性。

二是中央政府投资基金管理不规范问题。财政部会同有关部门研究加强基金设立的统筹协调，规范设立程序，推动整合同类或同一领域基金，尽快制定统一的管理办法；对两只基金投资同一公司问题，财政部会同国家发展改革委，要求基金管理机构加强尽职调查，避免与其他中央政府投资基金投资同一个项目。对中国政企合作投资基金未充分发挥政策引导作用问题，财政部发文督促基金管理机构充实项目储备，加快项目审批和资金拨付，提高运营水平，已累计拨付165.45亿元，占到位资本金的23%。

三是税收优惠政策后续管理不到位问题。财政部印发《税收优惠政策评估规范（试行）》（财办〔2018〕19号），对相关工作作出规定。为解决加速折旧政策未覆盖一些新兴制造业问题，财政部会同税务总局发布覆盖所有行业的《关于设备器具扣除有关企业所得税政策的通知》（财税〔2018〕54号），明确对新购进单价不超过500万元的固定资产，允许一次性税前扣除。税务总局通过制发配套政策、修改报表、辅导培训、宣传解读等，促进优惠政策落实。

（二）中央部门预算执行审计查出问题的整改情况。

审计的57个中央部门本级及365家所属单位已整改47.26亿元，完善规章制度36项。

1.关于预决算编报还不够准确问题。对多申领资金问题，1个部门和4家所属单位上缴国库5504.52万元，4个部门和5家所属单位通过调整预算、加强管理等整改 1.05 亿元；对代编预算等问题，相关部门将严格按照规定完整编制各级次预算；对决算草案多列支出、少计收入等问题，2 个部门和 4 家所属单位归还原资金渠道 1665.74 万元，20 个部门和 54 家所属单位调账 16.96 亿元，6 个部门和 6 家所属单位完善了预决算编报。

2. 关于资金资产管理还不够规范问题。对账外存放或套取资金等问题，4 家所属单位归还原资金渠道 2024.84 万元，1 个部门和 1 家所属单位将 2210.76 万元纳入账内核算，2 家所属单位通过追回资金等整改 16.55 万元；对违规理财、出借资金等问题，1 个部门归还原资金渠道 920.91 万元，1 个部门和 1 家所属单位收回借款 4707 万元，2 个部门和 10 家所属单位通过清退理财产品、严格制度执行等整改 2.02 亿元；对未严格执行"收支两条线"问题，5 个部门和 26 家所属单位已上缴国库 2 亿元，1 个部门和 4 家所属单位通过分年度上缴国库等整改 1731.69 万元；对违规处置资产或闲置浪费等问题，12 个部门和 30 家所属单位通过报批、收回、清理处置等整改 2.53 亿元。

3. 关于"三公"经费和会议费管理不严问题。因公出国（境）方面，1 个部门和 6 家所属单位归还了由其他单位承担的费用 96.5 万元，相关部门将加强预算管理，增强出国（境）团组的计划性。公务用车方面，相关单位正在推进公车改革，6 个部门和 10 家所属单位已清退、处置违规配备或使用的公务用车 54 辆，3 个部门和 10 家所属单位完善了制度，相关部门将进一步加强公务用车购置及运行维护费预算管理。会议和培训方面，相关部门将进一步加强计划管理，严格执行有关规定，7 个部门和 4 家所属单位归还了由其他单位承担的费用 235.64 万元。对违规发放津贴补贴和兼职取酬等问题，2 个部门和 10 家所属单位已清退 543.53 万元，7 个部门和 19 家所属单位通过约谈相关人员、停止兼职行为等加强了管理。

4. 关于依托管理职能或利用行业影响力违规收费问题。3 家单位将取得的收入72.79万元上缴国库或退回，5个部门和72家所属单位已取消违规开展的资格考试、质量检测、评比表彰等活动，继续开展的将停止收费，并进一步规范管理。

（三）重大专项资金和民生工程审计查出问题的整改情况。

1. 关于乡村振兴相关资金方面的问题。对土地确权资金结存量大、农村土地确权登记颁证率较低等问题，有关地方加快数据汇交进度、及时拨付资金，3个省已拨付资金9.62亿元；一些地方通过县级自查、市级核查、省级统一验收方式提高农村土地确权颁证率，其中3个省已颁发证书364.9万份，青海的颁证率达96%。对省级农业信贷担保机构部分业务不符合标准问题，相关机构积极拓展政策性业务，化解存量政策外业务，加大对农业新型经营主体的扶持，其中2个省2018年新增贷款在保余额中，符合标准的已分别达84%和94%。对一些地方未出台粪污资源化利用绩效考核办法等问题，相关地区相继出台考核办法；5个县制定了资源化利用实施方案，加大财政投入力度，逐步提高粪污资源化利用率，其中3个县预计将达80%。

2. 关于医疗保险基金方面的问题。有关地方通过补充拨付资金等整改9521万元，完善规章制度8项。对一些地方统筹和保障不到位问题，1个省已统一城乡居民医保药品目录，2个省通过深化机构改革完成整改；对125.9万人未参加城乡居民医保或未享受保费补贴问题，均已纳入医保或予以补助；对职工医保基金未实行属地管理问题，10家企业的职工医保已纳入属地管理，其他11家企业所在地方政府已出台制度文件，积极推进相关工作；对未及时拨付医保费用问题，已拨付到位或列入下半年拨款计划。

3. 关于工程项目薪酬方面的问题。有关地方和项目单位边审边改、即审即改，已为3.4万多名农民工发放欠薪5.94亿元，处理处分182人。各地积极建立欠薪应急处置机制，完善农民工工资保证金和欠薪应急周转金等制度，促进联合惩戒措施落地生效。

4. 关于结构调整专项奖补资金方面的问题。对违规获取或使用奖补资金问题，有关地方单位和企业通过退回资金、统筹不同年度资金、调账等整改 6.3 亿元。对奖补资金结存问题，有关地方指导企业制定职工安置方案、加快资金拨付，2 家企业已归还或拨付 7.68 亿元。

5. 关于保障性安居工程方面的问题。各地已整改 594 亿元，处理处分 525 人次，制定完善相关制度和措施 494 项。对挤占挪用、违规获取或闲置空置资金和住房问题，通过追缴、归还、拨付或调账等整改 416.75 亿元，有 177.12 亿元已明确使用计划，将按工程进度拨款；通过清理退出、提高租金、补收差价和完善政策等整改住房 1.73 万套，有 11.72 万套空置住房已分配使用、明确分配方案或正在办理手续。对后续监管未及时跟进问题，已对 3.18 万户不再符合条件的家庭取消资格或调整待遇，有 2.03 万套住房清理退出、提高租金或补收差价等，追回资金 1332.35 万元。对无法办理竣工验收备案问题，有 693 个项目已补办完善建设审批手续，进行竣工验收备案。

（四）三大攻坚战相关审计查出问题的整改情况。

1. 关于防范化解重大风险方面的问题。

一是地方政府债务风险防控问题。对一些地区违规举债或提供担保问题，3 个地区通过财政资金偿还或项目市场化运作等纠正 14.32 亿元。对政府债券筹集资金闲置问题，8 个地区已拨付 15.95 亿元，其他地区正加快项目建设。对一些地方落实债务管理要求不到位问题，4 个地区通过调整融资模式、补充增信措施、更换融资产品等完善后续融资方式，保障重点项目建设资金接续，其他地区正与债权人协商解决；5 个地区已完成政府融资担保情况摸排，其他地区正在推进统计摸排工作。目前，各地正在按照财政部统一部署，健全政府债务台账制度，做好债务统计监测和报告工作。

二是金融风险防控问题。对国有银行违规向房地产行业提供融资和个人消费贷款流入楼市股市问题，住房城乡建设部、人民银行、银保监会等部门开展专项整治,有关金融机构通过收回贷款、调账等整改219.83亿元,其余141.04亿元已制定清收计划。对期限错配风险问题,有关金融机构依照资管新规调整业务模式,优化产品结构,定期开展流动性压力测试,压降错配程度。对网络贷款风险管控问题,重庆市将注册地与经营地分离的机构落地问题纳入整治重点,涉及的12家小额网贷公司均已落地重庆;互联网金融风险专项整治工作领导小组、银保监会要求限期整改无资质小贷公司校园贷问题,开展P2P网络借贷机构合规检查,P2P网贷机构已暂停校园贷。

三是基本养老保险基金支付风险防控问题。对一些地方省级统筹不到位问题,4个省出台了省级调剂金制度或提高省级调剂金比例,2个省加大了财政补助力度。对占用财政资金等弥补基金缺口现象,有关地方通过归还原资金渠道、补拨财政资金等整改。对少缴或欠缴保费问题,3个省补缴3171.36万元。

2. 关于扶贫政策落实和资金管理方面的问题。有关地方已整改154.89亿元,推动落实精准扶贫政策措施151项,完善扶贫政策制度185项,处理处分649人次。

一是一些地方扶贫工作不够扎实问题。有关地方积极推进建立与贫困户利益联结,通过收回资金、归还原资金渠道、加强拨后监督、补签带动贫困户协议等整改10.92亿元;对直接发放给贫困户的3.15亿元"造血"资金,通过调整扶贫项目收益分配方案、细化贫困户帮扶措施等整改;对用于景观修建、外墙粉饰的540多万元,有关地方已追回资金、规范资金使用、严格项目管理;对资金缺口问题,各地通过借款或统筹资金等补齐缺口2.97亿元,并加快项目建设,确保如期完成搬迁任务;对虚报脱贫数据问题,有关地方加大项目招投标、建设进度等信息公开力度,进一步健全接受扶贫捐款等项目管理和资金使用办法;对超标准接待问题,相关资金已全部追回,处理处分23人。

二是扶贫政策落实不够精准问题。对建档立卡数据不够完整准确、部分贫困户未按规定享受补贴等问题，国务院扶贫办开展建档立卡数据更新和贫困识别常态化管理，加强与各行业部门数据交换比对；有关地方向符合条件的贫困家庭子女、危房改造户等补发或退还费用 2.86 亿元，有的地方还主动扩大范围自查，促进补助到位。对一些地方易地扶贫搬迁规划不合理、配套不齐全等问题，国务院扶贫办会同相关主管部门完善带贫减贫机制，指导各地做好产业扶贫规划；有关地方严格执行易地扶贫搬迁规定，完善产业扶持等配套制度，加快项目建设。对脱贫标准把握不准或未按规范验收问题，有关地方逐一核查、细化脱贫人口收入计算办法，规范脱贫退出公示公开程序和档案管理。对"三区"教师扶贫专项计划落实不到位问题，教育部办公厅印发《关于做好2018年"三区"人才支持计划教师专项计划有关实施工作的通知》（教师厅〔2018〕4号），要求有关地方严把支教教师选派条件，确保按时上岗，相关地区正按要求推动工作。

三是地方涉农资金统筹整合试点推进不畅问题。有关地方健全协调机制，细化财政涉农资金统筹整合使用方案，通过约谈通报、加强项目调度、完善项目库建设等，加快方案实施和项目建设进度，下拨使用结存资金、收回盘活无法实施项目资金或结余等 88.52 亿元。

四是扶贫资金和项目监管粗放问题。有关地方逐一核实，已追回资金 11.17 亿元，并通过加强后续管理、调整实施方案、完善审批手续等整改 15.95 亿元，处理处分 243 人；对闲置资金，各地已归还原资金渠道或收回借款等 11.75 亿元；对长期闲置或未达目标的项目，有关地方通过修补损毁设施、补种苗木、补发物资、落实后期管护责任等整改 2.66 亿元。

3. 关于污染防治资金和项目方面的问题。有关地方已整改 63.98 亿元，完善规章制度 8 项，处理处分 8 人。

一是生态环境保护协同机制不够健全问题。湖北王英水库下游城市主动与水库管理局和上游城市沟通协调，将建立联合整治工作机制，促进跨区域污染防治,上游养殖企业已完成整改2家、关停4家。农业农村部将打击电鱼确定为"中国渔政亮剑2018"系列专项执法行动重点内容,联合公安、市场监管等部门,对电鱼设备生产、销售及电商平台等开展检查,没收、取缔违禁渔具;建立渔业行政执法与公安刑事司法衔接机制,严厉打击非法捕捞行为。

二是开发管控不够到位问题。自然资源部启动长江经济带国土空间用途管制和纠错机制研究,加快编制相关国土空间规划,推动违规设立的开发区逐步退出;105个开发区污水集中处理设施或配套设备已经建成。对小水电开发强度较大问题,水利部、国家发展改革委、能源局联合开展长江经济带农村小水电生态环境突出问题全面排查,水利部派出10个工作组在全国开展农村小水电建设管理专项检查和调研;有关地方组织推进小水电整改拆除。对5个国家重要湖泊水质问题,有关地方突出抓好总磷总氮控制,加快化工企业关停,开展印染、电镀等行业整治,落实"河长制""湖长制",打造环湖生态保护圈。

三是专项资金和项目绩效不高问题。有关地方通过上缴国库、归还原资金渠道、统筹盘活、补拨资金、终止合同等整改63.98亿元。对项目未按期开(完)工或建成后效果不佳问题,有关地方倒排工期,加快施工进度,其中88个项目已开(完)工,5个已建成项目开始发挥效益。

(五)重大政策措施落实跟踪审计查出问题的整改情况。

1. 关于制造业增值税抵扣链条不够完善问题。除已纳入小规模纳税人自行开具增值税专用发票试点范围的行业外,税务总局还将继续选择条件成熟的行业纳入试点,扩大政策覆盖面。各级税务机关创新发票服务举措,为纳税人升级开票系统、变更税控设备、领用增值税发票等提供便利,并做好辅导和培训。

2. 关于一些地方营商环境不够优化问题。对"放管服"事项改革不到位问题,2个省已整合13项投资项目报建审批事项,2个省已清理5项前置审批,2个省停止或减少2项行政审批,4个省实现建设项目在线审批、监管和服务，1个部门所属单位取消其违规批准的行业技能鉴定资格。对违规继续征收行政事业性收费问题，2个省的3家单位公示停止3项收费，清退184.95万元、上缴国库1202.79万元。对收取或转嫁费用问题，12个省的相关部门已停止收费，退还费用1.59亿元。对违规预留或未及时清退企业保证金问题，9个省全面清查、逐笔梳理，已清退6.55亿元，其他保证金正在联系相关企业办理清退手续。

3.关于一些重大工程项目推进较慢问题。国家发展改革委进一步细化"十三五"规划纲要相关专栏的具体任务，已分解细化10项任务，明确了时间表和路线图，有的已将重点区域明确到县级单位；13项任务已完善规章制度，健全监测监督机制。

4.关于创新创业相关制度还不完善问题。科技部等5部门认真落实《中共中央办公厅　国务院办公厅印发〈关于深化项目评审、人才评价、机构评估改革的意见〉的通知》、《国务院关于优化科研管理提升科研绩效若干措施的通知》（国发〔2018〕25号）等文件精神，联合发布《关于开展清理"唯论文、唯职称、唯学历、唯奖项"专项行动的通知》（国科发政〔2018〕210号），对清理范围、方向等作出具体部署。对专利授权转化率低的问题，国家发展改革委会同相关部门正在研究相关措施，着力破解影响创新创业发展的政策瓶颈，教育部等积极推动科技成果资产评估项目备案。未对外投资的6只创业投资引导基金中，有4只已开始投资运营，另外2只正在积极寻找投资对象。

5.关于政务信息系统整合和安全管理未有效落实问题。政务信息系统整合共享推进落实工作领导小组多次召开专题会议，加强统筹协调，有序推动相关工作，正在研究制定国家政务信息系统项目管理办法，推动解决多头审批、信息孤岛等问题，并会同财政部、中央网信办对政务信息系统资源共享和网络安全要求落实情况进行联合考核。国务院办公厅分批次印发国务院部门数据共享责任清单，对整合共享和清单落实情况开展专项督查，并纳入2018年国务院大督查内容，推动相关部门进行整改。

6. 关于淘汰落后产能不够到位问题。吉林、云南制定计划并组织分批次清理，其中吉林30万吨产能煤矿已关闭，云南315万吨水泥产能已停产，另135万吨水泥项目已完成产能置换。

（六）金融和企业审计查出问题的整改情况。

相关金融机构已整改1489.05亿元，中央企业已整改127亿元，共完善规章制度2023项，处理处分1996人次。

1. 关于改革试点任务未及时完成问题。涉及的9个具体问题中，有8个通过加快制定企业改革实施方案、修订制度落实董事会职权改革试点等完成整改。

2. 关于违规决策和经营问题。对违规办理业务、向"两高一剩"行业融资、虚增存款规模等问题，有关国有银行通过收回贷款、调账等整改1488.66亿元，其余724.72亿元正按计划逐步清收。对中央企业多计利润问题，涉及的194个具体问题中，有189个通过调账、补税等完成整改。对违规决策造成损失和风险等问题，有关企业通过健全内部控制制度、完善决策及风险控制体系、落实事前审批与事中事后监管等进行整改，共完善制度1165项，增收节支和统筹盘活资金97.47亿元。

3. 关于违反中央八项规定精神等问题。相关中央企业和国有银行要求责任人员将旅游、兼职取酬等费用退回，并通过组织处理、扣减薪酬、禁入限制、纪律处分、移送司法机关等严肃追责问责，追回或归还资金6227.88万元，处理处分622人次。

（七）审计移送的重大违纪违法问题线索查处情况。

有关部门正在组织调查或已立案查处，并针对线索集中领域研究完善改革举措，加大整顿打击力度。对侵吞扶贫资金问题，已追缴、核减资金3658万元，剔除优亲厚友、识别不精准的建档立卡贫困人口，处理处分责任人81名，完善制度6项；对涉众类金融乱象，银保监会、人民银行、公安部等部门开展专项整治，部署全国非法集资案件处置3

年攻坚工作,有关部门和地方共同研判风险、强化源头治理、完善监测预警、向社会发布风险提示,做好查处、维稳等工作;对偷逃税问题,税务总局组织查补税款247.70亿元,配合公安机关抓捕75人,并进一步加强成品油、白酒等消费税的征管;对国有企业管理中存在的问题,有关部门已处理处分30人,挽回损失2亿多元,进一步建立健全资产处置、投资融资等重大决策制度,制定中央企业违规经营投资责任追究办法等。

(八)审计建议落实情况。

1.关于提高财政资源配置效率的建议。一是财政部等进一步深化财税体制改革,合理确定地方税种,通过立法授权适当扩大地方税收管理权限;加快非税收入立法进程,推进清理收费改革,适当下放部分非税收入管理权限;在基本不改变中央和地方及地区间分配格局的前提下,推进转移支付改革;积极推动预算法实施条例修订。二是进一步优化财政支出结构,中央财政专项扶贫资金进一步向深度贫困地区聚焦发力,增量资金重点用于"三区三州"等深度贫困地区;2018年中央财政安排大气、水、土壤污染防治资金同比增长19%,规模为近年最大;落实创新驱动发展战略,实施科技人员职务科技成果转化现金奖励个人所得税优惠政策,扩大创业投资税收优惠实施范围;保障和改善民生,巩固落实义务教育经费保障机制,划转部分国有资本充实社保基金,深化公立医院综合改革。三是认真贯彻落实《中共中央 国务院关于全面实施预算绩效管理的意见》,制定相关配套政策措施,推进构建全方位预算绩效管理格局,建立全过程预算绩效管理链条,完善全覆盖预算绩效管理体系,硬化预算绩效管理约束。

2.关于夯实基础推动高质量发展的建议。一是有关部门进一步巩固"放管服"改革成效,财政部集中公布了全国政府性基金和行政事业性收费、政府定价的经营服务性收费目录清单,加大乱收费典型案例曝光力度,做好涉企收费投诉处理工作;国家发展改革委全面梳理行政审批及核准事项,新取消1个行政许可事项;税务总局推出多项"营改增"配套政策措施,开展多轮政策辅导,帮助纳税人更充分享受改革红利。二是持续转变国资监管机构职能,深化国有资本授权经营体制改革和混合所有制改革,推动中央企业整合重组;进一步优化产业结构,严控非主业投资和金融业开展,促进中央企业做强做优实业主业;推动去库存、清应收、降杠杆,减少企业法人户数、压缩管理层级。三是推进中央财政科技计划和科研项目资金管理改革,修订完善科研资金管理制度,扩大科研经费使用自主权试点;开展减轻科研人员负担专项行动,改进科研项目经费管理和评价制度,切实增强科研人员成就感、获得感。

3. 关于完善打好三大攻坚战相关措施的建议。一是认真贯彻党中央、国务院关于防范化解地方政府隐性债务风险的部署要求,研究制定配套措施,坚决遏制隐性债务增量,有序推进隐性债务存量化解,制定融资平台公司市场化转型等办法,健全债务管理长效机制;人民银行、银保监会等部门深入整治银行业市场乱象,取缔非法金融机构,防范和处置非法集资,规范整顿"现金贷"等互联网金融,并出台一系列文件,弥补制度短板、提升监管效能;已在全国层面建立并实施企业职工基本养老保险基金中央调剂制度,作为实现养老保险全国统筹的第一步,人力资源和社会保障部、财政部正在抓紧研究养老保险全国统筹方案。二是在全国范围内开展扶贫领域作风问题专项治理,着力解决"四个意识"不强、责任落实不到位、工作措施不精准、资金管理使用不规范等问题;建立扶贫、纪检监察、财政等部门的沟通协调机制,丰富和完善扶贫开发大数据,推动信息共享和政策衔接,形成监督合力。三是进一步扩大横向生态补偿试点范围,有关地方共同实施赤水河流域跨省横向补偿,有的制定了省内水环境、水污染等生态补偿制度;进一步强化生态环境修复和污染源头治理,对国家重点湖泊生态保护项目开展精确调度,严控投资方向和工程质量,着力改善水质。

4. 关于健全激励干事创业相关配套制度的建议。一是有关部门结合深化机构改革，正在清理、修订现行法规制度，将经实践检验效果良好的经验和做法予以固化。二是有关部门和地方认真贯彻落实中共中央办公厅印发的《关于进一步激励广大干部新时代新担当新作为的意见》，结合本单位、本地区实际制定实施意见，充分调动和激发干部队伍的积极性、主动性、创造性。三是有关部门加快制定和完善权责清单，如国家发展改革委进一步完善权责事项办事指南，将权责事项全部纳入政务服务大厅一口受理、网上办理、全程督办，减少自由裁量；海关总署印发《海关权力和责任清单管理办法》（署法发〔2018〕58号），实行动态调整，并制定权力运行流程图，方便群众办事。

三、其他正在整改中的问题及下一步安排

除上述情况外，由于体制机制改革、客观环境变化及历史遗留等原因，部分问题的整改仍在持续推进，尚需一定时日。主要有以下几种情况：

（一）涉及重大改革事项，需通过深化改革稳步推进。如对具有指定用途的转移支付占比仍较高等问题，其彻底解决有赖于现代财政体系的健全完善，短期内难以一步到位；对国有资本经营预算范围不够完整问题，由于部分中央部门所属企业产权归属不清、主营业务不突出、市场化程度不高，需逐步纳入预算范围；对部分"放管服"事项改革不到位问题，由于涉及地方部门职能调整划转，个别地方在线审批监管平台与各信息系统尚未完全实现互联互通。

（二）涉及较复杂外部环境，需结合实际审慎处理。有的问题是长期形成的，有的问题依存的政策法规有所调整，有的对应的经济环境发生较大变化，整改时不宜"一刀切"，需要根据形势发展变化相机抉择。如对少缴或欠缴基本养老保险基金问题，有关地方将按照国务院统一部署处理；对部分地方欠缴矿山环境恢复保证金等问题，因国家政策调整暂时不宜追缴，一些财力薄弱地区重复申领的补助资金，已统筹用于公益林管护、生态补偿脱贫等，无力归还原资金渠道；对开发管控不够到

位问题,一些开发区的形成具有长期性,需分阶段有序清退。

(三)涉及多部门或多主体协调,需履行相关必要程序。如对部分中央部门出租出借房产、结余资金未及时清理等问题,需有关方面进一步厘清产权关系、审批资金清缴手续等;对保障性安居工程无法办理竣工验收备案问题,由于工程项目竣工验收程序复杂,加之前期准备不足,有关部门补齐手续的过程较长,短期内难以整改到位;对违规举债或担保问题,因个别地区受财力限制、需履行相关程序等,正与债权人沟通协商;对国有资产损失问题,有关中央企业正在通过经济手段协商解决或申请强制执行,也需要履行仲裁或司法程序。

对这些问题的整改,有关部门、单位和地方已作出安排和承诺。一是加大改革创新力度。对重大改革事项,结合党和国家机构改革,深入开展调查研究,形成管当前、利长远、可操作性强的意见和方案,并上报党中央、国务院审批。对一些具体事项,待机构改革到位后,尽快推进整改。二是加快有关工作进度。分类施策,对整改难度不大的问题,加快相关工作流程,争取尽快整改到位;对历史遗留或涉及诉讼等问题,加强与主管部门、司法机关等沟通协调,稳步推进整改。三是加强跟踪督促检查。审计机关将继续加强跟踪检查,督促被审计单位进一步落实整改主体责任,推动有关主管部门认真履行监督管理责任,确保整改效果。

委员长、各位副委员长、秘书长,各位委员,我们将更加紧密地团结在以习近平同志为核心的党中央周围,高举中国特色社会主义伟大旗帜,以习近平新时代中国特色社会主义思想为指导,全面贯彻落实党的十九大和十九届二中、三中全会精神,自觉接受全国人大的指导和监督,进一步巩固和深化整改工作,建立健全长效机制,为决胜全面建成小康社会、加快建设社会主义现代化国家、实现中华民族伟大复兴的中国梦而奋斗!

参考文献

[美]艾伦·希克:《现代公共支出管理方法》,王卫星译,经济管理出版社 2000年版。

[英]安德鲁·格雷、[英]比尔·詹金斯、[加]鲍勃·赛格斯沃斯:《预算、审计和评估——在七国中的功能与整合》,梁君、唐晓磊译,经济科学出版社 2017 年版。

安秀梅:《复式预算模式的国际比较与我国模式的选择》,《财政研究》1995年第 12 期。

安秀梅:《公共治理与中国政府预算管理改革》,中国财政经济出版社 2006 年版。

鲍啸鸣:《我国地方预算绩效管理改革研究》,江西财经大学博士学位论文,2014 年。

蔡春:《审计基本假设研究》,《财经理论与实践》1990 年第 1 期。

蔡春:《论现代审计特征与受托经济责任关系》,《审计研究》1998 年第 5 期。

蔡春:《受托经济责任——现代会计、审计之魂》,《会计之友》2000 年第 10 期。

蔡春:《审计理论结构研究》,东北财经大学出版社 2001 年版。

蔡春、陈孝:《现代审计功能拓展研究的概念框架》,《审计研究》2006 年第 4 期。

蔡春、李江涛、王海兵:《推进审计理论创新发展的四种可能路径》,《审计文摘》2009 年第 1 期。

蔡春、蔡利、朱荣:《关于全面推进我国绩效审计创新发展的十大思考》,

《审计研究》2011年第4期。

蔡春、蔡利:《国家审计理论研究的新发展——基于国家治理视角的初步思考》,《审计与经济研究》2012年第3期。

蔡春、朱荣、蔡利:《国家审计服务国家治理的理论分析与实现路径探讨——基于受托经济责任观视角》,《审计研究》2012年第1期。

蔡春、毕铭悦:《关于自然资源资产离任审计的理论思考》,《审计研究》2014年第5期。

财政部财政科学研究所课题组:《我国公共财政框架下财政监督问题的研究》(下),《财政监督》2003年第12期。

曹雪姣、安秀梅:《完善我国全口径预算监督机制的思考》,《财政监督》2013年第22期。

陈波:《经济责任审计的若干基本理论问题》,《审计研究》2005年第5期。

陈工:《英、美、澳、新等国家实施绩效预算的改革及其对我国的启示》,《财政研究》2006年第1期。

陈国权、毛益民:《腐败裂变式扩散:一种社会交换分析》,《浙江大学学报(社会科学版)》2013年第1期。

陈汉文:《预算国家与预算审计——基于国家治理视角的深层思考》,中国会计学会2016年学术年会,重庆,2016年7月。

陈诗一、张军:《中国地方政府财政支出效率研究:1978—2005》,《中国社会科学》2008年第4期。

池国华、陈汉文:《国家审计推进现代预算管理的路径探讨》,《审计研究》2017年第3期。

崔孟修:《经济责任审计对国家审计的丰富和发展》,《审计研究》2007年第6期。

崔振龙:《开创国家审计推动国家治理现代化的新局面》,《中国审计报》2014年11月5日第5版。

[美]道格拉斯·诺斯:《制度、制度变迁与经济绩效》,杭行译,格致出版社、上海三联书店、上海人民出版社2008年版。

参考文献

邓力平：《中国特色社会主义财政、预算制度与预算审查》，《厦门大学学报（哲学社会科学版）》2014年第4期。

邓子基：《财政理论在改革争鸣中不断发展》，《中国财政》2008年第8期。

董大胜：《深化审计基本理论研究 推动审计管理体制改革》，《审计研究》2018年第2期。

范柏乃、汪基强、张晓玲、肖莉：《国家土地督察制度实施绩效评估的理论基础与指标体系构建》，《中国土地科学》2012年第4期。

樊纲、王小鲁、马光荣：《中国市场化进程对经济增长的贡献》，《经济研究》2011年第9期。

方红生、张军：《中国地方政府扩张偏向的财政行为：观察与解释》，《经济学（季刊）》2009年第3期。

方玉红：《政府预算管理内部控制研究——基于地方财政部门视角》，中央财经大学博士学位论文，2015年。

冯均科：《以问责政府为导向的国家审计制度研究》，《审计研究》2005年第12期。

傅勇、张晏：《中国式分权与财政支出结构偏向：为增长而竞争的代价》，《管理世界》2007年第3期。

高培勇：《市场经济体制与公共财政框架》，《税务研究》2000年第3期。

高培勇：《关注预决算偏离度》，《国际税收》2008年第1期。

龚旻、张帆：《中国地方政府的"相机抉择依赖症"与地区经济波动》，《当代财经》2015年第3期。

谷祺、毛岩亮：《中外合资经营企业审计》，《财经问题研究》1991年第5期。

顾文欣：《我国公共预算收支监督体系中存在的问题及建议——基于四大监督主体视角》，《金融会计》2015年第8期。

桂忠才：《关于预算执行审计的几点思考》，《广西审计》2003年第S1期。

国际货币基金组织：《财政透明度》，人民出版社2001年版。

郭剑鸣：《公共预算约束机制建设与中国反腐败模式的完善》，《政治学研究》2009年第4期。

郭剑鸣、周佳：《规约政府：现代预算制度的本质及其成长的政治基础——以中西方现代预算制度成长比较为视角》，《学习与探索》2013年第2期。

郭庆旺、吕冰洋、何乘材：《积极财政政策的乘数效应》，《财政研究》2004年第8期。

贺邦靖等：《国外财政监督借鉴》，经济科学出版社2008年版。

贺邦靖等：《中国财政监督》，经济科学出版社2008年版。

侯一麟：《经济、社会转型与公共管理学科的发展》，《公共行政评论》2012年第1期。

胡艳、吴振鹏：《中国区域环境治理投资效率的实证分析——以28个省市（地区）为例》，《当代经济研究》2013年第5期。

黄溶冰：《经济责任审计的审计发现与问责悖论》，《中国软科学》2012年第5期。

黄新华、赵瑶：《政治过程与预算改革》，《财经问题研究》2014年第12期。

贾康：《财政政策及改革方向展望》，《经济研究参考》2001年第39期。

贾康、白景明：《关于中国分税分级财政体制安排的基本思路》，《经济学动态》2005年第2期。

贾康：《支持构建和谐社会的财政政策》，《财贸经济》2006年第11期。

蒋洪、刘小兵：《中国省级财政透明度评估》，《上海财经大学学报》2009年第2期。

姜彦秋：《谈谈经济责任审计》，《审计研究》1999年第5期。

焦建国：《确立、强化复式预算的基础地位与功能统一》，《财政研究》2003年第5期。

靳思昌：《国家审计结果公告绩效及其影响因素研究》，北京交通大学博士学位论文，2013年。

俊培：《公共预算的效率》，《涉外税务》1998年第3期。

俊培：《公共预算的效率》，《涉外税务》1998年第4期。

康建荣：《我国省际政府预算执行松弛实证研究》，新疆大学硕士学位论文，2016年。

孔志峰:《生态补偿机制的财政政策设计》,《财政与发展》2007年第2期。

李丹、庞晓波、方红生:《财政空间与中国政府债务可持续性》,《金融研究》2017年第10期。

李凤鸣:《法国审计法院对国家预算的监督》,《审计与经济研究》1997年第3期。

李国俭:《论建立我国的四式预算制度》,《中央财政金融学院学报》1994年第7期。

李华、任龙洋:《财政分权、预算约束与地方公共品供给效率》,《当代财经》2013年第3期。

李辉球:《预算项目核算在财政资金管理上的应用》,《经济研究导刊》2007年第8期。

李江涛、袁蓓:《发挥经济责任审计预防腐败的"探测器"作用》,《领导之友》2012年第4期。

李京城:《社会主义市场经济与财政改革》,《学海》1994年第2期。

李丽、孙文远:《国家审计促进环境绩效的作用机制研究——基于2008~2014年省级面板数据的分析》,《生态经济》2019年第6期。

李明:《国家审计、政府治理效率与地方经济发展》,西南财经大学博士学位论文,2014年。

理评:《由"审计风暴"到"预算风暴"——访著名财政学家高培勇教授》,《中国审计》2008年第3期。

李秋婵:《跨期预算约束下地方政府债务规模的实证研究》,《统计与决策》2015年第10期。

李燕:《新预算法视角下预算监督的两个核心要素》,《财政监督》2015年第1期。

李业林:《财政预算执行审计研讨会综述》,《审计研究》2007年第6期。

李志斌:《组织转型视角的预算管理研究》,《会计研究》2006年第11期。

廖义刚、韩洪灵、陈汉文:《政府审计之职能与特征——国家理论视角的解说》,《会计研究》2008年第2期。

廖义刚、陈汉文:《国家治理与国家审计:基于国家建构理论的分析》,《审计研究》2012年第2期。

林圻、欧阳天健:《地方治理中预算法治问题研究——兼论地方人大预算监督权的完善》,《兰州财经大学学报》2016年第21期。

林毅夫、刘志强:《中国的财政分权与经济增长》,《北京大学学报(哲学社会科学版)》2000年第4期。

林毅夫、刘明兴、章奇:《企业预算软约束的成因分析》,《江海学刊》2003年第5期。

刘慧:《预算监督与民主成长——全国人大预算监督制度的政治学分析》,博士学位论文,复旦大学,2008年。

刘家义:《紧紧围绕主题主线、切实履行审计职责、为经济社会科学发展做出积极贡献——刘家义审计长在全国审计工作会议上的讲话》,《审计研究》2011年第1期。

刘家义:《论国家治理与国家审计》,《中国社会科学》2012年第6期。

刘建民、江钰辉、吴金光:《财政监督嵌入预算管理全过程的路径探索》,《财政监督》2015年第7期。

刘剑文、侯卓:《论预算公开的制度性突破与实现路径》,《税务研究》2014年第11期。

刘雷:《政府审计维护财政安全的实现路径研究》,西南财经大学博士学位论文,2014年。

刘力云:《政府审计与政府责任机制》,《审计与经济研究》2005年第7期。

刘明辉、崔刚、张秀烨:《加强审计理论研究 推动审计事业繁荣——"中国会计学会审计专业委员会2004年年会暨首届审计理论与实务国际论坛"观点述评》,《会计研究》2004年第12期。

刘明辉、徐正刚:《新公共管理背景下的绩效审计研究》,《财政监督》2006年第5期。

刘蓉、黄洪:《行为财政学研究评述》,《经济学动态》2010年第5期。

刘蓉、刘楠楠、黄策:《地区间外溢性公共品的供给承诺与匹配率研究》,

《经济研究》2013年第48期。

刘蓉、毛锐:《支出冲击、赤字缺口与财政风险化解路径》,《财政研究》2017年第3期。

刘武俊:《把国家治理纳入法治轨道》,《蚌埠日报》2013年12月10日A03版。

刘笑霞:《政府公共受托责任与国家审计》,《审计与经济研究》2010年第7期。

刘炎:《经济责任审计的风险及其防范》,《审计与经济研究》2000年第6期。

刘颖斐、余玉苗:《宪政视角下的党政领导干部经济责任审计》,《审计研究》2007年第3期。

刘再杰:《政府预算能力的困局与破解机制》,《中央财经大学学报》2014年第2期。

刘正均:《财政审计一体化研究》,《审计研究》2009年第1期。

娄冰:《中国预算制度——变迁轨迹和改革路径》,中国社会科学院博士学位论文,2013年。

娄尔行、唐清亮:《试论审计的本质》,《审计研究》1987年第3期。

楼继伟:《认真贯彻新预算法 依法加强预算管理》,《人民日报》2014年9月1日第10版。

卢金瑞、王德才、蔡明虎:《发挥审计职能强化预算监督》,《中国人大》2004年第23期。

卢梭:《社会契约论》,商务印书馆2008年版。

吕炜、王伟同:《发展失衡、公共服务与政府责任——基于政府偏好和政府效率视角的分析》,《中国社会科学》2008年第4期。

吕炜、靳继东:《中国预算改革论纲》,《财经问题研究》2013年第8期。

马蔡琛:《政府预算管理理论研究及其新进展》,《社会科学》2004年第5期。

马蔡琛:《论阳光财政视野中的公共预算绩效管理》,《现代财经》2006年第3期。

马蔡琛:《国家审计视野中的中国公共预算改革——解读2009年度中央预算执行审计工作报告》,《中国审计》2010年第14期。

马蔡琛、赵灿:《公共预算遵从的行为经济学分析——基于前景理论的考察》,《河北学刊》2013年第4期。

马蔡琛:《跨年度预算平衡机制视野下的财政监督制度优化》,《财政监督》2014年第34期。

马蔡琛、张铁玲、孙利媛:《政府预算执行偏差的行为经济学分析》,《财经论丛》2015年第3期。

马蔡琛、苗珊:《基于角色压力理论的政府预算监督成本及其优化》,《河北学刊》2017年第2期。

马国贤:《论我国公共支出体系的框架》,《财经论丛》2000年第2期。

马国贤:《中国公共支出与预算政策》,上海财经大学出版社2001年版。

马国贤:《政府绩效管理》,复旦大学出版社2005年版。

马国贤:《预算绩效评价与绩效管理研究》,《财政监督》2011年第1期。

马海涛、何仲森、李伟、何天文:《我国预算外资金管理的目标及对策探讨》,《中央财经大学学报》1997年第11期。

马海涛、王淑杰:《政府预算透明度指标体系研究——国际标准和中国特色》,《财经科学》2012年第4期。

马骏:《论我国居民改革开放以来的消费》,《经济问题探索》1998年第6期。

马骏:《新绩效预算》,《中央财经大学学报》2004年第8期。

马骏、侯一麟:《中国省级预算中的非正式制度:一个交易费用理论框架》,《经济研究》2004年第10期。

马骏、於莉:《公共预算研究:中国政治学和公共行政学亟待加强的研究领域》,《政治学研究》2005年第2期。

马骏、赵早早:《中国预算改革的目标选择》,《华中师范大学学报》2005年第3期。

马骏、罗万平:《公民参与预算:美国地方政府的经验及其借鉴》,《华中师范大学学报（人文社会科学版）》2006年第4期。

马骏:《中国预算改革的政治学:成就与困惑》,《中山大学学报（社会科学版）》2007年第3期。

马骏:《实现政治问责的三条道路》,《中国社会科学》2010年第5期。

马骏：《治国与理财：公共预算与国家建设》，三联书店 2011 年版。

马强：《公共预算制度改革路径研究》，《经济与社会发展》2012 年第 3 期。

马晓方：《关于审计结果报告内容体系的思考》，《审计研究》2002 年第 S1 期。

马志娟：《腐败治理、政府问责与经济责任审计》，《审计研究》2013 年第 6 期。

[美] 迈克尔·麦金尼斯：《多中心治道与发展》，王文章、毛寿龙译，上海三联书店 2000 年版。

缪小林：《中国潜在财政危机思考——一个基于债务、赤字与总供给的分析框架》，《财政研究》2017 年第 11 期。

[澳] 欧文·E. 休斯：《公共管理导论》，张成福译，中国人民大学出版社 2004 年版。

欧阳华生、刘雨、肖霞：《我国中央部门预算执行审计分析：特征与启示》，《审计与经济研究》2009 年第 3 期。

潘文林：《加强预算监督　推动审计建设——访省人大常委会预算工作委员会副主任孙刚》，《中州审计》2004 年第 12 期。

潘志伟：《让人大预算监督更有刚性——市人大常委会依托审计加强财政预算审查监督》，《上海人大月刊》2013 年第 12 期。

彭健：《中国公共预算制度：演进轨迹与发展取向》，《中州学刊》2012 年第 5 期。

彭韶兵、周兵：《公共权力的委托代理与政府目标经济责任审计》，《会计研究》2009 年第 6 期。

祁毓、郭均均：《FDI 会影响地方政府效率吗？》，《数量经济技术经济研究》2012 年第 2 期。

秦荣生：《论审计与受托经济责任的关系》，《审计研究》1995 年第 2 期。

秦荣生：《受托经济责任理论与我国国家审计改革》，《审计研究》1999 年第 4 期。

秦荣生：《公共受托经济责任理论与我国政府审计改革》，《审计研究》2004 年第 6 期。

秦荣生:《深化政府审计监督　完善政府治理机制》,《审计研究》2007年第1期。

[法]让·彼埃尔·戈丹:《为何治理》,巴黎政治学院出版社2002年版。

任喜荣:《地方人大预算监督权力成长的制度分析——中国宪政制度发展的一个实例》,《吉林大学社会科学学报》2010年第4期。

阮滢:《论党政领导干部任期经济责任审计功能拓展》,《审计与经济研究》2008年第2期。

尚虎平:《勒紧笼头与放松缰绳之难——从2005~2007年国家审计报告探析我国政府预算绩效不彰问题及其出路》,中国行政管理学会"建设服务型政府的理论与实践"研讨会暨中国行政管理学会2008年年会论文集,中国行政管理学会2008年第17期。

尚虎平:《美国与中国公共部门绩效评估研究比较:基于〈公共管理评论〉与〈中国行政管理〉2002~2007年数据》,《科研管理》2009年第3期。

尚虎平:《预算过程中的非政治问题——以2005~2007年国家审计报告为基础》,《武汉大学学报（哲学社会科学版)》2009年第6期。

审计署国际合作司:《十国审计长谈国家审计》,中国时代经济出版社2014年版。

审计署科研所课题组:《论国家审计对权力的监督》,《审计研究》2003年第5期。

审计署外事司:《世界各国政府审计》,中国审计出版社1995年版。

审计署外事司:《英德以三国审计比较》,中国审计出版社1995年版。

沈葳:《加强审计监督　促进建立规范化的财政转移支付制度》,《审计研究》2003年第1期。

石爱中:《国家审计的政治思维》,《审计与经济研究》2003年第6期。

石亚军、施正文:《建立现代财政制度与推进现代政府治理》,《中国行政管理》2014年第4期。

宋彪:《公众参与预算制度研究》,《法学家》2009年第2期。

宋常、胡家俊、陈宋生:《关于绩效审计研究的新思考》,《审计与经济研究》2006 年第 1 期。

宋常、周长信、赵懿清、陈茜：《政府审计信息披露质量及其评价研究》，《当代财经》2010 年第 7 期。

宋达、郑石桥：《政府审计对预算违规的作用：抑制还是诱导？——基于中央部门预算执行审计数据的实证研究》，《审计与经济研究》2014 年第 6 期。

唐天伟、邓久根：《测度政府效率的理论依据与实践经验》，《经济管理》2007 年第 10 期。

唐雪松、罗莎、王海燕：《市场化进程与国家审计作用的发挥》，《审计研究》2012 年第 3 期。

田利辉：《国有产权、预算软约束和中国上市公司杠杆治理》，《管理世界》2005 年第 7 期。

田秋蓉：《政府审计推动民主政治发展的作用研究——理论分析与实证检验》，西南财经大学博士学位论文，2012 年。

田圣斌、石海坤、陈家武：《关于完善我国预算监督机制的思考》，《湖南省社会主义学院学报》2010 年第 3 期。

王德升、阎金锷：《试论审计的本质》，《经济理论与经济管理》1985 年第 2 期。

王光远：《受托管理责任与管理审计》，《财会月刊》2002 年第 1 期。

王海涛：《我国预算绩效管理改革研究》，财政部财政科学研究所博士学位论文，2014 年。

王慧：《基于政府预算的国家审计制度优化研究》，《财政监督》2017 年第 11 期。

王会金、戚振东：《社会嵌入视角下的国家审计治理作用机制研究》，《会计研究》2013 年第 9 期。

王加林：《建立与社会主义市场经济体制相适应的预算管理模式》，《求是》2000 年第 21 期。

王鹏、谢丽文：《污染治理投资、企业技术创新与污染治理效率》，《中国人口·资源与环境》2014年第9期。

王绍光：《从税收国家到预算国家》，《读书》2007年第10期。

王绍光、马骏：《走向"预算国家"——财政转型与国家建设》，《公共行政评论》2008年第1期。

王绍光：《国家治理与基础性国家能力》，《华中科技大学学报》2014年第3期。

王晟：《财政监督理论——探索与制度设计研究》，经济管理出版社2009年版。

王淑杰：《论我国政府预算制度的完善——兼论美国现代政府预算制度》，《中央财经大学学报》2010年第12期。

王文彬：《关于审计的若干问题》，《上海会计》1981年第6期。

王熙：《美国预算制度变迁及其对中国的启示》，《中央财经大学学报》2010年第2期。

王祥君、周荣青：《政府财务报表审计与政府会计改革：协同与路径设计——基于国家治理视角》，《审计研究》2014年第6期。

王新平：《构建财政审计大格局 推进审计工作大发展》，《中国审计》2010年第3期。

王雍君：《论〈预算法〉修订的核心原则》，《首都经济贸易大学学报》2008年第6期。

王雍君：《"全口径预算"改革探讨》，《中国财政》2013年第6期。

王玉强：《略论预算执行审计的重要作用》，《审计研究》2002年第S1期。

王祯昌、闫泽滢：《中国政府预算审计制度博弈分析——基于利益相关者理论的视角》，《审计与经济研究》2012年第5期。

韦德洪、覃智勇、唐松庆：《政府审计效能与财政资金运行安全性关系研究——基于审计年鉴数据的统计和实证研究》，《审计研究》2010年第3期。

魏陆：《加强我国公共预算监督研究——把政府关进公共预算"笼子"里》，《上海交通大学学报（哲学社会科学版）》2012年第4期。

魏明海、刘峰、施鲲翔:《论会计透明度》,《会计研究》2001年第9期。

韦倩、王安、王杰:《中国沿海地区的崛起:市场的力量》,《经济研究》2014年第8期。

文平:《改革审计体制 强化预算监督》,《人大研究》2008年第1期。

[美] 文森特·M.奥赖利:《蒙哥马利审计学》(上),蒙哥马利审计学翻译组译,中国商业出版社1989年版。

吴联生:《政府审计机构隶属关系评价模型——兼论我国政府审计机构隶属关系的改革》,《审计研究》2002年第5期。

吴联生:《利益协调与审计制度安排》,《审计研究》2003年第2期。

吴敬琏:《建设一个公开、透明和可问责的服务型政府》,《财经》2003年第12期。

吴秋生:《政府审计职责研究》,中国财政经济出版社2007年版。

夏春婉、林勇:《我国工业化进程中实现经济、环境双赢的环境规制力度的测定》,《生态经济》2011年第11期。

肖鹏、李燕:《基于政府会计环境评估模型的中国财政透明度研究》,《公共行政评论》2011年第2期。

肖振东、吕博:《从审计工作报告看国家审计发展》,《审计研究》2013年第5期。

谢柳芳:《政府审计、政府信息披露与政府治理效率研究——基于"三公经费"披露的视角》,西南财经大学博士学位论文,2013年。

谢柳芳:《政府审计与政府信息披露研究——基于提升国家治理能力的视角》,西南财经大学出版社2015年版。

谢柳芳:《政府审计与政府信息披露:基于民主政治视角的分析》,《财会通讯》2015年第6期。

谢柳芳、刘更新:《"三公经费"披露体系与审计监控体系研究》,《会计之友》2015年第10期。

谢柳芳、罗宏:《政府信息披露提高国家治理效率的实证研究:以"三公"经费披露为例》,《财会通讯》2015年第21期。

谢柳芳、韩梅芳:《政府财政信息披露在国家审计服务国家治理中的作用路径研究》,《审计研究》2016年第3期。

谢柳芳:《国家审计与国家治理研究——基于完善国家预算制度视角的分析》,西南财经大学博士后研究报告,2017年。

谢柳芳、孙鹏阁、郑国洪、曾军:《政府审计功能、预算偏差与地方政府治理效率》,《审计研究》2019年第4期。

谢业中:《实现人大预算监督与政府审计监督的有效对接》,《人民代表报》2011年10月20日第3版。

许安拓、史明霞:《论我国财政政策的取向:改善供给 扩大内需》,《财税与会计》2001年第12期。

徐阳光:《收入预测与预算法治——预决算收入偏差的法律评估》,《社会科学》2011年第4期。

薛芬:《预算执行审计"屡审屡犯"问题探析——以国家治理视角的考量》,《江苏行政学院学报》2012年第4期。

薛芬:《政府预算变革与政府预算执行审计战略转型——基于国家治理的视角》,《审计与经济研究》2012年第6期。

薛睿杰、韩杰:《加强预算绩效管理 提高预算管理水平》,《北京人大》2013年第7期。

[英]亚当·斯密:《国富论》,杨敬年译,陕西人民出版社2005年版。

阎金锷:《试论审计的性质和职能》,《审计研究》1986年第2期。

杨灿明:《经济非均衡发展与政府宏观调控政策》,《财政研究》2000年第4期。

杨慧、常飞燕、刘奕图:《我国预算监督存在的问题及完善对策》,《财政监督》2011年第15期。

杨克智、杜勇:《第六届审计理论创新发展论坛综述》,《审计研究》2017年第1期。

杨青:《政府失灵与政府寻租——兼论腐败产生的经济根源》,《党风与廉政》1996年第8期。

杨时展：《国家审计的本质》，《当代审计》1982年第2期。

杨时展：《管理会计向传统的挑战》，《江西会计》1983年第1期。

杨肃昌、肖泽忠：《试论中国国家审计"双轨制"体制改革》，《审计与经济研究》2004年第1期。

杨肃昌、欧阳丽君、王彦平：《有关立法型审计体制改革若干问题的思考》，《审计与经济研究》2006年第2期。

杨肃昌、李敬道：《从政治学视角论国家审计是国家治理中的"免疫系统"》，《审计研究》2011年第6期。

杨肃昌：《审计体制与公共支出绩效审计》，《财政监督》2012年第14期。

杨肃昌：《"立法审计"：一个新概念的理论诠释与实践思考——基于加强地方人大预算监督的视角》，《审计与经济研究》2013年第1期。

于保和、张相洲：《经济责任审计中的内部控制评审》，《审计研究》2002年第3期。

余春华、王俊：《我国与发达国家财政审计的比较研究》，《学习与实践》2004年第12期。

俞可平：《治理和善治引论》，《马克思主义与现实》1999年第5期。

俞可平：《中国公民社会的兴起与治理的变迁》，《中国社会季刊（香港）》1999年第3期。

俞可平：《治理与善治》，社会科学文献出版社2000年版。

于增彪：《财务部门与预算执行过程》，《财务与会计》2007年第14期。

袁东：《加强预算执行审计 为人大预算监督提供依据》，《审计理论与实践》2003年第4期。

[英]约翰·洛克：《政府论两篇》，赵伯英译，陕西人民出版社2005年版。

臧传琴、初帅：《地方官员特征、官员交流与环境治理——基于2003~2013年中国25个省级单位的经验证据》，《财经论丛》2006年第11期。

张国庆：《行政管理学概论》，北京大学出版社2000年版。

张国兴、邓娜娜、管欣、程赛琰、保海旭：《公众环境监督行为、公众环境参与政策对工业污染治理效率的影响——基于中国省级面板数据的实证分析》,《中国人口·资源与环境》2019年第1期。

张弘力、郑永福:《我国公共支出预算分配现状分析与改革建议》,《财政研究》1999年第2期。

张继勋:《国外政府绩效审计及其启示》,《审计研究》2000年第1期。

张俊民、张莉:《国家审计与国家治理模式的趋同性——基于审计内容角度的考察》,《审计与经济研究》2014年第5期。

张克中、何凌云:《政府质量与国民幸福:文献回顾与评论》,《国外社会科学》2012年第4期。

张立民、张阳:《国家审计的定位与中国政治民主建设——从对权力的制约和监督谈起》,《中山大学学报(社会科学版)》2004年第3期。

张立民、赵彩霞:《论善治政府治理理念下政府审计职能的变革——基于政府绩效评价视角的分析》,《中山大学学报(社会科学版)》2009年第2期。

张立民、许钊:《审计人员视角下的国家审计推动完善国家治理路径研究》,《审计研究》2014年第1期。

张灵芝:《论政府审计问责制》,《审计与经济研究》2005年第5期。

张龙平:《"国家审计免疫系统论"的哲学内涵》,《中国审计》2008年第7期。

张淼:《我国中央部门预算执行审计有效性分析》,财政部财政科学研究所博士学位论文,2014年。

张琦、王森林、李琳娜:《我国政府会计改革重大理论问题研究》,《会计研究》2010年第8期。

张琦、张娟、吕敏康:《预算制度变迁、网络化环境与政府财务信息传导机制——基于商务部"三公经费"公开的案例研究》,《会计研究》2013年第12期。

张琦、方恬:《政府部门财务信息披露质量及影响因素研究》,《会计研究》2014年第12期。

张启春:《区域基本公共服务均等化与政府间转移支付》,《华中师范大学学报(人文社会科学版)》2009年第1期。

张启春：《区域基本公共服务均等化的财政平衡机制——以加拿大的经验为视角》，《华中师范大学学报（人文社会科学版）》2011年第6期。

张庆龙、谢志华：《论政府审计与国家经济安全》，《审计研究》2009年第4期。

张庆龙：《政府审计》，格致出版社、上海人民出版社2011年版。

张馨、袁星侯、王玮：《部门预算改革研究》，经济科学出版社2001年版。

张馨、袁星侯：《绩效预算改革探析》，《财政研究》2005年第10期。

张欣怡：《财政分权下地方政府行为与环境污染问题研究——基于我国省级面板数据的分析》，《经济问题探索》2015年第3期。

张云龙：《"免疫系统论"框架下财政审计的内容和方法》，《审计月刊》2009年第3期。

张朝聘：《发挥审计职能强化预算监督》，《中国审计报》2006年8月14日第8版。

张朝霞：《"全口径预算决算"与权力机关财政监督的改进》，《人大研究》2013年第9期。

赵多明：《加强预算监督与审计监督的对接》，《人民代表报》2008年9月18日第3版。

赵立波：《论腐败的类型与根源》，《理论学刊》1997年第1期。

赵丽霞：《以审计助推人大预算监督》，《人民代表报》2006年8月22日第2版。

赵鲁光：《国家审计推动完善国家治理的路径——基于公共预算的视角》，《经济研究参考》2013年第11期。

赵早早：《全口径预算管理的理论探讨与实践评估》，《地方财政研究》2014年第8期。

赵早早、杨晖：《构建公开透明的地方政府预算制度研究——以无锡、温岭和焦作参与式预算实践为例》，《北京行政学院学报》2014年第4期。

赵早早：《国家审计与全国人大预算监督——基于1998~2014年全国人大常委会公报的文本分析》，《财政监督》2016年第6期。

郑方辉、张文方:《广东地方政府整体绩效评价指数的区域比较》,《华南理工大学学报(社会科学版)》2008年第4期。

郑华:《预算软约束视角下地方政府过度负债偏好的制度成因分析》,《财政研究》2011年第1期。

郑石桥:《关于预算管理的若干思考》,《财会学习》2008年第6期。

郑石桥、马新智:《论基于管理控制结构和制度成本的内部转移价格选择框架》,《经济前沿》2009年第6期。

郑石桥、徐孝轩、宋皓杰:《国家审计治理指数研究》,《南京审计学院学报》2014年第1期。

郑石桥、孙硕:《预算环境、预算执行审计与预算违规——基于中央各部门预算执行审计数据的实证研究》,《南京审计学院学报》2015年第6期。

郑石桥、梁思源:《国家审计促进公共支出效率的路径与机理——基于中国省级面板数据的实证分析》,《审计与经济研究》2018年第2期。

中共中央办公厅、国务院办公厅:《关于完善审计制度若干重大问题的框架意见》及相关配套文件,http://www.gov.cn/xinwen/2015-12/08/content_5021377.htm,2015年12月8日。

中共中央办公厅:《关于人大预算审查监督重点向支出预算和政策拓展的指导意见》,http://www.gov.cn/zhengce/2018-03/06/content_5271524.htm,2018年3月6日。

中国行政管理学会,http://www.cpasonline.org.cn/gb/,2006年。

中华人民共和国财政部:《财政总预算会计制度》,财预字〔1997〕287号,http://gks.mof.gov.cn/guokujizhongzhifuguanli_1/201712/t20171205_2765172.html,1997年6月25日。

中华人民共和国财政部:《行政单位会计制度》,财预字〔1998〕49号,https://www.sogou.com/link?url=DSOYnZeCC_pTknGxFsf1z5zHt9zdb27NPi7sA_lKsIOsCpISbbxxDhLHHg6pqi7DQccXSPMPrLnzBgWAgId7t99F7LwPWLFxmVkZRwn91ZtSPQkfkN0dy8RuKh3SVL7TrLzAWaQd4j-2wKelUak-kA,

1998年2月6日。

中华人民共和国财政部：《党政机关公务用车预算决算管理办法》，财行〔2011〕9号，http://xzzf.mof.gov.cn/zhengwuxinxi/zhengcefabu/201103/t20110304_473526.html，2011年11月9日。

中华人民共和国财政部：《事业单位财务规则》，中华人民共和国财政部令（第68号），http://www.gov.cn/flfg/2012-02/22/content_2073876.htm，2012年2月7日。

中华人民共和国财政部：《事业单位会计准则》，中华人民共和国财政部令（第72号），http://www.gov.cn/flfg/2012-12/13/content_2289299.htm，2012年12月6日。

中华人民共和国财政部：《事业单位会计制度》，财会〔2012〕22号，http://kjs.mof.gov.cn/zhengwuxinxi/zhengcefabu/201301/t20130105_724904.html，2012年12月19日。

中华人民共和国财政部：《行政单位会计制度》，财库〔2013〕218号，http://www.mof.gov.cn/zhengwuxinxi/caizhengwengao/wg2014/wg201401/201406/t20140630_1106296.html，2013年12月18日。

中华人民共和国财政部：《政府会计准则——基本准则》，中华人民共和国财政部令（第78号），http://www.gov.cn/xinwen/2015-11/03/content_5003938.htm，2015年10月23日。

中华人民共和国国务院：《中央预算执行情况审计监督暂行办法》，中华人民共和国国务院令（第181号），http://www.audit.gov.cn/n6/n36/c45863/content.html，1995年7月19日。

中华人民共和国国务院：《中华人民共和国政府信息公开条例》，中华人民共和国国务院令（第492号），http://www.china.com.cn/policy/txt/2007-04/24/content_9233924.htm，2007年1月17日。

中华人民共和国国务院：《机关事务管理条例》，中华人民共和国国务院令（第621号），http://www.gov.cn/flfg/2012-07/09/content_2179946.htm，2012年6月28日。

中华人民共和国国务院:《中华人民共和国政府信息公开条例》,http://www.gov.cn/zhengce/content/2019-04/15/content_5382991.htm,中华人民共和国国务院令(第711号),2019年4月3日。

中华人民共和国全国人民代表大会:《中华人民共和国审计法》,http://www.audit.gov.cn/n6/n36/c132973/content.html,2006年2月28日。

中华人民共和国全国人民代表大会:《中华人民共和国预算法》,http://www.npc.gov.cn/wxzl/gongbao/2014-11/02/content_1892137.htm,2014年8月31日。

中华人民共和国审计署:《中华人民共和国国家审计准则》,http://www.audit.gov.cn/n6/n36/c132986/content.html,2010年9月8日。

钟晓敏、童本立、沈玉平:《论过渡时期财政职能的特点》,《财政研究》1998年第7期。

周长鲜:《财政预算绩效监督体制:西方发达国家议会的经验与启示》,《经济社会体制比较》2010年第5期。

周立群:《公共品、公共部门经济与财政》,《新疆社会经济》1996年第1期。

周梅:《财政审计要为人大预算监督服务》,《审计月刊》2004年第5期。

周围:《腐败成因:一种社会文化心理的视角》,《廉政文化研究》2015年第5期。

周雪光:《"逆向软预算约束":一个政府行为的组织分析》,《中国社会科学》2005年第2期。

周业安、赵坚毅:《市场化、经济结构变迁和政府经济结构政策转型——中国经验》,《管理世界》2004年第5期。

周业安、章泉:《市场化、财政分权和中国经济增长》,《中国人民大学学报》2008年第1期。

Alan S. Dunk, Saeed J. Roohani, "Technology policy, task uncertainty and organisational performance", *Journal of the Australian and New Zealand Academy of Management*, Vol.4, No.1, pp.1-13, 1998.

Alian Barton, "Accrual accounting and budgeting systems issues in australian governments", *Australian Accounting Review*, Vol.17, No.41, pp.38-50, 2007.

American Accounting Association, https://aaahq.org/, 1973.

António Afonso, Peter Claeys, "The dynamic behaviour of budget components and output", *Economic Modelling*, Vol.25, No.1, pp.93-117, 2007.

Asian Development Bank, "Governance: Sound development management", 1995.

Atasi Basu, Randal Elder, Mohamed Onsi, "Reported earnings, auditor's opinion, and compensation: Theory and evidence", *Accounting and Business Research*, Vol.42, No.1, pp.29-48, 2012.

"Corporate governance: Improvement and trust in local public services", London: Audit Commission, 2003.

Auditing Concepts Committee, "Report of the committee on basic auditing concepts", *The Accounting Review*, Vol.45, No.4, pp.15-74, 1972.

B. Guy Peters, "Managing horizontal government: The politics of co-ordination", *Public Administration*, Vol.76, No.2, p.295, 1998.

Barro. R., et al., "Public finance in models of economic growth", *Review of Economic Studies*, Vol. 59, No.4, pp.645-661, 1992.

Berle, Adolf A., Gardiner C. Means, "The modern corporation & private property", New York: MacMillan, 1932.

C. Hood., "A public management for all seasons", *Public Administration*, Vol. 69, No. 1, pp.3-19, 1991.

Chadwick F. Alger, "Expanding governmental diversity in global governance: Parliamenta rians of states and local governments", *Global Governance*, 2010.

Chang Philip C., Sailing, "Through the storm: A strategic review of CNOOC's unocal acquisition", *Petroleum Science*, Vol.1, No.4, pp.10-14, 2006.

Chennai, "Better accountability of public service agencies: Listen to the voice of people", *Businessline*, Vol.6, 2004.

Clement K.W. Chow, Frank M. Song, Kit Pong Wong, "Investment and the soft budget constraint in China", *International Review of Economics and Finance*, Vol.19, No.2, pp.219-227, 2009.

Commission on Global Governance, "Our global neighbourhood: The report of the Commission on Global Governance", Oxford: Oxford University Press, 1995.

Daniel J. Palazzolo, "Majority party leadership and budget policymaking in the house of representatives", *Congress & the Presidency*, Vol.19, No.2, pp. 157-174, 1992.

Daniel R. Mullins, Michael A. Pagano, "Local budgeting and finance: 25 years of developments", *Public Budgeting & Finance*, Vol.25, No.4, pp. 3-45, 2005.

David Flint, "Philosophy and principles of auditing: An introduction", London: Macmillan Publishers Ltd., Vol. 21, No. 2, pp.12-15, 1988.

Donald R. Rothwell, "Protecting the Antarctic commons: Problems of economic efficiency", *Polar Record*, Vol.44, No.4, pp.369-370, 2008.

Douglass C., North La, "Evolution deals economics asenel transcursodel tiemporevista de historia economic", *Journal of Iberian and Latin American Economic History*, Vol.12, No.3, pp.763-778, 1994.

Dunk, "Seabed arrays-and their contribution to maritime surveillance", *Maritime Studies*, Vol.10, No.5, pp.649-664, 1997.

Edward C., Budget Theory, Jay M. Shafritz, "International encyclopedia of public policy and administration", Colorado: Westview Press, 1998.

Elmer B. Staats, "Governmental auditing-yesterday, today and tomorrow", *The GAO Review*, Vol. 11, No. 2, pp.1-9, 1976.

Eng L. L., Mak Y. T., "Corporate governance and voluntary disclosure", *Journal of Accounting and Public Policy*, Vol. 22, No. 4, pp.325-345,

2003.

Evans J. H., J. M. Patton, "An economic analysis of participation in the municipal finance officers association certificate of conformance program", *Journal of Accounting and Economics*, Vol.5, No.1, pp.151-175, 1983.

Fenwick J., "Managing local government", London: Chapman & Hall, Vol.4, No.1, pp.104-143, 1995.

Frank D. Draper, Bernard T. Pitsvada, "Congress and executive branch budget reform: The house appropriations committee and zero-base pudgeting", *International Journal of Public Administration*, Vol.2, No.3, pp.331-374, 1980.

Frans L. Leeuw, "Performance auditing, new public management and performance improvement: Questions and answers", *Accounting, Auditing & Accountability Journal*, Vol.9, No.2, pp.92-102, 1996.

George Wesley Buchanan, "Some vow and oath formulas in the New testament", *Harvard Theological Review*, Vol.58, No.3, pp.319-326, 1965.

Government Auditing Standards, UK: National Audit Office, https://www.nao.org.uk/, 1995.

Government Auditing Standards, US: Government Accountability Office, https://www.gao.gov.cn/, 1995.

Government Auditing Standards, US: Government Accountability Office, https://www.gao.gov.cn/, 2003.

Government Auditing Standards, US: Government Accountability Office, https://www.gao.gov.cn/, 2011.

H. John Bernardin, "Age, racial, and gender bias as a function criterion specificity: A test of expert testimony", *Human Resource Management Review*, Vol.5, No.1, pp.63-77, 1995.

Hanna Back, Henk Erik Meier, Thomas Persson, "Party size and portfolio payoffs: The proportional allocation of ministerial posts in coalition governments", *The Journal of Legislative Studies*, Vol.15, No.1, pp.10-34, 2009.

Hayek, "The use of knowledge in society", *American Economic Review*, Vol. 35, No.4, pp.519-530, 1945.

Helliwell, John F., Huang, Haifang, "How's your government? International evidence linking good government and well-being", *British Journal of Political Science*, Vol.38, No.4, pp.595-619, 2008.

Hicks N., Flint J., "CEOs and the media strive for balance", *Hospitals*, Vol. 62, No.5, p.78, 1988.

Hidemichi Fujii, Shunsuke Managi, Shinji Kaneko, "Wastewater pollution abatement in China: A comparative study of fifteen industrial sectors from 1998 to 2010", *Journal of Environmental Protection*, Vol.4, No.3, pp. 595-619, 2013.

Howard E. Shuman, "New directions in budget theory", *American Political Science Review*, Vol.83, No.3, pp.1031-1032, 1989.

Hyde A. C., "Government budgeting: Theory, process and Polities", CA: Wadsworth, Inc., 1992.

Ingram R., Copeland R., "Municipal accounting information and voting behavior", *The Accounting Review*, Vol. 56, No. 4, pp.830-843, 1981.

Ingram R., Copeland R., "Municipal market measures and reporting practices: An extension", *Journal of Accounting Research*, Vol.20, No.2, pp.766-772, 1982.

Institute of Governance Ottawa, https://www.canada.uottawa.ca/, 2002.

International Auditing Practice Committee, https://www.ifac.org/, 1980.

James E. Alt, David Dreyer Lassen, "Fiscal transparency, political parties, and debt in OECD countries", *European Economic Review*, Vol.50, No. 6, pp.1403-1439, 2005.

James E. Alt, David Dreyer Lassen, Shanna Rose, "The causes of fiscal transparency: Evidence from the U.S. States", *IMF Staff Paper*, Vol.53, No.1, pp.30–57, 2006.

James G. March, Johan P. Olsen, "The new institutionalism: Organizational factors in political life", *American Political Science Review*, Vol.78, No. 3, pp.734–749, 1984.

James N. Rosenau, Ernst-Otto Czempiel, "Governance without government: Order and change in world politics", Cambridge: Cambridge University Press, 1992.

Janos Kornai, "Gomulka on the soft budget constraint: A reply", *Economics of Planning*, Vol.19, No.2, pp.49–55, 1985.

Jean Hindriks, Gareth D. Myles, "Intermediate public economics", MIT Press, pp.64–65, 2006.

Jeannine E. Relly, Meghna Sabharwal, "Erratum to perceptions of transparency of government policymaking: A cross-national study", *Government Information Quarterly*, Vol.26, No.2, pp.148–157, 2009.

Jensen M. C., W. H. Meckling, "Theory of the firm, managerial behavior, agency cost and ownership structure", *Journal of Financial Economics*, Vol.4, No.1, pp.125–148, 1976.

Jensen, Michael C., Richard S. Ruback, "The market for corporate control: The scientific evidece", *Journal of Financial Economics*, Vol.4, No.11, pp.228–250, 1983.

Jensen M. C., Murphy K. J., "Performance pay and top-management incentives", *Journal of Political Economy*, Vol. 92, No. 2, pp.225–264, 1990.

Joel Hunter, "The auditing function in the federal government", *The Accounting Review*, Vol.1, No.17, pp.221–232, 2002.

John E. Merchant, Steele, Lowell, "Managers' misconceptions about technology", *The Journal of Technology Transfer*, Vol.9, No.2, pp.71–76, 1985.

John Isaac Mwita, "Performance management model", *International Journal of*

Public Sector Management, Vol.13, No.1, pp.19-37, 2000.

John L. Mikesell, Daniel R. Mullins, "Reforming budget systems in countries of the former soviet union", *Public Administration Review*, Vol.61, No.5, pp.548-568, 2001.

Josie Kelly, "The audit commission: Guiding, steering and regulating local government", *Public Administration*, Vol.81, No.3, pp.459-476, 2003.

Jürgen von Hagen, Ian J. Harden, "Budget processes and commitment to fiscal discipline", *European Economic Review*, Vol.39, No.3, pp. 771-779, 1995.

Laffont J. J. "Incentives and political economy", Oxford: Oxford University Press, 2001.

Lauth, T. P., "Zero-base, Budgeting in georgia state government: Myth and reality sehick, A. Pers Pectives on Budgeting", Washington: American Society for PA, 1980.

Lucie Sedmihradsk'a, Jakub Haas, "Budget transparency and fiscal performance: Do open budgets matter?", *MPRA Paper*, No.42260, posted 2012-10-28 3: 48 UTC.

M.Waller, "Environmental studies: The Fenland Project's environmental program", *Antiquity*, Vol.62, No.235, pp.336-343, 1988.

Michael John Dougherty, Kenneth A. Klase, Soo Geun Song, "Managerial necessity and the art of creating surpluses: The budget execution process in west virginia cities", *Public Administration Review*, Vol.63, No.4, pp. 484-497, 2003.

Musgrave, "Public finance", New York: McGraw Hill, 1959.

Norman S. Buchanan, "History and planning: Some aspects of economic development in Asia-Ⅲ. commentary", *The Journal of Asian Studies*, Vol.12, No.1, pp.43-46, 1952.

Oates W. E., "An essay on fiscal federalism", *Journal of Economic Literature*,

Vol.37, No.3, pp.1120-1149, 1999.

OECD, "Development assistance committee orientations on participatory development and good governance", Paris: OECD, 1993.

OECD, "Development Assistance Committee, Evaluation of Programs Promoting Participatory Development and Good Governance", Paris: OECD, 1997.

Patrick Bolton, Mathias Dewatripont, "The time and budget constraints of the firm", *European Economic Review*, Vol.39, No.3, pp.691-699, 1995.

Philippe K. Widmer, George Elias, Peter Zweifel. Größenvorteile, Skaleneffizienz and Wettbewerb zwischen Gebietskörperschaften bei der, "Production öffentlicher Güter: Evidenz aus der Schweiz", *Raumforschung und Raumordnung*, Vol.71, No.4, pp.295-305, 2013.

Pulice R. T., Donahue S. A., Henrikson C. E., "Utilization patterns of community support program clients in New York State", *Hospital & Community Psychiatry*, Vol.40, No.11, p.84, 1989.

Qi Zhang, James L. Chan, "New development: Fiscal transparency in China government policy and the role of social media", *Public Money & Management*, Vol.33, No.1, pp.71-75, 2013.

Qian Y., Weingast B. R., "China's transition to markets: Market-preserving federalism, Chinese style", *Journal of Economic Policy Reform*, Vol.1, No.2, pp.149-185, 1996.

R. David Mautz, Craig D. Shoulders, Margaret C. Smith, "Reporting accounting changes and fundamental errors: A teaching note", *Accounting Education*, Vol.5, No.4, pp.367-388, 1996.

R. K. Mautz, Hussein A. Sharaf, "The philosophy of auditing", *American Accounting Association*, 1961.

R. L. Graham, "A theorem on partitions", *Journal of the Australian Mathematical Society*, Vol.3, No.4, pp.435-441, 1963.

Ranjay Gulati, Nitin Nohria, Akbar Zaheer, "Strategic networks", *Strategic*

Management Journal, Vol.21, No.3, pp.203-215, 2000.

Razvan Vlaicu, Marijn Verhoeven, Francesco Grigoli, Zachary Mills, "Multi-year budgets and fiscal performance: Panel data evidence", *Journal of Public Economics*, Vol.111, pp.79-95, 2014.

Rhodes R. A. W., "The new governance: Governing without government", *Political Studies*, Vol.44, No.4, pp.652-667, 1996.

Richard F. Jr, "The power of the purse: Appropriations politics in congress", Boston: Little, Brown, 1966.

Robert L. Thompson, "Impact of budget and tax policy on agriculture and agribusiness: The American experience", *Agribusiness*, Vol.12, NO.6, pp.601-611, 1996.

Robert M. Webb, "Levels of efficiency in UK retail banks: A DEA window analysis", *International Journal of the Economics of Business*, Vol.10, No.3, pp.44-48, 2003.

Roberts S., Pollitt C., "Audit or evaluation? A national audit office VFM study", *Public Administration*, Vol. 72, No.4, pp.527-549, 1994.

Robin Boadway, Baldev Raj, "Contemporary issues in empirical public finance", *Empirical Economics*, Vol.24, No.4, pp.563-569, 1999.

Ross, Stephen A., "The economic theory of agency: The principal's problem", *American Economic Review*, Vol.63, No.3, pp.134-139, 1973.

Schick A., "Capacity to budget", Washington: The Urban Institute Press, 1990.

Schiff M., Lewin A. J., "The impact of budget on people", *The Accounting Review*, Vol.4, No.4, pp.134-139, 1970.

Sheng-Hui Yang, Fitzgerald J., Grossman D., "Operating contours and loss-budget partitioning of SOA-based GPON reach extension", *Optical Fiber Communication-incudes Post Deadline Papers*, 2009.

Shunsuke Managi, Shinji Kaneko, "Productivity of market and environmental abatement in China", *Environmental Economics and Policy Studies*, Vol. 7, No.4, pp.154-179, 2006.

Sundelson, Wilner, "Budgetary principles", *Poltical Science Quarterly*, Vol. 1, No. 2, pp.236-263, 1935.

Tao Wang, Yanpeng Di, "Fiscal decentralization and targeting of antipoverty program in developing countries", *Management and Service Science* (MASS), 2010 International Conference on, 2010.

The IIA, "*The Role of Auditing in Public Sector Governance*", 2006.

Thomas F. La Porta, Ramachandran Ramjee, Thomas Woo, Krishan K. Sabnani, "Experiences with network-based user agents for mobile applications", *Mobile Networks and Applications*, Vol.3, No.2, pp.123-141, 1998.

Tibeout C. M., "A pure theory of local expenditure", *The Journal of Political Economy*, Vol.64, No.5, pp.416-424, 1956.

Tillema S., Bogt H. J., "Performance auditing: Improving the quality of political and democratic processes?", *Critical Perspectives on Accounting*, Vol. 21, No. 8, pp.754-769, 2010.

United Nations Development Programme, "Reconceptualizing governance", New York: Discussion paper 2, https://www.undp.org/, 1997.

Vicente Pina, Lourdes Torres, Basilio Acerete, "Are ICTs promoting government accountability? A comparative analysis of e-governance developments in 19 OECD countries", *Critical Perspectives on Accounting*, Vol.18, No. 5, pp.583-602, 2006.

Warwick Funnell, "Audit in a democracy: The Australian model of public sector audit and its application to emerging markets", *Public Administration and Development*, Vol.27, No.1, p.92, 2007.

Wiener N., "Cybernetics, or control and communication in the animal and the machine", Cambridge, MA: MIT Press, 1948.

Wildavsky Aaron, "The politics of the budgetary process", Boston: Little

Brown, 1964.

Wildavsky Aaron, "A cultural theory of budgeting", *International Journal of Public Administration*, Vol. 11, No. 6, pp.183-190, 1988.

William Easterly, "An identity crisis? Examining IMF financial programming", *World Development*, Vol.34, No.6, pp.964-980, 2005.

Willoughby W. F., "The budget as an instrument of political reform", *Proceedings of the Academy of Political Science in the City of New York*, Vol.8, No.1, pp.56-63, 1918.

Wolfgang Kasper, "Right to work: Job creation New Zealand style", *Intereconomics*, Vol.32, No.6, pp.369-398, 1997.

World Bank, "Managing development: The governance dimension", Washington D.C., 1991.

Xiao Yun Zhang, Chan Le Wu, Xue Su, "An aspect oriented method to model and analyze self-recovery of cloud computing", *Advanced Materials Research*, Vol.765-767, pp.1550-1555, 2013.

Young W. J., "Used RT equipment: A neglected option in the budget struggle?", *Respiratory therapy*, Vol.7, No.5, pp.41-42, 77, 1977.

Zimmerman J., "The municipal accounting maze: An analysis of political incentives", *Journal of Accounting Research*, Vol. 15, No. 2, pp.107-144, 1977.

索 引

B

保障房建设资金审计 20,155,157,159,160,161

C

财政绩效 2,35,159,169

财政收支计划 14,15,90

财政制度 1,2,3,5,7,61,62,113,231,263,280,342

财政资金 2,4,8,10,26,33,35,42,43,46,51,58,86,87,91,94,144,147,148,149,153,159,169,172,175,183,184,248,250,251,252,253,254,257,263,264,265,272,273,279,282,283,284,287,288,297,308,322,323,337,344

G

公共经济 19,71,74,76,77,78,164,171,172,174

公共受托经济责任 8,13,19,21,22,31,56,79,82,84,128,137,144,163,166,169,171,173,212,242,341

国家预算 1,2,3,7,8,9,10,11,14,15,18,19,20,21,22,23,24,26,32,33,40,56,61,62,76,77,79,82,83,89,90,91,92,95,96,97,98,100,101,102,103,104,105,106,110,113,114,115,137,139,142,143,144,166,245,337,346

国家治理能力 2,3,8,11,13,14,62,63,65,66,83,85,86,87,88,89,91,95,132,137,164,191,192,206,239,345

J

绩效 2,3,4,5,6,7,8,9,10,11,15,16,17,18,19,20,21,22,24,26,29,30,31,32,34,35,36,37,38,39,40,42,43,44,45,46,47,49,50,51,52,53,54,55,57,58,59,62,76,77,78,79,83,84,85,

86, 92, 93, 106, 110, 111, 114, 115, 119, 139, 141, 142, 143, 144, 145, 146, 147, 148, 149, 150, 151, 152, 153, 154, 155, 157, 158, 159, 161, 163, 164, 168, 169, 170, 171, 173, 175, 177, 182, 183, 190, 207, 208, 211, 212, 231, 239, 241, 242, 243, 252, 254, 280, 282, 283, 284, 285, 287, 289, 294, 308, 311, 318, 319, 321, 325, 328, 333, 334, 335, 336, 337, 338, 339, 340, 342, 343, 346, 347, 348, 349, 350, 352

鉴证 12, 13, 32, 51, 81, 82, 84, 93, 122, 123, 154, 164, 166, 167, 243, 298

经济监督 12, 55, 81, 83, 166, 167, 168

经济控制 8, 12, 13, 75, 81, 83, 117, 165, 242

经济责任审计 20, 22, 31, 32, 48, 54, 55, 146, 147, 163, 164, 165, 166, 167, 168, 169, 170, 171, 172, 173, 174, 175, 176, 177, 182, 183, 184, 185, 186, 187, 188, 189, 190, 191, 192, 194, 195, 196, 197, 200, 201, 203, 204, 205, 206, 334, 336, 337, 339, 341, 342, 347

精准扶贫 20, 53, 239, 241, 242, 243, 303, 311, 323

决算 2, 3, 4, 5, 6, 8, 9, 10, 18, 19, 20, 21, 22, 28, 30, 32, 36, 41, 42, 43, 44, 45, 46, 47, 48, 49, 51, 53, 54, 55, 57, 58, 89, 91, 92, 93, 94, 95, 96, 97, 98, 99, 100, 101, 103, 104, 105, 107, 108, 110, 111, 114, 122, 123, 140, 141, 142, 144, 145, 146, 147, 148, 170, 232, 247, 252, 255, 257, 263, 265, 266, 280, 283, 284, 293, 296, 299, 316, 319, 320, 335, 346, 349, 351

L

良治 13, 14, 22, 30, 73, 74, 82, 86, 87, 114, 118, 139, 152

M

民生审计 20, 21, 22, 53, 153, 154, 155

N

内部控制 6, 10, 20, 21, 22, 48, 49, 106, 126, 132, 143, 144, 173, 176, 182, 260, 327, 335, 347

P

评价 3, 4, 5, 12, 13, 16, 22, 26,

29, 30, 31, 32, 35, 36, 37, 38, 39, 40, 42, 44, 45, 46, 51, 52, 54, 55, 58, 62, 68, 82, 83, 85, 86, 91, 92, 93, 111, 113, 116, 121, 139, 142, 144, 146, 148, 149, 150, 151, 158, 159, 163, 164, 165, 166, 167, 169, 170, 172, 173, 175, 184, 185, 187, 188, 190, 191, 210, 211, 212, 239, 242, 243, 252, 254, 287, 296, 308, 311, 318, 319, 326, 329, 340, 343, 345, 348, 350

Q

权力制约 6, 14, 31, 168, 172, 174, 183

R

人民主权理论 19, 66, 68, 69, 71, 74

S

三大攻坚战 7, 20, 21, 154, 191, 192, 207, 208, 211, 231, 234, 240, 242, 322, 329

审计监控 11, 14, 21, 32, 137, 143, 149, 173, 238, 239, 243, 345

受托经济责任 8, 12, 13, 14, 19, 21, 22, 31, 56, 79, 80, 81, 82, 84, 85, 128, 137, 144, 148, 163, 165, 166, 167, 169, 171, 173, 212, 242, 333, 334, 341,

"十三五"规划 2, 3, 113, 156, 186, 210, 231, 233, 241, 272, 326

W

委托代理 19, 28, 31, 76, 78, 79, 80, 92, 341

污染防治 20, 52, 154, 190, 191, 192, 207, 208, 209, 210, 211, 286, 289, 290, 324, 325, 328

Y

预算编制 2, 3, 4, 5, 10, 18, 22, 26, 27, 28, 33, 36, 43, 44, 45, 48, 49, 51, 52, 54, 57, 58, 82, 93, 94, 111, 139, 140, 141, 142, 144, 145, 146, 248, 249, 250, 253, 264, 288, 296, 308, 317, 318

预算管理 2, 3, 4, 5, 7, 8, 10, 11, 18, 19, 20, 22, 23, 24, 25, 26, 28, 33, 36, 38, 39, 40, 42, 45, 49, 51, 54, 55, 58, 61, 62, 76, 78, 79, 80, 82, 83, 84, 87, 89, 90, 91, 94, 104, 106, 110, 114, 116, 139, 143, 144, 145, 146, 147, 148, 151, 166, 177, 183, 212, 236, 245, 247, 248,

249, 250, 258, 262, 263, 267, 270, 276, 284, 294, 308, 312, 316, 320, 333, 334, 335, 337, 338, 339, 343, 346, 349, 350

预算管制　14, 90

预算绩效　2, 4, 5, 6, 7, 8, 9, 10, 11, 15, 16, 17, 18, 19, 20, 21, 22, 26, 29, 30, 34, 35, 36, 37, 38, 39, 40, 42, 43, 44, 45, 46, 49, 50, 51, 52, 53, 54, 55, 58, 62, 76, 77, 78, 79, 84, 85, 92, 93, 106, 111, 119, 139, 144, 145, 148, 149, 152, 153, 154, 155, 163, 164, 168, 169, 171, 177, 182, 207, 208, 231, 239, 285, 318, 319, 328, 333, 339, 340, 342, 343, 346, 352

预算监督　2, 3, 8, 10, 11, 17, 18, 20, 21, 22, 25, 26, 33, 34, 40, 49, 62, 86, 87, 88, 93, 94, 108, 115, 139, 140, 141, 142, 143, 334, 337, 338, 339, 340, 341, 342, 343, 344, 345, 346, 347, 349, 352

预算审计　4, 10, 18, 20, 21, 22, 32, 34, 40, 41, 45, 46, 47, 48, 49, 50, 51, 52, 54, 55, 56, 57, 58, 59, 62, 86, 87, 88, 89, 94, 95, 111, 123, 140, 142, 145, 146, 148, 149, 150, 151, 152, 245, 334, 344

预算调整　18, 22, 26, 27, 28, 29, 45, 46, 49, 58, 91, 93, 104, 111, 139, 143, 146, 147

预算透明　3, 7, 10, 19, 21, 23, 26, 29, 40, 76, 113, 114, 115, 116, 117, 118, 119, 120, 123, 124, 125, 127, 128, 129, 130, 132, 133, 134, 135, 136, 137, 340,

预算约束　3, 7, 10, 25, 27, 265, 271, 280, 308, 335, 337, 352

预算执行　2, 3, 4, 5, 9, 10, 18, 20, 21, 22, 23, 26, 27, 28, 30, 32, 33, 36, 40, 41, 42, 43, 44, 45, 46, 47, 48, 49, 50, 51, 53, 54, 55, 56, 57, 58, 76, 77, 78, 80, 82, 89, 91, 92, 93, 94, 96, 104, 108, 110, 111, 113, 115, 122, 139, 140, 141, 142, 144, 145, 146, 147, 148, 151, 153, 163, 170, 175, 190, 232, 237, 238, 241, 245, 246, 248, 249, 253, 255, 264, 265, 267, 270, 280, 281, 283, 284, 285, 294, 295, 299, 308, 314, 316, 317, 319, 335, 336, 337, 339, 340, 341, 343, 344, 346, 347, 348, 350, 351

预算制度　1, 2, 3, 7, 8, 9, 10, 11, 17, 18, 19, 20, 21, 23, 24, 25, 26, 33, 37, 40, 49, 56, 61, 62, 79, 82, 83, 84, 87, 89, 94, 110, 113, 114, 115, 137, 139, 143, 152, 231, 235, 335, 336, 337, 339, 341, 342, 344, 346, 348, 349

索 引

Z

政府债务风险　27，231，232，233，234，235，236，237，238，239，280，302，322

治理能力　1，2，3，5，6，8，11，13，14，19，61，62，63，65，66，83，85，86，87，88，89，91，92，95，114，115，132，137，143，164，191，192，206，239，345

治理体系　1，2，3，5，6，8，11，19，61，62，63，86，87，88，89，95，114，115，143，155，184

后 记

改革开放以来,中国政府在财政预算领域不懈努力、积极探索、持续深化改革,取得了重大成效。2014年8月,修订的《中华人民共和国预算法》首次提出预算绩效概念,标志着中国步入以绩效评判预算管理工作的科学管理轨道上来,被喻为中国财政制度建设的里程碑。2018年11月,为健全预算管理工作机制,形成改革合力,确保全面预算绩效管理工作得以顺利开展,财政部对中央部门和地方财政部门全面实施预算绩效管理提出了具体要求,并强调要加强与人大、监察、审计等机构的协调与配合。

国家审计是依法用权力制约、监控权力的重要制度安排,是国家政治制度的重要组成部分,本质上是一种促进和保障公共受托经济责任全面有效履行的特殊的经济控制,理应成为促进国家治理的有效手段与工具。而国家预算制度作为管理财政资金的一种制度安排,是国家治理的重要内容,健全的国家预算制度、效率的预算管理机制离不开国家审计,国家审计是完善国家预算体系、提升预算绩效的重要监督机制。2018年3月,中国共产党中央委员会根据《深化党和国家机构改革方案》组建了中央审计委员会,习近平总书记担任中央审计委员会主任,中央审计委员会的成立加快了中国审计管理体制改革的进程,有助于构建集中统一、全面覆盖、权威高效的审计监督体系,对完善预算审计监督机制、改革预算管理制度、提升预算绩效、建立现代化经济体系具有重要意义。

近年来,各部门认真贯彻落实党中央、国务院的要求,不断强化效率观念和绩效理念,积极推进预算绩效管理,成效显著,体现在:树立了财政绩效理念,逐步形成预算绩效管理体系;加强全面实施预算绩效管理的顶层设计，逐步完善预算绩效管理相关规章制度；国家预算公开的程度越来越高，范围越来越广，信息含量越来越丰富，信息质量不断提升，有助于促进公众发挥监督作用；国家审计在强化对预算的审计监督、提高预算资金使用效率等方面也发挥了重要作用。

基于此，笔者在博士后研究报告基础上进行了拓展与探讨，并撰写了本书。

本书得以成型，特别要感谢我的博士后合作导师——西南财经大学的蔡春教授和刘蓉教授对我的持续、耐心、精细指导，感谢西南财经大学的罗宏教授、余海宗教授、廖林副教授和西南交通大学的叶勇教授在我的博士后研究报告出站汇报中给予的精辟意见和创新性建议，感谢四川大学的干胜道教授在书稿形成后给予的诸多宝贵意见和建议，感谢我的同学兼闺蜜西南财经大学的蔡利副教授和西南民族大学的陈丽霖副教授在学习、工作及生活中给予的帮助和关怀，感谢孙鹏阁博士、刘雷博士、刘玉玉博士、崔云博士、黄昊博士、马可哪呐博士、唐凯桃博士、郑开放博士、张翼凌博士等同门兄弟姐妹的支持。最后，尤其要感谢经济管理出版社的宋娜主任，她热情和精心的编辑工作、专业和细致的审核指导，才能使本书得以顺利出版。还有其他给予我帮助、支持与指导的所有朋友、老师，在此一并表示最诚挚的谢意。

需要特别说明的是，本书观点和内容仅代表笔者近年来对此问题的思考和探索，由于理论水平有限，实践阅历不足，调研和撰写时间仓促，书中不足与疏漏之处在所难免，恳请广大读者批评指正。

西南政法大学 谢柳芳
2019 年 7 月

专家推荐表

第八批《中国社会科学博士后文库》专家推荐表 1

《中国社会科学博士后文库》由中国社会科学院与全国博士后管理委员会共同设立，旨在集中推出选题立意高、成果质量高、真正反映当前我国哲学社会科学领域博士后研究最高学术水准的创新成果，充分发挥哲学社会科学优秀博士后科研成果和优秀博士后人才的引领示范作用，让《文库》著作真正成为时代的符号、学术的标杆、人才的导向。

推荐专家姓名	蔡春	电 话	
专业技术职务	教授	研究专长	审计理论与实务
工作单位	西南财经大学	行政职务	
推荐成果名称	国家审计与预算绩效研究——基于服务国家治理的视角		
成果作者姓名	谢柳芳		

（对书稿的学术创新、理论价值、现实意义、政治理论倾向及是否具有出版价值等方面做出全面评价，并指出其不足之处）

选题具有重大的理论价值与现实意义。

该专著从理论研究与实证分析两个维度，从完善国家预算制度的视角，研究讨论了国家审计与国家治理的关系，构架了理论分析框架，实证检验国家审计通过促进国家预算制度完善，进而促进国家治理的关系，提出了完善国家预算制度的相关建议。

研究思路清晰，观点鲜明，有较明显的创新性，是一部较高水平的博士后著作。

特此推荐申报《中国社会科学博士后文库》。

签字：蔡春

2018年9月23日

说明：该推荐表须由具有正高级专业技术职务的同行专家填写，并由推荐人亲自签字，一旦推荐，须承担个人信誉责任。如推荐书稿入选《文库》，推荐专家姓名及推荐意见将印入著作。

第八批《中国社会科学博士后文库》专家推荐表 2

《中国社会科学博士后文库》由中国社会科学院与全国博士后管理委员会共同设立，旨在集中推出选题立意高、成果质量高、真正反映当前我国哲学社会科学领域博士后研究最高学术水准的创新成果，充分发挥哲学社会科学优秀博士后科研成果和优秀博士后人才的引领示范作用，让《文库》著作真正成为时代的符号、学术的标杆、人才的导向。

推荐专家姓名	干胜道	电 话	
专业技术职务	教授	研究专长	财务理论与实务
工作单位	四川大学	行政职务	
推荐成果名称	国家审计与预算绩效研究——基于服务国家治理的视角		
成果作者姓名	谢柳芳		

（对书稿的学术创新、理论价值、现实意义、政治理论倾向及是否具有出版价值等方面做出全面评价，并指出其不足之处）

  谢柳芳博士后的出站报告采用理论分析与实证检验相结合的研究范式，基于完善国家预算制度的视角，系统深入地探讨了国家审计促进国家治理的机制与路径，在研究视角、研究内容与研究方法等方面均体现了优良的学术创新。

  研究项目通过构建国家预算的审计监控机制，以深化国家预算制度的改革，推动国家审计理论和实践的创新与创造性变革及发展。研究报告政治理论方向正确、中心突出、内容丰富、论述深入、资料翔实、逻辑严谨、学术规范、结构合理、创新性强、学术水平高，具有重大的出版价值。

  我很乐意推荐该成果参评第八批《中国社会科学博士后文库》。

签字：干胜道

2018 年 9 月 23 日

说明：该推荐表须由具有正高级专业技术职务的同行专家填写，并由推荐人亲自签字，一旦推荐，须承担个人信誉责任。如推荐书稿入选《文库》，推荐专家姓名及推荐意见将印入著作。

经济管理出版社
《中国社会科学博士后文库》
成果目录

第一批《中国社会科学博士后文库》(2012年出版)		
序号	书　名	作　者
1	《"中国式"分权的一个理论探索》	汤玉刚
2	《独立审计信用监管机制研究》	王　慧
3	《对冲基金监管制度研究》	王　刚
4	《公开与透明：国有大企业信息披露制度研究》	郭媛媛
5	《公司转型：中国公司制度改革的新视角》	安青松
6	《基于社会资本视角的创业研究》	刘兴国
7	《金融效率与中国产业发展问题研究》	余　剑
8	《进入方式、内部贸易与外资企业绩效研究》	王进猛
9	《旅游生态位理论、方法与应用研究》	向延平
10	《农村经济管理研究的新视角》	孟　涛
11	《生产性服务业与中国产业结构演变关系的量化研究》	沈家文
12	《提升企业创新能力及其组织绩效研究》	王　涛
13	《体制转轨视角下的企业家精神及其对经济增长的影响》	董　昀
14	《刑事经济性处分研究》	向　燕
15	《中国行业收入差距问题研究》	武　鹏
16	《中国土地法体系构建与制度创新研究》	吴春岐
17	《转型经济条件下中国自然垄断产业的有效竞争研究》	胡德宝

第二批《中国社会科学博士后文库》(2013年出版)

序号	书　名	作　者
1	《国有大型企业制度改造的理论与实践》	董仕军
2	《后福特制生产方式下的流通组织理论研究》	宋宪萍
3	《基于场景理论的我国城市择居行为及房价空间差异问题研究》	吴　迪
4	《基于能力方法的福利经济学》	汪毅霖
5	《金融发展与企业家创业》	张龙耀
6	《金融危机、影子银行与中国银行业发展研究》	郭春松
7	《经济周期、经济转型与商业银行系统性风险管理》	李关政
8	《境内企业境外上市监管若干问题研究》	刘　轶
9	《生态维度下土地规划管理及其法制考量》	胡耘通
10	《市场预期、利率期限结构与间接货币政策转型》	李宏瑾
11	《直线幕僚体系、异常管理决策与企业动态能力》	杜长征
12	《中国产业转移的区域福利效应研究》	孙浩进
13	《中国低碳经济发展与低碳金融机制研究》	乔海曙
14	《中国地方政府绩效评估系统研究》	朱衍强
15	《中国工业经济运行效益分析与评价》	张航燕
16	《中国经济增长：一个"被破坏性创造"的内生增长模型》	韩忠亮
17	《中国老年收入保障体系研究》	梅　哲
18	《中国农民工的住房问题研究》	董　昕
19	《中美高管薪酬制度比较研究》	胡　玲
20	《转型与整合：跨国物流集团业务升级战略研究》	杜培枫

经济管理出版社《中国社会科学博士后文库》成果目录

第三批《中国社会科学博士后文库》(2014年出版)

序号	书名	作者
1	《程序正义与人的存在》	朱 丹
2	《高技术服务业外商直接投资对东道国制造业效率影响的研究》	华广敏
3	《国际货币体系多元化与人民币汇率动态研究》	林 楠
4	《基于经常项目失衡的金融危机研究》	匡可可
5	《金融创新及其宏观效应研究》	薛昊旸
6	《金融服务县域经济发展研究》	郭兴平
7	《军事供应链集成》	曾 勇
8	《科技型中小企业金融服务研究》	刘 飞
9	《农村基层医疗卫生机构运行机制研究》	张奎力
10	《农村信贷风险研究》	高雄伟
11	《评级与监管》	武 钰
12	《企业吸收能力与技术创新关系实证研究》	孙 婧
13	《统筹城乡发展背景下的农民工返乡创业研究》	唐 杰
14	《我国购买美国国债策略研究》	王 立
15	《我国行业反垄断和公共行政改革研究》	谢国旺
16	《我国农村剩余劳动力向城镇转移的制度约束研究》	王海全
17	《我国吸引和有效发挥高端人才作用的对策研究》	张 瑾
18	《系统重要性金融机构的识别与监管研究》	钟 震
19	《中国地区经济发展差距与地区生产率差距研究》	李晓萍
20	《中国国有企业对外直接投资的微观效应研究》	常玉春
21	《中国可再生资源决策支持系统中的数据、方法与模型研究》	代春艳
22	《中国劳动力素质提升对产业升级的促进作用分析》	梁泳梅
23	《中国少数民族犯罪及其对策研究》	吴大华
24	《中国西部地区优势产业发展与促进政策》	赵果庆
25	《主权财富基金监管研究》	李 虹
26	《专家对第三人责任论》	周友军

第四批《中国社会科学博士后文库》(2015年出版)

序号	书　名	作　者
1	《地方政府行为与中国经济波动研究》	李　猛
2	《东亚区域生产网络与全球经济失衡》	刘德伟
3	《互联网金融竞争力研究》	李继尊
4	《开放经济视角下中国环境污染的影响因素分析研究》	谢　锐
5	《矿业权政策性整合法律问题研究》	郗伟明
6	《老年长期照护：制度选择与国际比较》	张盈华
7	《农地征用冲突：形成机理与调适化解机制研究》	孟宏斌
8	《品牌原产地虚假对消费者购买意愿的影响研究》	南剑飞
9	《清朝旗民法律关系研究》	高中华
10	《人口结构与经济增长》	巩勋洲
11	《食用农产品战略供应关系治理研究》	陈　梅
12	《我国低碳发展的激励问题研究》	宋　蕾
13	《我国战略性海洋新兴产业发展政策研究》	仲雯雯
14	《银行集团并表管理与监管问题研究》	毛竹青
15	《中国村镇银行可持续发展研究》	常　戈
16	《中国地方政府规模与结构优化：理论、模型与实证研究》	罗　植
17	《中国服务外包发展战略及政策选择》	霍景东
18	《转变中的美联储》	黄胤英

经济管理出版社《中国社会科学博士后文库》成果目录

第五批《中国社会科学博士后文库》(2016年出版)

序号	书 名	作 者
1	《财务灵活性对上市公司财务政策的影响机制研究》	张玮婷
2	《财政分权、地方政府行为与经济发展》	杨志宏
3	《城市化进程中的劳动力流动与犯罪：实证研究与公共政策》	陈春良
4	《公司债券融资需求、工具选择和机制设计》	李 湛
5	《互补营销研究》	周 沛
6	《基于拍卖与金融契约的地方政府自行发债机制设计研究》	王治国
7	《经济学能够成为硬科学吗？》	汪毅霖
8	《科学知识网络理论与实践》	吕鹏辉
9	《欧盟社会养老保险开放性协调机制研究》	王美桃
10	《司法体制改革进程中的控权机制研究》	武晓慧
11	《我国商业银行资产管理业务的发展趋势与生态环境研究》	姚 良
12	《异质性企业国际化路径选择研究》	李春顶
13	《中国大学技术转移与知识产权制度关系演进的案例研究》	张 寒
14	《中国垄断性行业的政府管制体系研究》	陈 林

第六批《中国社会科学博士后文库》(2017年出版)

序号	书　名	作　者
1	《城市化进程中土地资源配置的效率与平等》	戴媛媛
2	《高技术服务业进口技术溢出效应对制造业效率影响研究》	华广敏
3	《环境监管中的"数字减排"困局及其成因机理研究》	董　阳
4	《基于竞争情报的战略联盟关系风险管理研究》	张　超
5	《基于劳动力迁移的城市规模增长研究》	土　宁
6	《金融支持战略性新兴产业发展研究》	余　剑
7	《清乾隆时期长江中游米谷流通与市场整合》	赵伟洪
8	《文物保护经费绩效管理研究》	满　莉
9	《我国开放式基金绩效研究》	苏　辛
10	《医疗市场、医疗组织与激励动机研究》	方　燕
11	《中国的影子银行与股票市场:内在关联与作用机理》	李锦成
12	《中国应急预算管理与改革》	陈建华
13	《资本账户开放的金融风险及管理研究》	陈创练
14	《组织超越——企业如何克服组织惰性与实现持续成长》	白景坤

经济管理出版社《中国社会科学博士后文库》成果目录

第七批《中国社会科学博士后文库》（2018年出版）

序号	书　名	作　者
1	《行为金融视角下的人民币汇率形成机理及最优波动区间研究》	陈　华
2	《设计、制造与互联网"三业"融合创新与制造业转型升级研究》	赖红波
3	《复杂投资行为与资本市场异象——计算实验金融研究》	隆云滔
4	《长期经济增长的趋势与动力研究：国际比较与中国实证》	楠　玉
5	《流动性过剩与宏观资产负债表研究：基于流量存量一致性框架》	邵　宇
6	《绩效视角下我国政府执行力提升研究》	王福波
7	《互联网消费信贷：模式、风险与证券化》	王晋之
8	《农业低碳生产综合评价与技术采用研究——以施肥和保护性耕作为例》	王珊珊
9	《数字金融产业创新发展、传导效应与风险监管研究》	姚　博
10	《"互联网+"时代互联网产业相关市场界定研究》	占　佳
11	《我国面向西南开放的图书馆联盟战略研究》	赵益民
12	《全球价值链背景下中国服务外包产业竞争力测算及溢出效应研究》	朱福林
13	《债务、风险与监管——实体经济债务变化与金融系统性风险监管研究》	朱太辉

第八批《中国社会科学博士后文库》(2019 年出版)

序号	书　名	作　者
1	《分配正义的实证之维——实证社会选择的中国应用》	汪毅霖
2	《金融网络视角下的系统风险与宏观审慎政策》	贾彦东
3	《基于大数据的人口流动流量、流向新变化研究》	周晓津
4	《我国电力产业成本监管的机制设计——防范规制合谋视角》	杨菲菲
5	《货币政策、债务期限结构与企业投资行为研究》	钟　凯
6	《基层政区改革视野下的社区治理优化路径研究：以上海为例》	熊　竞
7	《大国版图：中国工业化 70 年空间格局演变》	胡　伟
8	《国家审计与预算绩效研究——基于服务国家治理的视角》	谢柳芳
9	《包容型领导对下属创造力的影响机制研究》	古银华
10	《国际传播范式的中国探索与策略重构——基于会展国际传播的研究》	郭　立
11	《唐代东都职官制度研究》	王　苗

《中国社会科学博士后文库》
征稿通知

为繁荣发展我国哲学社会科学领域博士后事业，打造集中展示哲学社会科学领域博士后优秀研究成果的学术平台，全国博士后管理委员会和中国社会科学院共同设立了《中国社会科学博士后文库》（以下简称《文库》），计划每年在全国范围内择优出版博士后成果。凡入选成果，将由《文库》设立单位予以资助出版，入选者同时将获得全国博士后管理委员会（省部级）颁发的"优秀博士后学术成果"证书。

《文库》现面向全国哲学社会科学领域的博士后科研流动站、工作站及广大博士后，征集代表博士后人员最高学术研究水平的相关学术著作。征稿长期有效，随时投稿，每年集中评选。征稿范围及具体要求参见《文库》征稿函。

联系人：宋　娜
电子邮箱：epostdoctoral@126.com
通讯地址：北京市海淀区北蜂窝 8 号中雅大厦 A 座 11 层经济管理出版社《中国社会科学博士后文库》编辑部
邮编：100038

经济管理出版社